아동복지론

CHILD WELFARE

아동 복지론

강영숙 · 박연희 · 전유림 · 장효순 · 엄미화 공저

동문사

머리말

아동은 우리 사회의 미래를 책임질 주인공이자 현재 삶의 주체로서, 아동복지의 중요성은 점차 강조되고 있다. 아동이 바르게 성장한다는 것은 인류의 밝은 미래를 담보해 주는 일이다. 아동이 사회의 동량으로서 귀중한 인적 자원이라는 사실은 두말할 필요도 없을 만큼 중요하지만, 그들이 사회를 이끌어갈 도구적 가치 때문에 귀한 것만은 아니다. 아동도 엄연한 인격체로서 존중받아야 하는 존재라는 점 때문에 그들의 욕구와 그들이 인간으로서 추구하는 모든 바람이 무시되어서는 안 되는 것이다.

최근 보육아동, 한부모가족아동, 다문화가족아동, 대리가정아동, 장애아동 등이 늘어나면서 아이들의 보호가 적절히 이루어지지 못하고 있고, 빈곤과 학대 등으로 인해 아동은 여러 가지 고통을 받으며 살아가고 있다. 이러한 아동을 보살펴야 하는 전문가들은 아동의 복지 및 아동 전반에 관한 폭넓은 지식과 기술을 가지고 있어야 하며, 적극적으로 아동문제에 대처하고 전문적이고 책임감 있게 지도할 필요가 있다.

이 책은 3부로 구성되어 있다. 제1부에서는 아동복지의 이해를 중심으로 살펴보았으며, 제2부에서는 대상별로 아동복지실천에 관한 전반적인 내용을 다루었다. 제3부에서는 아동복지의 미래에 대하여 고찰하였다.

먼저 제1부 아동복지의 기초에서는 아동권리와 복지, 외국의 아동복지, 아동복지행정 및 정책에 대해서 살펴보았다. 제2부 아동복지실천 분야에서는 보육아동, 장애아동, 학대피해아동, 입양아동, 빈곤아동, 다문화가족아동, 한부모가족아동 그리고 다양한 가족의 아동과 대리가정아동에 대해 살펴보았으며, 제3부에서는 사회통합을 이룰 수 있는 포용적 복지와 2021년도의 보건복지부 주요 사업과 온택트 시대 아동의 권리 보호를 위한 아동복지의 방향과 전망에 대해 다루었다.

아동은 아직 홀로 세상을 이해하고, 자신에게 관련된 여러 가지 선택과 판단에서 독립적이지 못한 나약한 존재이다. 그럼에도 불구하고 아동은 이 땅에서 인간의 존엄성을 유지하며 행복한 삶을 영위할 권리를 가진 존재이다. 여기에 아동복지론 과목 존립의 이유가 있으며, 이들의 행복한 삶을 위해서 정책들이 설계되어야 할 것이며, 또 아동복지전문가의 필요성이 있는 것이다.

저자들은 대학교 강단에서 아동복지를 강의해 왔다. 그동안 아동복지론 과목을 강의해 오는 동안 아동복지를 전공하는 학생들과 보육교사와 사회복지사 자격증을 취득할 학생들에게 아동복지의 개념과 실천방법 등에 대한 이해를 높이고, 그 대상인 아동들의 복지 향상을 도모하여 더 나은 대한민국의 앞날을 염원하며 집필을 결심하게 되었다. 이러한 목적을 두고 집필하였으나 막상 집필하고 보니 여러 가지로 미흡한 점이 보인다. 그럼에도 불구하고 이 책이 출간될 수 있도록 도와주신 동문사 이중수 사장님과 편집진들의 노고에 감사드린다.

향후 부족한 점은 지속적인 수정보완을 독자 여러분들께 약속드리며 아낌없는 지도편달을 부탁드리는 바이다. 아무쪼록 이 책이 세상에 태어남으로써 이 땅의 아동들이 보호받고 존중받을 세상을 꿈꾸며, 아동이 모든 위협으로부터 행복한 그런 나라가 임하기를 간절히 염원해 본다.

2021년 2월

저자 일동

차 례

Part 3 아동복지의 미래

PART

1

아동복지의 기초

Chapter

01 아동권리와 복지

1 아동권리

1) 아동권리의 개념과 교육

(1) 아동권리의 개념

아동의 권리를 논의하기 위해서는 아동인권의 개념이 무엇인지 그리고 아동이란 무엇인지에 대한 개념 정의가 선행되어야 한다. 먼저 아동인권의 개념을 이해하기 위해서는 '아동'에 대한 정의를 내릴 필요가 있다. 아동에 대한 정의는 국가마다 문화마다 상이하며 아동을 지칭하는 단어 역시 다양하다. 보통 아동은 성인의 반대말로 여겨지며 유아, 영유아, 청소년, 소년, 소녀, 어린이 혹은 미성년자와 같은 다양한 호칭으로 불린다. 우리의 일상생활에서 혹은 법률적인 용어로써 위와 같은 다양한 호칭이 구별 없이 사용됨으로써 아동에 대한 개념을 정확히 하는 데 어려움이 따른다. 따라서 아동을 정의하는 가장 보편적인 방법은 연령에 따른 구분이다. CRC(유엔아동권리협약)가 미국을 제외한 196개의 회원국이 모두 비준한 아동인권에 관한 가장 보편적인 국제적 문서임을 확인한다면 아동에 대한 공통의 합의점을 찾아낼 수 있다. CRC가 정의하고 있는 것에 따라 국제적인 의미의 아동은 "만 18세 미만의 모든 사람"으로 규정한다. 한국의 경우도 아동에 대한 개념 정의가 통일되어 있지는 않다. 아동은 법률의 성격마다 그 연령에 따라 다양한 법률적 용어로 존재할 뿐만 아니라 일상생활에서도 다양한 방식으로 불리기 때문이다. 다만 「아동복지법」에 따르면 아동을 "18세 미만의 자"로 규정하고 있다. 아동에 대한 이러한 다양한 호칭에도 불구하고 아동인권을 연구하는 기존의 많은 선행연구들과 국제법에서 보편적으로 아동을 18세 미만의 자로 정의하고 있다(박유영, 2019: 12~13).

또한 아동의 권리와 보호차원에서 살펴보면 모든 사람에게는 인간으로서 마땅히 누려야 할 천부적이고 보편적인 주체로서의 권리가 있으며, 인간의 존엄성이라는 관점에서 생각해 보면 권리는 기본적으로 개인 삶에 있어 필수 요소이며, 아동도 인간이기 때문에 성인과 대등한 권리를 갖고, 대등한 법안에서 마땅히 보호를 받아야 하며, 아동의 권리를 이해하기 위해서 먼저 아동과 권리를 구분해 살펴볼 필요가 있다. 아동에 대한 개념은 아동기에 해당하는 인구집단의 보편적인 특성이나 욕구를 중심으로 정의 내리기도 하고, 사회가 그 사회의 아동에게 부여하는 독특한 일련의 역할과 기대로 설명하는 사회적 개념으로 정의 내리기도 하며, 아동권리협약에서는 아동을 18세 미만의 모든 사람으로 규정하고 있다(임시아, 2017: 13).

세계인권선언에서는 모든 인간은 태어날 때부터 자유롭고, 존엄성과 권리에 있어 평등하고, 모든 인간은 인종, 피부색, 성, 언어, 종교, 정치 또는 그 밖의 견해, 민족 또는 사회적 출신, 재산, 출생 또는 다른 지위 등과 같은 그 어떤 종류의 구별 없이, 이 선언에 제시된 모든 권리와 자유를 누릴 자격을 갖고 있으며, 헌법과 국가인권위원회법에서 인간으로서의 존엄과 가치, 자유를 부여하는 것을 적시한다. 또한 유네스코 한국위원회에서는 인권을 '인간이 사회생활을 영위하면서 마땅히 누려야 할 권리로 인간이 세상에 태어나 성장하면서 바라는 것, 희망하는 것, 요구하는 것들을 권리의 개념으로 승화시킨 것'이라 보고하였다(이은주 외, 2020: 17). 그러므로 아동권리란 아동들의 욕구와 관심을 인정해 주고 충족시켜 줌으로써 사회적인 표명으로, 아동이 잘 성장하고 발달하려는 데 필요한 제반 욕구를 사회에 의해서 인식하게 되고 보장되는 것을 의미한다.

(2) 아동권리 교육

① 아동권리 교육의 필요성

아동권리 교육의 내용에 대해 살펴보면 다음과 같다(노병일, 2020: 55).

아동권리 교육은 아동권리를 가르치고 배우는 것으로서 구체적으로 볼 때, 아동권리협약의 내용이나 원칙 혹은 아동권리에 근거한 접근방식을 가르치고 배우는 것을 의미한다. 아동권리 교육은 상황적인 면에서 살펴보면, 아동은 자신의 권리에 대해 잘 모르는 경우가 많다. 따라서 아동에게 자신의 권리 및 이와 관련된 구체적인 내용을 알려줄 필요가 있으며, 아동에게뿐만 아니라 성인에게도 아동권리에 대한 정보를 제공할 필요가 있고, 또한 정리의 차원에서 살펴보면, 성인과 아동에게 아동권리를 알려줄 필요가 있는데, 이때에 관련되는 것이 아동권리 교육이라 할 수 있다. 권리나 의무를 가진 사람과 관련시켜 볼 때, 아동권리 교육에서는 다음을 목적으로 삼는다.

- 권리를 가진 사람이 자신의 권리를 주장할 수 있는 능력을 갖추게 한다.
- 의무를 가진 사람이 자신의 의무를 제대로 실행할 수 있는 능력을 갖추게 한다.
- 유엔 아동권리협약의 내용과 원칙을 이해하게 한다.
- 모든 아동/성인이 아동권리에 근거한 접근방식을 이해하고 실행하게 한다.

한편, 더 넓게 볼 때, 아동권리 교육의 목적은 성인/아동 모두가 다음과 같이 할 수 있게 하는 것이다.

- 유엔 아동권리협약의 내용/원칙과 아동권리에 근거한 접근방식을 옹호하기 위한 행동을 취한다.
- 유엔 아동권리협약의 내용/원칙과 아동권리에 근거한 접근방식을 가족, 학교, 지역사회, 국가, 전 세계에 적용한다. 더불어 아동권리 교육의 특징은 행동을 취하는 측면에 주목한다는 사실을 알 수 있다.

아동권리 교육의 의의와 실시 환경에 대해 살펴보면 다음과 같다.

- 아동권리 교육은 인권 교육을 구체적으로 하는 영역이다.
- 아동권리 교육은 다음과 같은 것을 하기 위한 중요한 도구이다.
  - 아동권리를 인식하는 방식을 변화
  - 아동권리를 사회에 적용하는 방식을 변화
  - 아동권리 교육은 모든 환경에서 실시할 수 있다.

아동권리 교육을 실시할 때 고려할 점은 다음과 같다.

- 아동권리 교육을 폭넓은 주제로 인식할 필요가 있다.
- 아동권리 교육을 전체적으로 더 설명하기 전에, 아동권리에 근거한 접근방식을 완전히 이해하는 것이 중요하다.
- 아동권리 교육은 다음과 같은 점도 강조할 필요가 있다.
  - 모든 아동은 동일한 권리를 가진다.
  - 모든 권리는 서로 연관되어 있고, 모든 권리는 똑같이 중요하다.

2) 포스트코로나와 아동권리

포스트코로나 시대의 아동권리 보장을 위한 내용은 다음과 같다(김선숙 외, 2020: 409~438).

코로나19가 전 세계로 확산되면서, 유니세프(UN Children's Fund)는 아동의 건강위기뿐 아니라, 아동권리의 총체적 침해 사례가 나타나고 있음을 경고하였다("COVID-19 pandemic 'quickly becoming a child rights crisis': Daily death rate could spike by 6,000 for under-fives", 2020). 이는 앞서 기술한 바와 같이, 코로나19가 경제 · 사회 · 문화 전반에 변화를 초래함에 따라, 사회에서 가장 취약한 집단인 아동에게 큰 영향을 주기 때문으로 코로나19 확산에 따른 아동 삶의 변화를 아동의 네 가지 기본 권리인 생존권과 보호권, 발달권, 참여권을 중심으로 살펴보면 다음과 같다.

코로나19 이후, 아동이 삶의 일상을 유지하고, 아동권리를 보장하기 위해 사회는 어떠한 역할을 할 것인지를 제안하고자 하였는데, 이를 위해 코로나19에 따른 사회변화 중 아동의 삶에 큰 영향을 주는 경제적, 사회 · 문화적 변화를 살펴보고, 정부와 아동복지 분야 감염병 대응의 중추기관인 아동권리보장원 및 민간기관 등의 대응활동을 분석 한 결과, 감염병의 장기화는 경제적 위기를 가져왔으며, 이는 아동가구의 빈곤율을 높일 것으로 예측되고, 감염병의 위험은 모든 사람에게 위기이지만, 위험부담은 사회적 약자일수록 가중될 것이다. 또한 아동가구의 경제적 어려움은 부모의 이혼, 가정의 빈곤화 등으로 이어질 가능성이 높고 이것은 결국 아동의 삶에 부정적 영향을 미치게 될 수 있다. 우리 사회는 IMF 경험을 통해,

이 시기 많은 아동이 부모와 함께 살지 못하고 양육시설 등으로 보내져야 했던 상황을 목격한 바 있다. 이러한 경제위기의 상황에서는 아동가구에 대한 적극적 경제적 지원이 우선되어야 할 것이고, 이러한 의미에서 아동가구에 대한 아동수당의 연령층 확대는 아동의 생존권 문제와 관련한 대표적인 정책이 될 수 있을 것이며, 2018년에 도입된 아동수당제도가 아동이 속한 가구의 소득 안정성과 빈곤에 미치는 효과를 탐색한 연구 결과, 아동수당은 가구소득을 증가시키고 빈곤을 완화시키는 것으로 나타났는데, 특히, 중위소득 60% 이상의 상대빈곤에 미치는 영향이 큰 것으로 분석되었다.

한편, 코로나19 관련 해외 아동복지정책 및 서비스를 미국과 영국의 사례를 중심으로 하여 살펴보면, 코로나19 상황이 가장 심각한 OECD 국가 중 미국과 영국의 사례를 통해 두 나라가 아동들을 지원하고 보호하기 위해 어떠한 정책과 서비스를 제공하고 있는지를 살펴보면 다음과 같다(전종설, 2020).

전 세계적으로 코로나19 확진자가 증가하는 추세에 있는 가운데 아동·청소년 확진자의 수도 증가하는 것으로 나타난다. 비록 전체 확진자 수에 비해 아동·청소년의 비율이 높진 않지만, 코로나19로 인해 아동들이 가정 혹은 다른 폐쇄된 곳에 고립되어 폭력, 성학대, 착취, 정신건강 문제 등을 포함한 다양한 위험에 노출될 수 있다는 점에서 아동보호의 필요성이 강조된다(United Nation Human Rights, 2020). 코로나19가 아동에게 미치는 영향은 크게 개인(예: 신체건강, 정신건강), 가족(예: 가정폭력, 생활고, 아동학대 및 방임), 지역사회적 차원(예: 지원서비스, 교육, 놀이공간의 접근제한), 사회문화적 규범 차원(예: 특정 인종에 대한 낙인)과 같은 사회생태적 틀 안에서 이해될 수 있다(The Alliance for Child Protection in Humanitarian Action, 2020). 이와 같은 코로나19 팬데믹 상황에서 아동들이 처한 다양한 문제를 해결하기 위해 국가 차원의 정책 및 서비스 제공이 그 어떤 때보다 중요한 시점이다. 이에 코로나19 상황이 가장 심각한 OECD 국가 중 미국과 영국의 사례를 통해 두 나라가 아동들을 지원하고 보호하기 위해 어떠한 정책과 서비스를 제공하고 있는지는 다음과 같다.

영국의 경우, 개인 차원의 문제인 아동의 정신건강과 온라인 안전을 위해 지침서와 교육 및 활동자료를 제공하고 있으며, 또한, 정신건강 문제에 대한 도움을 받을 수 있는 24시간 메신저 상담 및 헬프라인도 제공한다(Department for

Education & Public Health England, 2020). 가족 차원에서 영국 정부는 가족의 생활고 방지를 위해 코로나 바이러스 고용유지제도, 유니버설 크레딧, 구직자 수당, 자영업자 소득지원제도와 같은 지원정책을 펼치고 있다(HM Revenue & Customs, 2020a; Department for Work and Pensions, 2020a; Department for Work and Pensions, 2020b; HM Revenue & Customs, 2020b).

더 나아가, 24시간 헬프라인 운영과 라이브 채팅 서비스를 통해 가정폭력 신고를 받고 있으며(Home Office, 2020), 아동 학대 및 방임 관련 프로젝트를 추가 지원하고 있다(Department for Education & Ford, 2020). 코로나 상황에서 위탁 심사를 원격 패널회의로 지속 운영하고 있으며, 위탁보호자가 자가 격리되거나 아플 시에는 위탁아동을 비상 단기배치한다. 또한, 위탁가정에 무료 IT 장비를 제공하고 있다(Department for Education, 2020a; Department for Education, 2020b). 지역사회 차원에서 영국 정부는 교육과 보육시설을 위한 헬프라인을 제공하고, 취약아동과 critical worker를 지정하여 이들이 학교 폐쇄기간 동안에도 학교와 보육시설을 이용할 수 있도록 허가하고 있다(Department for Education, 2020c). 사회문화적 규범 차원에서는 낙인으로 인해 파생될 수 있는 "외로움"에 대한 캠페인을 진행하고 있는 것으로 나타난다. 미국도 주정부 차원에서 코로나 19 정신건강 관련 채팅 및 전화상담과 청소년 대상 24시간 정신건강 헬프라인을 운영하고 있다(NYC Health, 2020). 온라인 안전과 관련해서는 아동 성착취물 영상 유포와 화상회의 사용에 대한 구체적인 지침을 제공하고 있으며, 온라인 익명 제보가 가능하도록 시스템을 구축하였다(Federal Bureau of Investigation News, 2020. 05. 20). 코로나19로 인한 경제적 지원을 위해 미국 연방 정부는 지난 3월 코로나바이러스 원조, 구제, 경제보호법(Coronavirus Aid, Relief, and Economic Security Act)을 마련하여 경제지원을 실시하고 있다(Federal Transit Administration, 2020; Federal Communications Commission, 2020; California Government, 2020a; Novel Coronavirus, 2020).

또한, 연방 정부에서 24시간 가정폭력 신고 핫라인을 운영하고 있으며, 가해자가 가정 내에 함께 머무는 경우를 대비하여 라이브 채팅 서비스를 지원하고, 뉴욕주의 경우, 코로나19에 대응하여 Child Protective Service(CPS)의 종사들을 위한 지침을 마련하였으며(Office of Children and Family Services: 2020), 이를 통해 화상통화 및 화상회의 등 다양한 방법을 활용한 원격사정이 가능하게 되었다. 가정방문이 필요할 시, 코로나19에 대비한 가정방문 절차 지침을 제공하며, 코로나19 감염위험으로 CPS worker가 가정방문을 거절당한 경우에 규정에 따라 추가 개입을 가능하게 하였다. 위탁가정에게도 추가적인 지원이 이루어지며, 온라인 학습이 원활하게 이루어질 수 있도록 기기를 지원한다.

또한, 돌봄 차원에서 뉴욕 주정부는 저소득가정에서 코로나19 감염 또는 입원으로 인해 자녀가 부모와 분리되어야 하는 경우, 격리기간 동안 부모 역할을 수행할 대리인을 지정하고 보육서비스를 제공하여 돌봄의 공백이 생기지 않도록 하였다. 마지막으로, 사회문화적 규범 차원에서 미국 주정부들은 증오 범죄를 신고하는 절차를 갖추고 있다(NYC Human Rights, 2020).

위의 사례를 통해 한국 정부는 아동건강 및 정신건강을 위한 교육 자료 및 지침을 개발하고 적극적으로 배포해야 하며, 핫라인 및 온라인 상담 등과 같은 정신건강 증진을 위한 비대면 예방 및 개입 서비스를 제공할 필요가 있다. 또한, 아동청소년을 위한 온라인 안전예방 및 사이버 윤리 교육 자료를 개발하고, 온라인 성범죄를 신고할 수 있는 절차와 시스템을 구축하는 것이 필요시 된다. 더 나아가, 아동학대의 발굴이 어려워진 현시점에서 전화 신고 체계만 유지할 것이 아니라 채팅 서비스 등과 같은 다양한 온라인 신고 시스템을 운영하고, 위기아동을 비대면으로 모니터링 및 개입할 수 있는 방안이 마련되어야 한다.

2 아동과 아동복지

1) 아동과 아동복지의 개념

(1) 아동의 개념

아동의 개념은 시대적, 사회적 배경에 따라 다르게 발전해 왔다. 아동의 연령적 범주가 어디까지인가의 문제와 어떤 존재로 개념화되는가의 문제가 있는데, 일반적으로 아동은 신체적으로, 정신적으로 미성숙한 단계에 있는 인간을 총칭하는 것으로 아동을 정의할 때, 아동의 발달적 특성이 중요한 준거로 작용한다.

① 법적 관점에서 아동의 정의

유엔권리협약(국제법): '아동을 18세 미만의 자'로 규정하였고, 국내 관련법의 내용으로 민법에서는 20세 미만을 미성년자로 규정하였고, 형법에서는 14세 미만 형사미성년자를 말하며, 「아동복지법」에서는 18세 미만으로 정의하였으며, 「청소년기본법」에서는 9세~24세 이하 등으로 다양하다.

② 발달적 관점에서 아동의 정의

인간은 장기간에 걸쳐 의존과 보호를 받으며, 성장·발달하였는데 아동은 발달단계마다 이루어야 할 발달과업이 있고, 태아기, 신생아기, 영아기, 유아기, 아동기, 청소년기로 구분하고 있다.

③ 아동의 현대적 개념

고대사회에서는 대를 잇기 위한 수단, 경제적 가치로 인식되었고, 중세에서는 원죄를 갖고 태어났으므로 엄격한 체벌을 통하여 개조시켜야 하는 존재로 인식하여 아동의 자율성은 부인하였으며, 아동을 성인의 축소물로 인식하였다. 르네상스기 이후에는 17세기 로크는 아동은 백지와 같은 상태로 태어난다고 보았고, 학습이나 경험의 영향에 따라 다르게 성장한다고 주장하였다. 한편, 18세기 루소는 아동을 자연 그 자체, 또는 자연의 일부로 보는 자연주의 아동관에 대해 언급하였다. 그러므로 근대의 아동은 성인과 다르고, 독자적인 심리적 세계를 지닌다고 인식하게 되었고, 현대의 아동은 인간의 존엄성과 타고난 잠재성을 가진 존재로 간주하였다.

아동복지의 개념은 크게 두 가지로 분류해 볼 수 있다. 첫째, 협의의 개념으로 아동이 특별한 장애가 있거나 가족이 아동을 보호하고 양육하는 기능을 제대로 이행하지 못할 때 특수 욕구를 가진 아동과 가족을 위해서 전문기관이 행하는 조직적 활동을 의미한다. 둘째, 광의의 개념으로 모든 아동이 건전하게 성장하고 발달할 수 있도록 아동과 관련된 경제, 교육, 보건, 노동 등의 여러 분야에 걸쳐 국가와 사회단체, 개인이 행하는 입법, 프로그램, 서비스 등을 포함하는 모든 노력을 의미한다. 이는 모든 아동과 그 가족이 지닌 욕구와 문제를 해결하고 행복한 생활을 영위할 수 있도록 개인, 민간, 지역사회, 국가가 상호 협력하여 이루어지는 일련의 체계적, 조직적 활동을 의미한다.

2) 아동복지의 이념과 의의

(1) 아동복지의 이념

「아동복지법」의 목적은 아동이 건강하게 출생하여 행복하고 안전하게 자랄 수 있도록 아동의 복지를 보장하는 것이다. 또한 아동복지의 기본이념을 살펴보면 첫째, 무차별은 아동이 자신 또는 부모의 성별, 연령, 종교, 사회적 신분, 재산, 장애유무, 출생지역, 인종 등에 따라 어떠한 종류의 차별도 받지 아니하고 자라나야 하고, 둘째, 아동보호와 발달은 아동이 완전하고 조화로운 인격 발달을 위해 안정된 가정환경에서 행복하게 자라나야 한다는 것이다. 셋째, 아동 이익 최우선은 아동에 관한 모든 활동에 있어서 아동의 이익이 최우선적으로 고려되어야 한다는 것을 의미한다. 마지막으로 복지권은 아동의 권리증진과 복지증진을 위하여 이 법에 따른 보호와 지원을 받을 권리를 가진다는 의미가 있다.

(2) 아동복지의 의의

현대사회의 특성을 살펴보면 첫째, 산업화, 핵가족화를 들 수 있다. 둘째, 자녀의 수가 점차 감소하고 있는 추세이다. 셋째, 가족관에 대한 의식이 점차 변화되어 가고 있다. 넷째, 결손가정의 아동이나 해체가정 아동의 수가 점차 증가하고 있다.

① 아동의 기본적 생활보장

인간은 장기간 타인의 보호와 양육을 필요로 한다. 가족의 돌봄 공백을 국가와 사회가 분담해야 하고, 모든 아동은 가정환경의 여건과 변화에 관계없이 건강한 발달이 이루어지도록 보호와 양육을 보장하고 가족을 지원하는 사회제도를 마련하는 것이 중요하다.

② 미래인력의 보호와 육성

아동이 전문적 지식과 건전한 인격을 갖춘 인간으로 성장하는 것은 사회와 국가 발전의 기본전제이다. 환경적 박탈로 인해 불이익을 당하는 아동을 지원하기 위해 미국의 헤드스타트, 영국의 슈어스타트, 한국의 드림스타트가 있고, 아동을 유능한 사회 성원으로 발달시키는 제도의 확충이 필요하다.

③ 사회문제 예방

환경적 결핍에 의한 욕구 좌절의 경험은 정서불안이나 신체적 이상을 경험하기 쉽고, 청소년기 비행이나 일탈의 부정적 행동유형 습득으로 사회문제를 야기할 가능성이 높다. 복지란 인간의 욕구를 충족시키거나 사회문제를 해결하기 위한 각종 서비스를 의미하는 것으로 따라서 아동복지는 환경적 박탈에 따른 아동의 사회문제 가능성을 미연에 방지하는 역할을 하는 것으로 볼 수 있다.

3) 아동복지의 기본전제

아동복지의 기본전제는 아동의 성장욕구와 의존이 포함된 안전이라고 볼 수 있다. 아동이 의미 있는 성장과 안전을 보장받기 위하여 아래와 같은 조건을 제시한다(임경옥 외, 2018: 50).

(1) 안정된 부모와 가정

부모와 가정은 인간의 가장 일차적인 환경으로, 아동발달에 가장 기본이 되는 요소이다. 즉, 부모가 부모로서의 역할을 수행하기 위해서는 부모 자신의 욕구가 충족되어야 자녀의 욕구에 민감하고 긍정적으로 반응하고, 부모로서의 자신을 돌아보고 좋은 부모가 되기 위해 준비가 되어 있어야 한다.

(2) 경제적 안정

가정생활의 경제적 여건은 아동의 성장, 발달에 상당한 영향을 준다. 따라서 아동이 안전한 생활을 영위하기 위해서는 일상생활에서 필요한 최저한도의 물질적 욕구가 충족되어야 한다.

(3) 교육받을 권리

우리나라 헌법에서는 모든 국민이 능력에 따라 균등하게 교육을 받을 권리를 명시하고 있다. 이러한 교육받을 권리는 헌법(제31조)에서 명시된 조항으로 아동의 능력, 필요성, 흥미에 따라 교육의 기회가 부여, 아동의 욕구를 반영한 아동을 위한 교육이 이루어져야 한다.

(4) 건강

아동의 건강은 기본이며, 아동복지의 기반은 아동건강에 달려 있다. 아동이 건강하게 출생하여 행복하고 안전하게 자랄 수 있도록 지원하는 것은 아동 개개인의 생존과 직결, 인류와 한 국가의 존속과 관련되어 있다는 점에서 건강은 아동복지의 기본전제가 되는 요인이 된다.

(5) 놀이와 여가

아동은 놀이와 여가를 통해 자신의 신체 기능을 조정, 감정을 표출함으로써 원하는 바를 충족하게 된다. 즉, '놀이와 여가는 아동의 중요한 권리'로 볼 수 있으며, 국가와 사회는 아동들에게 놀이와 여가활동을 지원하여 아동의 안녕과 건강한 성장 및 발달을 도모한다.

(6) 노동으로부터 보호

아동은 성장 · 발달하고 보호받아야 하는 미성숙한 대상이므로 모든 아동은 유해노동이나 기타 착취적 노동으로부터 보호받아야 한다. 또한 가족, 지역사회뿐 아니라 국가적 차원, 더 나아가 국제적 차원에서 아동 노동을 근절하기 위한 접근이 필요하다.

(7) 특수한 욕구를 가진 아동

보호아동복지가 모든 아동을 대상으로 복지증진을 위해 노력하고, 특수한 보호를 요하는 아동을 위해서도 개별적이고 전문적인 보호 및 복지서비스가 실시된다. 또한 국가와 사회는 특수한 욕구를 가진 아동에게 관심을 확대하고, 다양한 사회복지적 대책을 제공하며, 특수한 욕구를 가진 아동들의 사회적응을 도모한다.

(8) 종교와 도덕

아동의 종교에 대한 권리를 존중하고, 참된 인간으로 성장하도록 도와야 하고, 아동권리에 관한 '국제협약' 제14조에서 "아동의 사상 · 양심 및 종교에 대한 권리를 존중하여야 한다"고 규정하고 있으며, 국제협약 제27조에서는 모든 아동이 신체적 · 지적 · 정신적 · 도덕적 · 사회적 발달에 적합한 생활수준을 누릴 권리를 강조하고 있다.

3) 아동발달의 특성

(1) 기초성과 아동복지

인간발달의 초기에 이루어져야 할 발달특성이 제대로 이루어지지 못하면 후일의 발달에 영향을 주게 된다는 의미로 수태기부터 유아기까지는 기본적인 신체조직이 형성되는 시기로서 영양소의 충분한 섭취가 필요하다.

(2) 적기성과 아동복지

아동발달의 특정과업을 성취하는 데는 최적기가 있다. 다시 말하면 기본적 양심체계 또는 도덕성은 1~3세경에 형성된다. 또한 언어 및 인지 발달, 애착 형성 등이 있다.

(3) 누적성과 아동복지

발달적 성취나 손상 차원에서 살펴보면, 아동은 발달적 성취나 손상 이후에도 계속적으로 영향을 미치는 것으로 보고 있다.

(4) 불가역성과 아동복지

이미 이루어진 발달적 손상은 그 후의 노력으로도 회복하기가 매우 어려운데, 그것을 불가역성이라 한다. 따라서 아동 발달초기의 영양결핍, 교육/문화적 자극의 결핍에 의한 인지 발달의 지체 등에 의한 손상은 후일 보충해 주어도 회복이 어려우며, 태아기 및 생후 6개월의 영양 결핍은 보충이 불가능한 것으로 볼 수 있다.

3 현대사회와 아동복지

1) 현대사회의 변화

(1) 탁아 기관의 설치 운영

탁아 기관인 어린이집 사업이 일반적인 수용시설로부터 분리되어 일반가정 아동을 가정에서 보호하기 위한 적극적인 시책으로 채택되기에 이르렀다.

(2) 요보호아동의 발생

요보호아동의 발생을 미연에 방지하기 위하여 빈곤가정과 모자 세대 등 생활이 어려운 가정을 지원해 주기 위해 실시된 거택보호사업이다.

우리나라의 거택보호사업에는 정부에서 실시하고 있는 보호사업으로 생활 보호대상자와 영세민을 대상으로 거택보호, 시설보호, 자활보호 등으로 나누어 도와주는 공공 부조와 사회사업 기관에 의해 아동복지사업의 일환으로 실시하고 있는 생계비 보조 장학금 지원 및 가정복지사업 등이다.

(3) 불우아동 결연사업

결연사업 개시 연도인 1976에는 전국의 417개소의 아동복지시설에 약 4만 명의 불우한 어린이들이 수용 보호되어 있었다. 이들 중 약 과반수는 외국의 후원자로부터 지원을 받았고, 나머지 아동들은 후원자 없이 정부 지원과 일부 비정기적인 외부의 원조에 의존한 채 어려운 생활을 해 왔었다. 정부는 이 사업을 시작하면서 후원자가 없는 아동을 1차 대상으로 하여 국내의 뜻 있는 후원자와 결연해 주기로 방침을 세우고, 관계 기관과 언론 기관의 협조를 얻어 대대적인 결연운동을 전개하였다. 그 결과 많은 시설 아동들이 국내 후원자들로부터 교육비의 지원을 받아 학업을 지속하게 되었고 정서적으로 밝고 건강하게 자라도록 하는 데 기여하였다.

(4) 성장 고아를 대상으로 한 직장 주기 등의 사업

「아동복지법」상 시설 수용 아동은 18세가 되면 퇴소하도록 규정되어 있다. 따라서 이들이 퇴소한 후 사회에 진출하여 자립할 수 있도록 하기 위해서는 시설에 수용되어 있을 때 자립의 능력을 키워 주는 것이 필요하다. 이 점을 고려해 시설에서는 자체 내의 설비를 활용하고 다른 국공립 직업훈련기관에서는 기능훈련을 실시하도록 하였다. 정부에서는 기능훈련에만 국한하지 않고 기업체에 취업을 알선함으로써 적극적인 육성책을 펴 왔으며, 각 기업체도 적극 호응하여 성장 고아가 한층 더 자활할 수 있는 기틀을 마련하게 되었다. 1990년대에는 '아동권리협약'에 서명하고 국제연합에 비준서를 기탁함으로써 아동권리협약의 당사국이 되었다. 아동의 건강과 복지에 관한 권리, 교육, 휴식, 여가 및 문화 활동에 관한 권리, 위급한 상황 및 착취로부터 보호받을 권리를 준수하게 된 것이다.

2) 인간과 아동을 대하는 태도의 변화

인간과 아동을 대하는 태도의 변화에 대해 살펴보면 다음과 같이 정리해 볼 수 있다(이용주 외, 2020: 14~16).

(1) 고대의 아동관

척박한 자연환경을 극복하고 다른 부족들과의 투쟁에서 승리하며, 구성원의 생명을 유지하고 의식주를 해결하는 것은 중요한 과제이고, 종족의 보존과 안전을 최우선시하였으며, 아동들은 그들의 종족으로부터 의식주 해결을 위한 방법들을 훈련받았다.

(2) 중세의 아동관

이 시기의 가장 큰 특징은 신분제도를 중심으로 하는 봉건제도와 종교적 가치를 중심으로 하는 가톨릭교회의 융성과 쾌락이고, 신분이 낮은 계층의 부모를 둔 아동은 힘세고 권력이 큰 사람들에게 사회적, 경제적, 군사적으로 제공될 노동력으로 취급하였다. 또한 발달적 특성은 무시되고 성인의 축소판으로 간주되었으며, 종교적인 자선행위로서 고아와 장애아동을 돌보기 시작하였다.

(3) 근대의 아동관

자본주의가 성립되고 민주주의가 시작되었던 시기에 봉건사회의 신분제도를 극복하는 것은 근대사회의 중요한 과제 중 하나이다. 공업 중심의 경제체제는 대량 생산을 토대로 하는 자본의 축적을 가능하게 함으로써 중세 귀족을 중심으로 하는 철저한 신분제도를 탈피하게 하는 토대가 되었으며, 아동의 노동력에 대한 착취를 가능하게 하였다. 이는 사회적 문제로 대두되어 아동을 보호하고자 하는 국가적 차원의 제도를 확립하는 데 토대가 되었다.

(4) 현대의 아동관

아동관을 확립하는 데는 여러 가지 요인이 작용된다. 첫째, 연구 축적과 아동기의 중요성에 대한 강조가 필요하다. 둘째, 각종 복지제도의 확립이 필요하다. 셋째, 아동보호와 교육에 대한 사회적 관심의 증진이 필요하다. 넷째, 아동복지와 관련된 단체의 출현과 아동권리에 관한 국제사회의 관심과 노력이 중요한 요인으로 작용된다.

한편, 인권을 도덕적인 권리로 규정지으면 모든 인간이 자유로울 동등한 권리가 있음과 이러한 권리는 절대적인 것임을 제시하는 것이다(이용주 외, 2020: 14~16).

① 인간의 보편성 측면에서 인권을 규정

㉠ 급진적 보편주의

인권은 인간 모두에게 인정되는 보편적인 권리로서, 인종, 국적, 장애, 연령, 성별, 직업을 떠나 인간이라면 누구나 인정받을 수 있고 주장할 수 있는 정당하고 옳은 자격으로 간주할 수 있다.

㉡ 급진적 상대주의

인권은 특정 사회의 문화에 따라 다르게 나타날 수 있으며, 인권 개념 자체가 약화되거나 부정되기도 한다.

㉢ 강한 강대주의

인권은 문화적으로 특정 가치를 점검할 수 있을 때에야 비로소 보편적 인권이 그 의미가 있음을 강조하고 있다.

㉣ 약한 상대주의

인권은 보편적 인권을 전제로 한다는 점에서는 급진적 보편주의 맥락을 같이 하지만 문화에 따른 보편적 인권의 개념에 수정을 가할 수 있다.

따라서 인권을 법적인 권리로 규정해 보면, 인권의 제도화를 주장하고, 인권보장을 위해 법률, 규범, 규칙, 조직 등이 제도적 장치를 통해 명문화하고 의식화하는 과정을 제시하며, 우리나라도 '헌법'에 국민의 기본적인 권리를 규정하고 '국가인권위원회'를 두어 모든 개인이 가지는 인권을 보호하고자 하였다. 정리해 보면 인권이란 모든 인간이 태어날 때부터 갖고 있는 권리로 정의 내릴 수 있다.

② 인권의 특성과 내용

인권은 크게 세 가지의 내용으로 정리해 볼 수 있다(이용주 외, 2020: 14~16).

㉠ 시민적 · 정치적 권리(자유권)

시민적 · 정치적 권리(자유권)는 국가의 간섭에 대한 개인의 소극적이고 방어적인 권리로 세계인권선언의 제2조에서 제21조까지 명시되어 있다.

㉡ 사회적 · 경제적 · 문화적 권리(사회권)

사회적 · 경제적 · 문화적 권리(사회권)는 한 개인의 삶에 국가가 적극적으로 개입하여 인간다운 삶을 영위하도록 도와야 한다는 것으로 세계인권선언의 제22조에서 제27조까지 명시되어 있다.

㉢ 인권이 실현되기 위한 권리(연대의 권리)

인권이 실현되기 위한 권리(연대의 권리)는 약소국이나 개발도상국가는 강대국의 간섭을 받지 않으면서, 그들 나름의 국가에서 정한 대로 보장한다는 것으로 강대국의 무력 점령에 저항하기 위한 근거가 있고 세계인권선언의 제28조에서 제30조까지 명시되어 있다.

3) 아동복지의 문제점

사람이 살아가는 곳에는 어느 곳이든 사회가 형성되며 사람은 그 사회를 떠나서 홀로 살아갈 수 없다. 사회는 인류의 역사화 함께 비롯된 것이며, 그 사회는 그 조건과 내용에 따라 구조와 기능 그리고 사회문제가 달라지는 것이다. 아동의 복지문제도 마찬가지이다. 현재 우리나라에서는 아동복지는 국가·지방자치단체 및 사회가 책임을 져야 함을 법칙으로 한다. 여기에서는 현대사회 가정에 있어 어떠한 문제점들이 아동복지 문제에 영향을 미치는가를 살펴보기로 한다.

(1) 가족구조와 기능의 변화

산업화로 인하여 나타난 가족구조의 변화는 가족구성원의 감소와 핵가족화를 들 수 있다. 하지만 산업화로 인해서 가족으로부터 생산활동을 분리하여 자급자족적 경제단위로서의 가족 기능을 상실하게 되었고. 가족이 수행하였던 기능을 전문사회기관으로 이행시켰다. 자녀양육과 교육은 보육시설 및 교육기관의 발달과 더불어 가족의 기능이 축소되었고, 이로 인하여 가족의 본질적인 기능이 많이 상실되고 있다.

(2) 여성취업률의 증가

현대사회는 가족 간에 대한 가치관의 변화로 인하여 여성들의 사회진출이 증가하고 있다. 이러한 변화는 다양한 이유에서 나타나고 있지만 그 주된 이유 중의 하나가 가족 기능의 변화라고 볼 수 있고, 또한 남녀평등사상, 가족계획, 산업구조의 근대화 등이 있다.

(3) 이혼가정의 증가

이혼가정의 증가로 인해, 즉 핵가족의 보편화로 인하여 전통적인 가족가치관이 변화하고 이로 인하여 새로운 가족문제로서 이혼이 증가하게 되었다.

4) 아동의 환경

(1) 아동의 생활환경

아동기 생활환경에 관해 아동복지 연구소 보고서(2016)에서는 아동기의 안전한 생활환경을 위한 보고서의 내용을 다음과 같이 밝혔다(고주애 외, 2016: 1-110).

첫째, 교통사고는 안전을 위협하는 주요 요인으로 나타났으며, 교통사고 이외에도 집과 집 주변에서 많이 발생하는 추락사고, 화재사고 등의 안전사고 또한 아동안전을 위협하는 요인이었다. 이어서 GIS(지리정보체계)를 활용해 어린이 보행 교통사고의 시공간적 특성을 분석한 결과, 연령별로는 7세가, 요일별・시간대별로는 주중의 등교시간인 8시 무렵과 하교시간인 오후 4~5시경에 교통사고 발생이 가장 많았다. 또한 어린이 1만 명당 사고 건수는 제주, 대구가 많은 반면 수도권과 충청권이 상대적으로 적었으며, 어린이 보행 교통사고 밀도에 대한 시도별 핫스팟 분석 결과에 따르면, 고소득층 밀집지역의 교통사고 밀도가 상대적으로 낮은 경향이 나타났다.

한편, 어린이 보행 교통사고는 어린이보호구역을 벗어난 지점에서 발생하는 빈도가 높게 나타났는데, 초등학교로부터의 거리 400m 이내에서 전체 교통사고의 57%가 발생하고 있어 초등학교 후문 등 어린이보호구역의 확대, 안전 법규 강화 및 모니터링이 필요함을 보여준다. 마지막으로 경기도 시흥시를 대상으로 한 사례연구에서는 초등학교 인근이지만 어린이보호구역으로 지정되지 않은 장소에서 어린이 보행 교통사고 밀도가 높게 나타났으며, 교통사고뿐만 아니라 범죄, 열악한 주거환경이 아동 안전을 위협하는 위험요인으로 조사되었다. 따라서 어린이보호구역 확대와 열악한 주거환경의 개선을 통해 아동 생활환경 개선의 필요하다.

둘째, 아동의 생활환경 안전인식 및 실태를 분석한 결과, 전반적으로 아동 생활환경에 대해 안전하다고 인식하고 있는 것으로 조사되었으나, 가정이나 학교와 비교해 지역사회에 대한 안전인식이 다른 생활환경에 비해 낮게 나타났다. 또한 남아이고, 학년이 낮고 가구소득이 적을수록 사고경험이 높게 나타났으며, 안전지식의 경우 5학년 집단이고 안전교육을 받은 경험이 있는 집단에서 가장 높게 나타났으며, 부모의 학력이 높고 소득수준이 높을수록 안전지식이 더 높았다. 반면에 안전행동 실천정도는 4학년 집단의 안전행동 실천 수준이 가장 높은 것으로 조사되었으며, 부모의 학력수준이 높고, 안전교육을 받은 경험이 있는 경우 안전행동 실천수준이 더 높은 것으로 조사되었다. 안전교육 필요성과 관련해서는 93.4%의 설문응답자가 안전교육의 필요성을 느끼고 있는 것으로 나타났으며, 교육방법은 학교교육, 필요한 안전교육의 영역은 교통안전교육을 가장 우선으로 꼽았다. 마지막으로 주요 변수들 간 상관관계 분석을 실시한 결과, 안전행동 실천과 안전지식 수준 간에는 정적 상관관계를 보이는 것으로 나타났다. 또한 최근 1년간 사고경험은 안전행동 실천과 정적 상관관계를 보이는 것으로 나타나, 안전사고 경험은 얼마나 안전지식에 대해 알고 있는지 안전지식 수준보다는 실제로 일상생활에서 안전행동을 실천하는지 여부와 더 관련성이 있는 것으로 조사되었다. 이러한 결과를 통해 아동안전사고 예방을 위한 개입의 필요성, 아동의 연령, 학년, 교육 요구도 등을 고려한 교육 및 프로그램 설계, 부모, 교사 대상 안전교육 확대, 안전행동 실천을 높이기 위한 체험형 안전교육으로의 전환 및 교육 콘텐츠 개발에 대해 논하였다.

셋째, 실험연구를 통한 아동의 안전행동과 심리적 특성을 분석한 결과, 아동의 안전 관련 태도는 연령과 성별에 따라 다르게 나타났으며 이는 위험 상황 시나리오에 따라 차이가 있었다. 즉, 연령이 증가함에 따라 위험 행동 선택 경향성이 증가하고 위험에 대한 지각 수준은 낮아지는 것으로 나타났으며, 이는 연령이 증가함에 따라 스스로 상황을 통제할 수 있다는 신념의 증가와 관련되어 있음을 제시하였다. 그러나 아동은 성인보다 위험감수 선택 후 사고 발생 피드백을 받은 후에 위험을 회피하는 경향성이 높은 것으로 나타나 안전교육은 성인보다는 아동에게 더 큰 효과가 있음을 보여주었다. 이는 단순히 처벌에 대한 두려움이나 흥미보다는 위험에 대한 인식이 대부분을 차지했다는 점을 눈여겨볼만하다. 위험 시나리오별로 성별 차이를 분석한 결과, 불장난, 놀이기구 등 흥미를 유발하는 놀이상황에서 남자가 여자에 비해 피드백 후에도 위험 의사 결정을 유지하는 수준이 높은 것으로 나타나 남자 아동에 대한 놀이활동 관련 지도와 교육이 필요함을 제언하였다. 이어서 아동의 기본적 인지능력과 안전에 대한 지각이 안전상황에 대한 의사 결정에 영향을 미치는 것으로 나타났다. 마지막으로 체크리스트를 통해 등·하교길과 야외활동 관찰연구를 실시한 결과, 대부분의 아동들이 등·하교 길에서 안전행동을 하는 것을 나타났으나 횡단보도 이용 시 주변을 살피는 행동은 하지 않는 것으로 나타났다. 한편, 야외활동에서는 아동들이 안전장비를 착용하지 않고 자전거를 타는 비율이 높게 나타났으며, 부모 또한 안전장비를 착용하지 않은 경우가 많았다. 또한 도로에서 하차하지 않고 계속해서 자전거를 타고 가거나, 야간 주행 시 라이트를 켜지 않고 자전거를 타는 등 여러 위험 행동이 관찰되어 실제 상황에서의 행동교육과 훈련의 필요성을 시사하였다.

마지막으로 포토보이스를 통한 아동 생활환경 안전 및 위험경험을 분석하였다. 분석결과, 아동이 보고한 안전요소로는 익숙한 장소, 안전시설, 안전설치 및 징표, 사람들 등으로 나타났고, 위험요소로는 집 주변 낯선 어른들, 위험한 장소, 관리정비 안 된 건물, 방치된 물건들, 위험천만한 자동차들이었다. 특히 위험요소로 주목해야 할 요소는 눈에 띄는 물리적 무질서 상태가 가장 심각한 것으로 나타났으며, 집 주변이나 등굣길, 학원가 등에서 아동들은 사회적 무질서에 의한 위험한 경험을 하고 있었다. 이어서 위험요소와 안전요소의 특성은 지역사회 범주에 따라 다르게 나타났다. 즉, 위험요소의 경우 노후주택과 재개발로 인한 폐가 등이 있는 저소득층 지역사회가 위험요소가 더 많아 보이나, 물리적 상태가 좋은 중산층 지역사회가 오히려 교통사고 위험이나 야간 보행에 따른 위험요소가 더 많은 것으로 나타났으며, 신도시 지역 인구밀도가 낮은 지역의 등굣길은 아동에게 위험요소로 작용하고 있었다. 반면, 안전요소의 경우 저소득 지역은 익숙한 공간, 안전을 표시하는 징표들을 안전요소로 꼽은 반면, 중산층 지역에서는 안전을 목적으로 하는 시설물을 안전한 곳으로 인식하는 경향을 보였다. 이러한 결과를 통해 위험요소를 제거한다고 아동안전이 보장되는 것이 아닌 것으로 나타나, 위험요소와 안전요소는 연속선상에 있지 않고 서로 분리되어 있으며, 안전요소는 위험요소와는 별개로 새롭게 강구되어야 함을 밝혔다. 또한 아동안전을 위한 다양한 장치나 징표들(비상벨, CCTV 등)의 설치, 물리적 무질서 상태 개선에 대한 노력뿐만 아니라 지역 내 이웃관계망 강화 등 사회적 질서를 확보를 위한 노력을 기울여야 함을 제시하였다.

그러므로 아동의 생활환경의 범주를 가정과 학교, 지역사회로 확장해서 지원하는 노력이 필요하겠고, 아동 당사자의 목소리를 반영한 지역사회 안전지침이 필요하며, 사회복지뿐만 아니라 심리학 등 다학제적 접근과 다양한 연구방법을 통해 통합적으로 아동의 생활환경 안전문제에 접근해야 할 필요성이 있다.

(2) 아동의 사회환경

아동기의 사회환경에 관해 아동복지 연구소 보고서(2016)에서는 아동기의 안전한 생활환경을 위한 보고서의 내용을 다음과 같이 밝혔다(우경연, 2016: 1-110).

한국은 2016년 OECD가 발표한 앳킨슨지수에 의한 불평등이 OECD 국가 중에 이스라엘, 미국, 터키에 이어 네 번째로 심각한 것으로 나타났다. 불평등으로 가난한 가정의 아동이 영양공급이 충분하지 않거나 학습에 흥미를 유발하는 자극이 적거나 수준이 평균 이하인 학교에 다녀야 하는 것은 성장발달을 제한한다. 이는 아동이 미래에 성공할 확률을 줄이는 요인이 된다. 부모는 자녀의 영양공급과 학습에 대한 동기부여에 영향을 미친다. 빈곤층 부모는 같은 환경의 다른 부모에 비해 더 많은 노력을 기울이기도 한다. 그러나 부모가 노력으로 극복하는 데는 한계가 있다. 빈곤층의 부모는 재정적으로 쪼들리고 언제 해고당할지 모르는 불안한 일자리를 유지하면서 지쳐 있다. 부모 또한 빈곤의 악순환을 벗어나지 못한 신빈곤층일 수도 있다. 빈곤아동은 모래주머니를 다리에 차고 인생을 경주하는 것과 같다. 빈곤아동을 위한 사회적 장치나 지원이 없다면 이들은 타고난 잠재력을 완전히 발휘할 수 없다. 가난한 아동기를 극복하고 사회적 사다리를 오르기 위해 노력한다 해도 배경이 좋지 않은 아동은 더 많은 장애물을 만나게 마련이다. 낮은 자존감과 사회적 관계기술이 부족하여 자신의 능력을 보여줄 공정한 기회를 찾기는 더욱 힘들어진다. 외환위기 이후 우리 사회는 사회적 배제현상의 심화와 계층 간 소득불평등의 확대를 경험하고 있다. 새로이 등장하는 다양한 사회적 배제 계층과 소득분배의 불평등은 사회의 양극화 현상을 촉진시켰고 사회통합의 위기를 확산시키고 있다. 이러한 배경에서 본 연구는 사회적 배제에 대한 이론과 선행연구를 살펴보고 이에 대한 사회적 지원 프로그램인 초록우산어린이재단 인재양성사업을 분석하였다. 분석은 논리모델과 강점모델을 통하여 사업 및 아동의 변화과정을 살펴봄으로써 아동의 사회적 배제에 대한 극복개입 방안을 모색해 보고자 하였다.

사회적 배제는 70년대 프랑스에서 규범적인 개념으로 출현되었는데 70년대와

80년대 유럽은 경제침체기를 거치면서, 경제위기로 인하여 새로운 형태의 빈곤이 등장하였고 사회에 적응하지 못한 주변적인 인구집단이 증가하였다. 장기간의 경제침체로 인한 대규모의 장기실업과 노동조건의 지속적인 악화로 국가의 조세 수입은 줄어들었고, 복지지출 수요는 증가하여 결과적으로 복지재정이 크게 약화되었다. 또한 장기간 일자리를 얻지 못한 사회집단이 빈곤과 경제적 불안정을 겪으면서 유럽 여러 나라에서 사회양극화가 나타나기 시작했다. 이러한 새로운 변화에 대한 대응은 두 가지로 나타났는데, 하나는 국가의 복지를 축소하여 생산적인 투자 자원을 확보하고 투자를 통해 일자리를 늘려 궁극적으로 실업과 빈곤을 해결한다는 낙수효과를 강조하고, 다른 하나는 다양한 형태의 사회적 배제를 국가정책을 통하여 해결하여 사회적 통합을 이루어야 한다는 국가의 포괄적 개입을 강조하는 것이다. 주거, 교육, 고용 등에서 배제된 개인들이 경험하게 되는 것은 빈곤뿐 아니라 사회적 참여 및 정치적 참여와 같은 더 광범위한 사회로부터의 단절이다. 이것은 곧 절도, 마약 판매나 매춘과 같은 불법적인 행동에 이들이 참여하게 되는 것이기 때문에 반사회적 행동을 줄이기 위해 사회적 통합을 위한 정책이 필요하다는 것이다.

이에 사회적 배제 개념은 1990년대 이후 빈곤과 사회적 차별현상이 심각해지고 있던 유럽연합 각국으로부터 많은 주목을 받게 되었다. 이 시기 경제적 결핍에 집중된 전통적 빈곤의 관점은 비경제적인 요소를 파악하는 데 많은 한계를 가질 수밖에 없었다. 사회적 배제 개념은 빈곤이 기존의 전통적인 빈곤집단이라 할 수 있는 실업자, 노인, 장애인 등 취약계층에 집중된 경제적 배제가 아니라 근로빈곤층을 포함한 다양한 계층에서 나타나는 사회적 관계망에서의 소외, 문화·심리적 차원에서의 소외 등을 잘 설명할 수 있었다. 유럽은 2000년대 초반 경제호황을 통해 달성된 GDP의 높은 성장과 낮은 실업률 등 노동시장에서의 성공적 평가와 달리 여전히 높은 소득불평등과 상대빈곤율, 특정 집단에의 사회적 배제를 해결하고자 하였다. 유럽연합이 채택하고 있는 사회적 배제에 대한 대응전략은 최저임금정책, 연대 혹은 재분배적인 조세, 신규 채용 시 고용주 보조, 적극적 노동시장정책, 일자리 공유, 지방발전 정책, 반차별법, 정책 참여 등으로 사회적으로 박탈된 집단을 사회로 통합시키기 위한 경제적, 사회적 정책들을 포함하고 있다. 이후 유럽위원회는 2010년을 빈곤과 사회적 배제 극복의 해로 선포하고 한 해

동안 유럽연합 회원국 정부와 시민사회, 일반인들이 빈곤과 사회적 배제에 대한 의식을 키울 수 있도록 유럽 전역에서 다양한 프로그램을 진행하고 있다. 이러한 프로그램은 대상을 세분화하여 이루어지고 있는데 청년층을 대상으로 교육, 훈련, 이동, 고용과 사회적 통합을 증진하기 위한 'Youth in Action' 프로그램, 장애학생 통합 프로그램, 남성과 여성의 평등에 관련하여 동등한 경제적 독립, 일과 가정의 조화, 의사결정 과정에서의 평등, 모든 형태의 성에 기반한 폭력 근절, 고정관념 타파, 대외정책과 개발정책에 있어서 성평등 증진을 위한 프로그램이 운영되고 있다. 한국도 이러한 사회 배제를 해결하기 위하여 국가와 사회에서는 다양한 정책과 프로그램을 실시하고 있고 민간기관과 단체에서도 이를 위한 다양한 사업을 실시하고 있다. 어린이가 행복한 세상 만들기를 노력하고 있는 초록우산 어린이재단이 이러한 사회적 배제를 극복하고 아동에게 꿈과 희망을 실현시키는 인재양성사업을 실시하고 있다. 사례에서 지원아동은 가족(가장)이 기초생활수급이나 저소득으로 인하여 취약한 주거와 의료상태에서 사회와 단절되거나 스스로 단절하는 사회적 배제에 놓여 있다. 빈곤으로 학업을 중단하고 저임금노동자로 사회에 진출하여 다시 빈곤층으로 전락할 가능성이 높다. 그러나 사례에서 아동의 강점에 중점을 둔 지원으로 아동은 빈곤의 악순환을 끊고 꿈과 희망을 가지고 노력하는 모습을 볼 수 있다.

사회적 지원을 통하여 무기력과 낮은 자아존중감과 교육기회의 제한 및 진로지도의 미흡으로 친사회적 태도가 형성되지 못하고 그에 따라 사회적 관계기술의 부족으로 비행을 유발하는 환경 속에서 탈피하여 경제적 지원과 진로교육 지도로 선순환 구조로 변화시키고 있는 것이다.

4 아동복지 발달사

1) 산업화 이전의 아동복지(기원전~1760년 이전)

고대에는 아동을 인격적 개체로 보는 것이 아닌 부족의 소유물로 보는 경향이 강했다. 그들의 생명은 종족보존이 수단으로서의 가치만 인정되었고 이로 인해 아동의 보호를 저해하는 일들이 빈번하게 발생하였다. 그리스의 스파르타에서는 아이가 태어났을 때 건강하지 않으면 전사로서의 자격 불충분이라는 이유로 죽였고 인도나 중국 등지에서는 딸이 태어나면 죽여버리는 풍습이 예로부터 있었다. 유럽의 중세시대에는 종교적 색채가 강한 시기였으므로 교회 중심의 아동복지가 이루어졌지만 그것은 종교 차원의 동정적 자선행위이지 아동의 욕구나 권리에 입각한 복지서비스의 형태는 아니었다. 다만 1601년의 영국 구빈법에서 요부양아동(고아, 기아, 빈곤가정의 아동)에 대한 규정도 세워 오늘날의 아동복지의 기원을 이루었다고 볼 수 있다. 이 법이 갖는 가장 큰 아동복지로서의 의의는 아동의 복지에 대한 국가적 수준의 책임을 최초로 규정하였고 빈곤가정 아동을 위해서 위탁보호제도와 도제제도를 마련하였다는 점 등이다.

2) 산업화 이후의 아동복지(1760년~19세기 말)

근대 산업사회의 시기는 산업혁명의 시작과 함께 중세 봉건제도가 붕괴되면서 자본주의 제도가 도래한 시기이다. 산업혁명으로 인한 급격한 사회구조의 변화는 빈곤, 실업, 노사문제, 노인, 아동, 청소년 및 기타 보호를 필요로 하는 등 제반 문제가 사회문제로 등장하였다. 이 시기의 아동들은 철저한 노동력 착취를 당했으며 불결하고 위험한 환경에서 살아야만 했다. 중세시대와 자본주의 시대까지도 서양에서는 남성의 정자에 소형인간이 들어있으며 그것이 점차 자라 애로 나오며 그 애가 커서 인간이 되는데 이러한 과정에서 아동을 아동이 아닌 완전한 성장체로 보았으며 정신은 어른이고 몸만 아동인 것으로 정의하고 있다. 당시 영국의 아동들은 주로 공장에서 18시간의 가혹한 노동을 하고 있었고 이에 대한 임금은 거의 없었다고 한다. 이 당시의 아동에 대해 상세히 표현한 작품으로는 올리버

트위스트를 대표적으로 볼 수 있다. 이러한 아동의 노동력 착취는 1834년 구빈법 개정 때까지도 계속되었다. 1834년 구빈법 개정에서는 지역학교, 육아원, 특수학교가 설립되었으며 특히 아동의 근로기준을 설정하여 아동의 노동력 착취문제를 해결하고자 했다. 그 이후로도 1906년 급식법, 1907년 교육법, 1945년 가족수당법, 1948년에는 아동법이 제정되어 오늘날에 이르고 있다.

영국의 아동복지정책은 사회보장제도에 의한 가족강화를 기본원리로 하는 것이 특색이다. 1802년 영국에서는 옥면공장 등의 도제의 건강 및 품성을 위한 법률이 제정되었는데, 이 법은 세계 최초로 연소 공장노동자의 노동시간을 규제하고 최소 수준의 위생과 교육을 보장하려고 만든 법률이었다. 1819년의 공장법은 취업의 최저연령과 근무시간에 대한 규정을 만들었고. 1833년의 공장법 개정에서는 9세 미만 아동은 노동금지, 9~13세는 주 48시간, 하루 노동시간을 9시간으로 제한하여 아동을 보호하였다. 영국 이외의 다른 유럽 국가들도 아동복지에 동참하였다. 프랑스에서는 1841년, 스웨덴 1881년, 미국 1895년에 근로아동을 위한 관계법을 제정하여 최저 근로연령을 상향 조정하고 근로를 제한하는 직업의 종류를 규정하는 등 발전을 보였다. 영국의 오웬은 자신이 경영하는 방직공장 내에 탁아시설 성격형성신학원을 설립하여, 산업화에 따른 취업모의 증대에 대응한 근대적 의미의 이용시설을 설치하였다. 1891년에는 아동감호법이 제정되어 아동보호에 부적합한 부모의 친권을 박탈하였고 이로 인해 사립 아동구제사업이 활성화되었다.

3) 현대 산업사회(20세기 이후)

20세기에 접어들면서 서구에서는 아동의 보호는 국가의 책임이라는 사고방식이 널리 받아들여졌다. 영국은 1908년의 아동법 제정 후 1948년에 신아동법으로 체계가 정비되게 된다. 이 신아동법은 양친이 없는 아동, 유기된 아동, 부모와 떨어져 사는 아동, 특히 아동 부양능력이 없는 정신질환자, 정서적 문제를 가진 자, 알코올·약물중독자 등의 부모를 둔 자녀들은 지역사회의 공동단체가 부모 역할을 담당하도록 규정하고 있다. 미국의 아동복지는 초기에는 영국의 구빈법을 그대로 적용 실시되었다. 그러다 18세기에 들어서서 단순한 시설보호에서 교육을 통한 보호방법이 전개되었다. 1895년에는 아동노동법이 제정되어 근로청소년에 대한 복지정책이 마련되었으나 아동문제에 대한 관심이 전국적 수준으로 증대되고 이에 대한 국가 책임의 필요성이 논의된 것은 백악관 회의가 실시되면서부터이다. 루스벨트 대통령은 제1회 백악관아동회의를 소집하고 이어서 연방아동국을 설치했다. 이 회의는 1909년 "요구호아동의 보호"를 주제로 전국에서 교육, 사회사업, 의학, 심리학, 교정사업 등, 각 분야의 아동, 청소년 관계자를 모아 아동복지에 대한 정부의 책임을 처음으로 공식화한 의미에서 매우 중요하다. 이 회의에서 루스벨트 대통령은 아동을 위한 부모 역할의 중요성과 가정생활의 중요성을 언급하면서 다음과 같은 세 가지 원리를 제시하였다. 첫째, 가난하다는 이유로 아동이 가정으로부터 이탈되어서는 안 되고, 둘째, 가정을 떠나야만 할 충분한 이유가 있을 경우에는 차선책으로 잘 선정된 위탁가정이 바람직하며, 필요에 의해 시설을 이용할 경우 가옥제도가 좋으며 아동의 의존성이 나타나지 않도록 해야 한다.

이러한 백악관회의의 성과는 1912년의 연방아동국 설치로 더욱 구체화되었다. "전국의 모든 계층의 어린이들과 그들과 관련 있는 모든 것에 대해 조사하고 보고하는" 목적으로 연방아동국이 설립되기까지는 많은 세틀먼트 관계자들의 노력이 있었다. 백악관회의는 10년마다 개최되어 제2회는 1919년 윌슨 대통령에 의해 "아동복지 최저기준, 모자보건 요보호 아동의 보호"를 주제로 소집되었으며 제3회는 1930년 "아동보건 및 보호를 주제"로 유명한 아동헌장을 채택했는데, 이것은 1942년의 국제연맹이 행한 사상 초유의 아동권리선언과도 이념적으로 연결되는 것이다.

그 이후엔 연방 정부에 아동문제를 전담하는 아동국을 설치하고 아동문제, 아동노동, 비행 등, 아동에 관한 것들을 연구하였다. 그 후로도 10년마다 백악관회의를 열어 변화하는 사회에서의 아동복지정책을 모색하였다. 1933년에는 아동청소년복지법이 제정되었다, 이법은 비행청소년뿐만이 아니라 이른바 요보호 상태에 있는 일반아동의 복지와 사회 참가를 목적으로 제정되었다. 아동복지에 대한 국가적 책임이 강조됨에 따라 복지대상이 일반아동에게까지 확대되었으며 복지대책의 일환으로 아동수당 및 가족수당제도가 발달하기 시작하였다. 아동수당은 가족수당제도의 체계 내에서 또는 독자적인 영역으로 발달되었는데 영국은 1946년에 제정된 가족수당제도의 개선책으로 1974년 모든 아동을 대상으로 하는 아동수당법을 제정하였으며 서독, 스웨덴, 프랑스, 일본 등에서 실시하고 있다.

한편 빈곤아동의 보상교육을 위해 미국에서도 헤드 스타트 프로그램을 실시하였다. 그러나 부모 및 가정과 연계되지 않는 보상교육은 효과를 거두기 어렵다는 평가에 따라 부모를 참여시킨 홈 스타트 프로그램을 실시하였다. 아동의 욕구에 맞게 개발된 수용시설, 소규모의 집단위탁가정보호, 특히 특수장애아동을 위한 수용시설과 특별위탁가정보호의 개발이 이루어졌다.

이상과 같이 영국, 미국 등 각국의 아동복지에 대한 움직임은 전후 활발하게 행해졌으며 그것은 1924년 국제연맹의 선언을 수정해 전면적으로 개정한 국제연합의 '아동권리선언' 그리고 전술한 1989년 '아동권리조약' 등으로 구체화되었다. 1990년 뉴욕의 아동을 위한 세계정상회담에서는 158개국 대표들이 아동의 생존, 보호, 발달을 위한 세계선언과 국가행동계획을 만장일치로 채택하였다. 이 이외에도 유니세프 같은 국제아동기구를 통해서 전 세계 아동의 복지증진에 이바지하고 있다.

4) 한국의 아동복지

한국의 아동복지에 대한 역사는 다음과 같다(사회복지동향원, 2020).

(1) 근대 이전의 아동복지

고대 우리나라의 아동은 아동 자신에 대한 권리나 인격체로서가 아닌, 가계를 계승시키기 위한 수단으로서 관심의 대상이었다. 조선시대까지 우리나라에서 실시되어 온 아동복지제도는 부랑아 및 유기아 등에 대한 구호가 주된 사업이었는데 생명의 구호에만 치중한 나머지, 빈민자를 노예 또는 머슴으로 보내어 평생을 중노동에 속박되게 하는 등 인간의 자유와 존엄성을 모독한 처사라고도 볼 수 있다.

① 삼국시대

고대 우리나라 아동복지의 역사는 「삼국사기」와 「삼국유사」 같은 고문헌(古文獻)을 통해 볼 때, 삼국시대 이전부터 시작되었음을 알 수 있다.

「삼국사기」에 의하면, 신라 제3대 유리왕은 통치 5년(서기 28년)에 관가를 중심으로 홀아비, 과부, 늙어서 자식 없는 사람, 늙고 병든 사람을 요보호 대상자로 정해 무료 급식과 양육을 왕명으로 하였으며, 백제와 고구려에서도 백제 온조왕 33년과 고구려 태조왕 56년에 재해를 당한 사람들 속에 아동을 포함시켜 관곡을 배급하였다고 기록되어 있다(구자헌, 1989). 삼국시대에서는 재난에 대한 구제책의 일환으로 관가에서 식량을 배급하되 생활은 자신의 거처에서 하는 것이 상례였다.

② 고려시대

고려시대에서는 불교의 기본 정신인 '자비'사상에 입각하여 천재지변이나 질병 등으로 인해 부모에 의해 양육・보호가 어려워진 고아, 기아, 빈곤아동들을 사찰에 위탁하게 한다거나 관(官)에서 수용・보호하는 시설구제의 형태가 최초로 시작되었으며, 이를 본받아 민가에서도 무의무탁한 아동들을 양자녀나 노비로도 수양하였다.

③ 조선시대

조선시대는 유교의 통치이념이 사회전반을 지배했던 시대였으며, 아동복지에 관하여서도 고려시대보다 진일보하여 고아와 기아 및 빈곤아동에 대한 다양한 원조방식이 제도화된 시기였다. 먼저 이 시기에는 환곡, 비황, 구황 등의 구휼제도와 활인서, 혜민서 등의 의료구제기구를 통해 빈민의 고통을 감소 내지 제거하려 노력했으며, 수용・보호해야 할 아동을 위해 민간수양 허가제를 실시하고, 민간수양을 희망하는 이들에게는 아동의 옷값을 관에서 지급하도록 하였다. 또한 부모나 친족 또는 적당한 보호자가 없는, 무의무탁한 아동을 관에서 수용・보호하도록 하고, 만일 수용・보호 중에 부모나 친척이 나타나 양육을 희망할 경우에는 가정으로 귀가시키되 아동을 제대로 양육하지 못하고 걸식이나 유기할 경우에는 다시 관에서 수용・보호하고 가정 내로 영구히 되돌려 보내지 않을 것을 명문화하였다.

(2) 과도기적 아동복지

이 시기의 아동복지는 일제의 침략과 제2차 세계대전 그리고 미소 양국에 의한 신탁통치와 연이어 발생한 한국전쟁 등, 국내외적인 정치적 격동기였기 때문에 거의 공백기였다고 할 수 있으며, 외국과 종교적 성격을 지닌 기관이 아동복지사업을 주도했었다. 과도기적 아동복지의 특징은 다음과 같다. 첫째, 통치적 차원의 아동보호, 둘째, 해외 선교기관 중심의 요보호 아동복지사업, 셋째, 비행아동을 위한 제도적 보호, 근로아동을 위한 제도적 보호 등으로 나눌 수 있다.

(3) 근대적 아동복지

이 시기의 아동복지는 1960년대를 시점으로 급격하게 이루어진 산업화와 도시화에 의해 야기된 각종 아동 및 가족문제를 해결하기 위한 노력으로 특징지울 수 있으며, 아동복리법(1961)을 위시하여 아동의 복지에 직·간접적으로 영향을 미친 사회복지 관련법이 제정됨으로써 복지에 대한 사회 및 국가의 책임이 보다 확고해짐과 동시에 비교적 조직적이고 체계적인 복지서비스가 실시되기 시작했고, 특징은 첫째, 아동복지법 및 관계법 제정, 둘째, 시설보호사업의 증대, 셋째, 입양제도의 발달, 넷째, 탁아사업의 확충, 다섯째, 장애아동복지사업의 전개를 들 수 있다.

(4) 현대적 아동복지

한국의 본격적인 아동 복지 사업의 시작은 한국전쟁으로 인해 부모를 잃은 아동에게 임시 거처를 마련해 주는 것이었다고 할 수 있다. 1961년에 아동복리법이 제정되었는데 이 법은 요보호아동에 대한 소극적인 보호 선도에 그치지 않고 아동이 요보호 상태에 빠지는 것을 사전에 방지하는 예방적인 작용과 나아가서 아동이 몸과 마음이 함께 건전하게 육성되도록 조성하는 적극적인 작용을 같이 규정하였다. 그러나 실제적으로는 요보호아동을 중심으로 한 것이었으며 1981년에 이르러 모든 아동을 대상으로 한 「아동복지법」으로 개정되었다. 이때 정부의 힘이 고루 미치지 못하자 외국의 각종 원조단체의 지원으로 아동보호시설이 격증하였다. 현대적 아동복지의 특징 네 가지는 첫째, 보편적 아동복지체계로의 진입, 둘째, 영유아의 교육과 보육의 진흥, 셋째, 청소년 복지의 제도화, 넷째, 학대아동보호사업이 있다.

Chapter

02 외국의 아동복지

외국의 아동 돌봄 현황의 사업내용은 다음과 같다(교육정책네트워크정보센터, 2019).

1 미국

1) 미국의 정규수업 전 · 후 초등학생 돌봄 현황

미국의 초등학생 대상 돌봄 프로그램은 주로 방과후 시간에 운영되는 경우가 많다. 초등학생의 하교시간인 오후 3시부터 학부모의 퇴근시간까지의 돌봄 공백에 대한 요구가 크기 때문이다. 실제로 관련 자료는 그동안 방과후 돌봄 프로그램에 대한 요구 확대와 더불어 실제적인 이용률 역시 꾸준히 증가해 왔음을 보여준다. 미국의 방과후 돌봄 프로그램은 돌봄서비스만을 제공하는 '단일형 프로그램'이 있고, 돌봄서비스와 함께 다양한 교육과 체험 지원 서비스를 제공하는 '복합형 프로그램'도 운영된다. 그리고 프로그램에 대한 재정지원 정책 역시 돌봄 프로그램만을 위한 지원 정책이라기보다는 다양한 형태의 방과후 프로그램을 지원하기 위한 정책이 대부분이다. 미국 내에서 포괄적인 서비스를 제공하는 학교에 대한 요구가 점차 높아지고 있는 상황 역시 흥미롭다. 최근 미국에서는 커뮤니티 스쿨 등 가정과 지역사회를 위한 서비스 제공 센터로서 학교 형태에 대한 관심이 높아지면서 학교에서 제공하는 아동 대상 보육 서비스에 대한 요구 역시 꾸준히 높아지고 있다. 이는 한국 사회에서 점차 학교의 보육 기능에 대한 요구가 높아지는 상황과도 일맥상통한다. 그러나 미국 내에서도 여전히 아동에게 충분한 방과후 돌봄 프로그램을 제공하지 못하고 있다는 비판의 목소리도 높다. 우리나라와 마찬가지로 인력과 예산 부족 문제가 주원인이다. 이에 연방 정부뿐 아니라 많은 주정부가 특히 저소득층 아동을 위한 돌봄 서비스 이용비용 지원을 확대하고 있다. 뿐만 아니라 '방과후 학교 연합'과 같은 단체는 방과후 돌봄과 교육 서비스의 질 제고와 참여율 증대를 위하여 전문 연구뿐 아니라 법적 측면에서도 다양한 노력을 개진하고 있다. 이러한 학교의 돌봄서비스에 대한 미국 사회의 관심과 이를 위한 정책적 노력은 우리나라에 유용한 시사점을 줄 것이다.

2) 통학 안전 정책 추진 사례

미국은 연방 정부 차원에서 통학 안전에 관련한 다양한 규정과 지침을 마련하여 운영 중이다. 해당 내용의 몇 가지 특징을 살펴보면 다음과 같다. 첫째, 학생 통학 관련 규정의 대상 범위가 넓은 편이다. 미국은 학생 통학 안전 관련 규정의 대상 범위를 유치원에서 고등학교까지 넓게 설정하고 있다. 둘째, 통학 안전에 관한 대부분의 규정은 스쿨버스에 관한 내용을 주로 하고 있다. 미국의 경우 학교 통학 시 스쿨버스를 이용하는 것이 보편적이므로 통학 안전에 관한 규정 역시 스쿨버스에 관한 내용이 주를 이루고 있다. 그리고 스쿨버스에 관한 규정을 오랜 기간 운영해 온 만큼, 스쿨버스가 가장 안전한 통학 방안이라는 인식도 상당히 확산되어 있는 것으로 보인다. 실제로 도로교통안전국의 스쿨버스 안전 관련 홈페이지 자료를 살펴보면, 다른 방법으로 통학을 하는 것에 비해 스쿨버스를 이용하는 것이 가장 안전한 방법임을 여러 방법을 통해 홍보하고 있다. 일반 개인 차량을 이용할 때보다 스쿨버스를 이용하는 경우 통학 중 사고 위험이 약 70배 더 적다는 대표적인 통계자료를 포함하여, 스쿨버스의 안전에 대하여 다양한 데이터로 제시하고 있다. 셋째, 담당 인력에 대한 지속적인 안전 교육을 중요시한다는 점이다. 도로교통안전국은 특히 스쿨버스 운전자에 대한 초기 교육과 재교육 프로그램을 여러 매체를 통해 제공하고 있다.

또한 미국 정부는 관련 지침을 마련함으로써 연방 정부뿐 아니라 주정부 차원에서도 특정 시기마다 스쿨버스 운전자를 비롯한 학생 통학 담당 인력에 대한 다양한 교육 프로그램을 마련할 것을 의무화 또는 권장하고 있다. 해당 문서는 도로 교통과 학생 안전에 관해서는 단기간의 일회성 교육이 아닌 장기간의 지속적인 교육 프로그램이 중요함을 명시하고 있다.

2 캐나다

1) 캐나다의 정규수업 전 · 후 초등학생 돌봄 현황

온타리오 주에서 다년간 실시되어 온 정규수업 전 · 후 프로그램은 맞벌이 가정 자녀의 돌봄 기능을 수행하고, 동시에 주 교육부가 제시한 교육 목표를 확장하는 데 중점을 두고 있다. 또한 교육법 내 다수의 조항에서 관련 내용을 언급하고 있으며, 프로그램의 효과가 인정되며 지속적으로 확장되어 온 것도 사실이다. 그러나 시행 과정에서 교사의 업무 과부하에 대한 직접적인 문제가 제기되며 2015년부터는 교사가 해당 프로그램을 직접 지도하거나 관리하고 감독하던 것을 모두 금지시켰으며, 이에 지역사회의 아동보육센터와 레크리에이션센터 등을 통한 프로그램이 지금처럼 자리를 잡게 되었다. 그러나 막대한 예산이 소요되고 있는 만큼 이에 대한 의견은 여전히 분분하다. 특히 유치원에 한해서는 전면 무상교육을 실시하는 만큼 더욱 큰 이슈가 되기도 했다. 이미 2014년도에 '교육을 위한 사람(People for Education)'은 전일제 유치원 제도에 대한 보고서를 발행하여, '학교가 보육 서비스를 제공한다. 그것도 '모든 사람에게, 하루 종일'이라는 발상 자체가 너무나 이상적이어서 시행에 따라 빚어질 문제를 외면해 왔다고 지적했다. 이로써 수천만 가정의 교육비를 절감시켜 주는 긍정적 효과는 분명 있었으나, 정부 차원에서는 연간 15억 달러(한화 약 1조 2,700억 원)의 지출이 발생한 것이다. 이에 가장 최근인 2019년 2월, 더그 포드(Doug Ford) 정부는 전일제 유치원의 무상교육을 과감히 폐지하겠다는 입장을 밝히며, 예산 적자와 프로그램의 효과성 모두를 고려해야 한다고 언급한 바 있다.

2) 캐나다의 통학 안전 정책 추진 사례

캐나다의 통학 안전은 법과 제도를 통해 온 국민이 함께 노력해야 하는 부분으로 인식되고 있으며, 비교적 잘 보장되고 있는 편이다. 또한 주와 준주에 따라 개별적으로 교육정책이 추진되고 있는 연방국가의 특성에서 벗어나, 학생의 통학 안전만큼은 캐나다 전역에서 큰 차이 없이 동일하게 진행되는 부분이기도 하다. 승하차 시 학생의 안전을 위해 주행하던 차량의 정차 의무화는 물론, 통학버스 내에서 지켜야 할 기본 수칙 등도 주/준주에 상관없이 상당히 유사한 면모를 보인다. 경우에 따라 교육청에서 통학버스를 직접 구입하여 운행하는 경우도 있지만, 대부분 버스협의체에 위탁하여 전문적으로 운영하는 방식 또한 공통점이다. 통학 안전에 관여하는 법과 제도를 비롯해 해당 프로그램을 이행하는 데 참여하는 각 기관과 담당자가 유기적으로 협력하고 있으며, 또 이를 당연하게 받아들이는 삶의 태도와 사회적 분위기 또한 학생의 통학 안전을 담보하는 필수 요인으로 꼽을 수 있을 것이다.

3 영국

1) 영국의 정규수업 전 · 후 초등학생 돌봄 현황

영국은 학교가 가정을 대상으로 교육 이외의 다양한 서비스를 제공하는 공공기관으로 인식하고 있으며, 학습자 돌봄서비스의 목적이 포함된 다양한 프로그램이 정규수업 전후로 전개되고 있다. 앞에서 살펴본 바와 같이 정규수업 전에는 주로 조식클럽을 통해 아침 식사를 제공함으로써 규칙적이고 건강한 하루 일과를 시작할 수 있게 돕고, 정규수업 이후에는 간식을 제공하면서 스포츠나 예술과 관련된 클럽을 운영하여 다양한 교과 외 활동을 즐길 수 있는 기회를 제공한다. 정부는 일선학교가 확장된 서비스를 제공하는 것을 돕기 위해 조식클럽과 스포츠 활동보조금을 제공하는 한편, 상대적으로 양질의 식사나 다양한 방과후 활동을 즐길 수 있는 여력이 부족한 소외계층에 보다 초점을 맞추어 지원정책을 실시하고 있다. 그럼에도 불구하고 학교가 주로 자체적인 자원을 활용하면서 돌봄 서비스를 교내에서 실시하는 경우가 많은 만큼 이로 인한 재정적 부담이 존재할 수밖에 없는데, 이러한 어려움은 주로 학부모에게 비용을 청구하는 것으로 해결하고 있다. 정부가 추진 중인 확장된 학교 서비스 정책은 현실적으로는 맞벌이 가정의 증가하는 보육 수요를 충족시키고 아동을 안전하게 보호하고, 궁극적으로는 아동의 발달과 성장 그리고 학업성취도 향상을 촉진하기 위한 목적을 가진다. 결과적으로 일선학교의 아동 돌봄서비스의 역할과 책임이 강조되고 학교 운영시간이 이전보다 길어지고 있다.

2) 영국의 통학 안전 정책 추진 사례

영국은 지역사회를 중심으로 종합적인 통학 안전 정책을 추진하고 있는 것을 확인할 수 있다. 런던 시의 '지속 가능한 학교 통학(Sustainable school travel)'과 '통학 전략의 지속 가능한 방법(Sustainable Modes of Travel Strategy)'에서 살펴본 바와 같이 각 지자체가 지역사회의 수요와 상황에 맞게 개발하여 발표하고 있다. 각 지자체는 기본적으로 통학 경로를 안전하게 유지하고 운영하며, 안전한 통학 경로를 안내하는 것부터 도로안전에 대한 교육과 자전거 타기 실습까지 구체적인 통학 안전 교육을 담당한다. 지자체가 제공하는 다양한 교육프로그램은 일선학교가 국가교육과정과 연계하여 교수할 수 있도록 하는 것일뿐만 아니라 지역사회가 전개하는 통학 또는 교통 캠페인을 촉진하기 위한 방법으로 시도되고 있다.

뿐만 아니라 국가적인 차원에서는 PSHE 교과를 통해 일선학교가 학습자에게 도로안전을 교수하거나 여타의 다른 교과목과 통합교과적으로 도로안전에 대한 지식과 기술을 제공할 것을 적극 장려하고 있다. 이를 위해 정부는 PSHE의 교육과정 속에 도로안전을 포함시켜 개발 · 운영하게 하고, 런던 교통의 사례와 같이 다른 교과목과 연계하여 교수할 수 있는 다양한 교수 · 학습자료를 개발 · 공개하고 있다. 또한, 학습자의 도로안전을 위해 지역적 또는 국가적 수준에서 전개되는 다양한 캠페인을 전개하고, 이 캠페인에 학교와 학습자를 참여시켜 지역사회 통학 안전을 위한 주도적인 역할을 할 수 있는 기회도 마련한다. 이외에도 통학 안전을 위한 보다 직접적인 방법으로 학교 밖의 인력을 통한 통학 안전을 도모하고 있는데, 오래 전부터 등하교 교통정리원 제도를 도입하였을 뿐만 아니라 '안전한 학교 경찰관 계획'을 도입하여 학습자의 등·하교길 안전을 감독할 수 있도록 지원하고 있다. 등하교 시 도로교통과 관련된 안전문제 이외에도 최근에는 등하교 시간에 청소년을 대상으로 발생하는 범죄가 증가함에 따라 '안전한 학교 경찰관'의 학교 주변 감시 역할과 지역 경찰서가 실시하는 정기적인 순찰의 필요성이 점차 높아지고 있다.

4 독일

1) 독일의 정규수업 전·후 초등학생 돌봄 현황

독일과 한국의 정규수업 전·후 돌봄의 차이로는 첫째, 돌봄 운영 시간이다. 교육부 등(2017)에 의하면, 한국의 정규수업 전·후 돌봄은 초등학교 1, 2학년 맞벌이 가정 자녀를 주 대상으로 실시하며, 학부모는 방학 기간을 포함하여 06:30부터 22:00까지 신청할 수 있다. 독일의 반일제에서 종일제 학교로의 학교 제도 개혁은 2000년 이래 지속적으로 이루어져 왔으나, 논의되는 아동의 하교 시간은 기존의 반일제 13:00에서 늘어난 14:30부터 17:00까지이다. 한국 초등학교의 경우 현실적으로 22:00까지 운영되는 경우는 드물지만 국가 차원에서 작성한 운영 지침에서 안전한 돌봄이라는 명목 하에 초등학생이 22:00까지 학교 공간에 머무는 것을 명시하는 것은 독일의 사례와 차이가 있다. 종일제 학교의 비율은 70%가까이로 증가하였으나, 앞서 살펴본 니더작센 주의 경우 실제로 종일제 프로그램에 참여하는 학생은 종일제 학교 학생의 60% 미만이었다. 둘째, 운영대상과 운영방식에 대한 접근이다. 한국 초등학교의 경우 방과후 학교와 초등학교 1, 2학년 대상의 돌봄교실은 기본적으로 수익자 부담으로 운영된다. 독일의 경우 종일제 학교의 논의는 초·중등 전체 학생을 대상으로 하고 원칙적으로 무상 운영된다. 셋째, 교육정책의 실천 과정에서 한국의 경우 전국에 일률적으로 적용된 반면, 독일의 경우 연방 교육부와 KMK의 논의를 거쳐 각 지역 정부에서 KMK가 제시하는 최소 기준을 바탕으로 서로 다른 형태의 종일제 학교를 구축해 왔다. 넷째, 돌봄 내용의 체계화 정도에 있어, 한국은 교육부, 시·도교육청, 한국교육개발원에 의한 체계적인 매뉴얼이 개발되어 세부적인 운영 사례를 제시하여 현장에서의 적용과정에서 발생하는 부작용을 최소화하고 '방과후학교 포털시스템' 운영 등을 통해 이를 위한 지원 체계를 마련했다. 반면, 독일의 각 주정부는 학교 현장의 운영에 대한 명확한 지침을 제공하는 대신 평가기준을 통해 대략의 종일제 학교 운영 방향을 제시하고 학교의 자율적인 운영을 권장하고 있다.

2) 독일의 통학 안전 정책 추진 사례

독일은 국토의 고른 발전으로 주민이 자연친화적이고 쾌적한 삶을 누리는 반면, 일부 대도시를 제외한 대부분의 지역은 신속하고 치밀한 차량 일정에 따라 대중교통을 배치하는 데 인적·물적 여건에서 많은 어려움이 있다. 특히 자가용 이용이 제한적인 어린이와 청소년의 이동수단으로 자전거가 널리 활용되는 만큼 교통안전 지도의 주요 과제 또한 자전거 운행 지도와 관련되어 있다. 자전거 운전의 지식과 기술 습득, 운전자로부터 잘 보이도록 하는 형광색 보호 장신구, 안전모, 조끼의 착용을 장려하는 것이 주된 내용이라 할 수 있다. 교육프로그램의 운영은 물론 개별적으로 착용 또는 부착 가능한 형광 모자, 장신구, 안전모, 의류의 권장이 눈에 띈다.

한국의 대도시 학교는 교육청을 중심으로 자전거 사용을 가급적이면 자제하는 공문을 통해 안내하는 경우가 있다. 자전거 통학로가 미비한 것이 주요한 원인이고, 차후 사고의 책임에 대한 면책을 위한 기제라고 볼 수 있을 것이다. 수도권과 대도시 인구집중이라는 도시화 문제의 해결하기 위해 자연친화적이고 건강한 시민생활을 보장할 수 있는 장기적이며 포괄적인 통학안전계획이 요구된다.

5 프랑스

1) 프랑스의 정규수업 전 · 후 초등학생 돌봄 현황

프랑스 초등학교에서 정규수업 전·후 돌봄 서비스는 본래 프랑스의 어린이, 청소년에 대한 돌봄정책의 큰 틀 안에 있는 항목 중 하나이다. 다시 말해, 정규수업 전·후의 돌봄정책은 방학 기간이나 수업이 없는 수요일에 이루어지는 돌봄서비스, 방학 기간 보호자가 휴가 기간 쉴 수 있도록 하는 동시에 저소득층 가정의 어린이에게 자연을 경험할 수 있도록 하는 목적으로 이루어지는 방학 캠프 등 다양하게 존재하는 전체적인 미성년자 돌봄정책 중 하나라고 할 수 있다. 이러한 미성년자 돌봄서비스를 이용하면서 각 가정이 지불하는 비용은 가정의 소득에 따라 금액이 차등적으로 결정된다. 따라서 전체적인 돌봄정책의 틀에서 접근할 때 초등학교 정규수업 전·후에 이루어지는 돌봄서비스는 어린이와 청소년 그리고 그들의 가정에 대한 보편적 복지정책과 저소득층에 대한 복지정책이라는 두 정책적 원칙에 근거하고 있다는 특징을 갖는다.

2) 프랑스의 통학 안전 정책 추진 사례

프랑스 통학 안전 정책의 특징은 어린이의 교통안전교육을 중심으로 진행하고 있다는 점이다. 이는 통학 안전시설 마련과 안전지도를 통해 구조적이고 사회적인 차원에서 어린이의 통학 안전을 보장하는 것도 중요하지만, 수동적으로 외부에 의해 안전이 이루어지기보다는 교통안전교육을 통해 어린이가 직접 자신의 안전을 능동적으로 확보할 수 있도록 한다는 장점이 있다.

특히, 지자체별로 다르게 이루어지는 안전시설과 안전지도에 의존하지 않고 어느 장소, 시간에도 능동적으로 안전을 도모할 수 있도록 교육한다고 볼 수 있다. 아울러, 어린이의 안전교육은 보행자로서 안전교육만을 다루는 것이 아니라 자전거나 킥보드와 같은 운행 수단 이용자로서의 안전교육까지 다루고 있다. 또한, 교통표지판 읽고 이해하기, 올바른 도로 교통 규칙 이행 등을 포함한다. 이와 같은 점에서 시민교육 차원의 교통안전교육을 어린 연령부터 시작한다는 의의가 있다.

6 핀란드

1) 핀란드의 정규수업 전 · 후 초등학생 돌봄 현황

핀란드의 오전과 오후 활동 프로그램의 특징으로는 통합적인 측면을 보여주는 점이다. 국가교육원이 제시하는 목표 중 하나 '배제를 방지하고 포함을 확대(복지적 의미)'에 맞춰 1, 2학년 학생 외에도 핀란드의 통합교육 3단계 지원 모델 중 '2단계(강화 지원)', '3단계(특별 지원)'에 해당하는 학생의 경우 학년과 상관없이 참여할 수 있도록 하였다. 맞벌이, 저소득 등 가정의 경제적 상황만을 고려하는 것이 아니라 학생의 필요한 지원 정도를 파악하는 등 특수학생 통합을 위한 노력을 엿볼 수 있다. 또한, 단위학교에서 프로그램을 맡아 개설, 운영하는 것이 아니라 국가에서 제공하는 지침을 토대로 지자체가 자체 프로그램을 운영하거나 타 지자체와 협력, 또는 사설기관에서 프로그램을 구입할 수 있는 등 높은 자율성을 갖고 있다. 이는 내실 있는 운영을 가능케 하여 학부모로부터 높은 만족도를 끌어낼 수 있었다. 2018년 핀란드 국가교육원 OPH가 발표한 보고서에 따르면 몇 가지 고려해야 할 부분을 지적하고 있다. 오전 · 오후 프로그램도 유아교육과 기본교육의 일환으로서 교육의 연속성을 고려해서 내용이 구성될 필요가 있다. 또한, 인구가 적은 지자체의 경우 프로그램 운영에 어려움을 겪고 있어 작은 학교에서도 조직을 해야 하는 필요성을 주장하고 있다. 보육인력에 대해 강사의 교육 · 훈련 기준을 높여 교육 수준을 상승시킨 스웨덴의 예시를 따라 관련 역량을 높이기 위한 트레이닝을 강화할 것을 언급한다. 현재의 가변적인 훈련과 인력의 빠른 순환을 문제로 삼고 있다. 핀란드는 이렇게 전반적인 운영에 대한 높은 만족도에도 불구하고, 돌봄 프로그램의 중요성을 인지하며 지속적으로 발전시키기 위하여 가정과 학교의 양육 지원의 목표 달성에 다가가고 있다.

2) 핀란드의 통학 안전 정책 추진 사례

핀란드 국가교육위원회와 교육부는 어린이의 건강증진과 건강한 생활 영위를 위한 정책인 'Finnish Schools on the Move'를 2010년부터 시행 중에 있다. 이

정책은 2018년 8월 기준으로 90% 이상의 지방 정부와 88% 이상의 기초교육학교(1~9학년)가 참여할 정도로 활발히 진행되고 있다(Liikkuva Koulu, n.d.). 또한, 핀란드 교통통신부에서 걷기와 자전거타기를 진흥하기 위한 정책 'Action plan for Walking and Cycling 2020'과 연계하여 교육기관에서도 학생을 대상으로 걷기와 자전거타기를 권장하고 이에 필요한 교육을 실시하고 있다(Ministry of Social Well Affairs and Health, 2013). 자전거 이용은 한국 학교에서는 아직 뜨거운 감자라고 할 수 있다. 사고 발생 가능성이나 시설 부족으로 인해 여러 학교에서 가정통신문을 통해 자전거 등교를 하지 않도록 하고 있다. 여기에는 학교 밖에서 학생에게 사고가 발생했을 경우에도 학교에게 책임 소재를 묻는 문화도 영향을 끼쳤다고 볼 수 있다. 핀란드는 이와 달리 학생에게 자전거 이용을 적극 권장하면서 동시에 도로안전교육을 공교육 시스템을 통해 실시하고자 여러 연계 기관이 협력하고 있다. 이런 자전거 이용에 대한 권장은 학교 학생에게만 국한되지 않고 성인 사회까지 퍼져 있기 때문에(YLE, 2018, Jan. 11), 학생이 학교 밖에서도 자전거 이용에 관한 도로안전 지식과 습관을 익힐 가능성이 더 높다고 말할 수 있다.

또한, 핀란드 도로 안전회를 주축으로 한 기관 간 연계를 바탕으로 구성되고 실시되는 도로안전교육 프로그램이 부모, 보건소 간호사나 학교 교사를 우선 대상으로 삼는다는 것도 특징 중 하나이다. 예비 학부모나 초등학생 같은 서로 다른 대상에게 보다 효율적인 정보 전달을 위해 이들을 주기적으로 만나는 직업군에 도로안전교육을 실시함으로써, 더 높은 전달력을 가질 수 있었다. 이에 더해 교육 내용과 시간이 길지 않고 실제적인 내용에 집중했다는 점과 학생 교육에 바로 적용할 수 있는 매뉴얼을 제공했다는 점은 교사의 부담을 낮추어 도로안전교육이 교실에서 실행될 가능성을 높였다고 생각된다.

치안과 안전운전의 수준이 높은 핀란드 사회는 학교 버스나 부모가 학교에 태워다 주는 '라이딩'이 상대적으로 적은 편이다. 80% 이상의 초등학생이 혼자 학교를 다닌다고 나타났으며(Kyttä et al., 2011), 하교 후 클럽활동이나 개인 여가 시간도 독립적으로 움직이는 편이다. 이는 핀란드 학부모가 어느 정도 도로안전에 대해 안심하고 있다는 것을 나타낸다. 자녀가 혼자서 길을 다닐 때 가장 큰 걱정 중 하나인 교통사고는 운전자와 보행자 양측에 법적인 제도와 교육을 통해 해결해야 할 것이다. 특히 속도위반 시 벌금이나 벌점과 같이 운전자 측에 부과되는 규제가 운전 습관에 끼치는 영향은 중요하다고 볼 수 있으나, 본 기획기사에서 다루어지지 않은 만큼 이후 연구가 더 필요하다고 여겨진다.

7 일본

1) 일본의 정규수업 전 · 후 초등학생 돌봄 현황

일본은 2021년도 말까지 방과후 돌봄 프로그램 수용인원을 약 25만 명 더 늘려 대기 아동을 해소하고, 나아가 2023년도 말에는 여성취업률의 상승까지 고려해 총 152만 명을 수용하는 것을 목표로 하고 있다. 문부과학성의 '방과후 어린이 교실'과 '후생노동성'의 아동클럽을 일체적 또는 연계 · 추진하여 돌봄을 주목적으로 하는 '아동클럽'의 학생이 '방과후 어린이 교실'의 다양한 교육 프로그램에도 참여할 수 있게 되었다. 과제로는 '아동클럽'을 운영하는 전용시설이 학교 내에 설치된 곳은 전체의 약 절반 정도이며, 지역에 따라서는 학교에서 도보로 30분 정도 떨어진 곳도 있기 때문에 불편할 뿐만 아니라 이동 시 학생 안전 확보 등과 관련한 문제가 지적되고 있다. 이 때문에 학교 내에 '아동클럽' 전용시설을 확보하는 것이 관건이 되고 있는데 '아동클럽'을 새롭게 정비할 경우에는 학교 시설을 철저히 활용하도록 하고 있다. 참고로 2017년 기준으로 일본 공립 초등학교 여유 교실(전체 3,204실)의 활용 현황은 '아동클럽'이 2,152실로 67.2%, '방과후 어린이 교실'이 242실로 7.6%를 차지하고 있는데, 이러한 여유 교실을 잘 활용하여 향후 새 '아동클럽'의 80%를 초등학교 내에서 실시하도록 하는 것을 목표로 하고 있다. 이러한 일본의 사례를 통해 얻을 수 있는 시사점은 다음과 같다. 우선 현재 대기 아동의 해소뿐만 아니라 향후의 여성취업률 상승까지 내다본 돌봄 정책을 추진해야 하며, 무엇보다 학생이 방과후 학교에서 안전하게 활동할 수 있도록 시설 정비는 물론 지도원이나 안전관리원, 활동지침 등에 관한 체제 정비를 해야 한다. 또한 방과후 시간이 유익하도록 다양한 교육 프로그램을 경제적으로 큰 부담 없이 제공하는 것이 좋은데, 그러기 위해서는 학교와 지역을 연계하여 지역의 자원을 효과적으로 활용할 수 있게 하는 코디네이터의 역할이 중요하다. 또한 초등학교 내의 여유 교실을 적극적으로 활용하여 학생의 이동 시 발생할 수 있는 불편과 사건 사고 등을 미연에 방지하는 것도 필요하다.

2) 일본의 통학 안전 정책 추진 사례

일본의 학생 통학 안전 정책은 다음과 같이 정리할 수 있다. 첫째, 통학로 지정과 집단 등·하교 등을 통해 학생이 혼자가 되지 않도록 하고, 방범벨을 소지하도록 한다. 이뿐만 아니라 교통안전규칙이나 방범약속과 같은 내용을 교육함으로써 위험을 사전에 예방하기 위한 노력을 하고 있다. 학생의 등·하교 길을 위협하는 것은 교통사고뿐만 아니라 학생을 대상으로 한 범죄도 있다는 것을 염두에 둔다. 특히 초등학교 저학년의 어린 학생이 등·하교 길에 혼자가 되지 않도록 배려하고, 실천적이고 반복적인 안전교육을 실시하여 적절한 경계심을 가지고 상황에 대처할 수 있도록 한다. 둘째, 등·하교 길의 학생을 지켜볼 수 있는 눈(사람, 방범카메라 등)을 확보하기 위한 대책을 마련하고 있다. 교통안전 지도기간에 실시하는 교사와 학부모의 지킴·지도활동 이외에 지속적이고 체계적으로 학생의 등·하교 길을 안전하게 지켜볼 수 있는 스쿨 가드를 양성하고, 스쿨 가드를 관장하면서 학교와 연계하는 스쿨 가드 리더를 위촉한다. 또한, 어린이 110번의 집을 지정하고, 방범카메라 설치 등을 통해 학생이 안전하게 통학을 할 수 있도록 노력하고 있다. 앞으로의 과제로는 다양한 하교시간에 대응한 안전 확보 대책을 마련하는 것이라고 할 수 있겠다. 마지막으로 교육위원회, 학교, 도로관리자, 경찰, 지역주민 등이 연계하여 위험지역과 수상한 인물 등에 대한 정보를 공유하고, 공동으로 위험지역을 점검하는 등, 구체적인 환경개선과 순회순찰을 통해 사각지대를 좁혀나가는 체제를 구축하는 것은 참고로 할 만하다.

8 중국

1) 중국의 정규수업 전 · 후 초등학생 돌봄 현황

중국 일부 지역 초등학교의 방과후 돌봄정책에 대한 특징을 정리하면 다음과 같다.

첫째, 다양한 인력을 방과후 돌봄교실 교원으로 활용하고 있다. 교사는 이미 주어진 업무만으로도 매우 지치고 시간이 부족하다. 이러한 교사에게 방과후 돌봄 교실이나 방과후 수업을 운영하도록 하는 것은 업무 과중으로 스트레스를 줄 수 있다. 중국에서는 이 같은 문제를 해결하기 위해 퇴직교사, 대학생, 지역사회 주민 등을 초빙해 방과후 교실을 지도하거나 취미반 수업을 담당하게 하고 있다. 학교 측면에서 보면 교사의 업무부담을 완화하고, 교수학습 방식을 다양화 할 수 있어 좋고, 초빙 교원 입장에서 보면 적지만 보수를 받을 수 있을 뿐 아니라 사회 활동에 참여할 수 있다는 점에서 매우 유익하다고 할 수 있다. 둘째, 시간운영에 융통성을 두고 있다. 중국에서는 3시 반 또는 4시 반에 학생이 하교하고 나면 방과후 돌봄교실을 시작한다. 이때 하교시간을 통일적으로 정하고 있는 것이 아니라 학교에 따라 탄력적으로 운영하고 있다. 어떤 학교는 30분 간격으로 하교 하게 하고, 또 어떤 학교는 수시로 하교할 수 있게 한다. 일부 학교의 경우 부모의 직업상 6시에도 자녀를 데리러 오지 못할 경우 보안이 좀 더 늦은 시간까지 안전하게 보호하고 있다. 또한, 계절에 따라 하교시간을 조절하여 학생이 어두워지기 전에 집에 돌아갈 수 있도록 탄력적으로 하교시간을 관리하고 있다. 셋째, 돌봄의 기능뿐 아니라 전인교육을 위한 방안으로 활용되고 있다. 중국에서는 지식 암기와 입시 위주의 수업으로 창의성과 신체발달을 위한 교육이 부족하다는 문제가 끊임없이 지적되어 오고 있다. 이에 최근 중국 정부는 예술교육 강화, 체력 증진 도모 등 지덕체미(智德體美)를 고루 갖춘 전인적인 인재양성에 중점을 두고 있다. 이러한 교육적 흐름에 맞게 탄력하교에서는 교과지식을 학습하는 보충수업은 엄격히 금지하고 다양한 취미반 활동을 통해 아이가 비교과 지식을 습득하고 특기를 계발할 수 있도록 돕고 있다. 넷째, 정부 재정으로 이루어지고 있다. 사교육이 심한 중국에서는 많은 학생이 방과후 학교 근처 학원으로 가서 수업을 듣는 일이 다반사다. 대부분 가정에서 수입의 많은 부분을 사교육에 쏟고 있다. 사교육은 가정경제에 부담이 될 뿐 아니라 초등학교 저학년 학생이 혼자 학원으로 이동하기에는 위험요소도 많다. 중국 정부는 사교육비를 줄이고 안전하게 학생을 관리하며 전인적인 발달을 촉진하기 위해 탄력적인 운영을 위한 재정을 정부 예산목록에 포함시켜 무료로 운영하고 있다.

2) 중국의 통학 안전 정책 추진 사례

중국에서는 대부분 학부모가 자녀의 등·하교를 반드시 책임지도록 하고 있다. 등·하교 시간 유치원과 초·중등학교 앞 도로는 주차할 틈이 없을 정도로 자녀를 픽업하러 온 차량으로 긴 줄이 이어진다. 그만큼 중국의 학부모가 자녀의 통학 안전에 대해 신경을 많이 쓰고 있음을 알 수 있다. 학교에서도 학생의 통학 안전을 중요한 문제로 인식하고 철저히 관리하고 있다. 앞에서 중국의 다양한 통학 안전 제도를 살펴보았는데, 이로부터 우리의 통학 안전에 있어 다음과 같은 개선점을 기대할 수 있을 것 같다. 첫째, 학부모의 보다 적극적인 협조를 이끌어낸다. 자녀의 안전은 가정의 행복과 직결되는 만큼 이러한 중대 문제를 학교에만 일임하는 것은 부족할 것 같다. 가정에 있는 학부모로 하여금 가능하다면 등·하교를 도와주도록 요청하고, 어려울 경우 다른 사람에게 위임하는 식으로 자녀의 등·하교 안전을 완전 보장하는 이상적인 방안을 모색하는 것이다. 학부모의 협조를 위해 가장 어려운 부분 중 하나는 맞벌이 가정의 참여와 협조일 것이다. 또한 자녀가 여럿이다 보면 비슷한 등·하교 시간이 맞물려 모든 자녀의 등·하교를 돕는 데에도 한계가 있다. 중국의 경우 등·하교 안전 문제가 가장 크게 부각되는 초등학교 저학년에 대해 특히 학부모의 픽업을 엄격히 요구하고 있다. 퇴근시간으로 인해 미처 하교시간에 맞춰 오기 힘든 가정을 위해서는 방과후 돌봄교실도 운영하고 있다. 둘째, 하교 대열을 조직하고 책임교사를 배정한다. 중국의 천리 초등학교의 예에서 보았듯이, 같은 구역 학생 간에 대열을 조직하여 하교하도록 하는 것이다. 또한 대열마다 책임학생과 책임교사를 정함으로써 하교 길에서의 태도를 바르게 한다면 사고 위험을 낮추게 될 수도 있다. 물론 현재 우리나라의 초・중등학교에서는 방과후 학원으로 이동하는 학생이 많겠지만, 이들을 제외하고 가정으로 돌아가는 학생을 중심으로 하교 안전을 위한 귀가 대열을 조직하는 방안도 고려해봄직하다. 셋째, 학교-가정, 학교-학원 간 통학 안전 협약을 체결한다. 중국의 <학생 인계인수 협약>제도를 보면서 '그렇다면 우리는 학교 통학 안전의 주체와 구체적인 역할에 대해 얼마나 인식하고 있는가?'하는 의문이 든다. 이러한 협약이 우리에게는 생소하고 지나친 거 아니냐는 반문을 할 수도 있겠지만, 다시 생각해 보면 협약을 체결함으로써 학교와 학부모, 그리고 최근 통학을 주로 책임지는 학원에 대해 책임감을 높이고 안전수칙을 각인하는 효과를 얻을 수 있다. 또한, 이러한 구체적이고 명확한 통학 안전 제도는 학생의 안전을 더욱 보장하고 가정과 관련 부문의 참여를 장려할 거라 기대된다.

9 싱가포르

1) 싱가포르의 정규수업 전・후 초등학생 돌봄 현황

싱가포르는 여성의 경제활동 참여의 증가와 양육 부담의 문제를 사회와 국가가 함께 해결해 나아가야 하는 문제로 보고, 교육부와 MSF의 체계적인 협업과 지역사회와의 연계를 통해 맞벌이 부부가 일과 삶의 균형을 유지하면서 경제활동을 할 수 있도록 돕는다. 실례로 초등 돌봄 센터뿐만 아니라 온종일 돌봄서비스를 제공하는 탁아소(child-care center)와 영유아보육원(infant-care center)이 지역사회에 잘 구축되어 있어, 생후 2개월의 영아부터 돌봄 혜택을 받을 수 있다. 이는 단순히 한 부처에서 시행하는 제한적인 노력이라기보다, 지역사회와 여러 관련 기관이 아이의 돌봄과 부모의 경제활동의 연관성을 통합적이고 체계적으로 분석해 문제점과 해결점을 도출한 결과라고 볼 수 있다. 대부분의 맞벌이 가정은 초등학생 돌봄 센터와 정책에 대해 만족하며, 특히 학교 기반 돌봄 센터의 수요는 꾸준히 늘고 있다.

2) 싱가포르의 통학 안전 정책 추진 사례

싱가포르는 공무원의 청렴도는 매우 높으며, 다양한 산업군에서 노동자의 안전 규칙의 준수 또한 높은 수준이다. 학생의 통학 안전 또한 마찬가지이다. 앞에서 살펴본 안전 관련 사항과 더불어 최근에는 어린이 보호지역(School Zone) 내에서 개인운송장치(전기자전거, 전기스쿠터)등의 속도 제한 역시 시행되고 있다. 지속적인 정부와 관련 부처의 노력으로 학생의 안전은 크게 개선되고 있으며, 실제로 학생의 사고율 또한 감소되는 추세이다. 싱가포르의 교육 관계자는 안전은 타협할 수 있는 무엇이 아니라고 일관되게 말한다. 이는 단순히 새로운 정책을 시행할 때처럼 목적 지향적인 관료의 모습이라기보단 인간의 안전을 바라보는 관점과 학생을 국가의 미래로 생각하는 이해관계자의 사고로 볼 수 있으며, 나아가서 싱가포르를 안전 지향 사회로 이끄는 원동력이 되고 있다.

10 호주

1) 호주의 정규수업 전 · 후 초등학생 돌봄 현황

첫째, 중앙정부와 지방 정부는 물론, 교육청과 지역사회까지 모든 이해관계자의 의견을 포함한 행정관리 체계가 마련되어야 한다. 국내에서 중앙정부의 3개 기관으로 분산되어 있는 초등학교 학생의 돌봄서비스가 수요자 중심으로 통합되어야 한다는 요구가 지속되어 왔다. 호주에서는 2012년 서비스의 품질관리에 대한 법적 제도적 토대를 마련하고 ACECQA를 설치하여 통합적인 관리가 되도록 체계를 이루고 있다. 둘째, 돌봄서비스의 질 관리에 대한 방향을 설정하고 전문적인 지침과 구체적인 평가기준을 설정하고 공유해야 한다. 아동에 대한 서비스의 품질을 향상하고 관리의 효율성을 높여 서비스에 대한 국민적 신뢰를 회복하기 위해서 전문적이고 체계적인 질 관리 대책과 평가 서비스가 꼭 필요하다. 호주에서도 지역공동체에서 인지도를 높지 않다는 성찰이 있기는 하지만 호주의 NQS 제도 하에 운영되는 품질 평가와 등록 제도는 좋은 사례가 될 것이다. 부가적으로 세밀한 서비스의 질 관리와 평가는 국내에서도 나타나는 도시와 지방 혹은 낙후 지역 간 서비스의 질적 격차를 완화하는 데에도 도움이 될 수 있을 것이다. 셋째, 돌봄서비스에 종사하는 교육 담당자의 질 관리를 위한 자격 관리와 지속적인 지원 대책이 마련되어야 한다. 교육자의 자격과 경험 수준이 서비스의 질을 결정하는 데 가장 큰 부분을 차지한다. 호주에서는 교육 담당자의 자격에 대한 통합된 등록 관리를 마련하고 있지는 않지만 주/준주의 지리적, 사회문화적 여건에 따라 지침을 마련하거나 등록 관리를 의무적, 혹은 권고하고 있다

2) 호주의 통학 안전 정책 추진 사례

호주의 통학 안전 정책은 40km/h 진입구간 경고장치 개발 등 최신기술을 이용한 교통법규 준수 단속을 강화하는 한편, 교통법규 집행기관에 도로안전을 일임하기보다는 학교, 학부모, 학생과 지역사회 모두의 협력을 강조한다. 실례로 학교 주변 버스운행 안전과 관련하여 뉴사우스웨일스 주 교통부는 버스회사와 운전사의 안전의무는 물론 버스를 이용하는 학생이 탑승과 승하차 시 지켜야 할 행동 주의사항과 학부모와 교사의 안전 확보 요령 등을 담은 총체적인 가이드라인을 제시하여 통학 안전이 지역사회 전체의 의무이자 공동의 노력이 요구되는 사항임을 강조하고 있다. 지자체, 학교, 경찰, 학부모의 긴밀한 교통안전 교육협력체계와 더불어 모든 활동에 학생이 주체로 참여하고 교사는 지원하는 모습이 국내 교통안전 교육에 주는 시사점이 크다고 하겠다.

또한, 머리보다 몸으로 먼저 익히는 체험 위주 도로안전교육을 중요시하는 것도 호주 통학 안전 정책의 주요 특징이다. 기술 발전에 따라 교통안전교육도 다양화하여 유・아동에게는 학교 주변을 교사와 함께 걸어보면서 건널목 안전 이용을 익히는 야외수업, 그리고 중고등학생에게는 시뮬레이션과 가상현실 콘텐츠를 개발하여 실질적인 경험을 제공한다. 2013년 이후 어린이보호구역에서 다친 학생은 총 26명이었으나, 2017/18년 뉴사우스웨일스 주에서 보행 중 교통사고로 심하게 다친 17세 이하 어린이는 5명이었다. 교통법규 위반 운전자가 많음에도 뉴사우스웨일스 주정부와 교육계가 이처럼 꾸준히 펼쳐온 다양한 교통안전 프로그램의 결실이다.

3) 호주의 육아 및 가족 지원 제도

호주는 가족정책이나 일·가정 양립에 많은 투자를 해 온 국가는 아니다. 여성 취업률도 유럽 국가들에 비하여 낮은 편이다. 종일제 보육시설의 경우 공공 인프라의 비중은 약 1/3에 불과하고 다수가 민간에 맡겨져 있다. 또한 OECD 국가 중 보육시설과 유치원이 분리된 이원화된 전달체계를 유지하고 있는 몇 안 되는 나라 중 하나이다.

그러나 1990년 중반 이후 보육을 중요한 사회정책 대상의 하나로 인식하여 질 관리 및 비용 지원 체계를 갖추어 왔으며, 각종 수당을 통하여 가족을 지원해 왔다. 이에 비하여 유급 부모휴가제도의 도입은 2011년에 이루어졌다. 이러한 정책을 간략히 살펴보고자 한다. 호주는 초등학교 이하 아동의 보육 수요와 공급의 균형을 맞추기 위하여 다양한 보육서비스를 지역 특성에 따라 공급하고 있으며, 연방 정부가 소득수준별로 차등화된 부모보조금과 취업한 부모를 대상으로 세액 환급 형태의 보육비용을 지원한다. 또한 연방 정부가 국가품질기준과 평가인증제도를 통하여 보육서비스의 질을 관리해 왔다.

최근에 새로운 품질관리 체계와 행정체계를 구축하고, 강화된 정책목표를 추진하기 위하여 연방 정부와 각 지방 정부가 협력하고 있다. 또한 가족정책으로 보육과 유아교육 이외에, 자녀를 둔 가정에 대하여 조세와 연계한 급여제도(Family Tax Benefit)를 통해 지원을 제공하고 있다. 이 제도는 A형과 B형으로 나누어지며, 중복적용이 가능하다. A형은 자녀양육 비용 지원을 목적으로, 다른 소득보조 급여액을 받지 않는 경우에 지급하며, 수령액은 가족의 연간 소득, 18세 미만 자녀수와 18~25세 미만 자녀수에 따라 결정된다. B형은 16세 이하(학생은 18세까지) 자녀가 있는 한부모 가족이나 자녀를 돌보기 위하여 부부 중 한 사람만 취업하는 경우가 급여 대상이다. 한부모는 급여의 최대액을 적용받지만, 양부모는 자산조사에 기초하여 아동이 5세 미만인 경우와 그 이상으로 나누어 상한선을 달리하여 급여기준액이 결정된다.

부모 수당(Parenting Payment)은 8세 미만 자녀를 기르는 한부모와 6세 미만 자녀를 기르는 양부모가 대상이며, 자산조사에 의하여 소득기준을 충족하는 경우에 지급한다. 한부모인 경우 2주에 약 700달러 정도, 양부모는 450달러 정도를 받을 수 있다. 또한 베이비보너스 제도를 실시하여 소득 제한을 두어 출산한 아동이나 출생 26주 이전에 돌보는 아동에 현금을 공제해 왔다. 2013년 연 소득 75,000달러 이하로 첫 자녀는 5,000달러, 그 이외는 3,000달러를 지급받을 수 있다. 그러나 2014년부터 이 제도는 폐지되었다.

2011년 이전에 호주의 일과 가정 양립을 위한 지원 정책의 기반은 매우 취약하였는데, 2011년에야 처음으로 유급 부모휴가제도를 도입하였다. 무급 육아휴직제도의 경우 1994년부터 제도화되어 있었는데, 기간은 52주 정도였다. 그러나 유급 출산휴가제도의 경우 공공 부분이나 일부 민간기업에서는 부분적으로 실시하는 정도였다. 출산휴가의 경우 직장의 동의하에 단지 출산한 여성의 17~38%만이 휴가를 받았으며, 유급 출산휴가는 평균 8주 정도였다. 2011년에 국가가 지원하는 유급 부모휴가제도 도입은 획기적 조치였다. 이는 아동 출생과 아동 입양에 적용되며 전일제는 물론 시간제, 일시 및 계절 근로자, 계약직 및 자영업자 등에 모두 적용된다. 이는 부모휴가 수당과 아버지 및 배우자 수당 두 가지이다. 부모휴가 수당(Parental Leave Pay)은 주로 출산모에게 국가 최저 생계비 수준인 세전 주당 622달러를 18주 동안 지급한다. 주로 고용주로부터 지급받는데, 고용주가 없거나 지급하지 않을 경우에 센터링크(Centerlink)에서 지급한다. 아버지 및 배우자 수당(Dad and Partner Pay)은 2013년 1월부터 적용된 제도로, 일하는 아버지나 배우자에게 국가 최저 생계비 수준인 세전 주당 622달러를 2주 동안 지급하여 유급 휴가를 제공하는 것이다(서문희 외, 2013).

11 노르웨이

노르웨이의 육아정책은 일반적으로 가지고 있는 북유럽 복지국가에 대한 우리의 환상을 어느 정도 깨면서도 육아정책의 방향이 어떠한 방향이어야 할지에 대해 충분한 시사점을 얻을 수 있는 특징을 보였다. 또한 노르웨이는 북유럽 복지국가에 속하면서도 스웨덴이나 덴마크와는 사뭇 다른 양상을 보이고 있고 오히려 우리나라와 유사한 면이 많다는 점에서 긍정적인 면·부정적인 면에서 참고할 부분이 많은 국가임을 알 수 있다. ECEC 제도와 정책에서 양대 대상 축이라 할 수 있을 '육아지원기관'과 '가정'이라는 측면에서 노르웨이는 기관 이용을 통한 일-가정 양립과 부모 양측의 양육 참여를 실질적으로 가능케 하는 제도적 지원을 모두 발전시킨 국가이다. 양성평등 보장이라는 측면에서 발전되었지만 결과적으로 아버지와 어머니 모두의 양육 참여를 당연한 의무이자 권리로 보장하기 위한 육아휴직제도로 1세 미만 자녀의 양육을 보장하고 있고, 1세 이상 아동에 대해서는 기관을 통해 가정의 일-가정 양립과 아동의 균형 있는 발달을 보장하기 위해 지원하고 있다. 즉, 미취학 아동을 위한 육아지원 정책과 제도는 기관 혹은 가정 어느 한쪽에 치우치지 않고 가정과 기관의 역할을 균형 있게 발전시키기 위해 발전해 왔음을 보여준다.

그러나, 현재 기관을 통한 ECEC 제도는 1세 미만 아동이 있는 가정을 주요 대상으로 하는 가정 중심의 육아지원제도보다는 다소 낮은 수준의 발전 단계에 있다. 세계 최고 수준의 육아휴직제도를 발전시킴으로써 남녀 간 균형 잡힌 양육 참여를 보장하고 있고 이로 인해 1세 미만 자녀가 있는 가정의 일-가정 양립 지원 측면에서는 세계 최고 수준에 도달해 있지만, 육아지원기관 측면에서의 발전 수준은 발전 도상에 있으며 우리나라와 유사한 문제점도 안고 있다는 점에서 더욱 참고할 부분이 많다 하겠다.

우선 스웨덴이나 덴마크에 비해 공립 기관의 비율이 낮은 편이다. 사립유치원의 인가를 통해 육아지원기관을 양적으로 확충한 역사에 우리나라와 유사성이 있으며, 사립기관에의 의존도가 크므로 공사립에 관계없는 공공재정 투입, 공공재정이 투입되는 만큼 기관 간 질적 수준의 차이를 줄이고 공공성을 제고하려는 노력이 계속되고 있다는 점에서 우리와 유사성이 있다. 또한 기관 이용과 가정 내 보육에 대한 부모 선택권을 존중하여 '양육 수당(Cash for care)'를 두고 있다는 점에서도 우리나라와 유사하다.

이처럼 유사 상황에서 노르웨이가 '현장 기반 유아교사교육'을 통해 교사 수급 간극을 조금씩 좁혀가고 있고, 국가 수준의 계획을 통해 유치원의 프로그램 내용과 과업에 관해 ECEC가 지향하는 목표와 철학을 제시하고 있음은 우리에게 시사하는 바가 크다. 특히, 유치원의 활동 내용을 결정하는 교육과정에 아동과 놀이를 중심으로 두고 연령에 맞는 내용을 강화하며, 부모의 의견을 반영하고 다양한 문화와 종교에 대한 상호 이해와 관용의 중요성을 강조하고자 하는 시도는 2012년 유보 공통과정인 '누리과정'을 도입하여 3~4세까지 확대하여 시행하고 있는 우리나라에 시사하는 바가 클 것이다.

특히 유치원 이용 아동의 연령이 확대되어 이용 아동 수가 급증한 이래, 이용기관의 양적 확대만이 아니라 유치원을 모든 아동의 발달과 다면화된 사회의 통합을 위한 시작점이라는 인식 하에 접근성, 비용, 언어, 문화 등 유치원 이용 기회의 형평성을 저해하는 다양한 장애물을 제거하기 위해 노력하고 있음은 주목하여야 할 부분이다. 무엇보다 노르웨이는 아동을 정책의 객체가 아닌 주체로 보고 있다. 즉, 아동 중심적인 시각에서 유치원을 평생교육을 시작하는 장이며 "노르웨이 사람의 행복한 어린 시절"을 지켜주는 장으로, 양성 평등과 사회통합 등 사회의 기본 질서와 가치를 생애 초기부터 경험하게 하는 중요한 장으로 인식하는 철학적 측면은 우리나라 육아지원정책의 방향성에 중요한 시사점을 제공한다 하겠다(이정원 외, 2013).

12 아일랜드

1) 유아교육 · 보육 이용 현황

아일랜드는 의무교육이 시작되기 전에 초등교육이 시작되는 유일한 나라다. 아일랜드에서는 유아가 6세가 되면 의무교육이 시작되는데, 유아가 4세가 되면 초등교육(ISCED 1) 수준으로 간주되는 유아학급에 참여한다. 법적 자격은 3세 2개월부터 시작한다. 아일랜드의 유아교육 · 보육은 매우 탈중심화되어 있으며 여러 기관을 이용하고 있다. 가정보육과 기관보육으로 나누어서 살펴보면, 가정기반 서비스보다 기관보육을 훨씬 많이 이용하고 있으며 3세의 경우 86.4%까지 올라가고, 5세의 96.6%가 기관보육을 이용하고 있다. 2010년 아동청소년부는 유아교육 · 보육에서 무상 프리스쿨 제도를 소개하였다. 예전에는 취약계층의 유아만 무상으로 프리스쿨을 이용하였는데, 이 제도는 모든 유아들이 양질의 프리스쿨로부터 혜택을 받아야 함을 인정하고 있다. 아일랜드에서는 대부분의 프리스쿨 기관이 사립이기 때문에 보육료가 비싸서 대부분의 유아들이 프리스쿨 서비스를 이용하지 못하고 있었다. 프리스쿨 서비스를 제공하는 기관은 유아당 지원금을 받고 있으며, 지원을 받기 위해서 기관은 교사의 자격과 같은 조건을 만족시켜야 한다.

그러나 무상 프리스쿨 제도를 시작한 이래 운영하는 기관들은 재정적으로 어려움을 겪고 있는 것으로 보고되고 있다. 이전에 비해 기관에 참여하는 유아 수가 확대되고, 교사의 자격수준이 향상되었음에도 불구하고 유아당 지원받는 금액은 변화가 없어서 비용이 향상될 필요가 있다는 현장의 목소리가 있다. 초등학교 내 유아학급 이용 현황을 살펴보면, 4세 이하의 경우 낮은 연령대의 유아학급(junior infant class)을 이용하다가 다음 해 높은 연령대의 유아학급으로 이동한다. 5세의 경우, 낮은 연령대의 유아학급 이용이 증가하는 것은 다른 유아교육·보육기관을 이용하다가 5세에 초등학교 내 유아학급으로 이동하기 때문이다. 출생 후부터 1년까지는 기관을 이용하는 유아의 수가 현저히 적으며 1세 이상이 되면 전일제나 파트타임제로 기관을 이용하기 시작하는데, 동일 연령 유아 대비 15% 정도가 기관을 이용한다. 3-5세 유아는 80% 이상 기관을 이용하는데 기간제 보육서비스를 이용하는 비율이 높다. 아일랜드의 유아교육기관 이용률을 비교하면, 만 4, 5세의 이용률은 각각 95%, 100%로 OECD, EU 평균을 상회하나 만 3세의 이용률은 현저하게 낮은 수준이다.

2) 주요 사업 및 예산

2009년 아일랜드의 교육에 대한 공적 투자는 GDP의 6.5%로 나타났는데, 2000년 GDP의 4.3%에서 6.5%로 증가한 수치이다. 아일랜드의 영유아와 가족에 대한 공공지출을 살펴보면 영유아(0-5세)에게 20% 정도만 지출되는 반면 아동(6-11세)은 37%, 청소년(12-17)은 44%에 이른다. 또한 영유아 서비스에 대한 지출, 특히 영아(0-2세)에 대한 지출은 국제 기준에 비해 부족한 상황이며, 아일랜드의 영유아를 위한 사회적 지출의 대부분은 서비스 지원보다는 현금지원의 형태를 취한다.

아일랜드 정부는 취학 전, 그리고 학령기 보육과 교육 서비스에 매년 약 2억6천

만 유로를 투자하고 있다. 대부분의 재정(약 2억4천6백만 유로)은 접근성, 경제성, 질 제고를 목표로 하는 세 가지 프로그램(ECCE 프로그램, CCS 프로그램, TEC 프로그램)에 직접 투자되고 있다. 나머지 천 4백만 유로는 시 · 도 보육 위원회, 학습자 펀드, Better Start 등에 사용된다. 아동수당은 16세까지 모든 아동에게 지급되며, 전일제로 교육을 받거나 장애가 있는 경우 18세까지 생일에 도달할 때까지 지급된다. 2015년 예산에서 아동수당의 비율은 매달 5~135유로로 증가하였다.

2013/14년 Early Start 프로그램의 총비용은 560만 유로로 2008/09년 이래 745,000유로(11.7%)가 감소한 것으로 나타나고 있는데, 이는 급여의 감소가 주원인이다. 급여는 Early Start 프로그램 운영의 주된 비용으로 2013/14년 총 비용의 96%를 차지한다. Early Start 프로그램 비용은 지난 6년간 약 12%로 감소했다.

2013/14년 ECCE 제도에 투입된 아동 1인당 비용은 2,560유로로, 동일 연도 Early Start 프로그램의 아동 1인당 비용인 4,474유로보다 상당히 낮다(43%). 그러나 교사의 고용조건 등이 상이하여 두 프로그램을 직접 비교할 수 없다. Early Start 프로그램에 참여하는 영유아는 최대 인원이 15명인 학급에서 자격을 갖춘 교사와 보육 종사자와 함께 한다. ECCE 제도는 최대 11명 또는 유사한 교사 대 유아 비율을 적용받으며, NFQ의 레벨 7에 해당하는 프리스쿨 지도자가 배치된다.

최근에 유아교육과 보육(ECCE) 제도로 무상 유아학년(pre-school year)이 2010년 1월에 도입되어 아동청소년부에서 관리하고 있으며, 무상 유아학년제도는 초등학교를 시작하기 전에 중요한 발달적 시기에 있는 모든 아동이 형식적 환경에서 조기 학습을 수행하기 위한 것이다. 무상 프리스쿨 제도를 도입하여 모든 유아에게 일정시간 무료로 서비스를 제공하고 있으나 여전히 높은 교육 · 보육료로 인해 접근성이 떨어지고 부모가 재정적 부담을 가지는 문제점을 가지고 있다. 대부분의 부모들은 휴일을 포함하여 시간을 연장해 줄 것을 원하고 있으며, 연령의 확대에 대한 요구도 존재하여 논쟁이 되고 있는 상황이다. 아일랜드의 유아교육과 보육 서비스는 80% 정도 사립기관에 의존하고 있으며 매우 다양한 종류의 기관이 존재한다. 기관의 종류는 다양하나 모든 기관은 유아교육법령에 의해 동일하게 규제를 받는다. 또한 Síolta와 Aiestar를 기본으로 교육과정을 운영하고 있어 교육과정의 질 제고에 힘쓰고 있다. 모든 유아교육 · 보육기관을 대상으로 기관평가를 실시하고 있는데 유아교육법령에 따라 운영되고 있는지를 중점적으로 평가하며, 평가결과를 웹사이트에 공개하는 등 환류 시스템을 통해 지속적인 질 관리를 위해 노력하고 있다. 아일랜드 유아교육과 보육의 또 하나의 큰 특징은 의무교육 연령보다 유아가 먼저 초등학교에 들어간다는 것이다. 이는 4세부터 초등학교 내에 있는 유아학급을 이용하기 때문이다. 유아학급은 초등학교 내에 존재하고 있기 때문에 유아청소년부의 관할이 아니라 초등학교를 관할하는 교육기술부에 속하는 영역이다. 유아학급의 교사가 모두 초등학교 교사 자격을 가지고 있는 것도 동일한 맥락에서 이해할 수 있다. 따라서 아일랜드의 유아교육·보육은 통합된 상태라고 할 수 없으며 동일 연령의 유아라 하더라도 이용하는 기관에 따라 아동청소년부나 교육기술부의 관할 하에 있다. 관련 부처는 상이하지만 0-6세까지 교육과정의 프레임(Aistear)은 서비스 유형에 관계없이 동일하여 놀이의 중요성, 학습과 언어를 강조하고 있으며, 국가 질 관리 체계(Síolta) 또한 신생아부터 6세 유아가 있는 모든 종류의 유아교육·보육기관(early childhood and care and education, ECCE)의 질 개선에 대해 정의내리고, 평가하는 방식으로 교육과정과 질 관리 체계는 일원화되어 있다. 아동청소년부(Department of Children and Youth Affairs, DCYA)는 이러한 법률과 관련 정책을 개발하는 책임을 맡고 있으며, 아동가족국은 프리스쿨 보육서비스를 점검하고, 규제하며 프리스쿨을 선택하는 안내서를 발간하는 등 부처 간 공조가 효율적으로 이루어지고 있다. 아일랜드의 유아교육과 보육 정책의 특징인 취학 전 2년간 공교육 시스템 안에서의 의무교육 이행, 0-6세 유아교육·보육과정, 질 관리 시스템의 통합 운영 등은 우리나라에서 현재 진행 중인 유보통합의 추진 과정, 향후 유아교육과 보육 정책의 방향 조망을 위한 시사점을 제공할 수 있을 것이다(최은영 외, 2015: 41~57).

13 네덜란드

1) 영유아를 위한 교육 · 돌봄서비스

영유아를 위한 돌봄서비스로 취학 전 보육기관을 살펴보면 다음과 같다(강은진, 2016: 19~36).

(1) 4세 미만 취학 전 보육기관(Childcare facilities)

네덜란드에서는 초등교육이 4~12세를 대상으로 하므로, 4~5세 유아를 대상으로 하는 교육이 공교육 시스템에 포함되어 있다. 이러한 교육을 제외하고 그 밖에 취학 전 교육을 담당하는 네덜란드의 영유아 교육/보육 시스템(Childcare facilities)은 어린이집(kinderopvang)과 놀이집단(Peuterspeelzaal) 그리고 취학 전 조기교육(Voor-en Vroegschoolse educatie: vve)으로 구분된다. 위의 세 유형에 대하여 알아보면 다음과 같다. 먼저 'kinderopvang'은 '어린이'를 의미하는 'kinder'와 '피난처, 모아두는 곳'을 의미하는 'opvang'의 결합어로, 우리나라 말로는 탁아소에 가깝지만 일반적인 용어인 어린이집으로 칭하겠다. 어린이집(kinderopvang)은 다시 두 가지 유형으로 구분되는데, 0~4세를 대상으로 하는 '주간 어린이집(Kinderdagverblijf)', 0~12세를 대상으로 가정에서 보모가 돌보는 형태의 '가정양육사(gastouderopvang)' 등이 있다. 한편, 또 다른 돌봄서비스로 하교 후 4~12세를 대상으로 하는 '방과후 보육(Buitenschoolseopvang)'이 있는데, 이는 별도로 다루도록 하겠다.

어린이집(kinderopvang)에는 0~12세의 아동이 다닐 수 있으며 부모가 직업과 자녀 양육을 쉽게 병행 할 수 있게 질 높은 교육을 제공한다. 부모의 수입에 따라 지불하는 비용이 다르며, 적게 일하는 부모 중 한 명의 영향을 받는다. 국가 규정을 따라야 하고 GGD(보건당국)의 감사를 받으며 시 정부가 유지하고, 비용은 시간당으로 지불한다. 두 번째, 'Peuterspeelzaal'는 어린이보다 작은 2~3세를 의미하는 'Peuter'와 놀이터를 뜻하는 'Speelzaal'의 합성어로, '놀이집단'으로 해석된다. 만 2세~3세의 어린유아들이 다닐 수 있는 기관이며 직장이 없는 부모나 직장이 있는 부모 모두 이용 가능하다. 이 기관도 국가 규정을 따라야 하며 GGD의 감사를 받는다. 주로 일주일에 6시간을 이틀로 나누어 수업을 받는다. 마지막으로 'Voorschoolse educatie(vve)'은 취학 전 조기교육이란 뜻이며 만 2.5~3세의 유아 중 네덜란드어가 뒤쳐지는 아동을 대상으로 한다. vve는 시 정부의 책임 관할이며 어린이집(kinderopvang)과 놀이집단(Peuterspeelzaal)에 지원금을 제공한다. 이상의 세 유형을 구체적으로 살펴보면 다음과 같다.

① 어린이집(Kinderopvang)

어린이집은 대개 0~4세를 대상으로 맞벌이하는 부모들의 자녀를 낮 동안 돌보아 주는 곳으로, 주간 보육(Dagopvang)으로 이루어진다. 평균 16명의 아동이 한 그룹에서 활동하며, 해당 그룹에 적어도 2명 이상의 직원이 배치된다. 일반적으로 오전 8시부터 오후 6~8시까지 운영되며, 비용은 기관마다 다르나 평균적으로 한 달에 약 750유로(2016년 기준 한화 약 93만 원)이다.

- **주간 어린이집**(Kinderdagverblijf, Nursery)

맞벌이하는 부모들의 자녀들을 낮 동안 돌보아 주는 곳으로 주간 어린이집(Kinderdagverblijf, Nursery)이 있다. 주로 공립 유아원으로 탁아소(day care)와 유아학교(nursery school)가 섞인 형태이다. 생후 6주부터 만 4세까지 영유아가 가는 곳으로, 주로 아침 8시부터 저녁 6~8시까지 운영한다. 이곳은 특히 여성의 경제활동 가능성을 높이기 위해 운영되며, 비용은 기관마다 다르나 시간당 대략 7유로이다(평균적으로 한 달에 약 750유로이나 매일 이용하는 경우는 적어 시간당 비용으로 계산함). 둘째, 셋째 자녀부터는 대부분의 취학 전 교육기관들이 할인을 해 준다(Expatica, 2016)29). 일을 하거나 공부를 하는 부모는 세금 환급을 받을 수 있는 권리가 있는데, 부모의 수입에 따라 환급 비율이 다르다. 부모의 수입에 따라서 세금 환원 정도가 다르며 시설을 이용하는 자녀의 수에 따라 요금이 달라진다(www.skbnm.nl 참조). 부모의 수입이 높을수록 시간당 비용이 높아지고 둘째 자녀부터는 세금을 통해 할인이 된다.

- **가정양육사**(Gastouder, Childmining)

가정양육사는 부모가 일하러 나간 동안 아이를 돌보아 주는 보모이다. 보통 자신의 자녀가 있고, 다른 집의 아이들까지 그룹을 만들어 돌봐주는 형태이다. 이용 비용은 한 시간 당 약 6유로이다. 아동보호법(Child Care Act) 제10조에서 규정하고 있는 적합한 학위를 가지고 있으며 행동연구 인증(Certificate of Good Behaviour, Verklaring Omtrent het Gedrag, VOG)을 취득한 자로, 에이전시에 등록되어 있어야 한다. 그리고 각 에이전시는 중앙 에이전시인 국립 어린이 놀이그룹 등록기관(National Register and Child Playgroup: Landelijk Register Kinderopvang en Peuterspeelzale, LRKP)에 등록되어 있어야 한다.

② 놀이집단(Peuterspeelzaal)

놀이집단(Peuterspeelzalen)은 2~4세 유아를 대상으로 주 1~4회 세션으로 진행된다. 교육 목적보다는 유아가 다른 유아와 함께 즐겁게 놀이할 수 있도록 하는 것을 주된 목적으로 한다. 사회지원법(Social Support Act)에 의해 재정 지원을 받는다. 놀이집단은 주로 가정에서 생활하던 영유아들에게 활동과 놀이를 통해 초등학교 입학 전 준비를 시키는 과정이라고 할 수 있다. 다른 아이들과 잘 놀 수 있는지, 차례를 기다릴 수 있는지, 규율을 지킬 수 있는지 등을 놀이 방식으로 배우며, 초등학교와 연계되어 있어 전이를 용이하게 한다. 주로 하루에 2~3시간으로 일주일에 3~4번 이용한다. 일을 하는 부모보다는 주로 직장이 없는 부모나 한부모 가정에서 아이의 사회성을 키우기 위해 이용한다. 생후 4년간 부모님과 집에서 머문 아동들에게 특히 유용하며, 시간제 일자리를 가진 부모도 이용 가능하다. 무료인 경우도 있으나 대부분 이용료를 내며, 2 ½일에 약 25유로이다.

③ Voor-en vroegschoolse educatie(Vve)

2.5~만 4세의 언어가 지체된 아동을 위한 교육으로, 위의 주간 어린이집(Kinderdagverblijf)이나 놀이집단(Peuterspeelzaal)에서 프로그램이 진행된다. 이 시기는 본격적으로 학교를 다니기 전에 원만한 출발을 할 수 있게 준비하는 중요한 단계이다. 질 높은 교육 · 보육기관은 초등학교와의 연계에도 중요하고 부모의 노동시장 참여 제고에도 중요하다. 2013년에 261백만(miljoen) 유로가 Vve로 지급되었고 G37에는 별도로 95백만 유로가 더 지급되었다. Vve의 높은 교육의 질을 위해 보다 많은 4년제 대학 졸업한 학사출신을 보육기관에 일하게 하여 그들의 지

식을 전문대 출신의 교사와 공유하도록 하고 있다. 2011년과 2014년 사이에 35,817명의 학사 출신이었던 교사가 42,847명으로 증가했다(www.rijksoverheid.nl 참조). Vve 역시 GGD와 교육 감독관의 감독을 받는다(Kabinetsvisie, Ministerie van sociale zaken en werkgelegenheid, www.rijksoverheid.nl, 인출일 2016년 9월 10일).

④ 기타

이밖에 사설유아원(Private Daycare)과 직장유아원(Employers)이 있다. 대도시에는 사립 유아원이 있어 융통성 있게 24시간 보육을 제공하기도 한다. 비용이 비싼 편이고, 국제 유치원도 함께 설치되어 있다. 일부 기업들은 이용비용을 저렴하게 하여 직장의 유아원을 설치하여 어린 자녀가 있는 직원들에게 보육서비스를 제공한다.

2) 방과후 돌봄

방과후 돌봄은 초등학교 하교 후 이용하는 방과후 기관인 학교밖 돌봄(Buitenschoolse opvang: BSO)과 방과후 돌봄(Naschoolse opvang: NSO)이 있으며, 점심시간 동안 이용할 수 있는 서비스인 점심 돌봄(Tussenschoolse opvang)도 있다. 학교밖 돌봄(BSO)과 방과후 돌봄(NSO)은 학교에 다니는 4~12세의 아동을 대상으로 방과후에 다양한 활동을 제공하는 서비스이다. 부모는 아동이 다니고 있는 학교로부터 그 지역의 기관을 소개받을 수 있다. 방과후 돌봄을 위해 보육기관에 보내거나 탁아모를 고용할 수 있다. 부모는 한 달에 약 650유로를 지불해야 한다. 점심 돌봄(Tussenschoolse opvang)은 학교에 다니는 아동을 학교 점심시간 동안 돌봐주는 것이다. 네덜란드에서 아동들은 점심시간에 가정에 가서 점심식사를 하고 온다. 그러나 부모의 취업 등의 사정으로 가정에 가서 식사하기 어려운 경우, 부모가 점심식사 비용 등을 지불하며 점심 돌봄을 신청할 수 있다. 모든 학교는 부모가 요구할 때에 본 서비스를 제공해야 할 의무가 있다. 학교는 아동에게 안전한 공간을 제공하여 안전하게 점심식사를 하고 휴식을 취할 수 있도록 한다.

3) 유치원(Pre-primary)

네덜란드 유치원은 초등학교에 속해 있으므로 모든 공립학교(6,742개교)에는 유치원 교실이 있다. 네덜란드 유치원 교육의 특징[1]은 유아의 첫 학교생활이 바로 사회생활의 기초라는 점을 강조한다는 것이다. 다른 사람들과의 협동, 양보, 질서를 지키는 교육이 중요시되고 있으며 언어나 숫자, 외국어 공부는 전혀 시키지 않는다. 특히 독서의 중요성과 다른 사람들의 말을 귀담아 듣는 것, 친구에게 양보하는 법, 차례를 지키는 법, 교통교육 등이 강조되고 있다. 또 다른 특징은 초·중등학교와 마찬가지로 유급제를 활용해 경우에 따라 1년 더 배우는 기회를 주고 있다는 점이다. 언어나 숫자, 외국어 등 교과수업은 전혀 하지 않지만, 교사들은 아이들이 학교생활 중에 친구들과 잘 어울려 노는지, 놀이시간에 서로 양보하는지, 교실에서 다른 친구들을 잘 도와주는지 등 유아의 생활태도를 자세히 관찰하고 생활기록부(rapport)에 남겨 학기 말 유급을 결정한다. 유급 적용대상은 친구에게 양보하지 않고 극도로 이기적인 행동을 보인다거나 교사의 말을 잘 듣지 않는 등 학교생활에 적응을 잘 하지 못한다고 판단되는 경우다. 유급 결정은 교사에게 맡겨지는데, 대부분의 학부모들이 교사의 전문적인 판단에 따르는 편이다.

이처럼 유치원에까지 유급을 적용하는 이유는 유치원 교육이 학교생활과 사회생활을 배우는 기초교육이라는 생각 때문이다. 유치원에서 기본을 철저하게 잘 배우지 못하면 앞으로 본격적인 초등학교 교육에 적응하는 것은 물론 성인이 된 후의 사회생활에도 지장이 있다고 보는 것이다. 언어나 숫자 교육은 따로 시키지 않지만, 아이들을 위한 기초체육, 음악·미술 교육, 독서 활동은 진행한다. 이런 수업은 초등학교 교육과정에 포함된 공교육인 만큼 교원자격을 갖춘 교사에 의해 이뤄진다.

아이 키우기 좋은 환경을 만드는 것을 최우선으로 삼는 나라, 네덜란드. 국민들의 행복지수가 높은 국가인 네덜란드는 일과 가정 모두를 중요시 하는 기본 철학이 담겨 있다. 양질의 시간제 일자리 제도를 통해 부모가 어린 연령의 자녀를 돌

1) 교육개발 웹진과(한국 교육 신문 http://www.hangyo.com/인출일 2016년 5월 17일)의 자료를 정리한 것임.

보는 시간을 확보하고, 0~4세는 가정의 상황에 따라 선택하여 돌봄서비스를 이용하도록 하되 소득수준과 자녀 수 등을 고려해 국가가 비용지원을 해준다. 시간제 보육을 통해 영유아들이 기관에서의 생활을 경험하고 이것이 자연스럽게 초등학교 적응으로 이어갈 수 있도록 배려하고 있다는 점도 우리에게 시사하는 바가 크다.

14 이스라엘

이스라엘의 특징적인 육아 및 아동 정책 또는 문화 두 가지를 소개한다. 먼저 초기 이스라엘 정착 당시의 공동체적 성격을 유지하고 있는 키부츠에서의 생활 중심 보육과 유아교육을 고찰한다. 다음은 도시의 아젠다를 '어린이의 도시(Children's city)'로 설정하고, 20년 가까이 가족 중심, 아동 중심 정책을 지속해서 추진해 옴으로써 양육 친화적 도시로 변화한 홀론 시(Holon)의 사례를 살펴본다(권미경 외, 2016: 41~53: 41~53).

1) 키부츠의 육아

키부츠에서 중요하게 생각하는 것은 협동심이다. 전 세계에 흩어져 살다 돌아온 유대인들에게 이스라엘은 농사도 지을 수 없이 메마르고 척박한 땅이었고, 그 땅에서 살아가는 데 필요했던 건 협동에 기초한 공동체 의식이었다. 키부츠는 협동하지 않으면 살아남을 수 없다는 절박한 상황에서 세워졌다. 키부츠 어원은 히브리어로 "그룹(Group)"이란 뜻을 가진 "크부짜"에서 유래하였다. 농업을 중심으로 공동 생활, 공동 분배 원칙 하에 사유재산 없이 함께 생활하고, 일하는 것은 물론 아이들도 함께 키운다. 최근에는 이러한 원칙을 지닌 키부츠들이 부분적으로 변화된 원칙을 운용하거나 폐지되어 전반적으로 감소하는 추세이다. 전체 회의에서 2/3의 찬성으로 회원 가입을 결정하며, 키부츠 운영체는 주민 총회가 가장 큰 조직이지만 그 밑에는 각 위원회가 있어서 전문적인 일을 처리한다. 현재 이스라엘에는 약 270개의 키부츠가 운영 중이며, 이 중 50개 정도만이 공동 생활과 모든 것을 공유하는 키부츠의 원형을 유지하면서 운영 중이고 나머지는 사유재산이 부분적으로 인정되는 변화를 도입한 상황이다.

한편 키부츠의 교육과 보육은 공동체로 생활하는 키부츠에서 교육은 공동체의 구성원을 육성하는 공동체 모두의 중요한 과업이었다. 연구 결과에 의하면(Ronit P. & Nina W., 2010) 키부츠 내에서 공동체적 사회로부터 개인주의적 사회로의 변화가 진행됨에 따라 가족이 강조되고 있으며, 교육과 보육에서도 교사들이 담당해 오던 사회화 역할의 많은 부분이 부모들에게 이양되었다고 한다. 1950년대부터 키부츠가 변화하기 시작한 이유는 다음과 같다. 먼저, 인근 국가들과의 계속되는 전쟁으로 이스라엘 내에서 불안전한 요소들이 증가함에 따라 더 안전한 국가로의 이주가 생겨났고, 가난한 농업 사회로부터 산업사회, 풍요로운 사회로의 전이가 일어났다. 마르크스 공산주의 이념이 분열되었고, 개인의 성공과 자기충족을 강조하는 서구 문화의 요소들이 유입되었다. 이에 따라 공동체 전체의 일로 간주되던 '협동 부모' 모형이 실패하였다.

이러한 변화에 기인하여 키부츠 내 교육 모형에의 변화가 나타났다. Ronit P.와 Nina W.(2010)에 의하면, 과거 집단주의적 이념 아래 키부츠에서는 어린이집 교사가 '공동체의 아동'의 교육과 사회화를 전담하였고, 가족에게는 정서적 기능이 강조되었다. 그러나 최근의 키부츠는 다소 개인적이고 자기충족이 가능한 이념적 환경으로 변화하였다. 따라서 공동체에서의 가족이 아동 교육의 주체로 여겨지며, 교사는 교육의 전문적 역할을 담당하는 형태로 변화하였다고 한다.

히눅(Hinuch) 키부츠 방문기의 일반적 특성은 다음과 같다. 먼저 히눅(Hinuch) 키부츠는 이스라엘 북부 도시 하이파 인근에 위치하였고, 현재 조합원이 약 1,500명 규모의 공동체이다. 농업보다는 공동 운영하는 키부츠의 사업이 높은 수익을 창출하여 재정상태가 매우 우수한 상황이다. 공동 생산, 공동 분배의 원칙이 적용되어 키부츠 안에서는 어떤 일을 하든지 같은 수준의 예산(budget)을 받는다. 키부츠에서는 공동체 전체의 대표이거나, 교사이거나, 식당에서 청소하는 일을 담당하는 사람이나 맡은 일과 관계없이 키부츠의 구성원으로 동일한 보수를 받는 것이다. 키부츠 내에서는 이스라엘의 화폐인 쉐켈(NIS)이 통용되는 것이 아니라 동일한 몫의 예산(budget)을 지급받고 그것을 사용한다. 만약 키부츠 성원이 키부츠

외부에서 직업을 가질 경우라도, 그 수입 전체를 키부츠에 넣고 회원 모두가 받는 동일한 예산(budget)을 지급받는다. 키부츠는 양질의 생활(Good life), 타인 대한 배려, 서로 존중하고 존중 받는 것 등의 가치를 공유하며, 동기 부여와 공평한 기회의 제공이 중요한 사회이다.

또한 키부츠에서는 교육, 건강관리(Health care), 음식에 중점을 둔다. 키부츠의 중요한 결정은 자치회를 통해 의결한다. 키부츠에서 태어난 구성원의 자녀들은 30세가 되는 시점에서 키부츠의 일원으로 키부츠에 계속 남을 것인지, 떠날 것인지를 결정한다. 이스라엘에서는 고등학교 졸업 이후 군대를 다녀오고 세계로 여행을 다니거나 일하기도 하며 다양한 경험을 하는 것이 일반적이므로 충분한 경험을 토대로 30세경에 의사결정을 하도록 하는 것이다.

다음으로 키부츠의 교육에 대해 살펴보면, 히눅(Hinuch) 키부츠는 설립 초기부터 다음 세대의 교육을 가장 중요하게 생각하여 정착 시기에도 교육시설을 가장 먼저 마련하였다. 키부츠의 교육은 영유아기부터 시작되며 공동체의 가치관을 공유한 건강한 성원으로의 육성을 도모한다. 교육의 목적은 키부츠와 친밀해지는 것, 키부츠의 건강한 성원으로 길러내는 것이며, 전통을 유지하고 가치를 공유하며, 전문적 역량을 기르는 데 있다. 관찰 및 면담을 통해 파악한 키부츠 유아교육의 특징은 다음과 같이 요약할 수 있다. 첫째, 생활을 통한 학습을 강조한다. 일상적인 일과 속에서 경험하게 되는 실생활 능력을 기르는 데 중점을 둔다. 질서와 배려, 기본생활습관 형성을 통해 실생활(real life)을 익히는 것이다. 키부츠의 유치원에는 고물 마당(Junkyard)이 준비되어 있다. 못쓰게 된 자동차부터 각종 가구, 오븐, 냉장고, 컴퓨터, 그릇 등 잡다한 생활용품들이 마구 흩어져 있는 곳에서 유아들은 그것들을 가지고 놀이하면서 실생활을 배우고, 창의력을 기른다. 둘째, 키부츠 내의 일터와 보육시설이 인접함에 따라 일하는 부모를 위한 지원이 효과적으로 이루어지고 있다. 키부츠 보육은 생후 3개월부터 제공된다. 키부츠의 성원으로 일하는 어머니는 출산 후 1년 정도까지 육아휴직을 할 수 있고, 일찍 복직을 원하면 3개월부터 키부츠가 제공하는 보육서비스를 이용할 수 있다. 엄마의 근무처가 키부츠 내에 있으므로 수유를 위해 보육시설에 쉽게 갈 수 있기도 하다. 셋째, 키부츠의 보육시설과 유치원 운영시간은 일반적으로 오전 7시경부터 오후 5시경까지로, 키부츠 밖의 일반 유치원보다 장시간 보육 · 교육이 이루어진다. 이는 일하는 부모를 위한 운영시간이다. 보통 7시 등원 후 9시 정도까지 바깥놀이, 9시부터 아침 식사, 이후 다양한 교육·보육 활동이 이루어진다. 매주 교사는 부모에게 자녀의 일과 생활과 발달에 대한 정보를 제공한다. 넷째, 초등학생에 대해서는 방과후 교육과 돌봄이 공동체 수준에서 지원된다. 키부츠의 아동들은 일반적으로 초등학교부터는 키부츠 밖의 공립학교에 진학하거나 몇 개의 키부츠가 공동으로 운영하는 학교로 진학한다. 일반적으로 학교가 2시에 정규과정을 마치므로, 방과후에는 부모들이 일을 마칠 때까지 학교에 다녀온 아이들을 위한 방과후 돌봄이 키부츠에서 이루어진다. 학교의 방학 기간에도 키부츠 내에서 특별 프로그램을 마련하여 유사한 돌봄을 지원한다. 다섯째, 키부츠에서 영유아를 교육 또는 보육하는 교사의 자격은 0~2세를 담당하거나 3~6세를 담당하거나 차이가 없다. 이스라엘에서의 일반적인 경우와 달리 0~2세를 위한 보육을 담당하는 교사들도 모두 학사학위 이상의 학력을 지닌 유치원 교사와 동일한 자격의 교사가 담당한다. 즉, 키부츠 내 보육시설 교사의 자격기준이 일반 보육시설보다 높다. 여섯째, 키부츠 내 유치원의 경우 공립유치원보다 교사 대 아동의 비율이 무척 낮다. 이스라엘에서 공립 유치원 교사 1인이 약 30명의 유아를 담당하는 반면 키부츠 유치원은 3세 이하는 1:3, 6세까지는 1:5로 운영한다. 반 배치 및 구성은 전체 영유아 수를 고려하여 연령별로 융통성 있게 배치한다. 저자가 키부츠를 방문했던 당시 100명 정도의 영유아를 연령기준으로 구분 배치하여 6개 교실(건물)에서 교육·보육이 이루어지고 있었다. 마지막으로 키부츠 내 유치원을 공립으로 운영하기로 선택할 경우에는 국가가 마련한 운영기준을 준수해야 하고, 3~6세 교사의 인건비를 국가로부터 지원받을 수 있다. 히눅(Hinuch) 키부츠는 현재 공립으로의 운영을 선택하여 키부츠의 예산과 국가의 예산 지원이 이루어져 더 좋은 교육환경을 구성하고 있다.

2) 어린이 도시 홀론(Holon)

홀론은 이스라엘 텔아비브 인근 도시로, 면적은 약 1만9천km^2(4,744 acres), 인구는 약 20만 명이다. 1936년 건설되었으며 1950년 시로 승격되었다. 도시 이름 '홀론'은 히브리어로 '작은 모래'를 뜻한다. 홀론 시는 우리나라 안동시와 우호

도시이다. 'Holon(홀론)'을 검색하면 어린이 박물관, 디자인 센터, 극장, 이야기 공원, 도시에 있는 학교, 문화, 교육, 스포츠와 관련된 것들이 나타난다. 현재 홀론의 이미지이다. 그러나 이것은 처음부터 형성된 것이 아닌 시민의 의견 수렴에 기초한 개혁과 노력의 결과이다. 수 십년 전까지 홀론은 아이 기르기 좋은 도시는 아니었다. 자립하려는 젊은 가족들은 홀론을 떠나 텔아비브(Tel Aviv) 등 인근 도시로 이주하였고, 또한, 80~90년대 홀론의 공장들이 주변부로 이주하면서, 도시의 역동성이 떨어짐에 따라 변화가 필요했다. 그 과정에서 시민 대상 조사와 싱크탱크에 참여한 전문가 토론에서 아동에 관한 주제가 도출되었고, 홀론은 도시가 지닌 문제의 극복을 위해, 1994년 「어린이 도시」로의 변화를 추진하기로 하였다. 교육과 문화가 강조되어 어린이, 가정이 생활하기 좋은 도시라는 다른 도시와 차별되는 홀론의 특성을 만들어감으로써 새로운 사람들을 끌어들이고자 한 것이다.

한편, 어린이 도시의 특징을 살펴보면 다음과 같다. 「어린이 도시」로 도시 비전이 형성된 후 그 내용을 담기 시작하였다. 실행기구를 설치하고, 전문가들의 조언을 토대로 한 전략적 계획이 교육, 문화, 스포츠 분야에서 만들어지고 단계별 사업들이 추진되었다. 무엇보다 '교육'에 초점을 둔 것이 어린이 도시의 특징이다.

유아 문화센터는 문 닫은 유치원 건물에 「At Eye Level」이라는 유아를 위한 문화센터를 열어, 예술 분야와 관련된 교육적 활동을 제공하였다. 홍보를 위해 유명인사가 자신의 자녀와 함께 유아 문화센터에서 시간을 보내는 마케팅을 하였다. 도시 전역에 아이들은 이러한 문화를 체험하기 위해 센터를 방문하기 시작했다. 더불어, 부모들도 아이들과 함께 그 장소를 즐기게 되었다.

어린이 박물관은 이스라엘의 하나뿐인 어린이를 위한 박물관이 홀론에 있다. 2000년에 개관한 어린이 박물관은 다양한 체험 공간과 놀이시설, 소풍장소를 제공하며, 클래식 음악 콘서트, 음악 페스티벌 등 문화 오락 행사 등도 진행한다. 시는 이러한 특별한 박물관에 대한 정보를 교육시스템을 통해 전달함으로써 홀론에서 유아를 위한 문화 교육 분야의 변화가 일어나고 있다는 메시지를 도시 내 교육 체계에 주기 시작했다.

유아교육 기관 개선을 위해서 1995년에는 유치원 개선의 해였다. 유치원 A부터 유치원 V 등으로 특징 없던 유치원 명을 바꾸고 유치원마다 특성을 차별화하기로 하였다. 그뿐만 아니라, 각 유치원에 음악 장비를 갖추게 하였고, 일상 환경에서 아이들이 예술 작품들을 접할 수 있도록 유치원에 진열할 수 있는 예술 작품을 배부하고, 교사는 음악이나 미술 분야에 대한 전문수업을 받았다. 또한, 유치원 마당에 놀이 구조물들을 설치하였다. 홀론 시는 1년 이내에 유치원을 보완하기로 하였으며, 개선 작업은 교육 분야뿐만 아니라 에어컨 설치와 같은 시설 부분에서도 이루어졌다. 홀론에 있는 유치원들은 교육부로부터 '시범 유치원(Model kindergarten)', '과학 우수 유치원(Kindergarten that excels in science)', '음악 우수 유치원(Kindergarten that excels in music)', '미술 우수 유치원(Kindergarten that excels in art)' 등의 상을 받았다.

중등교육의 개혁과 관련하여 홀론 시는 교육부에 제안하여 중등교육과정 개선을 위한 예산을 받았다. 이로 인해 젊은 신규 교사들이 들어오게 되었고, 새로운 학교를 건설하고, 기존의 건물들을 재건축하고, 교직원 공간이나 물리적 환경을 개선하였다. 또한, 교육 체계 수행 및 관리를 개선하기 위해 고등학교부터 초등학교까지 교장들을 교육하고 지원하는 혁신적인 과정도 마련하였다. 또한, 홀론 시는 장학기금을 설립하여 시 자체에서 출생 후부터 학위를 마치는 24살까지 학생을 대상으로 장학금을 제공하였다. 교육 분야는 홀론 시가 중점을 두는 부분으로 매년 NIS 6천만(약 177억 8천만 원)을 투자하였다.

문화 교육 차원에서 홀론 시의 어린이들은 교육 시스템을 통해 다양한 문화를 경험하였다. 수년간 어린이에게 음악, 미술과 같은 문화생활을 가르친다면, 성인이 되어서도 그러한 문화생활은 계속된다는 생각으로 홀론 시의 문화 이미지를 영유아기부터 교육 시스템을 통해 구축하는 것이다. 또한 다양한 문화축제들(동화 구연, 노래의 날, 여성 축제, 국제 인형극 공연 및 인형 영화 페스티벌 등)이 매년 개최되고 있다.

문화 전승 센터(Heritage center)는 학생들에게 유대 문화를 전승하기 위한 곳이다. 학생들에게 유대인으로서 국가에 대한 애착 형성, 조화 및 협동, 개별성에 대한 인식, 이스라엘 사회에 다문화주의 접근, 차이에 대한 수용과 관용을 키우는 것, 유대교 예술의 상징과 모티브와 친숙해지기 등과 같은 가치를 심어주고자 하는 목적을 가지고 있다. 시의 재정지원을 받아 홀론의 6학년 학생을 대상으로 1년에 한 번 워크숍과 투어를 개최한다.

디지털 아트 센터(Center for Digital Art)는 홀론 시 주도로 이스라엘에 비디오

아트를 확산하고, 증진하기 위한 목적으로 설립되어 지역사회와 현대미술 분야를 연결하는 역할을 하였다. '와서 알자(Come to Know)'라는 표어 아래에 소규모 그룹 활동, 가이드 설명, 개별 실험, 다양한 시설 등 여러 활동을 통해 과학에 대한 흥미를 증진하였다.

관용과 민주주의 센터(The Center of Tolerance and Democracy)는 이스라엘이 이민으로 구성된 다문화 국가이므로 따라서 다양성을 인정하고, 조화와 화합, 배려 등의 가치를 중요하게 생각한다. 이 센터는 학생들에게 다른 사람들과 조화를 이루고, 수용하는 방법을 길러주기 위해서 설립되었다. 홀론 시의 25개 초등학교 5~6학년 학생들은 일 년에 한 번 이틀 동안 방문하여, 문화적 다원주의, 이스라엘의 다양한 종파(sects), 사람들과의 차이를 수용하고 인식하기, 관용 등과 같은 부분과 관련된 주제로 워크숍을 한다.

이야기 정원(Story Gardens)은 동화책의 이야기를 중심으로 문화를 일상생활 속에서 접할 수 있도록 시 전역에 설치한 50개의 이야기 정원(Story Garden)은 오늘날 홀론 시에 대표적이고 고유한 관광 명소이다. 이야기 정원(Story Garden)에는 이스라엘 아동들에게 잘 알려진 동화책의 이야기가 결합되어 있는 조각상들이 있다. 상상과 이야기를 펼쳐가는 공원 디자인은 홀론의 부모와 아동 모두에게 예술에 대한 긍정적 태도와 독서를 격려하는 장소뿐만 아니라 여가활동을 즐기는 자연스러운 부분이 되었다. 홀론의 유치원에서는 이러한 이야기 정원에의 동화를 교육과정 안에서 활용하여 확장 활동을 계획한다.

팁-태프 센터(Tip-Taf: Early Years Center)는 영아기에 상호작용자의 역할에 따라 발달에 미치는 영향이 클 수 있음에 주목하여, 가정에서 자녀를 기르는 부모를 지원하는 센터이다. 홀론 시는 폐교된 고등학교 건물을 활용하여 영아 부모의 양육 역량 강화를 위한 공간을 마련하였다. 이 특별한 센터에서는 부모와 영아(0~3세)를 대상으로 전문가가 참여하여 부모-자녀 관계의 즐거움을 향상시키고, 부모가 가정에서 아동 발달을 위한 최적의 환경을 제공할 수 있도록 다양한 팁과 안내를 제공한다. 팁-태프(Tip-Taf) 센터의 목표는 부모가 자녀와 유능하게 의사소통하도록 돕고, 아이의 신호를 해석하여 적절하게 반응하도록 하는 것이다. 팁-태프(Tip-Taf) 센터에서 발달전문가는 부모가 자녀에게 함께하는 '정신적인 식단(mental diet)'을 개선하도록 지원한다. 또한, 팁-태프(Tip-Taf) 센터는 영아

부모를 위한 공간이기도 하다. 자녀 또래의 부모들과 만나는 즐겁고 지지적인 장소이며, 사교 모임을 위한 시설 그리고 연구와 상호학습을 지원하기 위해 계획된 곳이다.

이처럼 홀론 시의 어린이 도시로의 브랜드화를 통해 도시 변화에 성공한 것으로 보인다. 홀론은 어린이 대상 활동과 교육, 문화를 강조하는 도시로, 국가적으로 높은 수준의 가치 기반 문화 센터로의 긍정적인 이미지를 만들어 오고 있다. 시민 대상 설문조사에서도 홀론 시가 더 나은 도시가 되었고, 홀론 시가 어린이의 도시이며, 어린이의 여가생활을 위한 다양한 활동들이 있다는 점에 동의 정도가 높게 나타났다. 이는 1994년 형성된 도시의 비전이 어느 정도 성취되어 있음을 보여준다. 2004년부터 2008년 자료를 보면 인구가 1.9% 증가하였으며, 2000년 이래로 0~9세 아동이 증가 추세에 있고, 20여 개의 새로운 유치원이 개원하였다. 이러한 홀론의 사례는 가정과 어린이 중심 정책의 추진을 통해 도시 전체의 변화를 선도한 것으로 최근 양육친화 도시, 여성친화 도시 등의 구현을 모색하는 데 많은 시사점을 제공한다.

15 덴마크

지방 정부는 보육서비스 보조에 관한 사항을 직접 결정한다. 각 지방 정부는 독자적으로 지원 규모와 지원 대상 아동 연령을 결정할 수 있고, 부모가 보육서비스 보조받는 대신 생후 24주 이상 미취학 자녀를 직접 돌보는 것을 허용한다. 이 경우 지방의회가 지원 유무를 결정하는데, 지방의회가 보육서비스 보조를 결정하면 지원 대상 아동 연령을 결정하는 권한도 갖게 된다(양미선, 2017: 40~53).

1) 보육서비스

정부가 보육서비스를 제공하는 방식 중 부모가 자녀를 직접 돌보는 경우도 포함된다. 보육시설법 제19조, 제21조에 따라, 부모는 본인이 직접 자녀를 보육하는 대가로 정부로부터 보조를 받으면 보육시설에 자녀를 등록할 수 없고, 동법 제80조에 따라 개인 보육서비스 보조 혜택도 받을 수 없다. 자녀 직접 양육 보조금의 신청자격은 보육서비스 혜택을 받지 않고, 부모가 수입이 없으며, 덴마크에서 최소 7년 이상을 거주해야 한다.

보조금은 최소 8주에서 1년까지 지급한다. 지방 정부에 따라 이보다 최소 및 최대 기간이 다를 수 있다. 최대 지원 횟수는 가구당 세 번이다. 지방 정부는 지원기간에 따라 각 아동에게 보조금을 지원하는데, 아동 1인당 총 지원기간은 정해진 지원기간 범위를 초과할 수 없고, 아동 1인당 1개 이상의 보조금을 지급하지 않는다. 지원기간이 1년 이상인 경우도 마찬가지이다.

한 가구에 지급되는 보조금은 정해진 혜택 범위 내에서만 지원되며, 보조금은 연령별로 아동 1인당 금액이 고정된다. 덴마크 코펜하겐 시의 민간 가정보육 이용 시 보조금 지원단가와 부모부담금을 살펴보았다. 코펜하겐 시는 보육료의 75%를 부담한다. 쌍둥이 등 형제가 보육서비스를 이용하는 경우 형제 할인을 받을 수 있는데, 할인율은 부모가 부담하는 비용의 50%이다. 예를 들어 자녀 2명이 다른 유형의 보육서비스를 이용하는 경우, 가격이 높은 보육서비스 전액을 부모가 부담하고, 나머지 보육서비스 비용은 절반 가격만 부모가 부담하게 된다. 또한 가구소득에 따라 보육료를 감면해 주는 특별보조금 제도도 운영하는데, 총 가구소득이 DKK 166,400 이하인 경우 전액 면제이고, DKK 166,401~516,799는 부분 면제, DKK 516,800는 면제 대상에서 제외된다. 민간 보육서비스 지원금을 받은 아동은 2015년 기준 8,702명, 가정보육은 847명이다. 가족을 기준으로 보면, 2015년 기준 민간보육서비스는 8,281명, 가정보육은 693명으로 민간 보육서비스와 가정보육 모두 지원자가 늘어나고 있다.

2) 보육료

보육료는 아동의 연령 및 보육·유아보육 서비스 유형에 따라 다르다. 2016년 기준 아동 1인당 연간 보육료는 공립 보육시설을 이용하는 경우, 0~2세가 DKK 29,831(KW 4,922,115)이고, 3~5세가 DKK 23,980(KW 3,956,700)으로 영아가 유아보다 보육료가 많다. 유아원은 DKK 34,535(KW 5,698,275), 유치원은 DKK

19,891(KW 3,282,015)로 유아원의 보육료가 가장 비싸다. 연도별로 아동 1인당 연간 보육료를 보면, 공립 보육서비스의 경우, 0~2세 비용은 매년 인상되고 있으나, 3~5세는 2011년 이후 인상과 인하를 반복하다가 2014년 이후 다시 인상하고 있다. 유아원과 유치원은 2011년 이후 매년 인상되고 있다. 코펜하겐의 2016년 보육비용 단가를 정리한 것이다. 가정보육의 보육비용은 아동 1인당 월 DKK 3,310이고, 보육시설을 이용할 경우, DKK 3,454이다. 점심식사를 포함하지 않을 경우에는 DKK 2,844 정도이다. 유치원은 DKK 2,551로, 반일제 유치원은 DKK 2,073, 시간제 유치원은 1일 DKK 89, 월 DKK 340이고, 방과후센터는 DKK 1,011이다. 대부분의 보육시설은 공립이고 5% 정도만 정부지원을 받는 민간이다. 덴마크 주별 월 보육료를 시설유형별로 살펴보았다. 가정보육은 Vallensbæk 지역이 2,614덴마크크로네로 가장 저렴하고, Gentofte가 9446덴마크크로네로 지역에 따라 크게는 3배 이상 차이가 난다. 유아원은 Egedal이 2,641덴마크크로네로 가장 낮지만, Glostrup가 4,919덴마크크로네로 지역별 차이가 크게 줄었고, 유치원은 Vallensbæk 1,556덴마크크로네, Gladsaxe 2,664덴마크크로네로 차이가 별로 없다.

보육시설에 대한 지방 정부 지출규모는 2014년 기준 DKK 253억이다. 지방 정부 회계 기록에 따르면 2008년부터 2012년까지 5년 동안 보육시설, 탁아소, 유치원, 연령통합 보육시설 운영비는 연도마다 다소 상이하나 총 DKK 7억(약 1,180억 원) 수준이다. 2008년부터 2014년까지 지방 정부의 보육 분야에 대한 재정지출 규모를 살펴보면 다음과 같다. 총 보육·교육비용 규모를 보면, 덴마크는 GDP 대비 2.0%로 보육비용이 0.7%, 유아교육이 1.3%를 차지한다. 이는 OECD 30개국 평균 0.8%의 2배 이상 높고, 스웨덴이나 핀란드보다 높은 수준이다.

3) 육아와 가족지원

세계적인 복지 수준을 자랑하는 덴마크에서는 폭넓은 사회복지제도를 운영하고 있으며, 오늘날 모든 국민이 폭넓은 사회보장 혜택을 받고 있다. 현재 덴마크의 사회보장제도의 기초는 1933년에 확립되었다. 사회보장제도의 주요 내용은 ①

성년에 달한 전 국민은 의무적으로 건강보험에 가입해야 한다. 의료비·입원비는 전액 무료, 약값·치과치료비·장의비(葬儀費)도 대폭 보조한다. ② 67세 이상의 노인, 55세 이상의 미망인 및 폐질자(廢疾者)에 대하여는 연금이 지급된다. ③ 미성년 자녀 교육, 실업 등 생계비 지원대상 가정에 대해서도 사회보조금이 지급된다. 그 밖에 노동자의 산재보험·아동수당·모자수당(母子手當) 등 각종 사회보장제도가 완비되어 있다. 이를 위한 비용으로 정부예산 중 사회복지 44%, 교육 14%, 의료 11% 등 약 70%가 사회보장비용으로 계상되고 있다. 덴마크는 대부분의 사회보장비용을 정부가 부담하는 게 원칙이다. 총 사회지출액은 2015년 기준 DKK 717백만에 이른다. 분담주체별로는 중앙과 지방 정부가 과반수를 차지하고, 나머지는 고용주와 피보험자 등이 부담한다. 가족분야 사회지출 규모는 2015년 기준 70,446억 덴마크 크로네이다. 이 중 보육서비스가 전체 중 36.2%를 차지하고, 가족지원 25.4%, 가족수당 23.9%, 출산휴가수당 13.5%, 자녀양육비 지방 정부 분담금 1.0% 순이다.

0~5세 아동에 대한 사회지출 중 현금혜택과 세제감면 보육서비스, 교육 등의 지출규모를 나타낸다. 덴마크는 보육서비스 비중이 가장 높고, 다음으로 현금혜택 및 세제감면, 기타 수당, 교육 순이다. 노르웨이의 경우, 보육서비스와 현금혜택 및 세제감면이 비슷한 수준으로 지원된다.

먼저 아동수당을 살펴보면 덴마크는 자녀가 있는 경우 정부의 보조를 받는다. 각 지자체는 보육시설을 이용하는 대신 부모가 자녀를 돌보는 경우 지원한다. 보조금은 면세로 소득과 별개로 구분되며 매 분기마다 미리 부모에게 지급된다. 아동수당은 자녀의 연령이나 가족의 수입에 따라 지원 금액이 다르며, 지원대상은 아동 연령이 생후 24주 이상 의무교육 연령까지의 자녀를 둔 부모이다. 지원자격은 덴마크에서 6개월 이상 거주하거나 10년 이상 취업한 경우로, 덴마크 국적을 소지하고 있거나 외국인인 경우 1~3년 거주하여야 한다. 외국인의 경우, 거주기간이 6개월 이하는 전체 혜택의 25%, 1년은 50%, 18개월 75%, 2년 이상은 100%를 지원받는다. 아동은 반드시 덴마크에 거주하여야 하며, 부모는 과세법에 따라 덴마크에서 세금을 납부하고 있어야 한다. 지원대상은 18세 미만 아동까지이다. 고소득 가정인 경우, 아동 및 청소년 혜택이 줄어드는데, 가구소득이 DKK 732,900(€98,211)를 초과하는 경우 초과소득의 2%를 삭감하게 된다. 부모가 실업자인 경우에도 일반 가족혜택을 받고, 연금수급자인 경우, 특별수당은 분기당 DKK 3,471(€465) 매달 DKK 1,157(€155)를 받는다. 부모 모두 연금 수급자인 경우에는 분기당 DKK 1,358(€182)과 일반 혜택으로 아동 1인당 분기별로 DKK 450(€60) 또는 월 DKK 150(€20)를 받는다. 부 또는 모가 없는 경우, 아동 1인당 분기별로 DKK 3,921(€525) 및 월 DKK 1,307(€175)를 받는다. 부 또는 모가 없는 아동에게 추가 특별수당이 제공되는데, 분기별 DKK 7,845 (€1,051) 또는 월 DKK 2,615(€350)이 추가 지원된다. 한 가구당 최대 3개 수당을 받을 수 있으며, 총 지원액이 출산수당을 초과할 수 없다. 또한 자녀수당은 지자체가 보육시설에 지원하는 순 운영비의 85%를 초과해서는 안 된다. 앞서 설명한 아동수당을 받은 가구 규모를 보면, 2015년 기준 가족수당은 570,819가구이고, 일반 아동수당은 132,850가구, 보조적 아동수당 132,464가구, 특별 아동수당 19,147가구, 입양 아동수당 8,185가구이다. 출산율 감소에 따라 아동수당을 지원받은 아동 수가 감소하고 있음을 있다. 보조금 지급 규모는 가족수당이 DDK 3,055,496,000이고, 일반 아동수당은 DDK 264,391, 보조적 아동수당 DDK 180,776, 특별 아동수당 DDK 92,771, 입양 아동수당 DDK 18,255이다. 지원 아동 수 감소에도 불구하고 지원단가가 매년 인상됨에 따라 지급 금액은 늘어나고 있다.

다음으로 출산 휴가는 총 52주를 가질 수 있는데 출산 전 어머니가 4주, 출산 후 어머니가 14주, 아버지가 2주를 가질 수 있고, 나머지 32주는 어머니와 아버지가 나눠서 또는 함께 사용할 수 있다. 출산 휴가 기간 동안의 급여는 출산 전 4주, 출산 후 14주에 대해서는 고용주가 50%의 급여를 지급하도록 되어 있으며, 이외에 산후 46주에 대해서는 국가가 보상을 해준다. 출산휴가와 부성/모성 육아휴직 기간의 경우, 기여금액의 두 배가 ATP(arbejdsmarkedets tillægspension, ATP: 보완적 연금제도)에 납부되는데, 수급자가 기여금의 1/3을, 정부·지방 정부가 2/3를 부담한다. 정부지원 보조금은 과세 대상에 포함된다. 자녀가 아프거나 장애가 있지 않은 한 젊은 부모가 휴가기간 만료 후에 직장에 복귀하지 않는 경우는 드물며, 아프거나 장애가 있는 경우에는 ATP에 기여하면서 일종의 공적 급여를 인출할 수 있다.

보조금은 주당 최대 DKK 4,180(€560) 또는 시간당 DKK 112.97(€15)(주당

37시간 기준)으로 근무시간에 따라 지원한다. 출산휴가기간 동안 임금을 받을 자격이 없고 실업보험에 가입되어 있지 않은 여성은 휴가수당을 받을 수 있는데, 수당은 다음해 5월 1일부터 5월 30일까지 지급되는데, 지급 금액은 출산수당에 준하며, 지난 12개월 동안의 고용조건에 근거하여 금액이 결정된다.

정리해 보면 덴마크의 보육서비스는 첫째 유형은 부모의 요구에 따라 적절한 서비스를 이용할 수 있도록 다양하게 제공되고 있다. 영아 중심의 유아원과 유치원, 연령통합기관, 가정보육 등이 기본적으로 제공된다. 둘째, 이외에 방과후센터와 레크레이션센터, 아동과 청소년을 위한 클럽 등을 제공고, 덴마크 보육 · 교육서비스의 특징은 공립 비율이 높다는 것이다. 보육시설은 전체의 55.1%를 차지하고, 유치원은 62.8%로 반수가 넘는다. 민간시설의 경우도 지역의회로부터 인가를 받은 공급자들이 운영하기 때문에 정부의 관리감독 하에 운영된다. 특히 민간시설 중 5% 정도는 정부로부터 보조금을 받는다. 이러한 보육교육서비스 공급 특성에 따라 부모보조금을 통해 부모의 비용 부담을 감소시키고, 다른 한편으로는 질적 수준 보장 체계를 구축하여 서비스의 질적 수준을 관리하고 있음을 알 수 있다. 셋째, 덴마크의 보육 · 유아교육에 대한 정부 투자는 OECD 국가 중 가장 높은 GDP 대비 2.0%이다. 이는 보육교육서비스가 공립 중심의 공급체계로 국가부담이 크다. 넷째, 덴마크 0~2세 아동의 보육교육서비스 이용시간은 주당 평균 35.8시간으로 OECD 평균 29.8시간보다 6시간 정도 길지만 1일 평균 6시간 20분 이상을 어린이집에서 보내는 우리나라보다는 짧은 편이다. 덴마크의 경우 0~2세의 보육서비스 이용률이 0세 3.5%, 1세 17.4%, 2세 18.8%로 낮지만, 보육서비스를 이용하는 경우, 취업모 자녀가 대부분이기 때문에 이용시간이 길게 나타난 것으로 보인다. 다섯째, 보육시설을 이용하는 대신 부모가 자녀를 돌보는 경우에는 아동수당을 지원한다. 아동수당은 자녀의 연령이나 가족의 수입과 연계하여 차등 지원된다. 출산휴가 및 육아휴직 등이 보장되어 있음을 알 수 있어 우리나라 아동복지정책에 시사하는 바가 크다고 볼 수 있다.

Chapter

03 아동복지행정 및 정책

1 아동복지행정

1) 아동복지행정의 의미와 특징

아동복지행정의 의미와 특징에 대해 살펴보면 다음과 같다(도미향 외, 2019: 109~148).

(1) 아동복지행정의 의미

아동복지행정은 아동복지사업 실천방법의 하나로서 아동복지서비스를 용이하게 하는 기능을 한다. 즉, 아동복지행정은 아동복지기관의 목표설정, 정책형성, 기획, 인사활동, 재정조달, 평가 등 직접적 서비스를 지원하는 실천방법이다.

(2) 아동복지행정의 특징

첫째, 아동복지행정은 아동복지법에서 제시한 국가가 담당해야 하는 아동복지의 책임 범위에 따라 아동 및 가정이 원하는 사회복지서비스를 받을 수 있도록 아동복지정책에서 설정한 방향과 목표를 이용 가능한 자원을 동원하여 충족하고자 하는 수단과 방법을 의미한다. 따라서 아동복지법을 근거로 실행되며, 아동복지정책의 계획과 목표를 달성하고자 행정업무를 진행하게 된다.

둘째, 아동복지행정은 아동복지정책의 목표를 달성하기 위하여 어떠한 수단과 방법을 선택하는지 그리고 그 선택과정과 계획을 포함한 일련의 과정을 모두 포함하는 포괄적인 행동을 의미한다. 따라서 행동을 계획하는 조직이나 실제 서비스를 제공하는 기관의 운영도 아동복지행정의 주요한 요소로서 간주한다. 셋째, 아동복지행정은 최종적으로 아동과 가정에 직접 서비스가 직접 전달됨으로써 그 효과가 나타나야 한다. 따라서 수혜를 받는 아동 및 가정에 서비스를 제공하는 사람들은 각종 서비스 분야의 전문가들이어야 하며, 서비스는 체계적으로 이루어져야 한다(이선애 외, 2018: 199).

2) 국내 아동복지행정의 실태

(1) 아동복지행정의 지향점

아동권리란 아동이 인간으로서 가지는 기본적인 권리와 자유에 더하여 생애 시기적 특수성에 입각해 특별한 보호와 배려를 받을 권리로 성별, 국적, 피부색, 언어, 신분, 종교 등에 상관없이 인간의 존엄성을 유지하기 위해 마땅히 누려야 할 권리이다. 모든 사람은 존엄성과 가치를 가지고 태어나며, 아동의 주체로서 존엄하고 인간으로서 마땅한 권리로 정의된다(중앙아동보호전문기관, 2019.12).

또한 아동권리는 1989년 유엔의 아동권리협약이 만장일치로 채택되면서 18세 미만의 아동에 대한 생명권, 의사표시권, 고문 및 형벌금지, 불법해외 이송 및 성적학대 금지 등 각종 기본권 보장을 원칙으로 제시한다. 우리나라도 1991년 유엔 아동권리협약에 비준해 국내법과 동일한 효력을 갖는다.

아동 중에서도 영유아기는 전 생애의 기초가 되는 권리실현의 결정적 시기로, 유엔 아동권리위원회는 아동기 연령차별에 주목하고 영유아 권리보장을 위해 영유아가 아동권리협약의 모든 권리를 보유하고 영유아기의 권리를 적극적으로 반영하여 생애 연속성 있는 아동기의 권리보장이 요구된다.

아동권리에 대한 논의의 중요성과 관심 증가에도 불구하고 전 생애의 근간이 될 수 있는 영유아 시기의 권리에 대한 연구 분야와 정책적 접근은 미비하다. 2006년 유엔 아동권리위원회는 출생 후 8세까지의 영유아를 위한 아동권리협약의 적용을 위해 '영유아기의 아동권리 이행에 대한 일반논평'을 채택하였다(서영숙, 2010). 이는 영유아 권리에 대해 영유아기를 미성숙한 인간에서 성숙한 인간으로 발달해 가는 과정의 하나로 이해하는 것에서 반드시 탈피해야 됨을 강조하고, 영유아기의 권리를 적극적으로 반영시켜야 됨을 의미한다(유해미 외, 2011). 이렇듯 일반적인 '아동권리' 범위 안에서도 영유아만의 특수성에 대한 배려가 필요하다는 점을 염두에 두고 영유아 권리증진을 위해 다각적인 노력이 요구된다.

아동복지란 '아동(child)'과 복지(welfare)'의 합성어로, "아동이 행복하게 잘 지내는 상태"를 의미한다(정옥분 외, 2020: 16~19). 국가와 사회의 궁극적 목적은 국민의 행복을 이룩하는 데 있고 인간다운 생활의 보장(이병렬, 1998)에 있어 아동은 아동으로서 특수성에 입각해 좀 더 특별하게 존중받고, 주체로서 권리가 존중받아 마땅하다. 그중 영유아는 아동보다도 좀 더 어린 아동으로 아동 최우선의 이익 원칙이 유아에게도 그대로 적용되어야 하며 유아기 특히 취약한 유아를 위한 포괄적 정책 및 프로그램이 마련되어야 한다. 우리나라 「헌법」 제10조는 "모든 국민은 인간으로서의 존엄과 가치를 가지며 행복을 추구할 권리를 갖는다. 그리고 국가는 개인이 가지는 불가침의 기본적 인권을 확인하고 이를 보장할 의무를 갖는다"고 명시하고 있다. 이는 아동이 행복하게 지낼 수 있는 기본적 권리에 대한 부모와 가정의 책임, 국가의 책무를 강조하며, 「아동복지법」 제1조는 "아동이 건강하게 출생하여 행복하고 안전하게 자랄 수 있도록 아동의 복지를 보장하는 것"으로, 즉 아동복지는 아동의 행복을 강조하고, 그 행복을 보장할 수 있는 부모, 가정, 사회, 그리고 국가의 적극적 역할과 책임을 강조한다(이효정 외, 2017).

(2) 아동복지행정의 현황과 문제점

① 감소하는 인구: 도시 소멸의 위기

- 한국의 합계출산율은 0.9명(통계청, 2019)으로 매년 신생아 출생률 최하를 경신하고 있어, 이와 같은 추세라면 생산가능인구가 지속적으로 감소하여 심각한 단계의 도시 소멸이 우려된다. 2030년 전후로 인구가 감소할 것으로 예상되면서, 노령인구 비율이 높아짐에 따라 경제적 문제가 도달할 것으로 예측된다. 또한 전국의 도시에서도 인구의 감소로 인한 변화가 예상되는데 한국고용정보원(2018)에 의하면 추후 30년간 전라도, 강원도 대부분 지역 경상도, 충청도 지역의 60~70%의 소멸이 예상되고 있다. 반면에 소멸위험이

적고 앞으로도 성장할 것으로 예상되는 도시들로는 서울, 서울에 인접한 수도권, 세종, 산업단지가 몰려 있는 도시들은 앞으로도 성장할 것으로 예상된다.

- 지방 정부의 인구 감소 문제는 생존의 문제로 직결되며, 초저출산 · 고령화와 인구 감소의 위협은 한국고용정보원(2018)의 '한국의 지방소멸' 보고서에서도 전국 시 · 군 · 구의 40%가량이 '소멸위험지역'으로 30년 뒤 사라질 수 있다고 전망한다. 소멸위험지역은 65세 이상 인구수가 20~39세 여성의 수보다 2배 이상 많은 곳을 뜻한다. 위험도 순으로 경북 의성, 전남 고흥, 경북 군위 등 89개 지역이다. 인구가 크게 줄어든다는 뜻에서 20개 지역은 '축소도시'로 분류되었다. 특히 전북 남원과 경북 상주, 강원 태백 등 8개 축소도시는 가장 발전했던 시기에 비해 인구가 절반 이상 감소한 것으로 나타난다.
- 이러한 저출산 고령화에 따른 인구구조의 변화는 가족의 구조와 사회적 변화로 나타난다. 가족의 기능은 약화되고, 사회적 요구는 높아짐에 따라 국가의 아동에 대한 보호적 기능이 강화되는데 이는 과거 소극적 요보호 중심의 아동복지정책에서 나아가 포괄적 서비스 제공의 복지 개념으로 확대된다. 아동에 대한 복지 보장은 나아가 미래 성장 동력의 연속선상에서 선제적 투자이다.
- 유엔아동권리협약이 채택된 지 30년이 지났음(현재 196개국 비준, 우리나라 '91년 비준)에도 불구하고 여전히 주체로서 아동의 권리를 보장받지 못하고, 아동 이익 최우선의 원칙이 지켜지지 못하고 있다.
  - 경제, 사회, 문화 등 전반에 걸쳐 인간의 존엄성과 자유를 보장하는 가운데 환경, 조건과 관계없이 아동의 생존권이 존중되고 그들의 잠재력이 최대로 개발되도록 지지하여야 한다.
  - 시민적 권리의 보호: 생명권, 국적권, 정체성유지권, 의사 표시권 등
  - 사회적, 경제적, 문화적 권리의 보호: 가족과의 동거권, 양육 받을 권리, 입양제도, 건강 및 의료지원, 사회보장, 교육관련 권리, 결손가정과 장애아동의 보호, 문화 활동 참여권
  - 기타 권리의 보호: 학대, 유기, 착취, 인신매매, 무력, 분쟁, 마약 등으로부터의 보호

- 특히, 유엔 아동권리위원회(2019)는 한국이 제출한 5~6차 국가보고서를 통해 아동 관련 예산 규모가 국내총생산(GDP)에 비해 여전히 낮은 점, 높은 아동 자살률과 가정 내 아동학대 발생률, 지나치게 경쟁을 부추기는 교육 환경 등을 우려하였다.

② 아동 관련 법제와 정책의 주요 내용

아동관련 정책은 개별 법에 따라 부처에 산재되어 있고, "아동"에 대한 의미도 각 개별 법에 따라 '아동', '청소년', '아동 · 청소년', '영유아', '유아', '영아', '어린이', '소년', '연소자', '미성년자' 등으로 달리 정의되고 있다. 특히, 아직 아동 전반을 포괄하는 아동기본법이 없어, 아동의 구분에서도 「아동복지법」에 의해 18세 미만, 청소년은 「청소년기본법」은 9~24세, 「청소년보호법」은 19세 등 법마다 연령에 대한 정의가 달라 중복과 혼란이 심각하다.

③ 아동복지정책의 흐름

- **제1차 아동정책기본계획**(2015~2019)

제1차 아동정책기본계획(2015~2019)의 권리 유형별 주요 정책과제는 아동의 권리를 온전하게 실현하기 위해 발달주기별 · 분야별로 영유아기부터 아동기 전반에 걸쳐 연속선상에 두고 수립했다는 데 의의가 있다. 정부는 생애주기에서 아동기가 가장 행복한 시기가 될 수 있도록 모든 정책에서 아동을 권리의 주체로 인정하여 아동의 권리가 온전하게 실현되도록 한다는 의지를 표명한다. '아동 최우선의 원칙'을 실현할 수 있는 기반 조성을 정책의 핵심목표로 선정하였고 이에 따라, 기본계획에서 '미래를 준비하는 삶', '건강한 삶', '안전한 삶', '함께하는 삶'의 4개 영역과 '기본계획 실행기반 조성'을 포함한 총 5개 부문에 걸쳐 16개의 중점과제와 158개의 세부과제를 선정한다.

제1차 아동정책기본계획(2015~2019)의 연차별 주요 계획은 15년도 인성교육 종합계획을 시작으로 19년도 아동영향평가 도입 등 아동의 건강한 성장과 발달, 안전, 보호체계를 구축하고자 한다. 이는 아동의 발달위기상의 해결과 미래세대 육성의 관점에서 통합적인 아동정책을 구현하고 유엔아동권리협약의 준거인 아동 최우선의 원칙 이행과 아동 전반적인 삶의 모든 영역을 진단하고 개선하는 정책을 추구하고 있다. 이러한 아동정책은 5년 단위의 목표와 기본방향, 주요 추진과제를 통해 중앙부처와 지자체가 공동으로 시행 · 관리할 수 있도록 「아동복지법」을 통해 규정하고 있다(법제처, 2020).

아동정책은 아동권리의 핵심개념 즉 '아동최선의 이익', '아동참여', '아동영향평가'를 다루고 있다. '아동최선의 이익' 관점은 아동과 관련한 정책이 아동권리에 기반을 둔 것인가를 평가할 수 있는 기준이다. '최선의 이익' 개념은 1959년의 아동권리선언에서 처음 등장하여 협약 제3조 제1항이 강조하는 것으로 공공 및 민간기관은 아동 최선의 이익을 최우선으로 고려하고 이들의 행위가 아동에게 미치는 영향을 확인하도록 하는 의무를 부여함으로써 아동이 살기 좋은 사회를 만들자는 취지이다. 아동권리가 기반이 된 아동정책을 실행하려면 '최선의 이익'을 확인 · 평가하고 점검할 수 있어야 하는데 현재 이러한 과정이 구체화되지 못하고 단지 선언적, 명목적 수준에서 최선의 이익 개념이 사용되고 있다(강현아, 2016).

- **2019 포용국가 아동정책 주요 내용 및 핵심과제**

보건복지부 · 교육부 · 법무부 · 여성가족부 등 관계부처 합동으로 2019년 5월 23일 발표한 2019 포용국가 아동정책의 아동복지 방안으로 민법에 허용된 부모의 체벌권을 없애고, 의료기관이 출생 사실을 국가기관에 알리는 출생통보제 도입 등의 내용 등을 핵심으로 한다. 포용국가 아동정책의 4대 분야는 다음과 같다(관계부처합동 2019.05.23. 인출).

- 인권 · 참여권의 주요 내용
  첫째, 민법상 친권자의 징계권에서 체벌 제외
  둘째, 누락 없는 출생 등록을 위한 출생통보제 도입
  셋째, 출산 알리고 싶지 않은 임산부를 위한 보호출산제 도입

- 인권 · 참여권의 핵심과제
  첫째, 보호가 필요한 아동은 국가가 확실히 책임지는 시스템 혁신
  둘째, 아동학대 대응체계 전면 개편
  셋째, 보호종료 후 안정적으로 자립할 수 있도록 지원강화

- 건강권의 주요 내용

  첫째, 생후 1개월째에 첫 건강검진 실시

  둘째, 유아기(4~6세) 난청, 안과 검사, 아동 모바일

  셋째, 헬스케어 도입

- 건강권의 핵심과제

  첫째, 누락 없는 출생등록

  둘째, 아동에 대한 체벌 금지 노력 등 아동권리 강화

  셋째, 아동의 목소리에 귀 기울이는 정부

- 보호권의 주요 내용

  첫째, 전문가가 아동 돌보는 전문가정위탁제도 도입

  둘째, 연 1회 만 3세 아동의 안위를 전수 조사

- 보호권의 핵심과제

  첫째, 아동발달 단계에 맞는 건강지원 강화

  둘째, 마음건강 돌봄지원 강화 대책

- 놀이권의 주요 내용

  첫째, 2020년까지 놀이혁신 선도지역 20곳 선정

  둘째, 3~5세 누리과정, 놀이 중심으로 재편

- 놀이권의 핵심과제

  첫째, 아동이 맘껏 뛰어놀 수 있는 지역사회

  둘째, 놀이를 통해 잠재력을 키우는 학교

- **민법의 부모 체벌권 제외 검토**
  - 정부는 「민법」이 규정한 '친권자의 징계권' 범위에서 명시적으로 체벌을 제외하는 방안으로 「민법」 제915조는 '친권자는 자녀를 보호 또는 교양하기 위해 필요한 징계를 할 수 있다'고 규정하고 있는데, 법무부는 이 조항에서 징계라는 용어를 바꾸거나 체벌 금지 조항을 추가하는 방안 등을 검토하기로 한다. 해당 조항에는 체벌이란 말은 없지만, 자녀 훈육을 위한

징계에 체벌이 포함되는 것으로 인식되어 왔고, 이에 이 조항은 아동 체벌을 정당화하는 사유로 인용되고, 「아동복지법」상 체벌 금지 조항과 상충하는 면이 있어 개정 필요성이 제기된다. 실제로 2015년부터 시행된 「아동복지법」에는 부모를 비롯한 보호자가 아동에게 신체적 · 정신적으로 고통을 주는 행위를 금지하는 내용이 있지만, 「민법」은 친권자 징계권의 범위가 명확하지 않아 훈육을 빌미로 한 가정 내 학대를 용인하는 것으로 해석될 우려가 크다.

- **출생통보제 도입**
  - 정부는 「가족관계등록법」 개정을 통해 의료기관이 출생하는 모든 아동을 누락 없이 국가 기관 등에 통보하도록 하는 출생통보제 도입을 추진하였다. 현재는 아이가 태어나면 부모에게 출생신고 의무가 있지만, 부모가 이를 외면하거나 지연해도 예방책이 없는 상황이지만 출생통보제 도입 시 미성년 등의 위기 임산부가 의료기관에서의 출산을 기피하는 부작용을 막기 위해 보호(익명)출산제가 함께 도입될 수 있도록 할 예정이다. 보호출산제는 아이 어머니가 일정한 상담 등 엄격한 요건 하에 자신의 신원을 감춘 채 출산 후 출생등록을 하는 제도이다.

- **아동학대 대응체계 전면 개편**
  - 정부는 학대나 입양 의뢰, 빈곤으로 인한 대리보호 의뢰, 유기 등의 이유로 보호가 필요한 아동이 생기면 지자체가 직접 상담하고 가정환경을 조사하기로 한다. 만약 불가피하게 아동을 원가정으로부터 분리해야 하는 경우에는 아동복지심의위원회 산하 사례결정위원회가 아동에게 가장 적합한 보호 방식(가정위탁, 그룹홈, 시설, 입양 등)을 결정한다. 담당 인력도 보강해 2020년 하반기부터는 지자체 책임하에 상담 · 가정조사 · 보호결정 · 사례관리가 이루어지도록 할 계획이다.

- **아동 건강관리 강화 및 놀이문화 확산**
  - 현재 생후 4개월에 처음 받는 영아 건강검진은 생후 4~6주로 앞당기고, 모바일 헬스케어를 도입하여 아동의 영양, 운동량 등을 모니터링하고 상담

해 주는 등 아동의 건강관리 강화, 이 밖에 2020년에 시・군・구 20곳을 놀이혁신 선도지역으로 선정해 혁신놀이터 설치 등을 지원하며, 2022년까지 초등학교 저학년 교육과정에 놀이시간을 포함시킬 계획이다.

- **아동친화도시**

아동친화도시는 "유엔 아동권리협약의 이념을 준수하고 아동의 권리를 실현하기 위한 크고 작은 단위의 지역 거버넌스"로 정의되고 있으며, 아동이 건강하고 안전하게 성장・발달하여 아동의 발달과업을 개발하고 창의성과 잠재력을 극대화하여 아동이 행복한 삶을 영위할 수 있도록 조성해야 한다(UNICEF, 2004; UNICEF, 2005). 아동친화도시 사업은 지역사회와 지방 정부 차원에서 아동의 권리를 증진하고자 하는 전 세계적인 운동으로 1996년 이후 세계 각국의 정책과 각종 사업에서 아동의 권리를 우선순위에 두고 실천할 것을 강조하였다(UNICEF, 2015).

아동친화도시 조성의 목적은 지역사회와 정부 차원에서 아동의 권리에 대한 이해와 인식의 정도를 평가하고, 아동의 솔직한 의견이 직접 반영될 수 있는 조직 개발, 아동에게 영향을 미치는 정책과 법률 제정, 예산의 평가와 실행에 있어서 아동의 참여를 활성화하도록 독려하는 것이다(김영한 외, 2015). 따라서 아동친화도시에서는 '아동의 권리'를 보호하고, 아동의 '삶의 질', '다양한 아동의 욕구 충족'을 궁극적 목표로, '아동의 참여'가 기본 바탕으로 이를 지원하기 위한 적절한 '기반과 서비스 체계'를 갖추어야 한다.

아동친화도시의 내용을 살펴보면 다음과 같다. 아동친화도시는 유엔 아동권리협약의 아동권리 실현을 위한 사업으로 기본적인 서비스 접근성과 자원의 배분, 아동의 참여, 특별한 보호조치, 무차별, 각종 교육과 문화・여가 조성 등의 전반적인 아동친화적 정책과 예산, 아동을 위한 옹호 기구를 중심으로 이루어진다. 유니세프는 2000년 이노센티 연구센터(UNICEF, Innocenti Research Center)를 설립하고 아동친화도시를 각국에서 보다 쉽게 실천할 수 있도록 원칙, 특징, 기본요소, 이행요건 등을 제시한다.

윤진주, 서영미, 고은혜(2015)의 어린이행복도시 조성 연구에서 제시한 바와 같이 아동이 행복하고 친화적인 도시를 구축하기 위해서는 아동・청소년의 의견이 반영될 수 있는 웹사이트 개발과 자발적인 참여가 가능한 어린이 의회 등 아동의 권리가 우선 고려되는 전담기구의 마련이 요구되며, 아동・청소년의 참여권과 사생활 보호 등에 관련된 조례 제정, 지역사회 내 아동권리에 대한 인식개선 홍보 및 캠페인 등의 활성화를 통해 아동의 정책참여가 필요하다.

3) 아동복지서비스의 전달체계

우리나라 아동복지서비스 전달체계는 주로 요보호 중심, 시설 중심으로 발전해 오면서 아동복지에 대한 행정 서비스의 전달체계도 각 서비스별로 구축되어 다원화되어 있으나 연계 체계가 미약하여 통합적 서비스가 제공되지 못하였음. 또한 서비스도 수요자 중심의 전달체계를 구축하기보다는 기관이나 시설중심의 전달체계를 구축한다(이현주, 정익중, 2012: 65~94).

우리나라 사회서비스 정책 전달체계 현황 및 문제점을 살펴보면 다음과 같다(강영주 외 2018: 39~40).

(1) 사회복지 전달체계 현황

- 분야별, 담당부처별, 자치단체별로 다양한 전달체계를 갖는다.
- 주로 중앙부처에서 관할, 지원 및 권한 위임하는 방식의 공동주도형 전달체계이다.
- 사회보험: 부문별로 공단을 설치한다.
- 공공부조: 기획재정부는 예산편성, 보건복지부는 서비스 제공(지방에 사무위임), 국세청은 별도의 서비스 공급체계를 갖는다.
- 사회서비스: 광역자치단체에 사무를 위임하고 최종적으로 시・군・구/읍・면・동의 공공전달체계 혹은 민간비영리기관을 통해 서비스를 전달하는 형태의 전달체계, 고용노동부의 독자적인 지역고용센터를 통해 고용서비스를 제공한다.
- 전달체계 유형별로는 중앙정부 직접전달형, 중앙-지방 협력형, 출연기관 지원형으로 분류한다.

(2) 사회복지 전달체계 문제점

- **공통적 문제점**
  - 서비스의 파편화 및 비체계성, 비효율적 조직설계가 문제이다.
  - 주관 부처의 이원화(행정안전부와 보건복지부)가 문제이다.
  - 지나친 중앙집권성이 있다.
  - 저조한 시민참여, 낮은 서비스 접근성이 문제이다.
  - 전문성 부족, 인력 부족이 문제이다.
  - 평가시스템 부재(책임성 저하)가 문제이다.
  - 낮은 지역 적합성이 문제이다.

- **분야별 문제점**
  - 아동복지사업: 공권력의 부재, 서비스 전달의 불연속성, 사후관리 부재, 서비스 제공자의 신변위협, 정보 공유문제, 각 사업지원단 역할 불명확성이 문제이다.

복지서비스 전달체계 유형은 중앙정부 직접 전달형, 중앙-지방 협력형, 출연기관 지원형으로 구분된다. 이러한 전달체계는 주로 중앙부처에서 관찰・지원하거나 그 권한을 위임하는 형식의 공공주도형 복지서비스 전달이 많은 비중을 차지한다. 복지부는 주로 서비스 제공을 담당하고 복지부가 지방에 사무를 위임하는 방식으로 시행되고, 사회서비스는 아동 등의 대상별 서비스를 중앙부처인 복지부, 여가부 등에서 주로 관할하며 광역자치단체에 사무를 위임하고 다시 최종적으로 시・군・구나 읍・면・동으로 공공전달체계를 갖거나 민간 비영리기관을 통해 서비스를 전달하는 형태를 가진다(강영주, 최지민, 2018: 39-40).

- **아동복지서비스의 담당부처 및 신청기관의 예(보건복지부)**
  - 아동청소년 정신보건(신청기관: 정신보건센터)
  - 국가 필수 예방접종(신청기관: 위탁 의료기관)
  - 가정위탁 아동양육 보조금 지원(신청기관: 읍・면・동)
  - 소년소녀가정 지원금(부가급여) (신청기관: 읍・면・동)
  - 결식아동 급식비 지원(신청기관: 시・군・구, 읍・면・동)

- 입양비용 지원(신청기관: 시 · 군 · 구)
- 장애아동입양 양육보조금(신청기관: 시 · 군 · 구)
- 입양아동 양육수당 지원(신청기관: 시 · 군 · 구)
- 시설퇴소아동자립정착금(신청기관: 시 · 군 · 구)
- 아동발달지원계좌(디딤씨앗통장) 지원(신청기관: 시 · 군 · 구)
- 통합사례관리(신청기관: 시 · 군 · 구)
- 장애입양아동 의료비 지원(신청기관: 시 · 군 · 구)
- 소아암환자 의료비 지원(신청기관: 보건소)
- 장애아가족 양육 지원(신청기관: 시 · 군 · 구, 읍 · 면 · 동)
- 장애아동 재활치료(신청기관: 읍 · 면 · 동)
- 언어발달 지원사업(신청기관: 시 · 군 · 구, 읍 · 면 · 동)
- 방과후 돌봄서비스(신청기관: 지역아동센터, 읍 · 면 · 동)
- 아이 돌봄서비스(신청기관: 건강가정지원센터)
- 한부모가족 아동 양육비 지원(신청기관: 읍 · 면 · 동)
- 청소년 한부모 아동양육비 지원(신청기관: 시 · 군 · 구, 읍 · 면 · 동)

4) 국내 지방 정부의 아동복지행정 사례

(1) 서울시 성북구

수도권에 위치한 서울시 성북구는 2013년에 국내 최초로 아동친화도시 인증을 받았으며, 국내 자치단체 최초로 아동청소년 교육, 복지시설 간 통합네트워크를 구축하고 통합서비스를 제공, 관내 아동청소년 복지서비스의 중복과 사각지대 발생을 막고 성북구형 교육 돌봄서비스를 개발하여 아동청소년 지원체계를 이끄는 허브기관을 운영한다. 또한 '아동청소년 복지플래너'를 통해 아동 전반에 대한 복지서비스를 제공하고 있다.

① 성북구 아동친화도시 추진 경과

- 아동권리 전담기구 신설(2011.11.)
- "어린이친화도시 조성에 관한 조례"와 "아동복지시설 설치 및 운영에 관한 조례"를 제정 · 공포(2012.1.)

- 전국 최초 유니세프 "아동친화도시" 공식인증(2013)
- 전국 최초 돌봄체계의 통합네트워크 서비스 성북아동청소년센터 개관(2013.5.)
- 아동의 권리가 보장되고 실현되는지 점검하기 위한 아동영향평가 연구용역 시행(2013.10.)
- "아동영향평가 등 실시에 관례 조례"를 제정하고 전국 최초로 아동영향평가를 시행(2014.5.)
- 전국 최초 유니세프 "아동친화도시" 재인증(2017.11.)
- 여성가족부 주관 가족친화 인증기관 선정(2017.12.)
- 유니세프 한국위원회 주관 "아동친화도시 설명회" 전국 29개 지방자치단체, 3개 유관기관 참여(2018.7.)
- 유니세프 홍콩위원회 아동사절단과 성북구 청소년참여위원회 간 교류행사(2019.8.)

② 성북구 아동복지행정의 사례

- **성북구 아동청소년센터**
  - 아동 · 청소년 지원체계를 이끄는 허브기관
  - 자치단체 최초로 아동 · 청소년 교육 · 복지시설 간 통합 네트워크를 구축
  - 성북형 교육 돌봄서비스를 개발
  - 사랑방 역할을 하는 카페 개설
  - 작은도서관: 책 읽고 토론하는 독서모임의 활성화
- **성북구 아동청소년 복지플래너**
  - 돌봄 · 양육지원이 필요한 학령기 아동과 부모에게 교육 · 복지 안내
  - 아동청소년 복지상담을 통한 정보 제공 및 서비스 연계
  - 저소득 아동 · 청소년 및 위기가정 방문상담을 통한 공공복지서비스 및 전문기관 연계
  - 아동학대 상담접수를 통해 경찰 신고, 서비스 지원 및 모니터링
- **성북구 서울형 혁신교육지구**
  - 마을과 함께하는 학교 운영(6개 사업)

- 배움과 쉼 놀이를 위한 마을활동 지원(5개 사업)
- 민학관 거버넌스 운영(2개 사업)
- 아동・청소년 자치활동(2개 사업)

- **자기주도학습 지원센터**
  - 진로 및 진학정보는 물론 대학생 멘토링
  - 학부모 자기주도 학습지도사 양성
- **성북나비나드 봉사단 운영**
  - 자기주도 학습지도사 수료자 중 자원봉사 신청자로 구성
  - 찾아가는 자기주도학습 및 센터 프로그램 강사
  - 진로진학 멘토링 등 수행
  - 교육생태계 구축
  - 이상적인 교육모델 평가
- **학력신장 프로그램을 운영**
  - 교육관련 단체와 지역 전문가
  - 학부모 등의 네트워크 구축
  - 자기주도 학습 프로그램 발굴
- **안전한 마을품 틈새돌봄**

마을의 작은도서관, 새마을문고 등을 활용하여 초등돌봄교실이나 지역아동센터를 이용하지 않거나 맞춤형 돌봄이 필요한 아동들에게 틈새돌봄을 제공한다.

- 돌봄기관을 중심으로 민학관 네트워크 활성화와 돌봄체계 구축
- 돌봄의 사각지대에 있는 아동들을 발굴하여 아동의 돌봄 욕구에 맞는 유연하고 다양한 형태의 '틈새돌봄' 서비스 제공
- 마을의 작은도서관, 새마을문고, 협동조합 등 아동이 생활하는 근거리 마을자원을 이용하여 방과후 다양한 교육, 돌봄, 문화서비스 제공
- 학교, 동 주민센터, 마을교사 등과의 연계 협력을 통한 돌봄기관 거점형 마을학교 운영

- **민학관 거버넌스 운영**
  - 성북혁신교육지구 민학관 거버넌스 체계 구축・운영(구청, 교육지원청 분담 운영)

운영협의회: 혁신교육 정책방향 제안 및 사업심의 · 협의기구, 분기별 개최한다.

- 실무협의회: 사업기획 · 운영 총괄, 격월 개최
- 주체별, 권역별, 주체별 워크숍 및 컨퍼런스, 포럼 개최
- 혁신교육지구사업 공문 시행기관 일원화

(2) 전북 완주군

농촌 소규모 도시인 전북 완주군은 2016년 전국 지자체 가운데 두 번째, 유니세프 아동친화도시의 공식인증을 받았으며, 완주군에서 시행하는 아동친화예산이란 전체예산 중 아동권리를 증진하기 위해 쓰이는 예산을 말하며 「완주군 아동청소년 친화도시 조성에 관한 조례」 제9조에 따라 추진된다. 또한 완주군 지역사회 청소년 통합지원체계(CYS-NET)를 위해 자치단체장 소속하에 자치단체의 청소년 업무담당관 등 13년 내외의 위원으로 운영협의회를 구성하고, 지역사회청소년통합지원체계 운영목표, 실태 평가 및 활성화에 관한 역할을 수행하고 있다.

① 완주군 아동친화도시 추진 경과

- 유니세프 한국위원회 업무협약식(2014)
- 아동친화적 법 체계 마련 및 아동 권리증진을 위한 조례 제정, 아동친화팀 전담부서 구축(2014)
- 완주군 아동 · 청소년 실태조사(2015)
- 전국 지자체 가운데 두 번째, 유니세프 "아동친화도시" 공식인증(2016)
- 완주군 어린이 · 청소년 의회 출범(2018.7.)
- 보건복지부 아동정책 평가 최우수상 수상(2018.12.)
- 2019 아동친화도시 추진위원회 회의(2019.2.)
- 완주군 어린이 · 청소년 의회 개원식(2019.4.)
- 아동 · 청소년 행복 정책을 위한 아동친화도시 정책설명회 개최(2019.4.)
- 2019 아동친화도시를 위한 도시계획 개최(2019.5.)
- 아동친화도시 중점사업 수립을 위한 100인 원탁토론회 개최(2019.6.)
- 유니세프 홍콩위원회 아동사절단과 완주군 청소년참여위원회 간 교류행사 (2019.8.)

- 2019 아동친화도조사 용역 중간보고회(2019.8.)
- 2019 아동친화도조사 용역 최종보고회(2019.9.)

② 완주군 아동복지행정의 사례

- 완주군 어린이·청소년 의회
  - 19개 학교, 어린이와 청소년 39명으로 구성
  - 완주군 아동·청소년 분야의 여러 정책들을 제안
  - 아동청소년의 참여권을 보장하고 지역사회 현안을 직접 참여
- **물놀이터 조성 업무협약 체결**
  - 완주군 아동친화도시 물놀이터 조성을 위한 업무협약 체결(현대자동차 전주공장, 현대자동차 전주공장위원회, 세이브더칠드런)

    ※ 물놀이터 조성사업은 완주군 어린이 청소년의회가 2017년 아동이 제안부터 제작까지 참여한 사업
- **아동홈페이지(블로그)**
  - "본인들이 의견을 제안할 수 있는 창구가 필요하다"라는 어린이 제안으로 시작되어 아이들이 자유롭게 의견을 제안
  - 아동기자단과 어린이청소년의회 등 완구준 아이들이 직접 참여하는 활동들이 기록되는 공간
  - 아동친화도시와 구성된 홈페이지에 대한 내용을 토대로 설문조사를 진행
- **아동·청소년을 위한 페스터벌**
  - 아동청소년을 위한 권리축제 페스티벌 개최
  - 아동의 권리에 대해 체험해 보는 부스
  - 아동권리 영화제 및 신체활동, VR체험
  - 노래, 댄스경연대회와 함께 고백 토크쇼

(3) 충남 논산시

지방소멸 위험도시로 분류된 충남 논산시는 2019년 9월, 전국 39개 인증도시 중 39번째 아동친화도시를 인증 받았으며 아동의 눈높이에 맞는 아동권리 홍보를 위해 3개 아동양육보육시설 아동들로 구성된 지자체 중 최초로 아동권리 홍보성

음원정식 발매한다. 또한 지역사회 공공 · 민간자원의 협력을 토대로 나눔문화를 확산하고 복지, 보건, 고용, 주거 교육 등 필요한 서비스를 맞춤형 통합서비스로 제공해 문제가 해결될 수 있도록 도모. 주민을 대상으로 하나, 복지욕구 및 경제적 여건을 고려하여 빈곤계층의 탈빈곤 · 빈곤예방을 중점 목표로 '행복키움지원단'을 운영하고 있다.

① 논산시 아동친화도시

- 아동친화도시 조성에 관한 조례 제정(2016.12.)
- 유니세프 아동친화도시 지방 정부협의회 가입(2017.4.)
- 아동친화도시 추진위원회 위촉식 및 연구 용역 중간보고회(2017.8.)
- 유니세프 한국위원회 업무협약식(2017.12.)
- 3개 아동양육시설 아동들로 구성된 논산파랑새합창단 구성(2017.4.)
- 아동친화도시 조성을 위한 원탁토론회(2017.9.)
- 아동의 권리보장을 위한 아동참여위원회 및 옴부즈퍼슨 위촉식(2018.6.)
- 아동친화도시 시민참여단 구성(2018)
- 전국 39개 인증도시 중 39번째 유니세프 "아동친화도시" 공식인증(2019.9.)

② 논산시 아동복지행정의 사례

- **논산시어린이 의회**
  - https://www.nonsancl.go.kr/child/main 어린이의회
  - 어린이 방청견학
- **파랑새합창단**
  - 3개 아동양육보육시설 아동들로 구성
  - 지자체 중 최초로 아동권리 홍보성 음원정식 발매
    "우리 모두 소중해", "내일을 향해"
    ※ 2019년 7월 청와대 특별초청 홍보송 공연
- **아동친화도시 추진위원회 & 청소년참여위원회 & 아동참여위원회**
  - 원탁 토론회 개최
  - 옴부즈퍼슨 구성
  - 아동친화도 조사 실시

- 시민참여조사
- 찾아가는 아동권리 교육

5) 국외 아동복지행정 사례

(1) 프랑스

프랑스는 유럽 국가 중에서 높은 출산율을 기록하고 있으며, 오랜 역사를 바탕으로 가족복지정책이 국민들로부터 지지를 받고 있다. 아동복지정책에서도 아동과 청소년을 대상으로 하는 교육 · 복지 사회안전망이 통합적인 사회지원체제로 운영되는 방식으로 가정-학교-지역사회의 '유기적인 협력그물망'을 통해 상호보완적인 연계 체계를 구축하고 있다. 프랑스의 양육수당 및 가족정책은 성별의 차이를 탈피하여 성평등을 수용하고, 다양성과 개인주의적 가치를 존중하며 일과 가족의 양립의 방향으로 한국의 아동복지정책에 시사점이 크다.

① 프랑스 각종 아동수당

프랑스 각종 아동수당의 내용은 다음과 같다(복지로, 2019.10.10. 인출).

- **가족수당**(Allocation famiale)
  - 가정의 경제적 상태에 관계없이 2명 이상의 자녀를 양육하는 모든 가정에 지급
- **가족보충수당**(Allocation complémentaire familiale)
  - 한 가정에 3명 이상의 자녀가 있을 경우
- **유아수당**(Allocation de nourrisson)
  - 출산 전 3개월부터 출산 후 6개월까지 총 9개월간 지원
- **아동 양육수당**(Allocation parentale pour enfants)
  - 3세 이하 아동의 양육을 지원
- **편친수당**(Allocation compacte)
  - 저소득층 가정의 부모 중 한쪽에서만 아동을 양육할 경우(기본급의 200%) ※일시적 지급
- **재택아동보육수당**(Allocation de garde d'enfants à domicile)

- 3세 미만의 아동들이 부모가 아닌 제3자에 의해 자신의 가정에서 보호받을 수 있도록 지원

- **가족지원수당**(Allocation de soutien familial)
  - 한쪽 부모로부터 최저 양육비를 받지 못하는 아동들에게는 지원

  ※ 입양을 하지 않고도 아이들을 고아원 등의 시설이 아닌 자신의 가정에서 보호받을 수 있도록 지원

② 프랑스 가족수당의 주요 제도

프랑스 가족수당의 주요 제도의 내용은 다음과 같다(유은경, 2016: 221~264).

- **적극적연대소득**(Allocation parent isolé et Revenu de solidarité active-soclemaj-oré, RSA)
  - 1인 가구: 466.99유로(612,000원)
  - 커플 가구: 700.49유로(919,000원)
  - 아이가 없는 임신한 여성: 599.67유로(787,000원)
  - 아이 한 명당 추가 수당: 199.89유로(261,000원)
  - 수급조건: 임금소득과 가족급여를 합산할 때 소득상한선 이하인 경우 지급하는 기본 소득 성격의 급여, 가족형태와 고용상황에 따라 차등 지급됨
- **개학수당**(Allocation de rentrée scolaire, ARS)
  - 6~10세: 284.97유로(373,000원)
  - 11~14세: 300.66유로(394,000원)
  - 15~18세: 311.11유로(408,000원)
  - 수급조건: 학령기 자녀가 있는 가족(소득조건 있음)
- **출산 · 입양축하금**(Prime à la naissance ouà l'doption
  - 임신 7개월: 923.08(2015년)(1,213,000원)
  - 입양 시: 1806.14(2,374,000원)
  - 수급조건: 임신 7개월, 입양
- **영유아기초수당**(Allocation de base, AB)
  - 소득상한 기준에 따라
  - 184.62(242,000원) 또는

- 92.31(2015년)(121,000원)
- 수급조건: 만 3세까지, 입양의 경우에는 20세 이전 12개월 동안(소득조건 있음)

• **기초수당(AB)수급자를 위한 경제활동**
- 자유선택수당(CLCA avec AB)
- 전일제 휴직: 379.79(498,000원)
- 법정 노동시간의 50% 미만을 일한 경우: 245.51(322,000원)
- 법정 노동시간의 50-80%를 일한 경우: 141.63(185,000원)
- 수급조건: 3세 미만의 자녀를 돌보기 위해 경제활동을 중단하거나 노동시간을 줄인 부모

• **기초수당(AB)미수급자를 위한 경제활동 자유선택수당**(CLCA sans AB)
- 전일제 휴직: 560.40(736,000원)
- 법정 노동시간의 50% 미만을 일한 경우: 426.12(560,000원)
- 법정 노동시간의 50-80%를 일한 경우: 322.24(423,000원)

• **선택적 경제활동 자유선택수당**(COLCA)
- 기초수당(AB) 수급자인 경우: 620.78(815,000원)
- 기초수당(AB) 미수급자인 경우: 801.39(1,056,000원)
- 수급조건: 막내가 3세 미만인 세 자녀 이상을 가진 부모가 3년의 긴 경제활동 자유선택수당(CLCA)보다 짧은 1년 동안 높은 금액의 수당을 선택할 수 있도록 한 것

• **보육 자유선택추가수당**(Complément de libre choix du mode de garde, CLMG)
- 가족수당금고(CNAF)가 가구소득, 아이의 수와 나이에 따라 세 구간으로 나누어 아이돌보미 급여의 일부를 수당으로 지급
- 아이돌보미 급여의 15%는 가족이 부담, 아이돌보미의 사회보험료 전액 지급, 가정 내 아이돌보미의 경우는 절반의 사회보험료 지급
- 수급조건: 6세 미만의 자녀를 둔 경제활동을 하는 부모가 인가된 아이돌보미에게 맡기거나 가정 내 아이돌보미를 고용할 경우 가구소득에 따라 차등 지원, 법정노동시간의 50-80% 구간에 해당하는 시간제노동자는 시간제경

제활동 자유선택수당(CLCA)과 중복 수혜 가능

(2) 핀란드

핀란드와 관련된 내용은 다음과 같다(핀란드 교육문화부, 2017).

핀란드는 지방 정부가 복지서비스 기획과 제공을 담당하기 때문에 아동복지서비스 제공 역시 지방 정부의 책임이고, 핀란드 중앙정부는 사회보험청을 통해 아동수당, 부모수당, 양육수당 등 아동복지 관련 현금급여를 제공하며, 핀란드 사회보건부는 지속 가능한 복지 창출에 가치를 두고 일상생활과 현대 사회복지를 개선하기 위한 다양한 노력이 이루어진다. 핀란드의 아동복지 및 가족 정책은 아동의 안전한 성장환경 제공과 부모의 출산과 양육에 따르는 경제적, 심리적 지원을 사회가 보장하는 것을 목적으로 한다. 따라서 아이들이 성장할 수 있는 제반 환경을 위해 재정지원, 가족휴가제도, 탁아서비스 및 아동건강 클리닉에 주안점을 두고 있다.

또한 '국민의 개개인의 행복과 사회적 안전'을 담보하는 '행복한 국가'를 위해 복지의 격차를 작게 하고, 복지 대상을 개인에 맞추고 있는 점을 주목하여 지속가능한 발전의 의미에서 행복의 가치에 대한 국가철학과 이를 반영하는 정책들이 요구된다. 국내 아동정책은 아동의 보호와 건전한 육성이라는 본질적인 목표보다는 출산율 제고, 여성의 취업지원, 학벌 만능풍조와 성적 지상주의 등의 기본적 권리 외 수단으로서 평가되고 있으며 성인 위주와 시장친화적, 단순 요보호 중심으로 구성되어 있는 것으로 나타나 아동의 욕구에 기반한 아동정책의 도출과 이를 반영할 적절한 정책 수단이 필요하다.

① 핀란드 아동보육휴가(Childcare Leave)

- **파트타임 아동보육휴가**(Part-time Childcare Leave)
  - 초등학교 3학년 진학 이전의 자녀양육을 위해 고용주와의 협의를 통해 단축근무 가능
  - 일시 아동보육휴가(Temporary Childcare Leave)
  - 질병이 있는 아동(10세 이하)에 대한 간호가 필요한 경우, 부모 중 1명은 최장 4일의 일시 아동보육휴가 사용 가능

- **유급 부분 보육휴가**(Partial Care Allowance)
  - 근로시간 30시간 이하인 부모 중 3세 이하 유아 또는 초등학교 1~2학년에 재학 중인 자녀가 있는 경우, 유급 부분 보육휴가 사용 가능
  - 2명 이상의 자녀가 있는 경우, 1명의 자녀에 대해서만 적용 가능
- **유급 특별 보육휴가**(Special Care Allowance)
  - 수술 또는 재활 과정에 있는 자녀로 인해 소득이 없고, 다른 유급 복지혜택을 받지 못하는 부모의 경우, 유급 특별 보육휴가 사용 가능
  - 부모의 신청에 따라 자녀당 60일까지 사용 가능하며, 의사 진단에 따라 연장 가능(재택 재활의 경우, 최장 90일까지만 가능)

② 핀란드 정책담당자들의 역할

- 아이들에게 균형 잡힌 발달과 웰빙 조성
- 지속적이고 긴밀한 인간관계 이해와 관심을 받을 수 있는 기회 제공
- 연령과 발달수준에 맞는 돌봄 제공
- 아동의 능력과 소망에 부합하는 교육 성장에 필요한 안전한 환경 제공
- 신체적, 정신적 자유, 독립적으로 자랄 수 있는 책임 중심의 장학
- 아동에 대한 정책 사안들에 직접 참여할 수 있는 기회 제공
- 아동의 언어적, 문화적, 종교적 배경을 고려하여 계획

③ '어린이를 위한 전략(Strategy for Children)' 7가지 목표

- 모든 어린이와 청소년은 자신과 가까운 안전한 성인을 자신의 삶에서 갖는다. 어린이와 가족은 지역사회와 어린이가 거주하는 지역사회에 포함되기를 바란다.
- 아이와 젊은이가 성장과 학습을 위한 개별 경로를 가진다.
- 성인은 본인의 희망에 따라 어린이를 많이 갖거나 또는 적게 가질 수 있도록 한다.
- 어린이와 청소년이 더 강한 우정을 갖고 덜 외로움을 느낀다.
- 가족이 더 많은 시간을 함께 가진다.
- 어린이의 빈곤을 줄인다.

6) 아동복지행정의 효율적 통합관리 방안

(1) 아동에 관한 법제 정비 및 기본법 제정

아동에 대한 법제의 분화로 정책의 대상이 분산되어 각 부처에서의 중복과 누락, 혼선이 발생하고, 아동의 생애주기상 연령기준은 영유아, 아동, 청소년으로 구분될 수 있는데, 법령상에서는 영아, 영유아, 유아의 범위가 불일치하고, 어린이의 개념도 법령마다 다르게 정의되고 있어 유아 또는 영유아에 대한 중복 부분의 정비가 필요하다. 또한 아동의 연령 규정에서도 각 법령마다 기준과 범위가 일관성이 없이 복잡하고 중복이 발생함에 따라서 영유아, 어린이, 아동, 청소년의 연령 정비를 통해 중복과 누락, 혼선이 발생하지 않도록 해야 한다. 또한 여러 법에서 중복되어 나타난 것처럼 0-6세 미만을 영유아로 0~3세 미만을 영아, 3~6세 미만을 유아로 구분할 수 있다. 6~13세 미만은 어린이, 13~18세 미만은 청소년으로 구분하여 국제적 조약인 아동권리협약에서 규정한 18세 미만으로 범위를 정하되, 그 안에서 다시 학령기를 기준으로 영유아, 어린이, 청소년으로 구분된다. 이는 향후 아동기본법을 제정하여 보건복지부를 중심으로 연속적이고 연계된 아동의 복지 행정이 이루어져야 한다.

(2) 아동복지 관련 책임 있는 행정 및 보고 체계의 일관성 확립

각 법령에 따른 여러 부처에서 각각의 정책수립, 사업기획, 예산편성 등의 분절과 누락이 발생하고, 명령통일의 원칙에 따른 중앙정부의 책임담당관제와 이를 연계할 수 있는 협력관을 통해 일관성 있는 하나의 보고체계가 마련되어야 한다. 명령통일의 원칙은 지시나 보고는 한 사람만이 할 수 있고 보고도 한 사람에게만 하여야 한다는 원칙으로 이는 신속한 결단과 결단내용의 지시가 한 사람에게 통합되어 명령통일의 원리를 통하여 업무수행 과정의 혼선을 줄일 수 있으며, 이와 같이 아동복지의 특성을 고려한(복지부, 교육부, 법무부) 각 법령의 소관 정책은 유지하되 아동복지정책을 총괄하는 책임담당관과 협력관을 두어 책임 있는 행정과 보고 체계의 일관성을 유지하다.

현재 보건복지부의 인구아동정책관의 주요 업무 내용은 ① 인구 관련 종합계획의 수립 및 조정, ② 저출산·고령사회 기본계획 및 시행계획의 수립 및 조정,

③ 출산 및 난임 지원 관련 정책의 수립 및 조정, ④ 아동복지에 관한 정책 총괄 및 종합계획의 수립·시행, ⑤ 아동권리증진 및 인권보호에 관한 사항 등이다. 아동정책에 대한 계획 수립 및 조정에 대한 역할을 하고 있으나, 수평구조의 직무 구조에서 한계점이 발생할 수 있다.

지방 정부의 아동복지행정 통합서비스 사례에서 아동복지행정의 담당부서와 담당직원을 구성하여 일원화된 통합구조의 서비스를 제공한다. 서울시 성북구는 2013년 국내 최초 유니세프 아동친화도시로 인증을 받는다. 성북구에서는 분절된 아동정책들을 '성북구 아동청소년센터'를 통해 아동청소년 교육, 복지시설 간 통합네트워크를 구축하고 통합서비스를 제공, 관내 아동청소년 복지서비스의 중복과 사각지대 발생을 막고 성북형 교육 돌봄서비스를 개발하여 아동청소년 지원체계를 이끄는 허브기관을 운영한다. 또한 '아동청소년 복지플래너'를 통해 아동 전반에 대한 복지서비스를 제공한다. 아동복지정책의 통합은 Top-down 방식의 일자화되고 위계적인 통합서비스가 아닌 복지서비스의 복잡체계를 지지하는 통합서비스로의 전환한다.

(3) '아동의 권리'와 '아동 최우선의 이익'이 측정 가능한 정책 평가지표 개발

아동복지행정은 정책의 실행과정으로 아동에 대한 복지 행정은 단순한 투입과 산출의 경영서비스가 아니다. 즉, 단순한 능률과 효과의 효율성 산출보다 '아동존중'의 가치를 지표화 하여 양질의 측정 가능한 성과 관리 평가 시스템이 필요하다. 아동복지는 '아동의 권리'와 '아동 최우선의 이익 원칙'이 정책에 적용되어야 하며 특히 취약한 아동을 포함한 모든 아동을 위한 포괄적 정책 및 프로그램이 마련되어야 하고, 이를 측정 가능한 지표 개발이 요구된다. 아동정책에 대한 아동정책영향평가가 「아동복지법」에 의거 2019년부터 시행됨에도 불구하고 아직까지 그 적용은 미진하다. 아동정책 목표에 따른 아동발달과 권리 존중 등의 적절성, 충분성, 정책수단에 따른 실현 가능성, 효과성, 능률성, 정책대상자에 따른 공평성, 균형성, 정책상황에 따른 일관성, 실현가능성 등을 적용하여 아동권리를 진단할 수 있는 아동정책 평가지표가 양질의 의미에서 개발되어야 한다.

(4) '아동'에서 '가족 전체'로의 아동복지정책의 대상 확대

아동의 복지정책은 아동의 권리보장을 최우선에 두고, 가족 전체의 복지를 고려한 아동복지정책의 대상 확대가 요구된다. 그동안 비용 중심의 아동정책 예산이 많은 비중을 차지하고 있었으나 부모가 체감하는 아동정책의 수혜는 높지 않았으며, 일과 가정의 양립과 경제적 원조를 요구하고 있었다. 아동 또한 가족 전체의 안녕감(well-bing)이 주는 행복에 대해 아동정책의 방향을 요구하고 있었다. 프랑스의 가족정책은 오랜 역사 속에 지지를 받고 있으며, 가족구조의 다양화, 사생활의 민주화 그리고 가구소득 구조의 이중 소득자 모델로의 변화는 가족정책에 큰 영향을 미친다. 실업과 빈곤, 일가족 양립의 관점에서 인구정책으로서의 가족을 포괄하는 아동정책은 한국의 초저출산 고령사회에서 향후 지속발전 가능한 도시와 생존을 위협하고 이 시점에서 긴요한 정책이다.

(5) 협력적 거버넌스 생태계 구축

현대사회는 복잡 다양한 사회문제와 복지요구를 지니고 있어, 사회의 비형평성과 역동성, 자기조직성 등이 강조된다. 단순하고 기계론적 패러다임에서 벗어나, 복잡성 이론은 아동복지행정을 이질적인 요소로 구성된 망이며 분리될 수 없게 짜여진 복합체로 보는 새로운 관점으로 재해석된다. 복잡계적 사회현상의 관점과 이해로 행정 서비스의 유용성과 적실성을 도모한다. 복층적이고 다변화된 요구충족을 위해 이를 대처할 수 있는 아동복지행정의 관리 방안 마련이 요구되고, 아동권리와 복지, 아동정책에 대한 정보제공, 정책의 수혜자(아동)와 이해관계자(부모 및 전문가)의 참여 활성화 증대된다. 민-관 각 부처(부서)별 협력과 공조를 넘어 유기체적 생태계 거버넌스 체계 필요하다. 아동복지행정의 분절된 특성을 통합의 요소로 유기체적 · 생태계 구조를 제시한다.

결론적으로 민 · 관 · 지역사회의 협력적 거버넌스 생태계로 아동의 건강한 삶, 포용적이고 공평한 양질의 교육과 복지증진이 요구되며, 아동복지를 위한 아동정책은 아동을 성인의 지배구조 관점에서 탈피하여 아동이 권리의 주체가 되어 인간으로서 존엄성과 권리를 보장받고, 아동의 건강한 삶과 포용적이고 공평한 양질의 교육과 복지가 영속적으로 이루어지는 정책과 행정서비스가 필요하다..

2 아동복지정책

아동을 대상으로 하는 아동복지서비스를 위한 아동복지정책과 관련한 내용을 살펴보면 다음과 같다(임시아, 2017: 77~87).

1) 아동복지정책의 개념과 유형

(1) 아동복지정책의 개념

아동복지정책의 협의는 아동을 위한 지침과 행동규칙, 정책적 가이드라인을 의미한다. 또한 아동복지정책의 광의는 아동이 건강하게 성장하고 발달할 수 있도록 하는 사회와 교육서비스, 사회관계 등의 삶의 질 향상과 관련된 정책을 의미하고 아동복지정책은 아동복지관계법 규정에 따라 아동의 욕구를 파악하고 충족시킬 수 있는 아동 관련 정책의 근거를 의미한다.

(2) 아동복지정책의 유형

① 아동 관련 사회보험

우리나라의 사회보험은 아동이 있는 가정만을 별도의 대상으로 하는 것은 아니며 보험가입자의 소득보장을 제공하여 그 가정의 아동을 지원하는 것이다. 외국의 경우 스웨덴에서는 부모보험제도를 시행하여 아동을 양육하는 부모 중에서 저소득층에게 일정 수준의 최저 생활이 가능하도록 보장하고 있고 영국에는 출산수당, 미망인 연금을 두어 모성보호를 강화하고 있다.

② 아동 관련 공공부조

우리나라에서 「국민기초생활보장법」에 의해 실시되는 아동이 있는 가족을 위한 공적 부조이다. 보호대상이 되는 아동의 범위는 시설에 수용 · 보호되고 있는 아동과 소년소녀 가정아동, 기초생활수급자의 소득인정액이 최저생계비 이하의 빈곤가정의 아동이다. 유럽과 일본 등에서 시행하고 있는 아동수당은 아동을 위한 대표적인 사회보장제도이다.

- 아동수당제도는 가정경제에서 아동양육 부담을 낮추는 역할을 하여 아동양육으로 인한 가정경제의 빈곤을 예방하고 아동의 건전한 성장 발달을 돕는 제도이다.

③ 아동을 대상으로 하는 아동복지서비스

「아동복지법」의 아동복지서비스로 아동복지서비스의 종류는 다음과 같다.

- 가정보호 사업인 입양
- 가정위탁보호
- 공동생활가정보호
- 소년소녀가정 지원사업 등이 있고
- 아동 건전육성사업
  - 아동학대예방센터, 아동급식지원서비스, 지역아동센터지원, 시설보호사업 등이 있다.

한편, 「영유아보육법」의 아동복지서비스는 「영유아보육법」에 의한 아동복지서비스로 6세 미만의 취학 전 아동을 위한 보육서비스와 12세 미만의 아동을 대상으로 하는 방과후 아동지도사업이 있다. 「모 · 부자 복지법」의 아동복지서비스는 「모 · 부자복지법」에 의한 아동복지서비스로 모 · 부자 복지상담서비스와 모 · 부자 복지시설보호사업 등이 있다.

2) 아동복지정책의 현황

(1) 입양지원

보호자가 아동을 양육할 수 없는 상태에 있거나, 보호자의 부재인 경우 아동에게 건전한 가정을 제공하여 건강하게 성장할 수 있도록 아동복지 증진을 도모를 기본방향으로 하는 아동복지지원사업이다.

(2) 가정위탁보호

가정위탁 보호대상 아동은 만 18세 미만의 아동으로 보호자가 없거나 양육할 수 없는 경우, 아동을 학대하여 아동 양육환경이 적절하지 않은 가정의 아동이다.

그 유형으로는 조부모, 외조부모에 의한 대리양육과 조부모를 제외한 친인척 양육, 일반가정 위탁이 있다.

(3) 시설아동보호

전문적인 보호가 필요한 아동의 경우 전문적인 아동복지서비스를 제공하는 생활아동복지시설에 입소하여 아동이 자립할 수 있도록 통합적인 서비스 제공이 필요하다.

(4) 공동생활가정(Group Home) 운영

공동생활가정이란 보호를 필요로 하는 아동에게 가정과 같은 주거환경을 제공하여 건강하게 성장할 수 있도록 지원하는 사업으로 1996년 12월에 그룹 홈 제도를 도입하여 1997년 시범 사업화하고, 2004년 1월에 아동복지법상 아동복지시설에 포함되었다

(5) 저소득 아동 지원 정책

① 기초생활 및 긴급지원가구 아동보호
② 저소득 방과후 돌봄서비스 지원
③ 결식아동 급식 지원
④ 아동투자 바우처 사업
⑤ 지역아동센터 지원사업
⑥ 아동학대 예방 및 보호사업

3 아동복지법

「아동복지법」의 내용을 자세히 살펴보면 다음과 같다(김훈, 2020. 4. 29).

1) 의의

(1) 아동 등 복지법의 제정 수준을 파악하면, 아동 등의 복지에 대한 국가의 책임과 사회의 태도를 알 수 있다.
(2) 아동 등의 헌법적 기본권 보장의 구체적 형태와 수준을 알 수 있다.
(3) 아동 등 복지를 보장하기 위한 사회적 책임을 명문화한 것이다.
(4) 아동 등 복지사업 실시의 근거가 된다.
(5) 아동 등 복지법의 대상은 모든 아동(보호필요아동 포함)이다.

2) 목적 및 기본이념

(1) 목적

「아동복지법」의 목적은 아동이 건강하게 출생하여 행복하고 안전하게 자라나도록 그 복지를 보장함을 목적으로 한다(제1조).

(2) 기본이념

「아동복지법」의 기본이념은 무차별성, 가정보장성, 아동 이익 우선성, 아동에 관한 모든 활동에서 아동의 이익이 최우선적으로 고려되어야 한다(제2조).

3) 아동 등 복지 관련법의 대상 체계

- 아동 등만 대상으로 하는 법(ex.영유아보육법, 아동복지법, 청소년복지지원법)
- 아동 등도 대상으로 포함되는 법(ex. 한부모가족지원법, 다문화가족지원법)
- 아동 등의 복지를 지원하기 위한 행정/조직에 관한 법(ex. 보호소년법)

- 소년법 제4조(보호의 대상과 송치 및 통고)
- 소년부의 보호사건 심리대상 소년의 종류는 죄를 범한 소년, 형벌 법령에 저촉되는 행위를 한 10세 이상 14세 미만인 소년, 다음 각 목에 해당하는 사유가 있고 그의 성격이나 환경에 비추어 앞으로 형벌 법령에 저촉되는 행위를 할 우려가 있는 10세 이상인 소년이다.

4) 아동복지서비스 모형

아동복지서비스 모형에는 아동복지서비스의 모형(Kadushin의 3'S), 지지적 서비스(supportive service), 보충적 서비스(supplementary service), 대리적 서비스(substitutes service)가 있다.

(1) 지지적 서비스

가족과 부모 자녀의 관계가 손상, 긴장 상태에 있을 때, 그들의 능력을 지지하고 강화시켜 주는 서비스로, 지역아동센터(공부방), 상담사업, 미혼 부모를 위한 사업 등이 있다.

(2) 보충적 서비스

가정 내의 부모양육이 부적절한 경우, 부족한 측면을 보충해 주는 서비스로, 소득보완사업, 보육사업, 장애아동·비행아동복지사업, 학대 및 방임아동의 보호사업 등이 있다.

(3) 대리적 서비스

정상적 부모-자녀 관계를 유지하기가 불가능한 경우, 양육보호를 일시적 또는 영구적으로 대신해 주는 서비스로, 가정위탁사업, 입양사업, 보호사업 등이 있다.

5) 헌법과 아동 등의 권리

(1) 헌법 조문과 영유아/아동/청소년 권리

① 인간의 존엄성

제10조

모든 국민은 인간으로서의 존엄과 가치를 가지며, 행복을 추구할 권리를 가진다. 국가는 개인이 가지는 불가침의 기본적 인권을 확인하고 이를 보장할 의무를 진다.

② 인간다운 생활권

- 제11조
  - 모든 국민은 법 앞에 평등하다. 누구든지 성별·종교 또는 사회적 신분에 의하여 정치적·경제적·사회적·문화적 생활의 모든 영역에 있어서 차별을 받지 아니한다.
  - 사회적 특수계급의 제도는 인정되지 아니하며, 어떠한 형태로도 이를 창설할 수 없다.
  - 훈장 등의 영전은 이를 받은 자에게만 효력이 있고, 어떠한 특권도 이에 따르지 아니한다.
- 제34조
  - 모든 국민은 인간다운 생활을 할 권리를 가진다.
  - 국가는 사회보장·사회복지의 증진에 노력할 의무를 진다.
  - 국가는 노인과 청소년의 복지 향상을 위한 정책을 실시할 의무를 진다.
  - 신체장애자 및 질병·노령 기타의 사유로 생활능력이 없는 국민은 법률이 정하는 바에 의하여 국가의 보호를 받는다. 국가는 재해를 예방하고 그 위험으로부터 국민을 보호하기 위하여 노력하여야 한다.

③ 교육권

- 제31조
  - 모든 국민은 능력에 따라 균등하게 교육을 받을 권리를 가진다.
  - 모든 국민은 그 보호하는 자녀에게 적어도 초등교육과 법률이 정하는 교육

을 받게 할 의무를 진다.
- 의무교육은 무상으로 한다.
- 교육의 자주성・전문성・정치적 중립성 및 대학의 자율성은 법률이 정하는 바에 의하여 보장된다.
- 국가는 평생교육을 진흥하여야 한다.
- 학교교육 및 평생교육을 포함한 교육제도와 그 운영, 교육재정 및 교원의 지위에 관한 기본적인 사항은 법률로 정한다.

④ 보건 및 모성 보호권

- 제36조
  - 혼인과 가족생활은 개인의 존엄과 양성의 평등을 기초로 성립되고 유지되어야 하며, 국가는 이를 보장한다.
  - 국가는 모성의 보호를 위하여 노력하여야 한다.
  - 모든 국민은 보건에 관하여 국가의 보호를 받는다.

6) 아동 등 복지와 국제기구

(1) 세계보건기구(WHO)–아동의 보건

세계 모든 사람이 가능한 한 최고의 건강수준에 도달할 것을 목적으로 설립, 모, 부자보건의 향상을 위한 교육과 훈련을 실시하고 각종 의료기기와 용품 등을 지원한다.

(2) 국제노동기구(ILO)–아동의 근로

근로자의 완전고용과 생활수준의 향상을 위해 설립, 근로아동의 복지를 위한 제 협약을 설정하여 세계 여러 나라에 권고함과 동시에 그 준수를 촉구하는 일을 한다.

(3) UN 교육, 과학, 문화기구(UNESCO)

국제평화에 이바지하기 위해 설립, 교육부문에서는 문맹퇴치와 의무교육의 실시와 연장, 과학부문에서는 환경문제, 문화부문에서는 세계문화유산의 보존사업에 역점을 둔다.

(4) 국제아동기금(UNICEF)

1946년 UN이 창설한 기구, 전쟁으로 어려움을 겪고 있는 지역이나 신생국가 및 저개발국가의 아동을 기아, 무지, 질병으로부터 보호하는 데 주력한다.

(5) 국제아동복지연합(IWCW)

1959년 UN이 선포한 아동의 권리선언에 명시한 바를 실현하기 위하여 설립하였다.

7) 아동 등 복지법의 분야

- **아동 등(영유아/아동/청소년) 복지법의 분야별 구성**
  - 일반: 영유아보육법, 아동복지법, 청소년기본법, 아동수당법
  - 빈곤/보호: 사회복지사업법, 국민기초생활보장법, 한부모가족지원법, 보호시설에 있는 미성년자후견직무에 관한 법률, 입양특례법, 아동빈곤예방법
  - 건강: 모자보건법, 지역보건법, 학교보건법, 학교급식법
  - 근로: 근로기준법
  - 비행/우범소년: 소년법, 보호소년법, 보호관찰법
  - 건전육성: 청소년보호법, 청소년성보호법, 학교밖청소년법, 아동성폭력방지법, 가정폭력방지법

8) 아동 등 관계법의 기준연령

- 한국 법제상 아동 등의 연령
  - 영유아보육법(영유아): 6세 미만의 취학 전 아동
  - 아동복지법(아동): 18세 미만
  - 입양특례법(아동): 18세 미만

- 청소년기본법(청소년): 9세 이상 24세 이하
- 청소년보호법(유해매체/업소로부터 보호)(청소년): 19세 미만
- 청소년복지지원법(청소년): 9세 이상 24세 이하(청소년기본법 준용)
- 아동/청소년의 성보호에 관한 법률(아동/청소년): 19세 미만
  소년법(소년): 19세 미만
  근로기준법(연소자): 18세 미만
  민법(미성년자): 제4조(성년) 사람은 19세로 성년에 이르게 된다. 제5조(미성년자의 능력)
  형법(형사미성년자): 14세 미만
- 국민기초생활보장법(아동): 18세 미만
  한부모가족지원법(아동): 18세 미만(취학 중이면 22세 미만, 취학 중 병역이행하면 병역기간 가산)(제4조 제5호)
- 다문화가족지원법(아동/청소년) ; 24세 이하인 사람(제2조제3호)
- 실종아동 등의 보호 및 지원에 관한 법률(실종아동) ; 실종 당시 18세 미만
- 아동빈곤예방법(아동, 빈곤아동): 18세 미만(아동복지법 준용)
- 아동수당법(아동, 수급아동): 6세 미만

9) 아동 등 복지법의 연혁

(1) 영유아보육법(복지부)

- 1991「영유아보육법」제정
- 일부개정 38회
- 전부개정 1회(2004.1.29)
- 타법개정 수회(최근 2019.1.15. 개정, 2020.1.16. 시행)
- 1921년 태화기독교사회관, 탁아사업 실시
- 1961년「아동복리법」제정: 보육사업
- 1982년「유아교육진흥법」제정: 어린이집, 새마을협동유아원

(2) 아동복지법(복지부)

① 1961.12.30. 「아동복리법」 제정(법률 제912호)

「아동복리법」은 아동이 그 보호자로부터 유실, 유기 또는 이탈되었을 경우, 그 보호자가 아동을 양육하기에 부적당하거나 양육할 수 없는 경우, 또는 아동의 건전한 출생을 기할 수 없는 경우에 아동이 건전하고 행복하게 육성되도록 아동의 복리를 보장하기 위해 제정되었다.

② 1981.4.13. 전문개정

「아동복지법」으로 명칭을 변경하였다. 보호대상 범위를 전체 아동으로 확대, 국가-지방자치단체 및 보호자가 공동책임, 어린이날 제정, 아동복지시설종사자의 자격 등을 규정하였다. 1981년 불우아동결연사업을 한국어린이재단에 위탁하였다.

③ 2000.1.12. 전문개정

학대아동에 대한 보호 및 아동안전에 대한 제도적 지원을 공고히 하기 위해 전문개정되었다. 이 법에서 아동복지지도원을 별정직공무원에서 사회복지전담공무원으로 그 신분을 변경, 아동학대에 대한 정의와 금지유형을 명확히 규정하고, 신고의무를 규정하였다.

④ 2004.1.29. 일부개정

종합적인 아동정책을 수립하고 관계부처의 의견을 조정하며 그 정책의 이행, 감독하고 평가하기 위해 국무총리 소속하에 아동정책조정위원회를 신설하였다. 또한, 아동복지시설로서 공동생활가정 및 지역아동센터를 추가로 규정하였으며, 상습적인 아동학대행위자에 대해서 가중처벌을 규정하였다.

일부개정 19회 전부개정 2회(2011.8.4.)

타법개정 수회(최근 2019.1.15. 개정, 2019.7.16.시행)

⑤ 청소년복지지원법(여성가족부)

청소년기본법[시행 1993.1.1.] [1991.12.31.제정]

청소년활동진흥법[시행 2005.2.10.] [2004.2.9.제정]

청소년보호법[시행 1997.7.1.][1997.3.7.제정]

청소년성보호법[시행 2000.7.1.][2000.2.3.제정]

청소년복지지원법 2004.2.9.제정

일부개정 10회 전부개정 1회(2012.2.1.)

타법개정 수회(최근 2018.12.18.개정, 2019.3.19.시행)

10) 전달체계

(1) 아동정책조정위원회

- 아동정책조정위원회는 아동의 권리증진과 건강한 출생 및 성장을 위해 종합적인 아동정책을 수립하고 관계부처의 의견을 조정하며, 정책의 이행을 감독하고 평가하기 위해 국무총리 소속하에 설치한 자문기구다(제4조의2 제1항).
- 위원장은 국무총리가 되고 위원장을 포함 25인 이내의 위원들로 구성된다(제4조의2 제3항).
- 아동정책 및 아동 권리증진의 기본방향에 관한 사항, 아동정책의 개선과 예산지원에 관한 사항 등의 심의・조정을 한다(제4조의2 제2항).

(2) 아동위원

아동위원이란 시・군・구에서(제6조제1항) 그 관할구역 안의 아동에 대하여 생활상태 및 가정환경을 상세 파악하고 아동복지에 관하여 필요한 원조와 지도를 행하며, 아동복지지도원 및 관계 행정기관과 협력하는 민간인을 말한다(제6조제2항). 아동위원은 명예직이며, 활동에 대한 수당이 지급될 수 있다(제6조제4항). 아동위원은 적절한 교육을 받을 수 있다(제6조제4항).

(3) 아동복지지도원(특별시・광역시・도 및 시・군・구의 사회복지전담공무원)

- 제7조 제1항과 제2항
  - ‘보호를 필요로 하는 아동’에 대한 적절한 보호조치를 한다.
  - 아동 및 그 가족 또는 관계인에 대한 상담이다.

– 아동지도에 필요한 가정환경의 조사 '보호를 필요로 하는 아동'이란 보호자가 없거나 보호자로부터 이탈된 아동 또는 보호자가 아동을 학대하는 경우 등 그 보호자가 아동을 양육하기에 부적당하거나 양육할 능력이 없는 경우의 아동을 말한다.

(4) 보건소

- 제8조
  – 아동의 전염병 예방조치, 아동의 건강상담, 신체검사와 보건위생에 관한 지도, 아동의 영양개선 등의 업무를 행한다.

11) 복지조치

(1) 아동의 건강 및 안전

- 국가, 보호자, 국민은 아동의 건강과 안전을 위해 노력해야 한다(제9조제1항). 국가는 아동복지시설과 아동용품에 대한 안전기준을 정하고 아동용품을 제작 · 설치 · 관리하는 자에게 이를 준수하도록 한다(제9조제2항).
- 각 시설과 교육기관의 장은 교통안전, 실종 · 유괴의 예방과 방지, 약물오남용 예방 및 재난대비 안전교육 및 성폭력 예방교육을 실시하여야 한다(제9조제3항).

(2) 보호조치

① 보호조치의 내용

시 · 도지사 또는 시장 · 군수 · 구청장은 그 관할구역 안에서 보호를 필요로 하는 아동을 발견하거나 보호자의 의뢰를 받은 때에는 아동의 최상의 이익을 위하여 다음과 같은 보호조치를 하여야 한다(제10조제1항).

- 아동복지지도원 또는 아동위원에게 보호를 필요로 하는 아동 또는 그 보호자에 대한 상담 · 지도를 행하게 하는 것이다.
- 보호자 또는 대리양육을 원하는 연고자에 대하여 그 가정에서 보호양육할

수 있도록 필요한 조치를 하는 것이다.

- 아동의 보호를 희망하는 자에게 보호를 필요로 하는 아동의 보호를 위탁하는 것이다.
- 보호를 필요로 하는 아동에 적합한 아동복지시설에 입소시키는 것이다.
- 약물 및 알코올중독 · 정서장애 · 발달장애 · 성폭력 피해 등으로 특수한 치료나 요양 등의 보호를 필요로 하는 아동에 대하여 전문치료기관 또는 요양소에 입원시키는 것이다.
- 아동복지시설, 영유아어린이집, 유치원, 초 · 중 · 고등학교의 장은 대통령령이 정하는 바에 따라 교통안전, 실종 · 유괴의 예방과 방지, 약물오남용 예방, 재난대비 안전 및 성폭력 예방교육을 실시하여야 한다.

② 시설보호아동에 대한 퇴소조치 등

아동복지시설에 입소한 아동의 연령이 18세에 달하였거나, 보호의 목적을 달성하였다고 인정될 때에는 당해 시설의 장은 그 보호 중인 아동을 퇴소시켜야 한다(제11조제1항).

다만 대학 이하의 학교에 재학 중인 경우나, 직업능력개발훈련시설에서 교육 · 훈련 중인 경우 또는 시설에서 계속 보호 · 양육이 필요하다고 인정하여 대통령령이 정하는 경우에는 시설의 장이 보호기간을 연장할 수 있다(제11조제2항).

(3) 친권상실 및 후견인

시 · 도지사 또는 시장 · 군수 · 구청장은 아동의 친권자가 친권을 남용하거나, 친권을 행사할 수 없는 중대한 사유가 있는 것을 발견한 경우 아동의 복지를 위하여 필요하다고 인정할 때에는 법원에 친권 행사의 제한 또는 친권상실의 선고를 청구하여야 하고(제12조제1항), 친권자 또는 후견인이 없는 아동을 발견한 경우 아동의 복지를 위하여 필요하다고 인정할 때에는 법원에 후견인의 선임 또는 해임을 청구하여야 한다. 이럴 때, 당해 아동의 의견을 존중하여야 한다(제13조제1항).

(4) 아동복지시설

① 설치, 휴지 및 폐지

국가 또는 지방자치단체는 아동복지시설을 설치할 수 있으며(제14조제1항), 이 외의 자는 시장・군수・구청장에게 신고하고 아동복지시설을 설치할 수 있다(제14조제2항).

② 아동복지시설의 종류

아동복지시설의 종류는 다음과 같으며(제16조제1항), 이 아동복지시설들은 종합시설로 설치할 수 있다(제16조제2항).

- **아동양육시설**

보호를 필요로 하는 아동을 입소시켜 보호, 양육하는 것을 목적으로 하는 시설이다.

- **아동일시보호시설**

보호를 필요로 하는 아동을 일시보호하고 아동에 대한 향후의 양육대책 수립 및 보호조치를 행하는 것을 목적으로 하는 시설이다.

- **아동보호치료시설**

불량행위를 하거나 불량행위를 할 우려가 있는 아동으로서 보호자가 없거나 친권자나 후견인이 입소를 신청한 아동 또는 가정법원, 지방법원 소년부지원에서 보호위탁된 아동을 입소시켜 그들을 선도하여 건전한 사회인으로 육성하는 것을 목적으로 하는 시설이다.

- **아동직업훈련시설**

아동복지시설에 입소되어 있는 만 15세 이상의 아동과 생활이 어려운 가정의 아동에 대하여 자활이 필요한 지식과 기능을 습득시키는 것을 목적으로 하는 시설이다.

- **자립지원시설**

아동복지시설에서 퇴소한 자를 취업준비기간 또는 취업 후 일정 기간 보호함으로써 자립을 지원하는 것을 목적으로 하는 시설이다.

- **아동단기보호시설**

일반가정에 아동을 보호하기 곤란한 일시적 사정이 있는 경우 아동을 단기간 보호하며 가정의 복지에 필요한 지원조치를 하는 것을 목적으로 하는 시설이다.

- **아동상담소**

아동과 그 가족의 문제에 관한 상담, 치료, 예방 및 연구 등을 목적으로 하는 시설이다.

- **아동전용시설**

어린이 공원, 어린이 놀이터, 아동회관, 체육, 연극, 영화, 과학 실험전시시설, 아동휴게숙박시설, 야영장 등 아동에게 건전한 놀이, 오락 기타 각종 편의를 제공하여 심신의 건강유지와 복지증진에 필요한 서비스를 제공하는 것을 목적으로 하는 시설이다.

- **아동복지관**

지역사회 아동의 건전육성을 위하여 심신의 건강유지와 복지증진에 필요한 서비스를 제공하는 것을 목적으로 하는 시설이다.

- **공동생활가정**

보호를 필요로 하는 아동에게 가정과 같은 주거여건과 보호를 제공하는 것을 목적으로 하는 시설이다.

- **지역아동센터**

지역의 아동의 보호, 교육, 건전한 놀이와 오락의 제공, 보호자와 지역사회의 연계 등 아동의 건전육성을 위하여 종합적인 아동복지서비스를 제공하는 시설이다.

③ 아동복지시설의 고유 업무 외 사업

아동복지시설은 아동가정지원사업, 아동주간보호사업, 아동전문상담사업, 학대아동보호사업, 공동생활가정사업, 방과후 아동지도사업 등의 사업을 실시할 수 있다(제16조제3항).

12) 아동보호

(1) 아동학대와 아동보호전문기관

① 아동학대의 예방과 방지

국가와 지방자치단체는 아동학대의 예방과 방지를 위하여 아동학대의 예방과 방지를 위한 각종 정책의 수립 및 시행, 아동학대의 예방과 방지를 위한 연구·교육·홍보 및 아동학대 실태조사, 아동학대에 관한 신고체제의 구축·운영, 그 밖에 대통령령으로 정하는 아동학대의 예방과 방지를 위한 사항의 조치를 취하여야 한다(제23조제1항).

이를 위하여 국가와 지방자치단체는 아동학대를 예방하고 수시로 신고를 받을 수 있도록 긴급전화(1391)를 설치하여야 하고(제23조제2항), 아동학대의 실태를 파악하며, 아동학대의 예방 및 방지에 관한 정책 수립을 위하여 5년마다 아동학대 실태조사를 실시하고 그 결과를 발표하여야 한다(제23조제3항).

② 아동보호전문기관의 설치와 업무

아동보호전문기관에는 중앙 및 지역, 두 종류가 있다. 중앙아동보호전문기관은 아동학대예방사업을 활성화하고 지역 간 연계체계를 구축하기 위하여 국가가 설치한다(제24조제1항).

지역아동보호전문기관은 학대 받는 아동의 발견, 보호, 치료에 대한 신속처리 및 아동학대 예방을 담당하기 위하여 지방자치단체에 의하여 시·도 및 시·군·구에 설치된다(제24조제2항).

중앙아동보호전문기관의 업무는 지역아동보호전문기관에 대한 지원, 아동학대예방사업과 관련된 연구 및 자료 발간, 효율적인 아동학대예방사업을 위한 연계체계 구축 등이며(제25조제1항), 지역아동보호전문기관의 업무는 아동학대 신고접수, 현장조사 및 응급보호, 학대 받은 아동, 아동학대행위자를 위한 상담 및 교육, 아동학대예방 교육 및 홍보 등이다(제25조제2항).

③ 아동학대의 신고

- **신고자**

누구든지 아동학대를 알게 된 때에는 아동보호전문기관 또는 수사기관에 신고

대한 국가의 책임을 강조하였다.

② 이명박 정부(2008년~2012년, 능동적 복지)

5세 누리과정, 0세~2세 무상보육, 장애인연금(2010년) 등의 법령을 제시함으로써 양육수당을 도입하였고, 청소년 사회역량강화, 저소득층 자녀지원이 이루어졌다.

PART

2

아동복지실천 분야

Chapter

04 보육아동

1 보육의 이해

아동보육의 이해에 관한 내용은 다음과 같다(노병일, 2020: 172~193).

1) 보육의 개념과 목적 및 의의

(1) 보육의 개념

보육은 아동을 돌보는 것을 도와주는 서비스이다. 미국 전국사회복지사협회의 사전에 따르면 보육은 부모나 보호자가 아동을 보살피기 어려울 때에 이런 아동을 보살펴 주는 시설과 프로그램을 의미한다. 우리나라의 영유아보육법에서 보육은 "영유아를 건강하고 안전하게 보호・양육하고 영유아의 발달 특성에 맞는 교육을 제공하는 어린이집 및 가정양육 지원에 관한 사회복지서비스"를 의미한다. 따라서 보육은 부모가 아동을 보살피고 양육하는 것을 도와주는 전문적 서비스로 볼 수 있다.

(2) 보육의 목적

일반적으로 보육의 목적은 아동을 안전하게 보호하고, 교육에 좋은 환경을 제공하고, 아동이 발달하기에 적절한 환경을 제공하는 데 있다. 구체적으로 볼 때, 보육은 다음과 같은 목적을 추구한다.

① 엄마가 유급 일자리에서 일하는 것을 도와주는 것이다.
② 아동이 더 잘 발달하게 한다.
③ 아동이 사회구성원으로서의 역할을 하게 한다.

(3) 보육의 의의

일반적으로 보육은 다음과 같은 의의가 있다.
① 유급 일자리에서 일하는 부모의 욕구를 충족시켜 준다.
② 아동이 더 잘 발달하도록 도와준다.
③ 취약한 아동을 교육적으로 자극한다.
④ 부모에게 휴식할 수 있는 기회를 제공한다.
⑤ 경제 영역에 직접적·간접적으로 도움을 준다.

한편 보육은 조기개입의 성격을 지니는 것으로 조기개입은 아동기뿐만 아니라 성인기에도 긍정적으로 영향을 미치는 것으로 따라서 조기개입이라는 측면에서 볼 때, 보육은 인간이 자기 삶 전체에 걸쳐 건전하게 발달하는 데 중요하게 영향을 미친다.

2) 보육의 역사

(1) 외국

현대는 보육시설에서 아동을 보살피거나 아동과 혈연관계가 없는 사람이 아동을 보살피는 경우가 많아지고, 이렇게 된 주요한 이유는 현대사회에서 다음과 같은 경향이 나타나고 있기 때문이다.
① 여성이 유급 일자리에서 일하는 사례가 많아졌다.
② 확대가족이 줄어들었다.

이렇게 보육의 역사는 아동의 엄마가 가정 밖에서 일하는 것과 밀접하게 관련되어 왔다. 정리해 보면 선진국에서는 자녀가 있는 여성이 유급 일자리에서 일하는 비율이 높아짐에 따라 보육이 더욱더 필요해진 결과 선진국에서 보육시설의 수는 증가하고 있다.

(2) 한국

1921년에 서울에서 태화기독교사회관이 탁아 프로그램을 개발함으로써 보육사업을 시작하였다. 그리고 1961년에 아동복리법이 제정되었다. 따라서 탁아사업은 빈곤을 줄이기 위한 사업에서 벗어나, 아동의 복리 수준을 높이기 위한 사업으로 성격이 변하게 되었다.

1970년대 말까지만 해도 보육과 관련된 정책은 제대로 발달하지 못하였고, 그러다가 1980년대에 들어서 산업이 더욱 발달하였으며, 젊은층의 교육 수준이 높아지고 생활비가 증가함에 따라서, 결혼한 후에도 유급 일자리에서 일하는 여성의 수가 크게 늘어났다. 이 경우, 자녀가 있는 여성이 유급 일자리에서 일하는 비율이 높아짐에 따라서 보육문제에 대한 관심이 커졌다.

따라서 1982년에 유아교육진흥법이 제정되었는데, 이 법은 교육/탁아 기능을 통합하려는 의도에서 만들어졌다. 하지만 여성이 사회에 참여하는 비율이 높아지고 핵가족 형태가 늘어남에 따라 보육이 크게 필요하였으며, 따라서 취업 여성의 아동을 양육하는 문제가 큰 사회문제로 등장하게 되었고 더불어 1989년에 보건복지부는 「아동복지법」에 의한 보육사업을 실시하였다.

1990년에 인천에서 혜영/용철 남매가 화재로 목숨을 잃는 사건이 발생하였고, 이에 1991년 1월에 사회적 여론에 밀려 영유아보육법이 통과되었다.

2006년에 '새싹 플랜'을 도입하였고, 2012년에는 만 5세 '누리'과정을 도입하였다.

정리해 보면, 우리나라에서 유급 일자리에서 일하는 여성의 비율이 높아짐에 따라서 보육은 계속 더 필요할 것으로 추정되고 있다.

3) 보육시설의 형태와 공공성

(1) 보육시설의 형태

우리나라 「영유아보육법」에서 보육시설을 '어린이집'이라고 부르게 되었다. 「영유아보육법」에 따르면 어린이집은 "보호자의 위탁을 받아 영유아를 보육하는 기관"이라 하였으며, 「영유아보육법」에서는 어린이집을 다음과 같이 구분하고 있다.

① 국공립 어린이집
② 사회복지법인 어린이집
③ 법인·단체 등 어린이집
④ 직장 어린이집
⑤ 가정 어린이집
⑥ 협동 어린이집
⑦ 민간 어린이집: ①~⑥에 해당되지 않는 어린이집

공식적이지 않은 장소에서 보육을 제공하는 경우도 있지만 비공식적인 보육 서비스가 반드시 좋은 서비스라고 보기는 어렵다. 어느 때에는 이웃에 있는 가족들이 모여서 자기 자원을 활용해 보육을 제공하는 것도 바람직한 방법일 수 있다.

(2) 보육의 공공성

보육이 공적 성격을 더 가지게 되면, 보육은 질적으로 더 좋아질 가능성이 크다. 스웨덴은 이런 면에서 좋은 예가 되고 있다. 우리나라에서는 민간 보육시설이 공공 보육시설에 비해 상대적으로 많이 발달되어 있는 편으로 보육이 민간 영역에 크게 의존할 경우, 시장 경제의 논리가 크게 작용하기 때문에 보육의 공공성이 약해질 가능성이 있다.

무상보육 프로그램이지만 국·공립보육이 확대되어야 한다. 보육 보조금 프로그램의 장점은 다음과 같다.

① 가족의 욕구를 가장 잘 충족하는 보육을 부모가 선택한다.
② 가족이 보육을 더 쉽게 이용한다.

보육 보조금을 제공하는 프로그램으로 저소득가족의 아동이 발달하는 데 긍정적으로 영향을 미칠 수 있다.

4) 보육의 효과

(1) 일반적 효과

일반적으로 보육은 다음과 같은 효과가 있다.

① 아동이 더 잘 발달하게 한다.

② 아동이 이웃에서보다도 더 폭넓은 친구관계를 형성하게 한다.

③ 아동이 부모 이외의 다른 성인과도 어울려 지내는 방법을 배우게 한다.

④ 아동이 보육교사가 지도하는 활동에 참가하게 하고, 또한 이에 따라 아동이 새로운 경험을 할 수 있는 기회를 가지게 한다.

(2) 보육 질의 효과

보육에서 질적 요인은 보육의 효과에 영향을 미친다. 아동기 초기에 제공하는 보육의 질이 '장기적으로' 아동에게 미치는 영향은 계층에 따라 동일하게 나타나고 있지 않다. 구체적 내용은 다음과 같다.

① 저소득층 아동: 질이 좋은 보육을 제공하는 것은 긍정적으로 영향을 미치는 것으로 밝혀졌다.

② 중산층/부유층 아동: 질이 좋은 보육이 장기적으로 미치는 영향은 분명하지 않다.

5) 방과후 프로그램

(1) 방과후 프로그램의 배경과 개념

방과후 프로그램은 학교에 다니는 아동이 수업이 끝났는데 부모가 집에 없을 때에 이런 아동을 돌보는 서비스를 제공하는 프로그램을 의미한다. 학교 수업이 끝난 후에 어른의 감독 없이 홀로 지내는 아동을 열쇠아동이라고 부르는데, 열쇠아동이 겪는 문제는 다음과 같다.

① 학교를 특별한 이유 없이 결석할 가능성이 더 크고, 학교 성적이 낮을 가능성이 더 크고, 학교를 마치지 못할 가능성이 더 크다.

② 비행 활동에 참여할 가능성이 더 크고, 위험한 행동을 할 가능성이 더 크고, 약물을 사용할 가능성이 더 크다.
③ 방과후 시간에 심각한 범죄를 겪을 가능성이 더 크다.
④ 학대를 당할 가능성이 더 크고, 집안일까지 맡을 가능성이 더 크다.

그러므로 열쇠아동을 보호하는 문제는 중요할 수밖에 없고, 이에 따라 등장한 것이 방과후 프로그램을 진행하게 되었다.

(2) 방과후 프로그램의 목적과 의의 및 실시 장소

대부분의 방과후 프로그램에서는 다음 목적을 추구한다.

① 집에서 성인의 보호 없이 홀로 지내는 아동의 수를 줄인다.
② 아동의 숙제를 도와주고, 또한 아동이 학교생활을 잘하도록 도와준다.
③ 아동이 문화생활을 더 잘하게 도와준다.
④ 아동에게 여가활동을 제공한다.
⑤ 아동에게 자신을 관리하는 기술을 가르친다.
⑥ 지역사회가 학교를 더 지원하게 하고, 또한 지역사회가 학교와 관계를 더 맺게 한다.

방과후 프로그램은 질이 좋은 방과후 프로그램을 통해서 아동을 안전하게 보호하고, 아동에게 학습 서비스를 제공하고, 아동이 새로운 관계를 형성할 수 있게 된다. 질이 좋은 방과후 프로그램은 소득이 적은 가족의 아동에게뿐 아니라 기타 가족구성원에게도 중요한 의의를 지닌다.

(3) 방과후 프로그램의 실시 장소

방과후 프로그램은 여러 장소에서 실시할 수 있다.

(4) 방과후 프로그램의 효과

질이 좋은 방과후 프로그램은 다음과 같은 효과가 있다.

① 아동을 안전하게 보호하게 된다.
② 범죄, 약물남용, 십대 임신을 줄이게 된다.
③ 학교 성적이 좋아지게 된다.
④ 부모가 가족을 더 보살피게 된다.
⑤ 아동이 더 잘 발달하게 된다.

공식적인 방과후 프로그램에 참여한 아동은 다음과 같은 장점이 있다.

① 공부하는 습관이 더 나아진다.
② 친구와의 관계가 더 나아진다.
③ 더 잘 적응한다.
④ 사회에 대해 반감을 덜 가진다.

방과후 프로그램을 이용하는 아동의 부모를 대상으로 조사한 결과, 많은 부모는 방과후 프로그램 때문에 아동이 긍정적으로 변하였다고 응답하였다. 미술치료나 사진치료를 활용해 방과후 프로그램을 실시한 결과, 취약아동이 자기 자신에 대해 더 긍정적으로 인식하는 것으로 나타났다. 그러므로 질이 좋은 방과후 프로그램은 아동의 복리 수준을 높이는 데 크게 이바지하는 것으로 볼 수 있다.

6) 보육교사(방과후 교사)의 유의점

보육시설에서 보육교사는 중요한 인물에 속한다. 보육교사는 보육시설에서 아동과 직접적으로 가장 많이 접촉하는 사람이기 때문이다. 그러므로 보육교사에게는 보육시설에서 아동이 잘 발달하도록 도와주는 것 이외에도, 여러 가지 측면에서 신경을 써야 할 일이 많게 된다.

(1) 부모/아동 사이의 관계 유지 관련

부모와 아동 사이의 관계를 유지하도록 도와주는 것은 보육교사에게 매우 중요한 역할에 속한다. 보육교사는 부모가 아동을 양육하는 것과 일자리에서 일하는 것을 잘 조화롭게 이루어 나가도록 도와줄 수 있다. 이때에 중요한 것은 보육교사가 부모와 교류하는 것이다.

또한 보육교사가 부모에게 아동이 변화한 상황을 이야기해 주면 부모는 고마워한다. 아동이 어려움을 겪거나 아프거나 행동이 변화할 경우, 보육교사는 이런 상황이 나타나는 원인과 그에 대한 해결 방법을 부모와 함께 찾아볼 수 있다: 그러나 이 경우, 보육교사와 부모 사이의 교류가 한 방향으로만 진행되지 말아야 한다.

(2) 아동의 부모 관련

보육교사는 아동의 부모와 관련해 다음과 같은 점을 고려할 필요가 있다.

① 아동의 부모가 아동의 행동을 현실적으로 보도록 도와줄 필요가 있다.
② 아동문제를 해결하기 위해 부모가 아동에 대해 아는 바를 활용하라고 부모에게 권장할 필요가 있지만 보육교사의 경우, 자신이 겪은 경험에 근거해서 너무 빨리 해결 방법을 제시하지 않도록 주의할 필요가 있다.
③ 가족 구조가 서로 다르다는 점을 인식할 필요가 있다. 즉, 보육교사는 가족 구조와 관련해 자신이 가질지도 모르는 편견을 파악하고 있을 필요가 있다.
④ 아동이나 부모를 보육시설의 외부에 언제 의뢰하여야 하는지 알 필요가 있다.

2 보육예산 지원(보육료 · 가정양육수당)

보육예산 지원과 관련된 내용은 다음과 같다(보건복지부, 2020a: 97).

1) 수급자 신청 및 선정기준

(1) 보육료 · 양육수당 지원 주요 내용

지원대상은 대한민국 국적 및 유효한 주민번호를 보유한 만 0~5세 영유아(단, 장애아보육료, 다문화보육료 등은 해당 지원 요건을 충족한 자에 한함), 주민등록법 제6조제1항제3호에 따라 주민번호를 발급받거나, 동법 제19조제4항에 따라 재외국민으로 등록·관리되는 자는 보육료·양육수당 지원대상에 포함(재외국민 출국자는 제외)한다. 신청권자는 아동의 보호자로서 친권자·후견인, 그 밖에 영유아를 사실상 보호하고 있는 자로 온라인신청은 영유아의 부모가 한다. 신청 장소는 다음과 같다.

① 읍·면·동

- 단, 출생신고를 아동 주소지 관할 구청에서 하는 경우 양육수당에 대한 신규 신청 건에 한해 해당 구청에서 자발적으로 가접수 가능
- 주민번호 발급 이전으로 신청은 정식 신청이 아닌 '가신청'이며, 정식 신청일은 주민번호 발급 이후 담당자가 주민번호를 보완한 날이다(신청인은 가신청 시 주민번호를 제외한 모든 신청 필요서류를 구비해야 함).
- 해당 구청은 이와 관련한 불필요한 민원이 제기되지 않도록 신청인에게 충분히 고지할 것

② 신청서

- **신청서식**
  - 사회보장급여 신청(변경)서, 출산 서비스 통합처리 신청서(양육수당의 경우)
  - 사회보장급여(사회서비스이용권) 신청(변경)서(보육료)
  - 아이행복카드 발급 신청 및 개인신용정보의 조회·제공·이용 동의서(카드신청 시)
  - 연장보육 신청 사유서(0~2세 반 연장보육 신청 시)
  - 처리기한: 30일(30일 이내 연장 가능)

③ 수급자 신청 및 선정기준

- **보육료·양육수당 지원 자격(수급권자)**

대한민국 국적을 가진 자로, 주민등록법에 의해 주민등록번호를 정상적으로 부여받은 만 0~5세 아동이다.

※ 난민은 예외적으로 보육료 · 양육수당 지원대상에 포함

※ 주민등록법 제6조제1항제3호에 따라 주민번호를 발급받거나, 동법 제19조 제4항에 따라 재외국민으로 등록 · 관리되는 자는 보육료 · 양육수당 지원대상에 포함(재외국민 출국자는 제외)

- 사회복지전산관리번호를 부여받은 아동
- 거주불명등록가구의 아동
- 보육료 · 양육수당 지원 자격이 없는 대상

2) 보육료 지원

(1) 보육료 지원

「영유아보육법」 제10조에 의한 국 · 공립, 사회복지법인, 법인 · 단체 등, 직장, 가정, 협동, 민간 어린이집을 이용하는 영유아가 대상이다. 지원 방식은 정부지원 보육료는 결재권자가 아이행복카드를 결제하면 해당 어린이집으로 입금 또는 보육료 지원 산정기간은 매월 1일부터 말일까지로 한다.

- 입소 또는 퇴소한 달의 보육료는 '일할계산'하여 지급(출석일수가 0일인 경우 미지원)한다.
- (입소 아동) 입소일로부터 입소월 말일까지 모두 출석으로 인정하여 보육료 지원한다.
- (퇴소 아동) 퇴소월 1일부터 퇴소일까지 모두 출석으로 인정하여 보육료 지원한다.
- 계속 재원 중인 아동은 출석일수를 3개 구간으로 구분하여 지원(출석일수가 0일인 경우 미지원)
  - 출석일수가 11일 이상: 월 정부지원보육료 단가의 100%
  - 출석일수가 6~10일: 월 정부지원보육료 단가의 50%
  - 출석일수가 1~ 5일: 월 정부지원보육료 단가의 25%
- 감염병 유행 시에 어린이집 재원 아동이 감염병 접촉자로 보건소에서 지정하는 모니터링 대상이 된 경우, 모니터링 기간 동안 결석 시 출석으로 간주하여 보육료 지원을 한다.

- 자연재해, 재난 발생 및 기타 이에 준하는 것으로서 지자체장(시・도지사 또는 시・군・구청장)이 필요하다고 인정하는 경우이다.

(2) 보육료 지원 행정관청

지원 원칙은 이용 어린이집 소재지 행정관청에서 어린이집 재원 아동의 보육료를 지원한다. 아동의 주소지 행정관청(시・군・구)과 이용 어린이집 소재지 행정관청이 다른 경우에도 이용어린이집 소재지 행정관청에서 해당 아동의 보육료를 지원한다.

(3) 보육비용 신청 관련 정보 고지('15. 9. 19. 시행)

- (근거) 영유아보육법 제34조의7 및 동법 시행규칙 제35조의8('15.9.19.시행)
- (고지대상) 출생자의 보호자, 보육비용 지원을 받고 있지 않는 영유아의 보호자
- (고지 시기, 횟수) 출생자의 보호자: 출생신고일로부터 14일 이내 1회, 보육비용 지원을 받고 있지 않는 영유아의 보호자: 매년 1월 말까지 연 1회
- (고지방법) 아동 주소지 관할 지자체(시・군・구)에서 서면(우편) 고지

(4) 만 0~5세 보육료

① 0~2세반 보육료

지원대상은 어린이집 이용 영아(0~2세반)로 국적과 주민등록번호를 유효하게 보유하고 있는 자이다.

* 주민등록법 제6조제1항제3호에 따라 주민등록번호를 발급받거나, 같은 법 제19조제4항에 따라 재외국민으로 등록・관리되는 자(재외국민 출국자는 제외)는 보육료 지원대상에 포함된다.

* 기본보육에 대한 보육료를 지원하고, 추가적 돌봄이 필요한 영유아가 연장보육 이용 시 시간당 연장보육료를 추가 지원(연장보육 자격기준에 관해서는 '4. 연장보육 자격기준' 참조)

② 3~5세반 보육료(누리공통과정)

지원대상은 어린이집을 이용하는 유아(3~5세반)로 국적과 주민등록번호를 유효하게 보유하고 있는 자이다.

* 주민등록법 제6조제1항제3호에 따라 주민등록번호를 발급받거나, 동법 제19조제4항에 따라 재외국민으로 등록・관리되는 자(재외국민 출국자는 제외)는 보육료 지원대상에 포함
* 취학유예: 만6세아('13.1.1-'13.12.31.출생) 초등학교 취학유예 시 1차에 한하여 지원(초중등교육 법령에서 정한 절차에 따라 질병 등의 사유로 취학유예를 한 경우)
* 조기입학: '20.1.2.~3.1.기간 중 만 3세에 도달한 아동('17.1.2~3.1.생)으로 조기입학 희망자
* 단, 유치원과 어린이집 등에서 교육부장관과 보건복지부장관이 협의하여 정하는 공통과정을 제공받는 유아에 대한 무상보육 기간은 3년을 초과할 수 없으므로 '17년생이 상위반으로 편성되어 누리과정을 지원받는 경우 지원기간을 초과하게 되어 보육료를 부모가 부담할 수 있으므로 주의 ['13년 3월 1일 이후 지원 이력(취학유예・연기자 및 조기입학자 지원기간 포함)부터 적용]

※ 근거: 「유아교육법」 제24조 및 「유아교육법 시행령」 제29조

(5) 연장보육료 지원

- 지원근거: 「영유아보육법」 제36조(비용의 보조 등) 및 동법 시행령 제24조(비용의 보조)
- 지원대상: 연장반을 운영하는 어린이집
  - 아동의 등・하원 시간을 자동으로 확인하는 장치(전자출결시스템) 설치・운영
  - 법령 및 지침 위반으로 운영정지 중인 어린이집이 아닐 것
- 지원 절차

전자출결시스템을 통해 보육통합정보시스템에 연장보육 아동(탄력 정원 등 포함)의 해당 월의 연장보육 이용시간을 해당 월 말일까지 확정한다.

* 전자출결시스템과 실제 이용시간이 일치하지 않을 경우 해당 일 3일 이내(공

휴일 제외) 전자출결시스템에서 수정 가능하다.

- 지원금 생성(보육통합정보시스템)
  - (생성기준) 보육통합정보시스템에서 1일 0시(말일 24시)까지 확정된 전월 이용현황*을 기준으로 연장보육료가 생성된다.
- 지원금 신청(어린이집 → 시 · 군 · 구)
  - (신청) 어린이집은 매달 5일까지 어린이집 지원시스템에서 연장보육료 내역을 확인하고 지급 신청 ※ 신청기간은 토요일, 일요일, 공휴일 제외된다.
  - (소급 신청) 지원요건 위반이 아닌 이용현황 미확정 및 미신청 등으로 신청 당월에 연장보육료를 지급받지 못한 경우, 익월 및 익익월 신청기간 내 신청하는 경우 소급지원 가능(아동별)하다.

(6) 장애아 보육료 지원

- 지원대상
  - 원칙적으로 장애인복지카드(등록증)를 소지한 만 12세 이하의 미취학 장애아동으로 하되, 예외적으로 다음의 아동에 대해서는 지원할 수 있다. 「장애인 등에 대한 특수교육법」 제15조에 따라 특수교육대상자로 선정된 만 3~5세 아동이 특수교육대상자 진단 · 평가 결과 통지서를 제출한 경우이다.

※ 만 3세 특수교육대상자는 2020년 3월부터 지원한다.

  - 취학연령이 되었음에도 부득이하게 질병 등의 사유로 일반 초등학교 및 특수학교에 취학하지 못한 경우, 다만 이 경우에는 장애인등록이 되어 있거나 특수교육 대상자 진단 · 평가 결과 통지서를 제출해야 하며 담당자는 취학유예여부를 확인해야 한다(특수교육대상자 진단 · 평가 결과 통지서 제출자의 경우 만 8세까지 지원 가능).

※ 질병 등의 사유로 부득이하게 교육부로부터 순회교육을 받는 장애아동이 어린이집을 이용하는 경우 보육료를 지원할 수 있다. 이 경우 순회교육 장소를 어린이집으로 할 수 있도록 조치한다.

  - 장애인복지카드 또는 특수교육대상자 진단 · 평가 결과 통지서를 미소지한 만 5세 이하 영유아가 장애소견이 있는 의사진단서를 제출할 경우이다.

※ '14년 이후 출생한 아동 중 계속하여 장애아 보육료를 지원받는 재원 아동: 1, 2월 중에 2개월 이내에 발급받은 진단서를 제출해야 하며, 이 경우 '21년 2월까지 장애아 보육료를 지원받을 수 있다. 매년 1, 2월 중에 2개월 이내에 발급받은 진단서를 제출해야 한다. 단, '19년 11월 1일 이후 신규로 장애아 보육료 자격을 책정 받은 경우에는 '20년도에 한하여 제출면제 가능하다.

※ '14년 이후 출생한 아동 중 신규로 장애아 보육료를 지원받으려는 경우: 신청일 전 2개월 내에 발급받은 진단서를 제출한 경우 '21년 2월까지 장애아 보육료를 지원받을 수 있다('14년 출생아동은 생일이 지난 후라도 신청일 전 2개월 내 발급받은 진단서 제출 시 '21년 2월까지 지원 가능).

- 장애아가 재학 중 부득이하게 교육받을 의무를 유예한 경우에도 보육료를 지원할 수 있으며, 이 경우 장애인복지카드 소지자는 만 6세 이상 만 12세까지 지원할 수 있고, 특수교육 대상자 진단 · 평가 결과 통지서를 제출한 경우 만 6세 이상 만 8세까지 지원할 수 있다.

※ 단, '07년 출생한 장애인 복지카드를 소지한 미취학 장애아동은 '21년 2월까지 장애아 보육료 지원 가능하다. 장애아동이 정부지원을 받는 특수학교(유치부 또는 초등학교 과정)를 이용할 경우에는 장애아 보육료 지원이 불가하나, 초등학교 취학 아동은 장애아 방과후 보육료 지원이 가능하다.

※ 특수교육대상자의 경우 만 8세까지 장애아 방과후 보육료 지원 가능하다.

- **선정기준**
  - 보호자의 소득수준에 상관없이 지원하되, 장애인복지카드(등록증), 장애소견이 있는 의사의 진단서 또는 특수교육대상자 진단 · 평가 결과 통지서를 제출한다. 진단서 제출로 장애아 보육료를 지원하는 경우 주의사항은 다음과 같다.
  - 제출된 의사의 진단서(장애인등록용 장애진단서와는 다름)에 반드시 장애정도가 명기될 필요는 없으나 진단서상의 장애 소견이 장애인복지법 시행령 [별표 1]에 있는 「장애인의 종류 및 기준」에 한정한다. 또한, 진단기관은 장애인복지사업안내(장애인등록)의 「장애진단기관(의료 기관) 및 전문의 등」의 기준에 한정한다.

(7) 다문화 보육료

- **지원대상**

원칙적으로 「다문화가족지원법」 제2조제1호에 따른 다문화가족 자녀 중 초등학교 취학 전 만 0세~만 5세아, 예외적으로 다음의 아동에 대해서는 지원할 수 있다. 「다문화가족지원법」 제2조제1호에 따른 다문화가족의 결혼이민자(인지 신고 또는 귀화허가를 받은 자 포함)와 국적법 제2조부터 제4조까지의 규정에 따라 대한민국 국적을 취득한 자 사이에서 출생한 자녀가 아닌 전처 또는 전남편과의 사이에서 출생한 자녀의 경우는 다문화가족과 동일 세대원으로 생계를 같이하는 경우 지원 가능, 다만 대한민국 국적인 아동에 한해 지원, 취학대상('13.1.1.~12.31.생) 아동이 취학을 유예하는 경우 만 5세아 보육료 재지원 가능(단, 담당자는 취학유예 여부를 확인해야 함)

※ 다만, 취학유예로 인한 만 5세아 보육료 지원은 1회에 한하며, 이 경우에도 누리공통과정 지원기간은 총 3년을 초과할 수 없다.

- **다문화가족지원법**

제2조(정의) 이 법에서 사용하는 용어의 뜻은 다음과 같다.

"다문화가족"이란 다음 각 목의 어느 하나에 해당하는 가족을 말한다.

- 「재한외국인 처우 기본법」 제2조제3호의 결혼이민자와 「국적법」 제2조부터 제4조까지의 규정에 따라 대한민국 국적을 취득한 자로 이루어진 가족
- 「국적법」 제3조 및 제4조에 따라 대한민국 국적을 취득한 자와 같은 법 제2조부터 제4조까지의 규정에 따라 대한민국 국적을 취득한 자로 이루어진 가족
- 결혼이민자: 대한민국 국민과 혼인한 적이 있거나 혼인관계에 있는 재한외국인

- **선정기준**

보호자의 소득수준에 상관없이 지원한다. 「다문화가족지원법」 제2조제1호에 따른 다문화가족의 결혼이민자(인지신고 또는 귀화허가를 받은 자 포함)와 국적법 제2조부터 제4조까지의 규정에 따라 대한민국 국적을 취득한 자 사이에서 출

생한 자녀는 동일세대 여부와 상관없이 지원한다. 결혼이민자 중 아래의 경우에는 다문화보육료를 지원하지 아니하고, 직계존속이 외국에 영주할 목적 없이 체류한 상태에서 출생하여 외국 국적을 취득함으로써 복수국적자가 된 남자가 병역을 기피할 목적으로 대한민국 국적을 이탈하여 외국인이 된 경우, 대한민국 남자가 병역을 기피할 목적으로 외국 국적을 취득하고 대한민국 국적을 상실하여 외국인이 된 경우, 「재외동포의 출입국과 법적지위에 관한 법」 제2조제2호에 따른 외국국적동포(이하 '외국국적동포'라 함)의 경우 외국에서 15년 미만 거주한 자로 한다.

(8) 방과후 보육료

- **지원대상(만 12세 이하 초등학교 취학아동)**

차상위 이하(법정저소득층 포함) 및 장애아동에 해당되는 취학아동이 방과후에 어린이집을 일일 4시간 이상 이용하는 경우이다. 방과후 어린이집 이용시간의 계산은 아동이 '어린이집에 도착한 시간부터 마치는 시간까지'만을 산정하며 어린이집에서 제공하는 셔틀버스 이용시간은 포함하지 않는다.

차상위 이하(법정저소득층 포함) 기준은 다음과 같다.

- 「국민기초생활보장법」 제7조제1항에 따른 기초생활보장급여(생계, 주거, 의료, 교육, 해산, 장제, 자활)의 수급자(제14조의2에 따른 특례수급권자 포함)
- 「한부모가족지원법」에 따른 지원대상자로 선정된 한부모 가정
- 「아동복지법」 제52조에 의한 아동복지시설에서 생활 중인 아동
- 여성폭력피해자 보호시설(가정, 성폭력), 성매매피해자 지원시설에 입소한 여성의 동반자녀(재소 증빙서 징구 필요)
- 모・부자(일시)보호시설 등에 입소한 자의 동반자녀 등
- 미혼모자 공동생활가정에 입소한 자의 동반 자녀(재소 증빙서 징구 필요)
- 국민기초생활보장법 제2조제10호 및 동법 시행령 제3조에 따른 차상위계층의 자녀

※ '법정저소득층 또는 차상위 자격이 없는 자'에 대한 처리

- 차상위(법정저소득층) 기준의 ①~⑦까지의 유형 중 어느 하나에도 포함되지 않는 '신규신청자'의 경우, 「사회복지서비스 및 급여신청서」 양식으로

①~⑦의 서비스(급여)와 영유아보육을 동시에 신청하여 자격확인 후 지원 결정(신청일 기준으로 보장결정)

- **보육료 지원 체계**

보육료 지원 체계의 내용은 다음과 같다.

- 보건복지부에서 교육부 및 시·도로 소요 예산을 편성 요청한다.
- 교육부에서 방과후보육료 예산을 지방교육재정교부금 예산에 반영한 후 시·도 교육청에 예정교부한다.
- 시·도 교육청에서 예정 교부금액을 예산안에 반영, 심의·확정한다.
- 보건복지부에서 교육부에 시·도 교육청으로 하여금 방과후보육료 예산을 시·도 보육담당부서로 전출하도록 요청한다.
- 교육부에서 관련 예산 교부, 시·도 교육청에서 방과후보육료 예산을 시·도 보육담당부서로 전출한다.
- 시·도 보육담당부서에서 교부금을 전입금으로 처리하고 시·도 부담분을 추가 확보하여 시·군·구에 재교부한다.
- 시·군·구 보육담당부서에서 시·군·구 부담분을 추가 확보하여 보육료 예산을 사회보장정보원(이하“정보원”)에 수수료와 함께 예탁한다.
- 정보원은 교부금으로 지원되는 방과후보육료 예탁금을 별도 관리하여 이자 지급, 정산 보고한다.
- 아이행복카드 사업자는 부모가 결제한 보육료의 수수료를 제하고 어린이집에 지급하고 보육료 지원 결제금액을 정보원과 정산, 정보원에서 예탁금을 사업자에게 지급하고 수수료는 어린이집에 환급한다.
- 정보원은 보육료 예탁금 정산 내역을 시·군·구에 보고하고 예산 교부 절차 역순으로 정산 보고가 이루어진다.

※ 비고

- 해당 회계연도의 전전년도의 최종예산에서: 사회복지비 지수가 25 이상이면서 재정자주도가 80 미만인 기초자치단체는 국가 또는 시·도 교육청 부담률 10% 인상
- 사회복지비 지수가 20 미만이면서 재정자주도가 85 이상인 기초자치단체

는 국가 또는 시・도 교육청 부담률 10% 인하(다만, 「지방교부세법」에 따른 보통교부세를 교부받지 아니하는 지방자치단체에 대하여만 적용)한다.

- 시・도와 시・군・구 간의 부담 비율은 「지방재정법 시행령」 제33조제1항의 규정에 의한 「지방자치단체경비부담의 기준 등에 관한 규칙」에 따른 비율을 준용한다.

(9) 그 밖의 연장형 보육료 등

※ 적용시기: 변경된 내용은 2020년 1월 1일부터 적용함

- 그 밖의 연장형 보육료는 야간연장, 야간12시간, 24시간, 휴일보육료를 포함한다.
- 야간연장 보육료의 매월 지원한도액은 60시간에 한한다.
- 그 밖의 연장형 보육을 지원할 경우에는 학부모의 날인 등 증빙서류를 시・군・구에서 확인한다.
- 지원금액은 '지원계층 및 지원율'에 따라 별도로 정한 아래의 기준에 따른다.
- 법정저소득층 아동 및 장애아동에 대한 지원한도액 초과 수납 금지, 다만 24시간보육료는 시・도지사가 정한 보육료 수납한도액 범위 내에서 수납 가능하다.
- 그 밖의 연장형 보육료 지원대상은 만 0~2세 연장보육료(기본 보육시간 보육료 지원아동은 휴일보육료만 지원 가능), 만 3~5세 누리과정보육료, 다문화보육료 및 장애아보육료(취학 전) 지원아동을 원칙으로 한다. 다만 만 12세 이하 취학아동 중 법정 저소득층과 장애아동(복지카드소지자)*에 대해서는 야간연장 보육료에 한하여 지원 가능하다.

  * 복지카드 미소지인 취학 장애아동은 특수교육대상자 진단・평가 통지서 제출 시 만 8세까지 지원한다.
- 야간 12시간보육료, 24시간보육료는 24시간 지정 어린이집을 이용하는 경우만 지원 가능하다.

  ※ 원장 겸 교사의 자녀에 대해서는 그 밖의 연장형 보육료를 지원하지 않는다.

- 기준 시간: 평일은 19:30~24:00, 토요일은 15:30~24:00로 한다.

※ 주간 어린이집 이용 아동이 07:30 이전부터 어린이집을 이용하는 경우 야간연장보육료 지원 가능하다.

- 지원한도: 월 60시간

이용시간 계산 방법: 전자출결시스템을 통해 야간연장보육 이용일의 등・하원 시각을 시・분 단위로 기록하고 야간연장보육 시간은 매일 1시간 단위로 계산한다.

- 19:30~20:30 사이에 하원 시 이용시간은 1시간, 20:30~21:30 사이에 하원 시 이용시간은 2시

※ 야간연장보육서비스만 이용하는 아동은 정부 지원 불가하다.

※ 유치원에서 야간연장보육을 이용하기 위해 19:30 이전에 야간연장어린이집으로 등원 시 19:30까지의 이용시간에 대해 전액 부모의 자부담으로 이용료 수납 가능하며, 수납액은 부모와 상의하여 결정한다. 19:30 이후에 대해서는 야간연장보육료 지원 가능하다.

- **이용신청 및 등록・취소**
  - 야간연장보육을 이용하고자 하는 보호자는 야간연장보육 최초 이용 전까지 야간연장보육신청서<서식 Ⅸ-5-1>를 해당 어린이집에 제출해야 야간연장보육 이용 및 보육료 지원이 가능하다.
  - 원장은 보육통합정보시스템에 신청내용을 입력(휴대폰인증 필수)하고 이용희망자로 등록한다.
  - 원장은 신청서를 야간연장보육 최초 이용일로부터 5년간 어린이집에 보관한다.
  - 보호자가 야간연장보육을 이용하는 어린이집을 변경 또는 퇴소하고자 할 경우 기존 이용 어린이집에는 야간연장반에서 탈반・퇴소를 요청하고, 변경되는 어린이집에는 야간연장보육신청서<서식 Ⅸ-5-1>를 제출한다.

  ※ 출석부시스템을 이용하는 경우 '아동별 월 야간연장보육 실적확인서' <서식 Ⅸ-5-2>는 보호자 확인용으로 활용한다.

- **야간12시간 보육료**
  - 지원단가: '만 0~5세 보육료 단가표'를 참조한다.

※ '10. 3월부터는 24시간 지정 어린이집에서만 야간12시간보육을 할 수 있으며 야간12시간보육료의 지원이 가능하다.

• 기준시간: 19:30~익일 07:30

– 지원기준: 주간에 어린이집을 이용하지 않는 아동이 야간에 이용하는 경우에만 야간12시간보육료 지원을 받을 수 있다(취학아동은 야간12시간보육료 지원 불가).

※ 시 · 군 · 구청장은 아동을 어린이집에 방치하는 사례가 없도록 개별 아동에 대한 사례별 관리를 하는 등 필요한 조치를 해야 한다.

• **24시간 보육료**

– 지원단가: '만 0세~5세 보육료 단가표'를 참조한다.

※ '10. 3월부터는 24시간 지정 어린이집에서만 24시간보육을 할 수 있으며, 24시간보육료 지원 가능하다.

• 기준시간: 07:30~익일 07:30

• 주간보육(07:30~19:30)과 야간12시간보육(19:30~익일 07:30) 동시 이용한다.

– 지원기준: 부모가 야간에 경제활동에 종사하는 가정, 한부모 또는 조손가정 등의 아동으로 주간보육도 이용하고 야간12시간보육이 불가피하다고 판단되는 아동에 대해 24시간보육료를 지원한다.

– 이용신청: 24시간보육료를 지원받는 아동의 보호자는 별도의 신청서를 제출한다.

• **휴일(토요일 제외) 보육료**

– 지원단가: 정부지원 일 보육료×150% 지원

※ 일 보육료: 정부지원단가×휴일보육일수/26일(보육가능일수)

※ 휴일어린이집으로 지정된 경우에는 일 보육료×100% 지원

– 기준시간: 일요일, 공휴일 07:30~19:30

3) 가정양육수당 지원

(1) 지원대상

어린이집 · 유치원(특수학교 포함) · 종일제 아이돌봄서비스 등을 이용하지 않고 가정에서 양육되는 영유아로서 초등학교 미취학 86개월 미만 전 계층 아동이다.

* 주민등록법 제6조제1항제3호에 따라 주민등록번호를 발급받거나, 동법 제19조제4항에 따라 재외국민으로 등록 · 관리되는 자 중 재외국민 출국자는 제외한다.

- (양육수당) 보호자가 양육수당 지원을 신청하고 상기 요건을 충족하여 시 · 군 · 구가 양육수당을 지원하기로 결정한 영유아
- (장애아동 양육수당) 보호자가 장애아동 양육수당 지원을 신청하고, 상기 요건을 충족하면서 장애인으로 등록되어 시 · 군 · 구가 장애아동 양육수당을 지원하기로 결정한 영유아
- (농어촌양육수당) 보호자가 농어촌 양육수당 지원을 신청하고, 상기 요건을 충족하면서 농어촌 지원자격 요건을 충족하여 시 · 군 · 구가 농어촌 양육수당을 지원하기로 결정한 영유아

〈표 4-1〉 지원금액: 월령별로 10~20만 원 월 정액지원(월·인)

연령(개월)	양육수당	연령(개월)	농어촌양육수당	연령(개월)	장애아동 양육수당
0~11	200천 원	0~11	200천 원	0~35	200천 원
12~23	150천 원	12~23	177천 원		
24~35	100천 원	24~35	156천 원		
36 개월 이상 ~ 86개월 미만	100천 원	36~47	129천 원	36개월 이상 ~ 86개월 미만	100천 원
	100천 원	48개월 이상 ~ 86개월 미만	100천 원		
	100천 원		100천 원		
	100천 원		100천 원		

출처: 보건복지부(2020a). 2020년도 보육사업안내. 97.

(2) 지원기간

시 · 군 · 구가 양육수당을 지원하기로 결정한 날이 속한 달부터 아동의 초등학교 취학년도 2월까지 지급하며, 다음 각 호의 사유가 발생한 경우에는 해당 사유가 발생한 달까지 지원한다.

- 아동이 사망한 경우
- 아동이 국적을 상실한 경우
- 「난민법」 제2조제2호에 따른 난민으로 인정된 아동이 같은 법 제22조제1항에 따라 난민인정이 취소되거나 같은 조제2항에 따라 난민인정결정이 철회된 경우
- 영유아의 행방불명, 실종 등으로 경찰관서 등 관계 행정기관에 신고가 접수된 날부터 30일 내에 생사를 확인할 수 없는 경우
- 영유아가 「주민등록법」 제20조제6항에 따라 거주불명으로 등록된 경우. 다만, 영유아의 실제 거주지를 알 수 있는 경우는 제외한다.
- 보호자가 양육수당 지원의 정지를 신청하는 경우

  양육수당의 지원대상에서 제외되는 사유가 발생한 날이 속하는 달의 전달이다.

  - 90일 이상 해외에 장기 체류하고 있는 영유아의 경우에는 해당기간 동안 양육수당 지급을 정지하되, 재입국 시에는 시 · 군 · 구 담당자가 입국 기록을 확인하여 자격 재책정한 후 지원한다.
  - 90일이 속하는 당월까지는 지원하고, 익월부터 지급 중단, 입국한 경우 입국일이 속하는 달부터 재지원한다.

    * 관련 근거: 영유아보육법 제34조의2제3항 및 제4항

    ** 시스템상 정지 일자는 출국 후 90일이 되는 날로 함(지급기준은 상기와 동일

  - 누리과정 지원기간이 3년을 초과한 아동이 어린이집 또는 유치원 재원 시에는 보육료 또는 유아학비 지원을 받을 수 없으나 양육수당 지원기간 산출식에 따라 양육수당 지원기간 내에 해당할 경우에는 그 기간동안 양육수당 지원 가능하다.

(3) 90일 이상 해외체류 시 양육수당 지급 정지('15. 9. 19. 시행)

① 제도 개요

- (주요 내용) 90일 이상 해외에 지속하여 체류 중인 영유아에 대해서는 해당 기간 동안 양육수당 지급을 정지하고 서면으로 그 이유를 보호자에게 통지한다.
- (관련 근거) 영유아보육법 제34조의2 제3항

② 처리기준 및 절차

- (자격정지일) 출국 후 90일(출국일 포함)이 되는 다음 날이다.
  * 해외에서 출생하여 국내 입국한 기록이 없는 아동의 경우 출생일로부터 90일(출생일 포함)이 되는 다음 날이다.
- (정지 시 지급기준) 90일이 속하는 당월까지는 지원, 익월부터 지급 정지한다.
  - (통지) 정지 시에는 정지 사유 등을 보호자에게 서면으로 통지한다.
    * 해외에서 출생하여 국내 입국한 기록이 없는 아동의 경우 출생일로부터 90일이 속하는 달까지는 지원, 익월부터 지급 정지한다.
  - (재입국 시 지급기준) 지원 자격이 정지된 영유아가 추후 입국하는 경우에는 시・군・구 담당자가 입국 기록을 확인하여 자격을 재책정하여 지원한다.
  - 이 경우 지원 자격 중지가 아닌 정지에 해당하기 때문에 신청행위는 필요하지 않으며 담당자가 입국여부를 확인하여 자격을 재책정해야 하며, 입국일이 속하는 달부터 지원한다.
  - 향후 재출국할 시에는 재출국일로부터 90일이 되는 다음 날 다시 자격을 정지한다.

③ 유의사항

- (변동알림 관리) 지원대상자의 출입국 기록은 사회복지전산관리망(행복e음)을 통해 변동알림으로 제공되므로, 시・군・구 담당자는 변동알림 발생 시 급여정지 여부 결정 및 통지 처리를 신속히 처리해야 한다.

※ 시 · 군 · 구 담당자가 변동알림 미확인 시 급여는 자동으로 미생성(미지급)되나, 급여정지 여부 결정 및 통지 처리는 반드시 필요하며 90일 이상 해외 체류한 아동에게 양육수당이 과오로 지급된 경우, 해당 아동의 주소지 관할 시 · 군 · 구에서 과오 지급된 양육수당을 환수해야 한다.

(4) 지급일: 매월 25일(토 · 일요일 · 공휴일인 경우에는 그 전일에 지급)

① 지급 방식

- 현금지급(아동 또는 부모 등의 명의 계좌입금)
  ※ 영유아보육사업의 가구원(보장단위)에 포함되는 부모 등에 한함
  ※ 입출금이 자유로운 통장에 한함
  – 시장 · 군수 · 구청장이 계좌적정성 확인 후 입금 조치

② 출생아 소급지원

– 대상: 아동 출생 후 60일*(출생일 포함) 이내에 양육수당의 지원을 신청하고 이에 대하여 시 · 군 · 구가 양육수당을 지원하기로 결정한 경우에는 출생일이 속한 달부터 소급하여 지원한다.

– (60일 기간 산정 예외) 다음 각 호에서 정하는 사유로 아동 출생 후 60일 이내에 양육수당의 지원을 신청하지 못한 경우에는 그 사유가 존재하는 기간을 60일 이내 기간에 산입하지 않는다.

– 출생신고 전 아동의 친생부모를 확인하기 위하여 소송절차(비송사건절차 포함)*를 거친 경우

* 「민법」 제847조에 따른 친생부인의 소, 제854조의2에 따른 친생부인의 허가 청구, 제855조의2에 따른 인지의 허가 청구, 제863조에 따른 인지 청구의 소 등이다.

– 「재난 및 안전관리 기본법」에 따른 재난의 발생, 「감염병의 예방 및 관리에 관한 법률」에 따른 감염병의 발생 · 격리, 그 밖의 불가피한 사유로 양육수당의 지급을 신청하지 못한 경우로서 특별자치시장 · 특별자치도지사 · 시장 · 군수 · 구청장이 지방보육정책위원회(아동복지심의위원회로 갈음 가능)의 심의를 거쳐 인정하는 경우이다.

- 증빙서류, 지방보육정책위원회 회의자료 등의 관리는 2020년도 보육사업 안내 부록 '2. 2020년도 보육료 · 양육수당 지원 사업안내, Ⅱ. 조사' 내용을 참고한다.
- 지급방법: 최초 수당 지급 월에 소급분을 함께 지원한다.

(5) 거주지 변경 시의 수당지급

- 전입일이 15일 이내인 경우(15일까지): 신 거주지의 시장 · 군수 · 구청장이 지급한다.
- 전입일이 16일 이후인 경우(16일부터): 구 거주지의 시장 · 군수 · 구청장이 지급한다.

(6) 세부 업무 처리 절차

- (자격 결정 및 지급) 시 · 군 · 구 담당과는 읍 · 면 · 동에서 신청 · 접수된 신청자의 자격을 결정하고, 사회복지통합관리망(행복e음)을 통해 매월 급여 생성 및 지급
- (지급처리) 아동수당과 혼동되지 않도록 e-호조를 통해 수급자 통장에 "양육수당"이 표기되도록 지급 처리
- (입양아동 지급관리) 입양대상아동에 대한 양육수당 지급은 위탁가정 소재지 시 · 군 · 구에서 담당하며, 아동관리는 입양기관 본부 소재지 시 · 군 · 구의 입양담당부서에서 총괄
  ※ 입양대상아동 양육수당은 입양기관명의 법인 통장 또는 위탁가정 대리모 통장으로 지급 가능하다(단, 입양기관명의 법인 통장으로 지급 시 수령한 양육수당 전액이 위탁가정 대리모에게 전달될 수 있도록 조치).
  ※ 보호 중인 아동의 전출 시, 기존 급여 지급을 담당했던 시 · 군 · 구는 급여지급내역 등 관련 서류를 변경소재지 시 · 군 · 구에 공문으로 통보, 중복지급 및 보호 공백이 발생하지 않도록 주의한다.
- 위탁부모(또는 예비 양부모) 변경이 매월 15일 이전에 이루어진 경우에는 변경된 위탁부모에게 수당 지급, 16일 이후인 경우에는 기존 위탁부모에게

해당 월 양육수당 지급 후, 다음 달부터는 변경된 위탁부모에게 양육수당을 지급한다.

- (양육수당 지원아동의 보육료 신청 시 업무 처리)
- 15일 이내 변경 신청 시: 신청월 양육수당은 지급 중단, 보육료는 변경신청일부터 일할 계산하여 지원한다.
- 16일 이후 변경 신청 시: 신청월 양육수당 전액지원, 보육료 지원 불가(보육료는 익월 1일부터 지원)

※ 자세한 내용은 보육사업안내 부록 "2020년도 보육료 · 양육수당 지원사업안내" 중 변경처리기준 참고(제1편 Ⅳ)

- (양육수당 지원아동의 양육수당 종류 변경 시 업무 처리)
- 변경신청한 신규자격 책정일이 15일 이내인 경우: 해당 월은 자격 책정한 신규서비스 지원(이전 자격 지원 불가)
- 변경신청한 신규자격 책정일이 16일 이후인 경우: 해당 월은 자격 책정 이전 서비스 지원(신규자격 지원은 익월 1일자로 결정)

※ 양육수당 변경 신청접수 시 향후 자격 변동(농어촌 → 도시지역으로 거주 지역 이동 등)에 따라 양육수당 금액이 변경될 수 있음을 사전에 안내한다.

※ 양육수당 → 장애아동양육수당으로 변경 신청하는 경우, 장애인 등록일이 속한 달부터 지원 가능하다. 장애인 등록 후 양육수당을 신청한 경우에는 양육수당 신청일이 속한 달부터 지원한다.

- 농어촌양육수당 또는 장애아동양육수당을 받고 있던 아동이 전출 등으로 해당 자격 요건을 충족하지 못하게 될 경우 양육수당으로 자동으로 변경하여 지원하되, 지원 요건을 충족하지 못하는 시점을 기준으로 변경처리한다.

※ 지원 요건을 충족하지 못하게 된 날이 15일 이내인 경우: 변경된 서비스를 지원한다.

※ 지원 요건을 충족하지 못하게 된 날이 16일 이후인 경우: 해당 월은 이전 서비스 지원, 신규 서비스는 익월부터 지원한다.

- (중복지원 불가) 동일 월에 대해 양육수당과 보육료는 병급 불가하다.

※ 양육수당은 어린이집을 이용하지 않는 아동에게 지원되므로, 기관보육료 신청 시 양육수당과 중복지급 여부 파악하여 신청, 특히 시 · 군 · 구에서는 승인 시 반드시 확인 후 조치(다만, 보육료, 양육수당 간 자격변동으로 인해 일시적으로 별도 지급 가능)한다.

- (농어촌양육수당) 농어촌양육수당 지원대상자가 보육료 · 양육수당 · 유아학비 지원을 동시에 신청하는 경우, 대상자 여부 확정 시까지 지급을 보류할 수 있다.
- 지원 연도 중에 도시계획구역 변경 또는 개발제한구역 해제 등 정부정책 변경에 따라 농어촌지역에서 제외되더라도 당해연도에 한해서는 계속 지원한다.
- 사업 시행 연도 중 아동을 포함한 가구원이 도시지역으로의 전출 등 지원대상에서 제외되었을 경우 해당 월부터 지원을 중단(단, 전출 해당 월 농어촌 거주 일수가 15일 이상일 경우 해당 월에 한해 농어촌양육수당 지급)한다.

(7) 환수 대상

- 수급권 상실 등으로 수급권이 없음에도 불구하고 양육수당이 지급된 경우
- 해외 체류 90일 이상 등의 사유로 지급정지 기간 중에 양육수당이 지급된 경우
- 수급권이 있지만 보호자의 허위 · 지연 신고, 신고의무 불이행 등으로 양육수당액이 과다하게 지급된 경우
- 행정 착오, 시스템 오류 등 그 밖의 사유로 양육수당이 잘못 지급된 경우

(8) 환수금액 산정

- 환수 범위: 잘못 지급된 양육수당 급여액 전부이다.
- 소액 환수금 징수 제외: 산정된 환수금액이 3천 원 미만인 경우에는 징수하지 않을 수 있다(등기우편 등의 행정 비용(3천 원)이 환수금 초과, 단, 양육수당을 계속 지급받고 있어 향후 지급될 수당과 상계 처리하는 경우에는 소액 환수금도 징수).

(9) 환수금 징수

- 징수 방법: 전액 일시납부 원칙이나, 납부 의무자의 생활 여건이나 수급권 유무 등을 고려하여 분할납부, 상계 처리 등 납부 방법을 결정한다.
- 상계 처리: 환수 대상자가 양육수당을 계속 지급받는 경우에는 향후 지급될 양육수당과 상계 처리 가능(해당 내용을 명시하여 환수 대상자에게 사전 통지, 형제간 상계 처리는 불가)하다.
- 환수금 징수 절차
  - 납부 통지: 사전처분 통지 → 환수 결정 → 환수 결정 통지
  - 환수 결정 전 10일 이상의 기간을 정하여 사전처분 통지서* 작성 · 통보
    * 처분 내용, 당사자 성명 및 주소, 환수 원인 및 내용, 환수금액 및 적용법령, 의견제출 안내 및 의견 미제출 시 처리방법 등 기재
  - 환수 결정 후 환수금의 납부기한이 납입 고지를 한 날부터 30일 이상이 되도록 기간을 정하여 서면 통지
    * 환수금 발생 사실, 금액, 납부기한, 납부기관, 이의신청 방법 등 명시
    ** 양육수당 수급권이 유지되는 경우에는 "납부기간 만료 시까지 납부하지 않는 경우 차기 수당 지급액과 상계한다."는 내용을 포함하여 통지
  - 납부 독촉 및 체납 처분: 납부 기한 내 미납하는 경우 30일 이상의 기한을 정하여 독촉한다.
  - 독촉 후에도 기한 내 미납하는 경우 지방세 체납처분의 예에 따라 압류, 경매 등 처분 절차 진행한다.

(10) 소멸 시효(국가재정법 제96조)

① 양육수당을 환수할 권리는 5년간 행사하지 않으면 시효 완성으로 소멸한다.

- 소멸 시효는 지급되지 않아야 할 수당이 지급된 날의 다음 날부터 기산한다.

② 중단 사유 및 재기산일 · 결손 처분: 「지방세징수법」 제106조제1항에 준하여 처리

3 보육정책

보육정책과 관련된 세부내용을 살펴보면 다음과 같다(보건복지부, 2020b: 327~335).

1) 보육서비스의 질 제고

(1) 어린이집 평가인증제도

보육서비스에 대한 효과적인 질 관리시스템 마련, 어린이집의 자발적인 보육서비스 개선 노력 유도 및 부모에게 어린이집의 질적 수준에 대한 정보 제공을 목적으로 2005년 시범사업을 거쳐 2006년부터 어린이집 평가인증제도가 본격적으로 시행되었으며, 2019년 6월부터 의무평가제로 전환하여 시행되었다. 어린이집 평가는 4개 영역, 18개 지표에 대한 자체점검, 기본사항 확인 및 현장평가 그리고 종합평가위원회 심의 결과를 토대로 평가등급 및 평가주기(2~3년)를 부여하는 제도이다. 어린이집 평가인증제도가 종료된 2019년 5월 인증을 유지하고 있는 어린이집은 3만 1,504개소(전체 어린이집 수 대비 84.3%, 결과발표월 10월)이다. 그간 평가인증제도 시행을 통해 보육환경을 비롯하여 보육과정, 안전 등 어린이집 운영 전반에 있어 수준이 향상되고 더 나은 보육서비스를 제공하기 위한 기반을 마련하여 보육현장이 한 단계 발전할 수 있는 계기가 되었다.

2010년부터는 평가인증 제2차 주기로 2차 지표를 시행하여 평가기준을 상향 조정하고 유사항목은 통합하였으며, 교사의 상호작용에 대한 항목을 신설하고 보육 대상의 연령 또는 특성에 따른 기준을 제시하는 등 평가의 합리성과 효율성을 높였다. 2012년부터 인증어린이집에 대한 확인점검 실시 및 보육컨설팅 제공 등 사후 관리를 강화하였으며, 2013년도에는 확인점검 결과에 따른 인센티브 또는 패널티 부여 등을 추진하였고, 부모가 어린이집 선택 시 충분한 정보를 제공받을 수 있도록 아이사랑보육포털 등을 통해 평가인증 세부 결과를 공개하도록 하였다. 2014년도에는 어린이집 질적 수준의 변별력 확보, 효과적인 품질 관리 제도 개선을 위해 3차 지표를 개발하여 시범사업을 시행하였다. 3차 지표는 명확한 평가기준 제시 및 변별력 강화, 보육교직원의 처우 개선 강화, 평가방법을 실행 과정 중심으로 개선하는 등 보육서비스의 질적 수준을 더욱 향상시키고자 하였다.

2015년에는 수요자 중심 평가인증 개편 방안을 마련하고 어린이집 부모만족도 조사 시범사업을 실시하여 지표에 반영하였다. 또한, 평가인증 준비에 대한 어린이집의 부담을 완화하기 위해 전산시스템의 정보 연계를 확대하였다. 2016년에는 수요자 중심 관련 내용을 지속적으로 추진하여, 부모만족도조사, 어린이집 운영에 대한 부모 참여 여부 등을 평가에 반영하였으며, 평가인증에 어린이집의 정보 공시 항목을 활용하여 부모들의 어린이집 선택권을 제고하였다.

2017년에는 제3차 주기 평가인증을 시행하여 유치원 · 보육 통합지표 및 등급제로 개편하는 등 평가인증제도에 대한 신뢰도 제고 및 보육서비스 질 개선에 노력하였다. 제3차 주기에 적용된 통합지표는 평가항목을 감축, 관찰 · 면담 비중을 확대하는 등 운영 중심의 평가를 통해 현장부담을 완화하고, 보육의 질적 향상과 연관이 높은 보육과정 및 상호작용, 교직원 영역 항목의 비중을 높였으며, 아동학대 예방 등 영유아의 안전과 건강한 성장 발달을 위해 안전 · 건강 영역을 강화하였다.

한편, 전체 어린이집에 대한 보육품질 관리를 위해 2018년 12월 영유아보육법 개정을 통해 어린이집 신청에 기반하여 운영한 평가인증을 전체 어린이집을 대상으로 하는 평가(의무)제로 전환하여, 2019년 6월부터 평가(의무)제가 본격 시행되었다. 평가제 지표는 아동인권 · 건강 · 안전 관련 필수지표를 확대하는 등 '영유아 권리 존중', '놀이', '안전' 가치 강조를 통해 영유아 중심의 안심 보육환경 조성 및 놀이 중심의 보육과정 운영을 강화하였다.

(2) 표준보육과정 개발 · 보급

2006년 11월 「영유아보육법 시행규칙」 개정을 통해 국가 수준의 '표준보육과정'을 마련하였다. 표준보육과정의 목적은 6세 미만 영유아의 전인적인 성장과 발달을 도와 영유아가 심신이 건강하고 조화로운 사회구성원으로 자랄 수 있도록 하는 데 있다. 2007년 표준보육과정 제정 이후, 사회적 환경 변화와 이에 따른 보육환경 변화를 반영하여 2011년에는 제2차 표준보육과정이 고시되었으며, 현재는 2013년 1월 고시를 통하여 제3차 어린이집 표준보육과정이 시행 중이다.

제3차 표준보육과정은 2013년부터 확대 · 도입된 3~5세 누리과정을 반영하여 개편한 것으로 「0~1세 보육과정」, 「2세 보육과정」, 「3~5세 보육과정(누리과정)」으로 구성되어 있다. 0~2세 보육과정은 6개 영역(기본 생활, 신체운동, 사회관계, 의사소통, 자연탐구, 예술경험)으로 구성되어 있으며, 각 영역은 연령 집단별로 구분하여 영아의 성장과 발달, 개인차 등 각각의 수준을 고려하여 보육내용을 세분화하였다. 3~5세 보육 · 교육은 어린이집 · 유치원 공통 과정인 누리과정이 적용된다. 유아에 대한 국가의 책임 강화 차원에서 도입된 누리과정은 5개 영역(신체운동 · 건강, 의사소통, 사회관계, 예술경험, 자연탐구)으로 구성되어 있으며, 유아의 자율성과 창의성을 높이는 방향으로 2019년 7월 24일 개정하였다. 개정된 누리과정은 교사 주도적 교육에서 벗어나 아동 주도적 · 자발적 놀이를 권장하는 것을 핵심내용으로 한다. 즉, 일과에서 놀이가 충분히 이루어지도록 놀이를 통한 배움을 강조하고, 계획 수립, 교수 방법 및 평가 등에서 교사의 자율성을 확대하는 한편, 연령별 구분을 폐지하고 3~5세에 경험하여야 할 최소한의 내용으로 적정화하였다. 개정 누리과정은 2020년 3월 시행되며, 이와 함께 0~2세 표준보육과정도 개정할 계획이다.

(3) 보육 인력의 전문성 및 처우 개선

보육 인력의 전문성 제고와 체계적인 관리를 위하여 보육교사('05.1.) 및 어린이집 원장('06.12.)에 대한 국가 자격증 제도를 시행하였으며, 이후 전문성을 강화하기 위하여 지속적으로 어린이집 원장 및 보육교사의 자격 기준을 개선하여 왔다. 2011년 12월 8일 「영유아보육법 시행령」 및 「영유아보육법 시행규칙」을 개정('14.3.1.시행)하여, 어린이집 원장 및 보육교사의 보육 관련 업무 경력 등의 기준을 높이고, 보육교사 2급 자격 취득을 위한 교과목 및 학점을 상향 조정하였다. 즉, 일반 어린이집 원장 자격은 보육교사 1급 이후 업무 경력 2년에서 3년으로 상향하고, 가정 어린이집 원장 자격은 보육교사 2급 이후 업무 경력 2년에서 보육교사 1급 이후 업무 경력 1년으로 개선하였으며, 원장 자격을 취득하고자 하는 사람은 80시간의 사전직무교육을 필수적으로 이수하도록 강화하였다.

또한, 보육교사 2급 자격의 경우, 대학 등에서 이수하여야 할 교과목 및 학점을 종전 12과목 35학점에서 17과목 51학점 이상으로 상향 조정하고 보육교사 승급에 필요한 '보육 업무 경력'을 어린이집이나 육아종합지원센터에서 근무한 모든 경력에서 보육교사, 특수교사, 보육전문요원 등 보육에 직접 종사한 경력으로 제한하였다. 그러나 이런 보육 인력 자격 기준 개선에도 불구하고 2015년 1월 사회적으로 이슈화된 어린이집 아동학대 사건 이후 보육교사의 양성 및 교육 체계에 대해 보다 강화된 기준을 마련할 필요성이 강하게 제기되었다.

이에 따라 2015년 1월부터 6월까지 아동보육 관련 전문가, 어린이집 원장 및 보육교사 등 현장 종사자, 교육기관 관계자 등과의 간담회, 토론회 및 「보육교직원 자격 체계 개편 연구」 등을 거쳐 보육교사양성제도 개편 방안을 마련하고 「영유아보육법 시행규칙」 개정('16. 1. 12.) 등을 추진하였다. 보육교사 2급의 경우 개정 전 기준에서는 자격 취득을 위한 교과목 및 학점(17과목 51학점)을 모두 원격교육으로 이수하여도 무방하였지만, 개정된 자격 기준에서는 보육교사로서의 실무 능력 및 영유아와의 상호작용이 특히 필요한 교과목을 대면 필수 교과목(9과목)으로 지정하고, 해당 교과목에 대해 8시간의 출석 수업과 1회 이상의 시험을 거치도록 의무화하였다. 또한, 어린이집 현장에서 직접 보육 업무를 습득하도록 하는 보육 실습은 4주 160시간에서 6주 240시간으로 대폭 상향하였다.

이런 개정 자격 기준은 대학의 경우 2017년 1월 1일 이후 입학 대상자부터, 학점은행제 기관의 경우 2018년 1월 1일 학위 취득자부터 적용되어, 개정 자격 기준 시행에 따라 보육교사의 인성과 전문성을 향상시키고 이를 통하여 영유아에게 보다 안전하고 질 높은 보육서비스 제공을 도모하게 되었다.

현재 어린이집 원장 및 보육교사의 자격검정 및 발급은 (재)한국보육진흥원(보육사업지원국)에 위탁 실시하고 있으며, 한국보육진흥원은 자격 발급 절차를 효율적으로 하기 위하여 홈페이지(http://chrd.childcare.go.kr) 및 ARS시스템(1661-5666) 상담을 통하여 업무를 처리하고 있다. 2019년 기준으로 전체 보육교사 자격증 취득자는 139만 1,762명이고, 어린이집 원장 자격증 취득자는 38만 960명에 이르고 있다. 그리고 2005년 이후 매년 보육교직원의 자질 향상을 위해 보육에 필요한 지식을 취득하고 능력을 유지·개발하기 위한 보수교육을 실시하고 있다. 보수교육의 종류에는 보육교직원이 3년에 한 번씩 정기적으로 받아야 하는 직무교육(일반직무, 특별직무)과 보육교사가 상위 등급의 자격(3급 → 2급, 2급 → 1급)을 취득하기 위해 받아야 하는 승급교육이 있다. 2019년 기준으로 보수교육 실시 인원은 승급교육 2만 6,830명, 일반직무교육 7,768명, 특별직무교육은 6만 2,136명이다.

한편, 높은 자질을 갖춘 보육교사가 어린이집에 많이 진입할 수 있도록 보육교사의 근무 여건 및 처우 개선 정책도 지속 추진하고 있다. 2015년 5월 18일 「영유아보육법」이 개정되어 어린이집에 보조교사 및 대체교사를 배치하거나, 육아종합지원센터에서 보육교직원의 정서적 · 심리적 상담 업무를 수행하는 상담전문요원을 둘 수 있는 법적 근거 조항이 마련되었다.

아울러, 영아반 담임교사의 업무 부담을 줄이기 위해 보조교사 지원을 확대('19. 40,000명)하고, 담임교사의 연가 및 보수교육 등으로 인한 보육 공백을 방지하기 위한 대체교사를 지원('19. 2,736명)하였다. 이와 함께 보육교사의 직무 스트레스 관리와 인성 함양을 지원하기 위해 2016년부터 인성 자기진단 및 교육을 실시하고 있다.

또한, 보육교사의 보수 수준 향상을 위하여 0~2세 영아반 담임교사에게 매월 지급하는 교사근무환경개선비는 2012년 5만 원에서 2019년 22만 원으로 매년 평균 2.4만 원 인상되었으며, 3~5세 누리과정반 담임교사에게는 월 33만 원의 처우개선비가 지급되었다. 앞으로도 보육교사의 근무 여건 및 처우 개선 정책을 지속적으로 확대 · 보강할 예정이다.

(4) 건강 · 영양 · 안전관리 강화

국가정책조정회의에서 확정 · 발표('13.5.3.)한 『어린이 통학차량 안전강화 종합대책』의 후속 조치에 따라 어린이통학버스에 대한 안전 의식을 제고하기 위하여 어린이통학버스를 운영하는 전체 어린이집의 안전관리 현황조사('19.8)를 실시하였다. 영유아보육법 개정을 통해 보육교직원 등이 동승하지 않고 어린이통학버스를 운행하다 교통사고로 영유아가 사망 및 중상해를 입은 경우 최대 시설폐쇄까지 가능하도록 차량 안전 규정을 강화하였다. 지역사회 보건소 및 의료기관의 재능기부를 활용하여 질환의 조기 발견, 질병 예방교육, 예방접종 및 정기건강검진 등을 통해 어린이집 영유아의 건강증진을 도모하기 위해 「건강주치의 제도」를 시행하고 있다. 어린이집의 영양 · 급식 등 분야에 대한 부모의 안심보육 여건 조성을 위해 식약처와 협조하여 영양사 고용의무가 없는 소규모 어린이 급식시설을 지원하기 위해 100인 미만의 어린이집의 '어린이급식관리지원센터' 등록을 단계적으로 확대('18. 67% → '20.6월 90% → '21. 100%) 추진하고 있다. 또한, 급식 · 위생 관리 실태에 대한 점검을 정기적으로 실시하여 어린이집의 수족구병, 콜레라 등 감염병 및 식중독 사고 발생을 예방하였다.

안전사고 예방 및 사후보상 강화 등의 사업을 추진하기 위하여 설립된 '어린이집 안전공제회'('09.11.설립)는 그간 생명 · 신체 피해 보상에 대한 당연가입의무를 신설하고 보상 범위를 재산상의 피해까지 확대하였다. 이와 더불어 "어린이집 안전예방 강화"를 위해 어린이집 대상 안전컨설팅 사업을 실시('19. 210개소)하였다.

아울러 보다 안전한 보육환경 조성과 보육교직원의 안전 역량을 강화하기 위하여 어린이집 안전공제회, 육아종합지원센터 등 유관기관과 협력하여 보육교직원('19. 4.4만 명)을 대상으로 아동학대 및 안전교육을 실시하였다.

(5) 어린이집 운영의 투명성 확보 및 지도 · 점검

보육통합시스템 모니터링을 통해 아동허위등록 등 법령 위반이 의심되는 어린이집을 선정하여 시 · 도와 합동으로 보조금 부정수급 또는 유용, 급 · 간식 적정 제공 및 위생 · 안전 관리 등 운영 전반에 관하여 지도 점검을 실시하였다. 특히, 효과적인 지도 · 점검 및 전문성 확보를 위해 한국보육진흥원에 「어린이집 이용불편 부정신고 센터 및 현지조사 지원」 사업을 2019년 7월부터 위탁하여 중앙정부 차원에서 직접조사를 확대하여 사회적 이슈 발생 기관, 지자체 유착 의심기관, 심각한 복합민원기관 등에 대한 신속하고 엄정한 조사를 진행하게 되었다.

또한, 중앙 및 지자체 간 보육정책 공유 및 지자체의 역량 강화를 위해 어린이집 권역별 교육을 상 · 하반기 진행하였으며, 전국 지도점검 담당 공무원 대상 워크숍을 진행하여 지방자치단체 지도점검 담당 공무원을 대상으로 부정수급 유형 및 사례, 조사 기법 등에 대한 교육을 실시하였다. 지도점검통합시스템 구축으로 점검계획 수립부터 사후관리까지 전 단계를 시스템을 통해 종합적으로 관리할 수 있도록 하여 점검 결과 상호 공유, 비리 시설 · 인력의 재진입 관리, 어린이집 중복 점검 방지 등을 효율적으로 추진할 수 있도록 하였다.

한편, 어린이집에서 발생하는 보육료 등 제반 비용, 어린이집 예 · 결산 사항 등 부모가 궁금해 하는 정보를 수시로 공시함으로써 운영의 투명성을 높이도록 하였으며, 어린이집의 안전한 보육환경 및 투명성 강화를 위해 2019년 6월 영유아보육법을 개정하여 법 위반 어린이집에 대한 「공익제보자 신고포상금」 법령 근거를 마련하여 어린이집의 부적정 운영 및 아동학대 신고 활성화를 제고하였다.

(6) 공공형 어린이집 운영

공공형 어린이집은 우수한 민간, 가정 어린이집을 선정하여 매월 운영비를 지원하고, 보다 강화된 운영기준을 적용하여 보육서비스의 질을 높이는 제도로서, "믿고 맡길 수 있는 어린이집"으로 운영하고자 2011년부터 시행되었으며, 2019년 말 기준으로 2,317개소가 운영 중으로 10만 3천여 명의 아동이 이용하고 있다. 공공형 어린이집은 평가인증 A등급 또는 90점 이상, 비상재해 대비시설 설치 등 기본 요건을 갖춘 어린이집 중 건물 소유 형태, 1급 보육교사 비율 등을 점수화하여 고득점 순으로 선정한다. 한편, 부모에게 추가적인 차액보육료 부담을 낮추고, 보육교사 인건비를 국공립어린이집 보육교사 1호봉 이상으로 지급하도록 함으로써 공공형 어린이집이 우수한 교사를 채용하여 고품질의 서비스를 제공하도록 유도하고 있다.

2019년에는 공공형 어린이집 운영의 개방성 및 투명성 강화 등을 통해 보육서비스 품질을 제고하도록 하고 지자체에서 공공형 어린이집 운영현황을 정기적으로 관리할 수 있는 체계를 마련하였다. 또한, 공공형 어린이집에 대한 품질관리 컨설팅 참여 대상 및 재무회계 소그룹 교육 대상을 확대하고 상설특강을 신설하는 등 공공형 어린이집의 관리역량을 강화함과 동시에 공공형 어린이집 정보공시 현행화 점검을 연 1회에서 2회로 확대하는 등 공공형 어린이집 운영의 건전성을 제고하였다.

2) 효율적인 보육지원체계 구축

(1) 육아종합지원센터 확충

영유아 보육에 대한 지역 내 보육 정보와 육아 지식 등을 제공하고, 상담을 통한 어린이집 이용자의 편의를 도모하고자 1995년부터 운영하고 있던 '보육정보센터'를 2013년 12월 영유아보육법 개정을 통해 '육아종합지원센터'로 명칭 변경 및 확대 개편하였다. 종전의 시설보육 지원 기능에 더하여 가정양육 지원의 기능(시간제 보육서비스, 부모교육, 놀이공간 제공 등)도 추가하여 종합적인 육아지원 서비스를 제공한다.

2019년 12월 육아종합지원센터는 중앙 육아종합지원센터 1개소를 비롯하여 시·도 육아종합지원센터 18개소, 시·군·구 육아종합지원센터 94개소가 설치되어 총 113개소가 운영 중이다. 종합적인 육아지원서비스를 제공할 수 있는 육아종합지원센터 설치를 위하여, 2011년 3개소(대구, 대전, 울산 중구)와 2012년 3개소(부산 사상구, 경기 용인시, 전북 익산시), 2013년 17개소(부산 부산진구, 충북 청주시, 전북 고창군, 경북 문경시, 경남 진주시, 경기 수원시, 성남시, 부천시, 시흥시, 광명시, 광주시, 김포시, 오산시, 고양시, 대구 동구, 경남 합천군, 울산 울주군), 2014년 2개소(전남 순천시, 경북 김천시), 2015년 1개소(제주 서귀포시), 2016년 7개소(경기 여주시, 양주시, 강원 원주시, 전남 여수시, 울산 동구, 경남 양산시, 충북 충주시), 2017년 5개소(충남 아산시, 부산 북구, 경기 안성시, 전남 광양시, 경북 안동시), 2018년 4개소(울산 북구, 경기 안산시, 충북 진천시, 충남 서산시), 2019년 3개소(부산 사하구, 대구 수성구, 경북 구미시) 및 육아종합지원센터 내 놀이체험실 44개소를 선정·지원하였다.

(2) 보육전자바우처제도 및 보육통합정보시스템 고도화

① 보육전자바우처제도 시행

보육정책의 체감도를 높이고 수요자 중심 보육정책을 실현하기 위하여, 부모에게 전자바우처를 지급하여 어린이집 이용에 따른 보육료를 결제할 수 있도록 하는 아이사랑카드(보육전자바우처) 제도를 2009년 9월에 도입하였다. 이를 통해 부모의 정책 체감도가 향상되었으며, 보육료 신청·지급·정산 등에 수반되는 어린이집과 행정기관의 부담이 대폭 줄어들었다.

② 보육료 · 유아학비 지원카드가 하나로! 아이행복카드 사업 추진

2015년부터 보육전자바우처(어린이집) 카드인 아이사랑카드와 유아학비(유치원) 지원카드인 아이즐거운카드가 아이행복카드 하나로 통합되었다. 그동안 보육료와 유아학비 지원카드가 달라 부모는 어린이집 ↔ 유치원 이동 시 카드를 교체해야 하는 불편함이 있었다. 이에, 카드를 통합하여 2015년부터 부모는 어린이집 · 유치원 어디서나 아이행복카드 하나로 보육료 또는 유아학비를 지원받을 수 있게 되었다. 또한, 아이행복카드를 발급받을 수 있는 카드사를 다수로 확대(7개 카드사)하여 부모의 카드 선택권이 강화되고 발급 편의성이 향상되었다.

③ 육아 관련 정보를 One-stop으로 제공하는 임신육아종합포털 구축

보건복지부는 기존에 개별적으로 운영되던 임신 · 출산 · 육아 관련 웹사이트를 통합하여 한 곳에서 맞춤형 종합서비스를 제공할 수 있는 종합포털을 2015년 8월부터 구축하였다. 기존의 임신 관련 정보를 제공하는 '아가사랑' 사이트와 임신 · 출산 관련 정부 및 지자체 서비스 정보를 제공하는 '마음더하기 포털', 어린이집 입소 대기 · 보육료 결제 등 보육 관련 정보를 제공하는 '아이사랑 보육포털'을 하나로 통합하였으며, 이를 통해 부모들이 보다 쉽고 간편하게 관련 정보를 한 곳에서 확인할 수 있도록 편의를 도모하였다.

④ 보육통합정보시스템 고도화 및 기능 개선

보육전자바우처 운영 · 관리 및 보육 행정의 효율화를 위해 보육통합정보시스템을 2009년 11월 구축 · 완료하였으며, 이후 지속적으로 고도화 · 기능 개선 사업 등을 통해 보육통합정보시스템을 개선 · 보완하고 있다.

Chapter

05 장애아동

1 장애아동의 개념

장애의 개념의 내용은 다음과 같다(이효정, 2017).

1975년 UN의 장애인 권리선언에서는 "장애인이라 함은 선천적이든 후천적이든 신체적 · 정신적 능력의 불완전으로 인하여 일상의 개인적 또는 사회적 생활에서 필요한 것을 확보하는 데 자기 스스로 완전히 혹은 부분적으로 확보할 수 없는 사람을 의미한다"고 정의하였다. 1997년 WHO 새로운 장애분류표(ICIDH－2)에서 세 가지 장애 개념인 손상, 능력장애, 사회적 불리가 내재하고 있는 장애에 대한 부정적 의미, 즉 장애가 개인적 손상에서 출발하여 고정된 개념의 능력장애나 사회적 불리로 고착된다는 잘못된 의미를 바꾸기 위해 중립적 의미의 장애 개념으로 개정하였다.

장애 개념을 손상(impairment), 활동(activity), 참여(participation)로 정의하면서 이것은 상호관련성을 가지며, 개인의 질환과 정서 상태인 보건 상태(health condition)와 사회환경적 요인이 복합적으로 상호작용하여 나타나는 결과라고 설명했다.

1979년 UN총회에서는 "장애는 개인과 그 환경 간의 관계로 파악되어야 한다"고 함으로써 장애의 정의에 기능상의 장애뿐 아니라 사회적 불리(handicap)도 포함되어야 함을 명시하고 있다.

1980년 세계보건기구의 국제장애분류(ICIDH)에서는 세 가지로 분류된다.

첫째, 심신의 손상(impairments)은 신체구조학적 · 해부학적 기능 및 심리적 구조나 기능의 일부가 상실된 상태를 말하는 것이다. 미국의학협회의 정의에 의하면 손상은 전문가적 결정으로 증후나 증상, 검사 소견 또는 심리적 검사에 입각해서 평가된 해부학적 또는 기능적 이상이나 의미 있는 행동상의 변화를 말한다. 손상의 개념에서 볼 때 시각, 청각, 언어, 지체, 지적장애, 정서장애 등 외부로 현저하게 나타나는 비정상적 특성을 가진 자를 말한다.

둘째, 능력장애(disabilities)는 "손상으로부터 야기된 것으로서 정상적인 것으로 간주되는 범위 내에서 또는 그러한 방식으로서 활동을 수행하는 능력의 제약 또는 결여"를 뜻한다. 즉, 능력장애는 정신적 · 신체적 손상의 결과만이 아닌 그 상태에 대한 그 개인의 적응의 결과로서 개인적 차원에서 일상적 활동 영역에 나타나는 이차적 장애를 의미한다. 능력장애는 행동상의 장애, 의사소통장애, 개인생활보호(care)장애, 운동장애, 숙련장애, 신체자세(disposition)장애, 상황적(situational)장애 등을 의미한다.

셋째, 사회적 불리(handicap)는 사회적 차원에서의 장애 개념으로 손상이나 능력장애로부터 야기되는 것으로서, 개인의 손상이나 기능 제약으로 인해 사회생활에 대한 참여에 제한을 받거나 지장을 초래하는 것을 의미하는 것으로서 장애인과 그를 둘러싼 주변 환경과의 관계에서 발생되는 문제를 말한다. 사회적 불리에는 신체적 자립 불리, 이동성 불리, 직업상 불리, 사회통합 불리 등이 포함된다.

우리나라에서의 장애에 대한 정의는 다음과 같다.

첫째, 「장애인복지법」, 「특수교육진흥법」, 「장애인고용촉진 및 직업재활법」에서 규정

둘째, 1981년 제정된 「심신장애자복지법」

셋째, 1989년 「장애인복지법」 전문개정

넷째, 1999년 2월 전문개정

1999년 2월 31일 시행령과 시행규칙의 개정으로 장애 범주가 확대되었고 장애에 대한 개념이 재개념화되었다.

한편, 공계순 외(2019)의 개념에 따르면 장애는 세 가지 차원에서 정의된다.

첫째, 기능장애(impairment)는 '심리적, 생리적 또는 해부학적 구조나 기능의 상실 또는 비정상'을 의미한다. 사지, 기관, 피부 또는 정신적 기능체계를 포함한 신체 구조의 비정상, 결손 또는 손실의 발생이나 존재를 포함한다. 기능장애는 지적장애, 언어장애, 청각장애, 시각장애, 내과적 장애, 골격계 장애, 신체 기형, 정신적 장애 등이 있다.

둘째, 능력장애(disability)는 기능장애로부터 야기된 것으로서 인간에게 정상적인 것으로 간주되는 범위 내에서 또는 그러한 방식으로써 활동을 수행하는 능력의 제약 또는 결여를 의미한다. 능력장애는 기능장애의 직접적 결과로서 일상적으로 기대되는 활동 수행 및 행동의 과다 또는 결핍이 특징이다. 능력장애에는 태도장애, 의사소통장애, 개인 일상생활 동작장애, 운동장애, 가사활동장애, 상황적 장애 등이 포함된다.

셋째, 사회적 불리(handicap)는 사회적 차원의 장애를 보는 관점으로 기능장애나 능력장애로부터 야기되는 것으로서 연령성, 사회적 · 문제적 요인에 따른 정상적인 역할 수행의 제약 혹은 방해하는 개인에 대한 불이익을 의미한다. 불이익은 개인이 속한 사회의 기대나 규범을 따르는 데에 실패하거나 따를 능력이 없는 데서 발생한다. 사회적 불리에는 신체적 자립 핸디캡, 이동성 핸디캡, 직업상 핸디캡, 사회통합 핸디캡 등이 포함된다. 「장애인복지법」에서는 '신체적 · 정신적 장애로 인하여 장기간에 걸쳐 일상생활 또는 사회생활에 상당한 제약을 받는 자'로 정의하고 있다.

장애아동의 개념은 장애아동의 복지와 밀접한 관련이 있는 「장애인복지법」, 「장애인 등에 대한 특수교육법」, 「아동복지법」 등을 고려할 때 장애아동이란 중 · 고등학교 이하에 재학하고 있는 아동, 즉 18세 미만으로 「장애인복지법」에서 규정한 장애를 가진 사람이라고 정의할 수 있다.

2 장애아동의 유형과 특수교육대상 아동

장애의 유형 중 특수아동은 충분한 잠재능력을 실현하기 위해서 특수교육이나 이와 관련된 서비스를 받아야 하는 아동을 말한다. 장애아동이란 영유아기에 발견되는 장애를 가진 아동을 말한다.

또한 「특수교육진흥법」상의 장애아동 분류에 따르면 시각장애아동, 청각장애아동, 정신지체아동, 지체부자유아동, 정서장애아동, 언어장애아동, 학습장애아동 등이 있다.

3 「장애인복지법」에 근거한 장애의 범주 및 종류

1) 신체적 장애아동

신체적 장애아동은 외부 신체 기능의 장애, 내부기관의 장애로 그 내용은 다음과 같다.

① 지체장애아동

지체장애는 사람의 몸 중의 골격, 근육, 신경 중 그 어느 하나의 일부나 전체에 질병이나 외상 등으로 그 기능에 장애가 있을 때 대체로 운동장애(또는 감각장애를 동반하기도 함)의 상태로 그 증상이 나타나게 되는데 이를 지체장애라고 한다.

② 뇌병변장애아동

중추신경의 손상 때문에 나타나는 복합적인 장애로 뇌성마비, 외상성 뇌손상, 뇌졸중 등 뇌의 기질적 병변에 기인하여 보행 또는 일상생활 동작 등에 제한을 받는 장애를 말한다.

③ 시각장애아동

시각장애란 눈의 기능에 문제가 있는 경우를 총칭하여 말하는데, 장애의 기준은 시력 또는 시야의 이상 유무 및 그 정도에 둔다.

④ 청각장애아동

청각장애는 귀에서부터 뇌에 이르기까지 청각 전달에 관여하는 기관 중 어느 부분에 이상이 생겨 소리를 듣지 못하거나 들은 소리의 뜻을 정확하게 이해하지 못하는 경우를 총칭하여 말한다.

⑤ 언어장애아동

언어장애란 선천적·후천적 원인으로 인해 의사소통 과정에 문제가 생겨 언어 습득 및 발달에 지장을 초래한 경우를 말한다.

⑥ 안면장애아동

안면장애는 선천성 기형, 질환 및 사고 등으로 인한 안면 부위의 변형(색깔, 모양, 혹 등)으로 사회생활활동에 현저한 제한을 받는 장애를 의미한다.

⑦ 신장장애아동

신장장애는 신장의 기능부전으로 인하여 혈액투석이나 복막투석을 지속적으로 받아야 하거나, 신장의 기능에 영속적 장애가 있어 일상생활활동에 현저한 제한을 받는 장애를 말한다.

⑧ 심장장애아동

심장장애는 심장의 기능부전으로 인하여 일상생활 정도의 활동에도 호흡곤란 등의 장애가 있어 일상생활활동에 현저한 제한을 받는 장애를 말한다.

⑨ 호흡기장애아동

호흡기장애는 폐나 기관지 등 호흡기관의 기능에 장애가 있어 일상생활이나 사회생활활동이 현저하게 제한되어 항상 개호가 필요하거나, 수면, 휴식 등 제한된 시간을 제외하고 항상 개호가 필요한 장애 또는 수시로 개호가 필요한 장애를 말한다.

⑩ 간장애아동

간장애는 간 기능의 장애로 인하여 일상생활 및 사회생활활동이 극도로 제한되어 항상 개호가 필요하거나, 현저하게 제한되어 수면, 휴식 등 제한된 시간을 제외하고 항상 개호가 필요한 경우, 또는 수시로 개호가 필요한 경우, 만성 간 질환으로 간이식을 받은 경우를 말한다.

⑪ 장루 · 요루장애아동

결장루, 회장루, 요루 기능에 장애가 있어 일상생활이나 사회생활활동에 현저한 제한을 받는 사람을 장루 · 요루장애인이라고 한다.

⑫ 뇌전증장애아동

뇌전증(epilepsy)은 인간 뇌를 구성하고 있는 신경세포 중 일부가 다양한 원인에 의해 기능 이상을 일으켜 짧은 시간 동안 정상적으로 발생하는 전기보다 과도한 전기를 발생시킴으로써 발작을 일으키는 신경계의 만성질환이다.

2) 정신적 장애아동

지적장애, 정신장애, 자폐성 장애아동으로 그 내용은 다음과 같다.

① 지적장애아동

우리나라 「장애인복지법」에서는 지적장애인이란 정신발달이 항구적으로 지체되어 지적 능력의 발달이 불충분하거나 불완전하고 자신의 일 처리와 사회생활에의 적응이 현저히 곤란한 사람으로 규정하고 있다.

- 1급 : 지능지수 35 미만의 아동으로 일상생활과 사회생활의 적응이 현저히 곤란하여 일생 동안 타인의 보호가 필요한 경우
- 2급 : 지능지수 35 이상 50 미만의 아동으로 일상생활의 단순한 행동을 훈련시킬 수 있고 어느 정도의 감독과 도움을 받으면 복잡하지 않고 특수 기술을 요하지 않는 직업을 가질 수 있는 경우
- 3급 : 지능지수 50 이상 70 이하의 아동으로 교육을 통한 사회적 · 직업적 재활이 가능한 경우

② 정신장애아동

정신장애인이란 정신병(기질적 정신병 포함), 인격장애, 기타 비정신병적 정신장애를 가진 자로 의학적 진단분류에 따라 정신과 전문의에 의해 진단명을 부여받은 자를 말한다.

③ 자폐성 장애아동

장애인복지법에서는 자폐성 장애를 소아기 자폐증, 비전형적 자폐증에 따른 언어신체표현 · 자기조절 · 사회적응 기능 및 능력의 장애로 인하여 일상생활이나 사회생활에 상당한 제약을 받아 다른 사람의 도움이 필요한 사람으로 정의하고 있다.

3) 특수교육 대상 아동

(1) 시각장애아동
(2) 청각장애아동
(3) 언어장애아동
(4) 지적장애아동
(5) 지체장애아동
(6) 뇌성마비아동
(7) 자폐증아동
(8) 정서 및 행동장애아동
(9) 학습장애아동

4) 기타 아동기에 발생되는 장애

(1) 주의력 결핍 및 과잉행동장애(ADHD)
(2) 반항성 장애(oppositional defiant disorder)
(3) 분리불안장애(separation anxiety disorder)
(4) 틱 장애(tic disorder)

4 장애아동의 문제

1) 가족갈등

장애아동의 문제는 아동 개인만의 문제로 국한되는 것이 아니라 다양한 문제가 발생되면서 가족 전체의 심리적 안정과 결속의 위험 요소로 작용할 수 있다. 장애아동의 부모는 비장애아동의 부모에 비하여 높은 스트레스를 받고 있고, 양육에 대한 부담감을 가지고 있다.

2) 비장애아동의 문제

장애아를 형제자매로 둔 아동이 여러 가지 어려움을 겪고 있음을 많은 연구들을 통해서 알 수 있다. 이들 비장애아동은 부모의 장애아동에 대한 관심 집중으로 인해 부모로부터 소외감을 느끼기도 하며, 장애아동에 대한 과도한 책임감을 부여 받기도 하고, 부모의 장애 자녀에 대한 실망감을 보상해 주기 위해 과도한 성취 욕구에 시달릴 수 있다.

3) 경제적 문제

장애아동을 양육하는 가정은 기본적인 양육비용 외에도 추가 비용이 많이 들기 때문에 경제적 부담이 가중된다. 장애아동 가족은 장애아동과 관련하여 상당한 정도의 추가 지출 부담을 안고 있음에도 불구하고 이 모든 부담이 전적으로 개별 가족에게 전가되어 장애아동이 적절한 치료와 교육을 받지 못하고 방치되어 있는 경우가 적지 않은 것으로 파악되고 있다.

4) 교육문제

장애아동에 대한 특수교육은 초등학교 및 중학교 과정은 의무교육이며, 유치원 및 고등학교 과정의 교육은 무상교육으로 제공된다. 이처럼 학령기 장애아동은 적절한 교육을 받을 수 있도록 「장애인 등에 대한 특수교육법」에 규정되어 있음에도 불구하고 실제로 장애아동이 학교로부터 받는 서비스는 제한적이다. 왜냐하면 지역에 따라 특수학교와 특수학급이 불균형하기 때문이다.

5 장애아동을 위한 복지서비스 현황

1) 소득보장서비스

장애아동을 위한 대표적인 소득보장서비스로는 장애아동을 보호·양육하는 보호자를 경제적으로 지원하기 위한 장애아동수당이 있다. 장애아동수당은 장애인의 경제적 생활수준을 고려한, 장애로 인한 추가 비용 보전에 대한 부분으로, 지급 대상으로는 「국민기초생활 보장법」에 의한 수급자와 차상위계층의 18세 미만 아동들의 보호자이다.

2) 의료서비스

의료서비스는 장애인의 잔존 능력을 최대한 증진시켜 사회에 복귀시키는 데 목적을 달성하기 위한 의료재활에 목표를 두고 있다. 장애인 의료비에 대한 지원은 의료급여법에 의한 2종 의료급여 대상자인 장애인 대해 1차 진료기관 진료 시 본인 부담금 1천 원 중 750원을 지원하고, 2, 3차 의료급여기관 및 국·공립결핵병원 진료 시 의료급여수가 적용 본인 부담 진료비 전액을 지원하고 있다. 정형외과용 구두나 욕창 방지용 매트 등 장애인 재활보조기구를 무료로 제공하고 있다. 보장구와 관련해서는 건강보험급여를 실시하여 건강보험 대상자는 적용 대상 품목의 기준액 범위 내에서 구입비용의 80%를 공단에서 부담하고, 의료급여 수급권자는 전부(1종) 또는 80%(2종)를 공단에서 부담하도록 하고 있다. 2002년부터 저소득 청각장애아동에게 인공달팽이관 수술을 지원하도록 하고 있으며, 선천적 장애발생 예방을 위한 사업으로 임산부 및 영유아에 대한 검진 및 건강관리사업 등의 모자보건사업을 강화하고 있다.

3) 시설서비스

「장애인복지법」에 규정된 장애인복지시설은 장애인 생활시설, 장애인 지역사회 재활시설, 장애인 직업재활시설, 장애인 유료복지시설로 구분된다. 장애아동의 사회적응 및 자립을 위하여 장애아동 재가복지봉사센터, 장애인 주간 및 단기보호시설, 장애인 공동생활가정 등의 이용시설들이 증가하고 있는 추세이다.

4) 교육서비스

우리나라도 장애아동과 일반아동을 통합시켜 교육하려는 움직임이 나타나기 시작했다. 통합교육의 의미는 1977년에 제정된 「특수교육진흥법」에서 살펴볼 수 있다. 장애학생이 대학교에 입학하였을 때 학교는 편의시설 등을 정비하여 교육환경적인 차별을 하지 않도록 장애학생의 권리를 의무화하였다. 특수교육 대상자의 초등학교 및 중학교 과정의 교육은 의무교육이며, 유치원 및 고등학교 과정의 교육은 무상교육으로 제공되고 있다. 장애아동에게는 개별화 교육(IEP)이 제공되고 있다. 개별화 교육이란, 개인의 독특한 교육적 요구를 최대한 수용하는 교수형태로 교육 프로그램 구성의 중심 가치는 학습의 개인차를 최대한 인정하고 개인의 교육적 요구에 효율적으로 대치하는 것으로 통합교육을 중시한다. 개별화 교육에서는 장애 유형 및 장애 특성에 적합한 교육목표 · 교육방법 · 교육내용 · 특수교육 관련 서비스 등이 포함된 계획을 수립하여 실시하는 교육을 말한다.

5) 장애아동 가족지원서비스

장애아동 가족지원서비스 형태로 정부는 재가 장애아동을 양육하는 가정의 '돌봄' 부담 경감을 위하여 주간보호서비스, 단기보호서비스를 제공하고 있다. 어린이집 또는 유치원을 이용하지 않는 장애아동에게 양육수당 지급, 장애아동수당과 보호수당 지급, 돌봄 및 일시적 휴식지원서비스 제공, 가족상담 · 교육 등의 가족지원 제공, 장애인가족에 대한 인식개선사업, 장애인가족 돌봄 지원, 장애인가족 사례관리 지원, 장애인가족 역량강화 지원이 이루어지고 있다.

6) 장애인 활동보조서비스

신체적 · 정신적 이유로 일상생활과 사회활동이 어려운 장애인에게 장애인의 자립생활과 사회참여 증진을 목적으로 만 6세 이상~만 65세 미만의 등록 장애인을 대상으로 소득기준과 관계없이 지원하는 사업이다. 장애인 활동보조서비스 지원을 받기 위해서는 인정조사표에 의해 일정 기준 이상의 인정점수를 획득해야 한다. 인정조사표의 영역은 일상생활 동작영역, 수단적 일상생활 수행능력, 장애 특성영역, 사회환경 영역으로 구성되어 있다. 활동보조서비스 지원내용은 신변처리지원, 가사지원, 일상생활지원, 커뮤니케이션 보조, 이동보조 등이며, 본인부담금은 소득수준 및 지원에 따라 다르다.

6 장애아동을 위한 복지정책 및 복지실천 방향

1) 장애예방대책

일반적으로 장애가 발생하기 이전에 장애를 예방하는 것이 사후 대책보다 사회적 비용을 줄일 수 있다.

첫째, 선천적 장애나 출생 시 장애예방을 위한 모자보건사업을 강화해 나가야 할 것이다.

둘째, 출산 후의 장애예방사업으로서 신생아에 대한 선천성 대사 이상 검사를 무상으로 실시하여 이상 유무를 조기에 발견하여 치료하도록 해야 할 것이다.

셋째, 장애 출현의 원인 90%가 후천적 원인임을 볼 때, 이를 예방하기 위한 각종 지원 체계를 구축해 나가야 할 것이다.

2) 소득보장

장애아동수당을 장애로 인한 추가 비용을 감당할 수 있는 정도로 상향 조정하고 수당을 보편적 서비스로서 국민기초생활보장 수급자뿐만 아니라 모든 장애아동에게 확대해야 할 것이다. 이와 함께 장애아동이 특수학교를 졸업한 후 사회에 통합되고 스스로 자립생활을 유지할 수 있도록 고용 서비스에 대한 질적인 변화가 요구된다.

3) 의료보장

장애아동을 치료할 수 있는 의료시설을 전국적으로 확대 설치하고, 지역사회 내에서 다양한 재활 프로그램을 마련하여 연속적인 보건의료 재활 시스템이 이루어질 수 있도록 관련 지원 체계를 구축, 강화해 나가야 할 것이다.

4) 교육보장

유·초·중등학교 특수교육 대상 학생의 학습권을 보장하기 위해 모든 교원들이 특수교육에 대한 소양과 책무성을 가지도록 특수교육 관련 과목 개설 및 통합교육에 대한 연수교육제도를 실시해야 할 것이다. 통합교육 현장에서 특수교육대상자의 교육권 보장을 위한 교육과정 조정, 학습보조기기 지원, 보조인력 등에 지원이 확충되어야 할 것이다. 현행의 특수교육지원센터 운영의 내실화를 위하여 전담인력의 증원이 필요하다.

5) 가족지원대책

장애아동 가족은 부부 갈등, 부모-자녀 갈등, 형제자매 갈등 등으로 인한 어려움을 겪고 있을 뿐만 아니라 장애아동 부모들은 자신들의 사후에 장애자녀의 거취에 대한 걱정을 하고 있다. 따라서 장애아동을 위한 복지서비스를 제공하는 데 있어 가족 기능 강화 서비스에 중점을 두고 특히 장애아동 양육에 따른 부담감을 경감시킬 수 있는 장애아동 가족지원서비스를 개발해야 할 것이다.

6) 사회적 인식 개선

장애인에 대한 사회적 편견은 우리 사회 곳곳에 존재하고 있다. 대부분의 장애아동들이 외출을 하고 있으나 이들이 외부환경, 특히 사회적인 편견으로 인해 어려움을 겪고 있는데, 특히 취학과 학교생활, 결혼, 취업, 직장생활 등에서 많은 사회적 차별을 경험하게 된다. 따라서 장애아동에 대한 사회적 인식 개선과 변화를 위한 노력들이 절실히 필요하다. 이를 위해서는 사회교육과 인식 개선을 위한 다양한 프로그램들이 개발되고 실천되어야 할 것이다. 비장애아동과 장애아동이 함께 활동할 수 있는 프로그램을 개발, 활성화시켜 장애인에 대한 편견과 인식 개선이 이루어질 수 있도록 해야 할 것이다.

7) 재활서비스 개선

장애아동의 복지를 실현할 수 있는 재활서비스는 장애를 제거 혹은 경감시킴으로써 잔존 기능을 회복시키고 사회통합을 위한 의료적 · 직업적 · 교육적 · 사회적 · 심리적 서비스의 종합적 접근이다. 따라서 재활서비스 제공에 있어서는 여러 분야의 전문가들이 참여하게 되며, 이들은 상호 보완적으로 서비스에 개입해야 함으로써 장애인 재활 분야의 질적 향상을 위해서는 전문가 양성에 대한 국가적 지원이 있어야 할 것이다.

7 장애인복지정책의 기본 방향

장애인복지정책의 기본 방향에 관한 내용은 다음과 같다(보건복지부, 2020b: 187~215).

1) 장애인복지정책의 기본 목표

장애인복지정책의 기본 목표는 장애인과 비장애인이 더불어 행복한 사회 구현이다. 이를 달성하기 위한 장애인복지정책의 중점 추진 방향은 다음과 같다.

첫째, 장애인복지정책의 추진 과정에 이해 당사자인 장애인의 적극적인 참여를 유도하고, 장애인의 자립 생활에 대한 지원을 강화함으로써 장애인의 권익 증진과 사회 참여를 확대한다. 정부의 장애인정책 결정과 관련된 각종 위원회에 장애인 당사자를 위원으로 적극 위촉하고, 정책 추진과정에서도 당사자 의견 수렴을 강화한다. 장애인이 지역사회에서 비장애인과 더불어 일상생활을 영위하고, 다양한 영역에서 활발한 사회 참여가 가능하도록 활동지원, 보조기기 제공 등 필요한 지원정책도 확대해 나간다.

둘째, 정책의 다양화를 통해 수요자 중심의 복지시스템을 마련하고, 전달 체계를 보완한다. 복지서비스 제공에 있어서 장애의 유형과 상태를 반영하고, 복지욕구와 생활환경 등 구체적 특성을 파악하여 소득 · 고용 · 교육 · 주거 · 보건의료 · 문화 등 다각적인 부문에서 수요자인 장애인의 실질적인 욕구와 필요에 적합한 '장애인 중심' 정책을 추진한다. 저소득 장애인을 중심으로 지원하고 있는 복지서비스의 대상을 점진적으로 확대하고, 지역사회의 복지 환경과 조화를 이룰 수 있는 탄력적인 정책 추진으로 중앙정부, 지방자치단체, 민간의 합리적인 역할 분담 및 협력을 강화해 나간다.

셋째, 장애인의 역량 강화를 통한 자주적 · 능동적 복지정책을 추진한다. 장애의 특성에 따른 전문적인 직업재활서비스 및 훈련 체계를 확립하여 각자의 적성과 능력에 맞게 사회에 참여할 수 있는 제도를 마련하고, 장애수당, 장애인연금 등을 단계적으로 현실화한다. 한편, 장애인 일자리 확충 및 직업재활 서비스 확대, 창업 지원 등을 통해 장애인의 자립을 촉진하고, 맞춤형 복지 체계를 구축한다.

넷째, 장애인 차별 해소 및 실질적 권리보장을 통하여 사회 참여를 촉진한다. 장애인 활동의 장을 확대하여 자유로운 사회 참여를 위한 정책을 확대하고, 공공시설 등에 편의시설을 확충하여 생활환경 면에서 물리적 장벽을 제거한다.

2) 중장기 장애인정책 : 장애인정책종합계획

(1) 추진 배경

1995년 3월 「삶의 질 세계화」 선언을 계기로, 1996년 2월 삶의 질 세계화를 위한 '국민복지 기본상황' 보고서가 발표되었다. 이 보고서에는 노인 및 장애인복지를 획기적으로 증진시킬 수 있는 종합 대책이 포함되었다. 이후 1996년 12월 총리를 위원장으로 하는 장애인복지대책위원회에서 '장애인복지발전 5개년 계획'의 수립을 결정하였다. 장애인 단체, 학계 등의 의견을 수렴하여 정부 각 부처가 협력하여 「제1차 장애인복지발전 5개년('98.~'02.) 계획」을 수립한 이후 2018년 3월에는 '모두가 누리는 포용복지국가'라는 국정기조를 담아 「제5차 장애인정책 종합계획('18.~'22.)」을 수립・발표하였다.

(2) 추진 방향

"장애인의 자립생활이 이루어지는 포용사회"란 비전 아래 "장애인과 비장애인의 삶의 격차 완화" 목표를 달성하기 위해 복지・건강 지원체계 개편, 교육・문화・체육 기회보장, 경제적 자립기반 강화, 권익 및 안전 강화, 사회참여 활성화 5대 분야 70개 세부 과제를 설정하여 관련 부처가 모두 참여한 종합 계획이다. 또한, 그간의 계획과는 달리 장애인 단체 주관의 과제 발굴 연구를 우선 실시하는 등 계획 수립 단계부터 장애계 의견을 반영하였다.

(3) 추진 내용

제5차 종합계획은 제4차 계획의 한계를 보완하여 장애인이 비장애인과 격차 없이 자립생활을 할 수 있도록 사회 전 분야를 망라했다. 복지・건강 분야에서는 보건장애인의 욕구와 환경에 맞는 맞춤형 서비스 지원을 위해 2019년 7월부터 '장애등급제'를 단계적 폐지, 종합판정도구 도입을 중점 과제로 탈시설지원센터 설치 등 탈시설 지원, 공공어린이재활의료기관 설립, 장애인 건강주치의제 도입, 장애인 건강검진기관 확충을 추진할 계획이다.

교육・문화・체육 분야에서는 특수학교 및 특수학급 확대, 통합문화이용권 지원 확대, 생활체육 지원 확대 등 장애인들이 주거지에서 최대한 가까운 곳에서 문화・여가를 즐길 수 있도록 지원할 계획이다. 경제적 자립기반 분야에서는 장애인에 대한 두터운 소득보장을 위해 '장애인연금 기초급여'를 2018년 9월 25만 원으로 인상하고, 2021년 30만 원으로 인상하는 방안을 추진하는 한편, 장애인 고용장려금 단가 인상, 장애인 의무고용률 제고, 중증장애인 생산품 우선구매 비율 확대 등을 통해서 장애인에 대한 고용 확대를 유도해 나가고, 최저임금 적용제외 대상을 최소화하는 등 장애인 고용의 질 개선을 위해 노력할 것이다. 권익 및 안전 분야에서는 장애인에 대한 국민 인식개선을 위한 중장기 로드맵을 마련하고, 중앙 및 시도의 '장애인권익옹호기관'을 통해 장애인 학대와 차별 문제에 체계적으로 대응할 계획이다. 사회참여 분야에서는 장애인들이 웹사이트뿐만 아니라 모바일앱, 소프트웨어, 정보통신 융합제품에도 쉽게 접근할 수 있도록 지원하고, 공공기관 건축물에 의무적용되는 BF(장애물 없는 생활환경, Barrier Free) 인증을 민간 건축물에도 단계적으로 확대한다. 또한, 현재 19%인 저상버스 보급률을 2021년까지 42%로 확대하고, 휠체어장애인이 탑승 가능한 고속·시외버스 모델을 개발·도입하는 한편, 철도·공항·버스 등 여객시설에 휠체어 승강기 등의 이동 편의 시설을 대폭 확충하고, 장애인의 보행환경을 개선하는 등 장애인 이동권 보장을 강화해 나갈 계획이다.

(4) 추진 실적

우선, 장애등급제를 폐지하였으며, 「장애인복지법」, 「장애인활동지원법」 등을 개정하였으며, 1~3차 시범사업을 통해 서비스 종합판정도구 및 맞춤형 전달체계 모형을 마련했다. 활동지원제도의 급여 혜택도 확대하고, 급여 시간도 수급자의 생활환경 및 중증도를 반영해 최대 391시간까지 확대하였다. 또한, 장애가 심한 장애인 가정의 응급상황에 대처하기 위해 가정에 가스·화재·활동감지기 및 응급호출버튼 등을 설치하는 응급안전서비스를 2014년부터 실시하였다. 2015년 11월 「발달장애인 권리보장 및 지원에 관한 법률」을 시행하여 2016년 광역지방자치단체에 17개 지역발달장애인지원센터를 신설하였으며, 발달장애인의 법적조력 서비스를 강화하기 위해 공공후견법인 2개소를 신규 지정하였다. 발달장애인 지원 예산은 2013년 6억 원에서 2018년 86억 원까지 확대되었고, 2018년 관계부처 합동 「발달장애인 생애주기별 종합대책」을 발표하면서 2019년 이후 예산이 더욱 큰 폭으로 확대되었다.

장애인과 비장애인 간의 건강 격차 해소 및 의료 접근성 격차 해소를 위해 2015년 12월 「장애인 건강권 및 의료접근성 보장에 관한 법률」을 제정하였다. 장애인건강주치의제 도입, 장애인건강검진기관 및 재활의료기관 지정 등을 주요 내용으로 하고 있으며, 2017년 12월 시행되었다. 또한, 2015년에는 보장구 건강보험 본인부담률을 기존 20%에서 10%로 경감하였으며, 같은 해 11월에는 건강보험 적용 보장구 품목을 확대하고, 기존 급여 품목에 대한 급여 기준을 확대하였다. 이후, 보장구 보험급여 지원품목을 지속 확대하고, 2018년 7월에는 지체 및 뇌병변장애인을 지원대상에 포함하였다.

2013년에는 장애인연금 부가급여를 2만 원 인상하였다. 2014년 5월에는 「장애인연금법」을 개정하고, 2014년 7월부터 그간 9만 9천 원씩 지급하던 장애인연금 기초급여를 20만 원으로 2배 인상하고, 지원대상을 소득 하위 63%에서 70%까지 확대하였다. 이에 따라 장애인연금 수급자는 2012년 30만 5천 명에서 2019년 36만 5천 명으로 증가하였고, 장애인 상대빈곤율은 2012년 36.3%에서 2017년 31.5%로 개선되었다. 또한, 공공형 장애인 일자리 확대('13. 13,279명 → '19. 19,852명), 중증장애인생산품 생산시설 확충('13. 379개소 → '19. 630개소) 등을 통해 장애인 취업 기회도 기존에 비해 크게 확대되었다.

2014년 12월에는 「장애인·노인·임산부 등의 편의증진보장에 관한 법률」을 개정하여 장애물 없는 생활환경 인증제도(Barrier Free)(어린이·노인·장애인·임산부 등이 개별 시설물·지역을 접근·이용함에 있어 불편을 느끼지 않도록 계획·설계·시공되는 것)의 법적 근거가 마련되고, 국가나 지방자치단체가 신축하는 공공건물 등에 대해 장애물 없는 생활환경 인증이 의무화되었다. 이를 통해 장애인 편의시설 적정 설치율은 2013년 60.2%에서 2018년 74.8%로 개선되었다.

또한, 교육 및 문화예술에 대한 접근성 제고를 위해 유아기부터 성인평생교육에 이르기까지 일관된 생애주기별 특수교육 인프라를 지속적으로 확충하고 있으며, 문화예술 강사, 장애인생활체육지도자 등의 파견을 통한 문화예술프로그램 및 생활체육교실 지원도 지속적으로 추진하고 있다. 끝으로, 장애인의 정보 접근성 및 이동권 보장을 위하여 웹접근성 품질인증제도 도입, 정보통신보조기기 보급 확대, 전철 역사 엘리베이터 및 에스컬레이터 설치, 저상버스 확대 등에 지속적으로 노력하고 있다.

(5) 장애인등록 판정체계 선진화

장애인복지서비스 전달체계도 기관별 방문에 의해 분절적, 개별적으로 이루어져 이에 대한 개선 작업이 필요하였다. 이에 따라 기존 판정 체계에 대한 합리적 개선 및 장애인복지서비스의 통합적 전달 체계 구축 사업을 2007년도 제2차 장애인종합대책을 기점으로 추진하게 되었다. 2007년에는 한국보건사회연구원 및 대한의학회에서 '장애인판정체계 및 인프라 개편'과 관련된 연구 용역을 통하여 의

학적 판정 도구 및 근로능력 · 복지 욕구 판정 도구 안을 마련하였다. 2008년에는 장애인복지인프라 개편기획단을 구성('08. 5.)하여 총 9차례의 회의를 통해 이미 마련된 '의학적 · 직업적 · 복지 욕구 평가 도구'의 지방자치단체 · 연금공단 · 민간단체의 3개 모형에 대한 모의적용시범사업을 진행하였다. 2009년에는 2008년 모의적용시범사업의 결과 분석을 통해 수정 · 보완된 복지 욕구 사정 도구를 적용, 지방자치단체 내부형과 지방자치단체 외부형으로 나누어 모의 시범사업을 진행하였으며, 장애등급 판정기준을 계량화 · 객관화하는 방향으로 개정하여 장애등록의 신뢰성을 제고하였다. 2010년에는 장애 등록 · 판정 체계, 서비스 전달체계, 서비스 질적 개선 등에 관한 제안 및 의견 수렴을 목적으로 장애인서비스 지원체계 개편기획단을 구성하였다. 이와 함께, 2011년에는 이전의 모의적용시범사업의 성과를 바탕으로 연금공단이 수행하는 장애인서비스지원체계 시범사업을 서울 은평구와 충남 천안시를 대상으로 실시하였으며, 2012년에는 시범사업지역을 부산, 인천, 경북, 전남 등 전국 21개 지방자치단체로 확대하였다. 2013년부터는 24개 지방자치단체에서 본 사업에 착수하여, 2014년 47개, 2015년~2017년 42개 지방자치단체에서 장애인서비스연계 지원을 지속적으로 추진함으로써 장애인의 욕구와 생활환경을 감안한 맞춤형 서비스를 제공하였다.

(6) 장애인정책 관련 기타 현황

① 장애인등록 및 등급심사 현황

정부에서는 장애인의 현황 파악과 복지전달체계 구축 등을 위하여 1988년 11월부터 전국적으로 장애인등록사업을 실시하고 있으며, 2018년 12월 기준, 등록장애인의 수는 258만 명이다.

그간 장애인의 수는 계속 증가하였으나, 그 증가 폭은 점차 감소 추세에 있었다. 그 원인으로는, 2000년과 2003년 장애 범주 확대 이후 장애 등록 수요를 크게 증가시킬 만한 유인 요소가 부재하였다는 점과 대다수의 장애인이 이미 장애인등록을 완료(장애인 추정자의 91%는 장애인등록 완료)한 것으로 추정된다는 점을 들 수 있다. 이러한 원인에 따라 향후 장애인의 수도 현 수준에서 소폭의 증감이 예상된다.

장애인등록을 신청할 때 1급~3급만 등급심사를 하던 것을, 2011년 4월 1일부터 모든 신청자가 등급심사를 받도록 제도가 개선되었다. 변경된 제도에서 의사는 장애 유형 및 장애 정도를 진단하고, 등급은 장애인등록 신청 후 보건복지부가 지정한 전문심사기관인 국민연금공단에서 장애등급심사를 거쳐 판정한다. 이를 통해 의사 한 명이 장애등급을 부여하던 제도를 전면 개선하여 장애등급의 신뢰성 및 공정성을 높이게 되었다.

장애등급 판정의 합리성 제고를 위하여 장애등급 판정기준의 개선이 이루어졌다. 2011년 4월 뇌병변장애를 개정하였으며, 8월에는 안면장애에 5등급을 신설하였다. 2012년 6월 심장장애를 개정하였으며, 2013년 4월 호흡기장애 1등급 기준 및 뇌전증장애 5등급을 신설하는 등 장애 인정 범주 확대를 추진하였다. 같은 해 11월에는 장애인 등록 후 일정 기간이 경과하면 의무적으로 실시하는 장애등급 재판정에 있어 그 기준을 완화함으로써 장애인의 경제적 부담 및 불편을 일정 부분 경감시켰다. 이후에도 장애등급 심사 관련 민원과 장애등급 심사 경험을 바탕으로 보다 객관적이고 형평성 있는 장애인등록제도 운영을 위한 장애등급 판정기준 개정작업이 지속적으로 이루어질 예정이다.

한편, 최근 장애인 복지서비스가 다양화되고, 장애에 대한 사회적 인식이 변화함으로써 현행 의학적 판정 중심의 장애인 등록제도의 문제점이 대두되면서 개인의 욕구 및 사회·환경적 요인을 반영한 장애판정체계로의 개편을 국정 과제로 추진 중에 있다. 이에 따르면, 장애인 등록단계부터 개인의 사회·환경적 요인 및 복지 욕구 등에 대한 통합적인 사정을 통해 필요한 서비스를 연계한다는 방침이다.

2013년에는 장애판정체계기획단을 구성하여 장애등급제 폐지를 둘러싸고 장애인단체 및 전문가 등과 다양한 논의를 진행하였고, 2014년~2015년까지는 개편 모형에 대한 연구 및 모의 적용, 주요 관계 부처·지방자치단체·장애인단체와 협의를 추진하였다. 다양한 논의를 바탕으로 장애등급제 개편 1차 시범사업('15. 6.~12. 6개 시·군·구)과 2차 시범사업('16. 6.~11. 10개 시·군·구)을 실시하였으며, 2017년에는 장애인 맞춤형 서비스 구축 연구 및 연금공단·장애인개발원을 포함한 실무 TF를 구성 운영하고, 읍·면·동을 활용하는 장애등급제 개편 3차 시범 사업('17. 4.~10. 18개 시·군·구)을 추진하였다.

장애등급 폐지와 서비스 지원 종합조사 도입 등을 주요 내용으로 하는 장애인복지법 개정안이 국회 본회의를 통과('17.12.1.)함에 따라, 1988년 도입되어 30년간 운영되어 온 장애등급제를 2019년 7월부터 폐지하고, 장애등급에 기반한 공급자 중심의 장애인복지 패러다임을 수요자 중심으로 전환하는 전기를 마련하였다.

이밖에 보건복지부장관이 광화문농성장을 직접 방문('17.8.25.)함에 따라, 지난 5년(1,842일) 동안 장애등급제 폐지 등을 주장하며 야외농성을 이어 온 장애인단체와 '장애등급제 폐지 민관협의체'를 구성('17.9.27)하여, 장애계의 목소리가 실질적으로 반영될 수 있는 논의의 장을 마련하고, 장애등급 폐지를 위한 세부 추진 방안을 지속적으로 논의하고 있다.

② 장애인단체 지원 육성

정부는 장애인의 사회참여활동을 통한 권익 향상과 장애인의 사회통합을 강화하기 위하여 단체별 특성에 맞는 활동을 지원하고 있다. 각 단체의 설립 목적에 따라 장애인 당사자 단체(한국시각장애인연합회 등 13개)에는 시각장애인 정보제공 및 접근성 사업, 시각장애인 인식개선사업, 수화통역사 자격관리, 점역 · 교정사 양성, 전국 장애인 배우자 초청 대회, 부모교육 등의 사업을 지원하고 있다. 장애인 지원단체(한국장애인단체총연맹 등 23개)에는 단체교류 협력사업, 장애인 인식개선 및 정책 정보 제공 사업, 장애인 체육 진흥, 자원개발 사업, 자립생활센터 컨설팅 사업 등을 지원하고 있다.

또한, 장애인단체의 활동 중 일반지원사업은 장애인단체 회원 및 가족을 위한 상담 활동 및 상호 교류를 위한 각종 정보지 발간, 홍보사업, 재활체육 및 단체행사 등이 있다. 특히, 주요 장애인 단체의 참석 하에 매년 「장애인의 날」 행사를 주관하여 장애에 대한 대국민 인식개선과 장애인의 재활의지를 제고하고, 각종 장애인 단체의 행사 시 관련 공무원 참석, 축사, 유공자에 대한 정부 표창수여 등 장애인의 복지 진흥을 위해 많은 노력을 기울이고 있다.

한국장애인개발원은 「장애인복지법」 제29조제2항에 근거하여 설립된 기타 공공기관으로서, 장애인복지의 종합적이고, 체계적인 조사연구 평가 및 정책 개발, 장애인복지 진흥, 자립지원, 재활체육 진흥 등을 수행함으로써 장애인의 사회 참여를 원활히 하고, 장애인에 대한 국민의 이해를 증진시켜 더불어 사는 사회환경 조성과 장애인복지 발전에의 기여를 목적으로 하고 있다.

한국장애인개발원의 주요 사업으로는 장애인정책 관련 각종 조사연구・개발, 장애인복지 관련 평가 및 인증 사업, 복지진흥사업, 중증장애인 생산품 우선구매 사업, 중증장애인 직업재활지원사업 및 장애인 일자리사업, 장애물 없는 생활환경 인증사업 및 장애인 주거환경 개선사업, 장학사업 및 올해의 장애인상 사업, 국제협력사업, 이룸센터의 관리 및 운영(사용, 임대 포함), 국가와 지방자치단체 등에서 위탁하는 사업, 개발원의 목적 달성을 위한 기금조성사업 등이 있다. 이러한 사업을 통해 장애인정책의 연구 개발, 장애인 인식 개선 및 직업재활 중심 기관으로 육성하여 장애계의 숙원 사항을 해결하는 데 중추적인 역할을 하고 있다.

③ 장애 발생 예방 대책

선천적 장애의 발생 예방을 위해 1997년부터 모든 신생아에게 국고 부담으로 선천성대사 이상검사를 무료로 실시하고 있으며, 저소득층의 선천성대사 이상 신생아에게는 특수 조제 분유 무료 지급 등 사후 관리를 하고 있다. 또한, 임산부・영유아에 대한 무료 건강검진 및 예방 접종, 임신・육아지침서의 발간과 보급 등 모자보건사업을 내실화하고, 유전성 질병과 관련한 장애 발생 방지 대책을 강화하고 있다.

장애의 90.5%가 질병, 사고 등 후천적 원인으로 발생하는 것을 감안하여 후천적 장애 발생 예방을 위해 만성퇴행성질환, 뇌졸중 등에 의한 장애 예방을 강화하는 등 성인병과 노인성 질환의 관리에 철저를 기하는 한편, 응급의학과 전문의를 비롯한 응급의료 전문인력 양성 등 응급의료체계 개선을 위하여 노력하고 있다.

④ 장애인 건강권 및 의료 접근성 보장에 관한 법률 시행

장애인 건강권 보장에 대한 정책 수요에 따라 2015년 12월 「장애인 건강권 및 의료접근성 보장에 관한 법률」을 제정하였고, 실행방안을 구체화하고 법적 근거를 마련하기 위해 2017년 12월 시행령 및 시행규칙을 제정하고 법률을 시행하였다. 「장애인 건강권 및 의료접근성 보장에 관한 법률」은 재활의료기관 지정사업을 통해 병원 내의 전문재활의료서비스 기능을 강화하고, 장애인건강주치의, 장애인건강검진 등 신규 제도를 도입하여 병원 밖인 지역사회로의 사회복귀를 지원한다. 장애인 건강권법에 따라 새롭게 추진되는 국가 장애인 건강보건관리 정책을 체계적으로 추진하기 위한 전달체계로서 중앙 및 광역 단위에 장애인보건의료센

터를 지정하고. 보건소의 지역사회중심재활사업을 확충하여 사업 수행 인프라로 운영된다. 시 · 군 · 구 단위의 보건소는 장애인 건강권의 실행기관으로서의 지역 장애인보건의료센터의 기술지원을 받아 개인 맞춤형의 보건의료-복지서비스 연계 · 지원을 통해 장애인의 건강보건관리사업을 운영한다. 2018년부터 장애인보건의료센터 지정(중앙 1, 지역 3), 장애인 건강검진기관 지정(8개소), 장애인 건강주치의 시범사업 등을 시작으로 장애인건강권법에 따른 신규 사업을 단계적으로 확충해 나갈 계획이다.

8 장애인 차별 해소 및 사회 참여

1) 개요

우리 사회에서 장애인의 의미는 태어날 때부터 장애를 가지고 있는 사람으로 인식되거나, 장애의 원인도 유전과 같은 선천적 요인에 의한 것으로 여기는 경향이 일부 남아 있다. 이러한 인식은 장애인이 우리 사회에서 특별한 사람 또는 다른 사람이라는 생각으로 이어지고, 장애인과 비장애인이 더불어 같이 살아가는 사회를 구현하는 데 걸림돌로 작용할 수 있다.

90%에 이르는 후천적 장애 발생 비율과 70%에 이르는 성인 장애 발생 비율은 장애인이 유전적으로 특별한 사람이라거나, 장애가 우리와 다른 특별한 사람에게 일어나는 일이 아니라는 것을 명확히 보여준다. 장애는 우리 모두에게 언제든지 일어날 수 있는 일반적인 현상이다.

이러한 사실에도 불구하고, 우리 사회에는 아직도 장애인을 자신과는 별개의 사람들로 치부하고 차별하는 관행이 일부 남아 있다. 특히 「2017년도 장애인 실태조사」 결과에 따르면, 보험 계약 시 차별을 경험한 장애인이 36.4%에 달하고, 취업 시 차별을 경험한 장애인도 30.9%에 이르고 있는 것으로 나타났다.

장애인의 차별해소 및 권익증진을 위한 정부의 노력은 국내와 국제협력 면에서 이루어지고 있다. 국내적으로는 「장애인차별금지 및 권리구제 등에 관한 법률」

(이하 「장애인차별금지법」)이 제정되어 시행되었다. 국제적으로는 「UN장애인권리협약」 이행에 적극적으로 참여하고 있다.

2) 「장애인차별금지법」

한 사회가 성숙한 사회인지의 여부는 그 사회의 경제력에 의해서만 결정되는 것은 아니다. 경제력과 더불어, 소외계층에 대한 사회의 인식 수준과 정책적 배려, 그리고 인권 보장의 수준도 그 사회의 성숙도를 가늠할 수 있는 중요한 지표가 된다. 따라서 우리 사회가 선진사회로 발돋움하고 보다 성숙한 사회로 발전해 나가기 위해서는 장애인과 같은 사회적 약자에 대한 우선적이고도 충분한 배려는 반드시 필요하다.

2001년 시작된 「장애인차별금지법」 제정 운동은 2007년 4월 10일 「장애인차별금지 및 권리구제 등에 관한 법률」의 공포로 결실을 맺었다. 「장애인차별금지법」은 장애인의 완전한 사회참여와 평등권 실현을 통하여 인간으로서의 존엄과 가치를 구현함을 목적으로 한다.

2008년 4월 11일부터 시행되어 2019년 12월 3일까지 6차례 일부 개정('10. 5. 11., '12. 10. 22., '14. 1. 28., '17. 9. 19., '17. 12. 19., '19. 12. 3.)된 「장애인차별금지법」은 직접차별, 간접차별, 정당한 편의제공 거부, 광고를 통한 차별을 차별행위로 규정하고 있다. 나아가 장애아동의 보호자 또는 후견인, 기타 장애인을 돕기 위한 장애인 관련자와 장애인이 사용하는 보조견 및 장애인 보조기구 등에 대한 부당한 처우도 차별에 해당하는 것으로 규정하였다.

차별의 영역에 고용, 교육, 재화와 용역의 제공 및 이용, 사법·행정 절차 및 서비스와 참정권, 모·부성권 등, 가정·복지시설 및 건강권 등의 여섯 가지 영역을 포함하여 생활의 전 영역에 걸쳐서 차별 금지가 적용되도록 하였다. 장애를 사유로 한 차별의 예방·조사·시정 조치 및 장애인 인권의 보호·향상을 위하여 국가인권위원회 내에 장애인차별시정소위원회를 두어 차별행위에 대한 시정 권고를 하도록 하고, 그 내용을 법무부장관에게 통보하도록 했다. 차별행위자가 시정 권고를 정당한 사유 없이 이행치 않거나 차별행위의 양태가 심각하며 공익에 미치는 영향이 중대한 경우에는 법무부장관이 시정명령을 할 수 있다.

차별행위로 인한 피해의 회복을 위해 손해배상 규정을 두고, 분쟁 해결에 있어서는 장애인들의 정보 접근 등의 어려움과 차별행위의 특수성 등을 감안하여 입증 책임을 원고와 피고 간에 분배하도록 규정하였다. 또한, 차별행위에 관한 소송 전 또는 소송 중에 피해자의 신청으로 차별이 소명되는 경우 법원으로 하여금 본안 판결 전까지 차별행위의 중지 등 필요한 임시조치를 취할 수 있도록 법원의 구제조치를 규정하였다.

더불어, 「장애인차별금지법」에서 규정하고 있는 차별의 금지를 실효성 있게 행하기 위해 차별행위가 악의적인 경우에는 법원으로 하여금 3년 이하의 징역 또는 3천만 원 이하의 벌금에 처할 수 있도록 하여 차별받은 장애인의 권리가 실질적으로 구제받을 수 있도록 하고 있다.

보건복지부는 「장애인차별금지법」에서 정하고 있는 의무나 조치사항이 대상기관 등에서 잘 이행되고 있는지 점검하기 위해 지속적으로 법 이행 모니터링을 실시하였다. 특히, 2017년도에는 「장애인차별금지법」 10주년을 맞아 법 이행의 실효성을 제고하기 위해 그동안 실시되었던 모니터링 결과, 이행이 저조한 기관으로 선정되었던 기관들을 대상으로 전반적인 분야에 걸쳐 재모니터링을 실시하였다.

3) 장애인 국제 협력 강화

우리나라는 장애인의 인권 및 기본적인 자유를 보호·촉진하기 위해 UN 회원국 192개국의 만장일치로 채택('06.12.13.)된 장애인권리협약을 국회에서 비준('08.12.12.)함으로써, 2009년 1월 10일 동 협약은 발효되었다.

또한, 2013년 7월에 「국제개발협력기본법」이 개정되어, 국제개발협력에 관한 기본정신에 장애인의 인권 향상에 관한 사항을 규정함으로써 국제개발협력에 있어 장애인에 대한 배려와 적극적 조치가 이루어 질 수 있게 되었다. 즉, 개발도상국의 장애인 인권 향상을 목표로 국제개발협력(ODA)을 추진할 수 있는 법적 근거가 마련되었다. 이를 근거로 개발도상국 장애인 지원사업 추진을 위해 대상 국가에 대한 타당성 조사를 실시하였으며, 조사 결과를 토대로 2015년부터 몽골, 라오스, 인도네시아 등 아·태지역을 대상으로 장애인 협력사업을 추진 중이다.

아시아 · 태평양 장애인을 위한 인천전략(제3차 아 · 태장애인 10년, '13.~'22.) 이행 지원을 위해 한국장애인개발원에 이행 사무국을 설치하고, 기금을 마련하여 집행하고 있다. 또한, 장애인 국제 협력에 대한 민간의 역량을 강화하고, 인천전략 이행 상황에 대한 정보를 공유하기 위해 민 · 관으로 구성된 「인천전략 국제 협력 추진단」을 운영하고 있다. 인천전략기금사업의 효과적인 홍보 및 정보 공유를 위해 국 · 영문으로 구분하여 홈페이지를 구축하였으며 홍보 리플릿도 제작 · 배포하고 있다. 인천전략의 주도국으로서 동 전략의 실질적 이행 및 선도적 역할 수행을 위해, 2019년에는 인천전략 상반기 이행평가 및 '장애인의 완전한 사회참여'를 달성하기 위한 「인천전략하반기 국가행동계획('19.~'22.)」을 마련하였다.

2011년 6월에 대한민국 정부는 UN장애인권리위원회에 장애인권리협약 제1차 국가보고서를 제출하였고, 2014년 9월에는 장애인권리협약의 대한민국 이행 상황에 대한 국가보고서 심사를 받았으며, 그 결과(최종 견해)가 2014년 10월에 발표되었다. UN 장애인권리위원회의 권고사항을 적극 수용하고 신속히 이행하기 위해, 2016년 1월에는 장애인정책조정위원회에서 「UN장애인권리위원회 권고사항 이행방안」을 심의 확정하였다. 지난 2019년 3월에는 장애인권리협약 제2 · 3차 병합 국가보고서를 제출하였다. 또한, 한국 정부는 매년 UN본부에서 개최되는 장애인권리협약 당사국회의에 참석하여 국내외 협약 이행상황 등에 대한 정보를 공유하고 있다.

4) 장애인 활동 지원 제도

장애인 중 상당수는 신체적, 정신적, 인지적 장애 등으로 식사하기, 이동하기 등 일상생활을 수행하는 데 어려움을 겪고 있으며, 이러한 도움은 주로 가족들이 그 역할을 담당해 왔다. 그러나 장애인의 의식 향상과 장애인과 비장애인이 지역사회에서 함께 어울려 살아가야 한다는 사회적 인식의 변화에 따라, 과거 기능 향상을 위한 치료, 훈련재활모델(Rehabilitation Paradigm)에서 역량강화와 활동 지원 차원의 자립생활모델(Independent Living Paradigm)로 장애인 복지의 인식 전환이 필요하게 되었다.

실제로 소득 보장 욕구와 더불어 재가중증장애인이 자립생활 차원에서 일상생활을 주체적으로 수행하기 위한 사회적 관심과 도움의 욕구가 매우 크게 나타나고 있다. 이에 따라, 재가장애인의 개인 선택권, 자기 결정권 등 자립생활에 대한 욕구에 능동적으로 대처하기 위해 2007년부터 활동보조서비스를 도입하게 되었다.

한편, 2007년 4월 「노인장기요양보험법」이 통과되면서 국회는 64세 이하의 장애인에 대하여도 장기요양서비스 대책을 마련하도록 추가로 결의하였다. 이에 따라, 제도의 도입 방향과 서비스 지원 대책을 마련하기 위하여 2009년 6개 지역에서 '활동보조모형'과 '노인장기요양보험모형'으로 1차 시범사업을 실시하였다. 1차 시범사업 결과와 장애인계의 의견을 바탕으로 장애인에게는 장기요양 욕구 이외에도 사회활동에 대한 욕구가 강한 점 등을 고려하여 현행 '활동보조지원사업'을 확대 · 개편하여 2011년부터 '장애인활동지원제도'를 도입하기로 결정하였다.

'장애인활동지원제도'의 추진 방향과 세부적인 시행 방안을 마련하기 위하여 장애인계, 전문가 등으로 「장애인활동지원추진단」을 운영('08. 2.~)하고, 이 논의 결과를 반영한 「장애인 활동 지원에 관한 법률」이 2010년 12월 국회에서 의결되어 2011년 10월 시행되었다.

'장애인활동지원제도' 시행에 따라 대상자가 3만 명(2010년)에서 8.7만 명(2017년)으로 확대되었고, 기존의 활동 보조 이외에도 방문간호와 방문목욕 등이 추가되어 서비스의 종류가 다양화되었으며, 서비스 사후관리와 평가를 통하여 보다 양질의 서비스를 지원할 수 있게 되었다. 특히, 2013년에는 신청 자격을 장애 2급까지 확대하고, 장애아동의 급여를 성인과 같은 수준으로 향상시켰으며, 최중증수급자에 대한 급여를 확대하였다. 또한, 2013년 11월부터 소방방재청의 U-119시스템과 연계한 중증장애인 응급안전서비스 시범사업을 실시하여 상시보호가 필요한 중증장애인의 신체와 생명, 재산을 보호할 수 있는 체계를 마련하였다. 2015년에는 신청 자격을 장애3급까지로 확대하고, 수급자가 본인의 급여량 및 사용금액을 간편하게 확인할 수 있도록 문자알림서비스를 개시하였다.

활동지원서비스 연계가 어려운 최중증장애인의 서비스 연계를 위하여 2016년 3월부터 가산급여를 지급하였다. 2019년 7월부터 장애등급제 개편에 따른 서비스지원 종합조사 도입으로 활동지원 서비스 대상이 중증장애인(기존 1~3급)에서 경증장애인까지 서비스 지원대상이 확대되었으며, 종합조사표의 도입으로 수급자의 활동지원 서비스 이용시간이 종합조사 도입 전 대비 약 20.5시간('19. 12월 현재) 증가하였다. 종합조사 적용 후 급여량이 감소하는 수급자에 대해서는 3년간 특례를 인정하여 급격한 급여량 감소에 따른 부작용을 최소화하였다. 또한, 본인 부담금 산정체계 및 기준변경(전국가구평균소득 → 기준중위소득)으로 평균 본인 부담률이 기존 4.03%에서 3.35%로 인하(최고 164,000 원, 15% 인하)되어 저소득층 이용자의 경제부담 완화에 기여하였다.

5) 발달장애인 지원

발달장애인지원사업은 발달장애인 권리보장 및 지원에 관한 법률 시행('15. 11. 21.)에 따라 장애인복지법상 지적장애인, 자폐성장애인을 대상으로 발달장애인의 생애주기별 특성 및 복지 욕구에 맞는 체계적·통합적 지원 체계 마련을 목적으로 추진 중이다. 발달장애인 복지 지원 연계 및 관련 업무·연구 등을 지원하고, 권익옹호 업무를 수행하기 위한 발달장애인지원센터가 중앙 1개소 및 시·도별 1개소씩 총 18개소를 운영하고 있다. 발달장애인지원센터를 통해서 성인 발달장애인 주간활동서비스, 청소년 발달장애학생 방과후 활동서비스, 발달장애인의 개인별 지원계획, 부모교육 그리고 공공후견지원사업과 권리구제와 같은 권익옹호 사업을 수행하고 있다.

발달장애인과 가족의 돌봄 부담을 경감하고, 양육능력 강화를 위해 부모와 보호자를 위한 상담, 교육서비스를 2012년부터 2019년까지 총 35,036명에게 제공하였으며, 2019년 발달장애인과 가족, 비장애 형제자매 등 총 12,311명에게 여행, 캠프 등 가족휴식지원프로그램을 제공하였다.

발달장애인 공공후견지원사업은 의사결정능력 부족으로 사회생활과 법률행위를 하는 데 어려움을 겪는 성인 발달장애인을 위한 특정후견을 지원해 주는 사업이다. 후견이 필요한 발달장애인을 발굴하는 것부터 후견심판 청구에 이르기까지 후견 절차의 전 과정을 지원 중이다. 가정법원의 후견심판 결정에 따라 선임된 공공후견인은 2019년 기준 477명, 후견 지원 받는 발달장애인 768명으로, 가정법원 및 지방법원에 552건의 후견심판을 청구(특정후견청구 474건, 사후조치청구 78건)하였고, 258건(보정서, 의견서 등)의 법원서면을 제출하였다.

또한, 발달장애인을 대상으로 범죄가 발생하는 경우 보호조치를 수행하고, 수사기관 및 재판에 출석하는 경우 신뢰관계인으로 동석하는 권리구제사업을 제공하고 있으며, 2019년 현장조사(현장방문) 320건, 형사사법절차지원 439건을 실시하였다. 발달장애인의 특성에 맞는 의료서비스를 제공하고, 자해, 타해와 같은 도전적 행동을 치료 · 재활하기 위한 거점병원이 2016년 한양대병원, 양산부산대병원 두 곳에 지정되어 운영 중이다. 2019년부터는 권역별로 6개소가 추가로 지정되어 서비스가 확대 제공되고 있다. 2018년에는 발달장애인이 체감할 수 있는 복지서비스 제공을 통해 포용사회 구현을 위해 정부합동으로 『발달장애인 생애주기별 종합대책』을 발표('18.9.)하였다. 해당 계획에 따라 2019년에는 발달장애인 주간활동서비스, 청소년 발달장애인 방과후활동서비스, 발달장애인 생애주기별 부모교육 등 좀 더 촘촘한 복지서비스 제공을 위한 신규사업이 도입되었다.

6) 장애인 편의 증진

(1) 법적 기반 정비

장애인 편의시설이란 장애인, 노인, 임산부, 아동 등 시설 이용 및 이동에 불편을 겪는 사람들이 안전하고 편리하게 시설과 설비를 이용하고 정보에 접근할 수 있도록 설치한 시설을 말한다. 1995년도부터 「장애인 편의시설 및 설비의 설치기준에 관한 규칙」을 만들어 편의시설 설치에 관한 노력을 기울여 왔으며, 1998년 4월부터 시행된 「장애인 · 노인 · 임산부 등의 편의 증진 보장에 관한 법률」(이하 「장애인등편의법」이라 함) 이후 본격적으로 장애인 편의시설에 대한 정책이 강화되었다.

2012년 「장애인등편의법」 개정을 통하여 장애인들이 공공건물 및 공중시설 이용 시 인적 편의서비스(안내서비스, 수화통역 등)를 제공받을 수 있도록 하였으며, 2019년 12월 「장애인등편의법」이 개정('21.12.4.시행)됨에 따라 국가나 지방자치단체, 공공기관 그리고 민간이 신축하는 공공건물 및 공중이용시설과 공원 등에 '장애물 없는 생활환경 인증' 취득 의무 및 편의시설 적합성 확인 등이 법제화됨에 따라 향후 장애인 · 노인 · 임산부 등의 사회활동 참여 기회 확대와 복지증진 향상을 기대하고 있다.

(2) 편의시설 설치 현황

장애인 편의시설 실태조사는 장애인등편의법령에 의해 전수조사 또는 표본조사의 형태로 실시하고 있다. 매 5년마다 전수조사를 실시하고 있는데 1998년도 전수조사 결과 편의시설 설치율은 47.4%, 2003년도는 72.3%(도로 제외), 2008년도는 77.5%, 2013년도는 67.9%, 2018년도는 80.2%로 나타났다. 2018년 설치율 결과는 처음 조사를 실시한 1998년보다 약 2배 수준으로 증가하였다. 설치율이 향상된 것은 1998년 「장애인 · 노인 · 임산부 등의 편의증진 보장에 관한 법률」 제정 이후 지속적인 제도 보완 및 인식 개선 등에 따른 것으로 판단된다.

그러나 2008년 처음으로 법적 기준에 부합되는지를 알 수 있는 적정 설치율을 조사하였는데 그 결과 2008년 55.8%, 2013년 60.2%, 2018년 74.8%로 전수조사에 의한 설치율과는 상당한 차이를 보이고 있어, 향후 편의시설 적정 설치율 제고를 위하여 편의시설 설치 대상 건축물 등에 대한 건축허가 신청 등을 받는 단계부터 편의시설 설치 기준에 적합한지를 확인하는 등 편의시설에 대한 검사 및 확인에 정부의 지도 · 감독을 강화할 계획이다.

또한, 이러한 전수조사 외에도 매년마다 분야별 장애인 편의시설에 대한 실태조사를 실시하고, 2004년 및 2005년에는 철도 · 고속철도 · 지하철 역사에 대한 실태조사를 실시하였다('04. 평균 72.3%, '05. 73.2%). 2006년에는 공공시설 편의시설 실태조사(평균 69.4%), 2007년에는 문화 및 집회시설에 대한 실태조사(평균 61.6%)를 실시하였다. 2010년에는 학교에서의 장애인 편의시설 현황 조사, 2012년에는 생활 밀착형 시설로써 모범음식점 및 아름다운 화장실로 지정된 시설에 대한 편의시설 현황조사(평균 59.5%), 2015년에는 관광 · 숙박시설에 대한 실태조사(평균 70.3%), 2016년에는 국 · 공립병원 및 보건소 등에 대한 실태조사(평균 91.8%), 2019년에는 주민자치센터 및 파출소에 대한 실태조사(평균 86.9%)를 실시하였다.

9 관련 시책 추진

편의시설 활성화정책을 체계적으로 추진하기 위해 2000년부터 '편의시설 확충 국가종합 5개년 계획'을 제1차('00.~'04.), 제2차('05.~'09.), 제3차('10.~'14.)에 걸쳐서 수립 · 시행하였으며, '제4차 편의 증진 국가종합 5개년 계획'('15.~'19.) 수립을 통하여 고령사회 진입에 따른 장애 인구 증가에 대비할 수 있는 방안을 모색하고, 사회적 변화에 따른 IT 기술과 편의시설이 접목된 설비 요소 등에 대한 항목 도출 관련 연구를 수행하였다. 또한, 편의시설과 보조공학 관련 업무의 융합 방안 모색을 통하여 이용자가 만족하는 편의시설, '무장애' 시설의 보편화를 기본 방향으로 계획을 만료하였다. 이를 계승 발전시켜 제5차('20.~'24.) 계획은 장애인 등 편의법상 적정설치율 상승을 통한 장애인 접근성의 양적 · 질적 향상과 도로 · 보도 · 교통수단 및 웹접근성 등의 통합적으로 개선하여 장애인의 이동 편의 향상, 사회활동 참여 기회 확대로 이어질 수 있도록 하는 장애인 접근성 개선을 위한 종합대책을 마련할 것이다.

특히, 2007년부터는 국토교통부와 함께 장애인 등이 지역 · 개별시설 이용 및 이동권 강화 등을 위하여 "장애물 없는 생활환경(Barrier-Free) 인증제도"를 추진하고 있으며, 현재 8개의 BF 인증기관인 한국장애인개발원, 한국토지주택공사, 한국장애인고용공단, 한국생산성본부인증원, 한국감정원, 한국교육녹색환경연구원, 한국환경건축연구원, 한국건물에너지기술원을 통하여 공공건물 및 공중이용시설 등 현재('19. 12. 기준)까지 총 5,998건(예비인증 4,071건, 본인증 1,927건)이 인증을 취득하였다.

아울러, 편의시설을 확충하는 데 있어서 무엇보다 중요한 것은 국민의 적극적인 협조와 참여이다. 이를 위해 정부에서는 적극적 홍보를 통하여 편의시설에 대한 개선 캠페인을 전개하고 편의시설 설치비용에 대해 세제 감면 혜택으로 설치를 유도하는 한편, 관계부처 및 지방자치단체 그리고 민간(건축사 등) 건설 전문인력을 대상으로 편의시설 및 BF인증 찾아가는 세미나 교육을 강화해 편의시설을 지속적으로 확충하고자 한다.

1) 장애인 자녀교육비 지원

장애인 자녀교육비는 비장애인에 비해 상대적으로 교육비용이 많이 드는 저소득 장애인가구의 교육 여건을 개선하고자 1992년부터 도입되었다. 최초에는 저소득 장애인가구의 중학생 자녀 또는 중학생 장애아동 본인에게 입학금 및 수업료를 지원하였으나, 1995년에는 지원 대상자가 고등학생까지 확대되었다. 2004년부터는 중학생 전체에 대한 의무교육 실시로 입학금과 수업료가 면제됨에 따라 중학생은 부교재비와 학용품비를 지원하고 있으며, 고등학생은 입학금, 수업료, 교과서대, 학용품비를 지원하고 있다.

2012년 초등학생까지 대상을 확대하였으며 초등학생에게는 부교재비를 지원하고 있다. 2015년 7월 맞춤형 급여체계 개편으로 교육급여 지급 기준이 완화(기준 중위소득 40% → 50%)되어 장애인 자녀교육비 수급자가 교육급여 수급자(교육부 소관)로 전환이 가능하게 되어 2016년까지는 교육급여 미전환자에 대해 한시적으로 지원(2016년 12월 말 기준 129명)하였으며, 2017년부터는 사업이 종료되었다.

2) 장애인 의료비 지원

의료급여 2종 수급권자 및 건강보험 차상위 본인부담 경감대상(만성질환, 18세 미만) 중 등록 장애인이 의료기관 이용 시 발생하는 본인부담금 중, 일부 또는 전액을 장애인 의료비로 지원하고 있다. 즉, 대상자가 1차 의료기관에서 외래진료 시 발생하는 본인부담금 중 일부를 지원하고 있으며, 2, 3차 의료기관 외래진료 및 입원 시 발생하는 본인부담금 중 비급여 항목을 제외한 의료(건강보험)급여 적용 본인부담 진료비를 전액 지원하여 저소득 장애인의 부담을 덜어주고 있다. 2019년 12월 말 기준 장애인 의료비 수급권자는 91,007*명(의료급여 2종 36,859명, 차상위 본인부담 경감 54,148명)이다.

* 총 인원수는 각각의 인원수 합에서 두 영역의 중복을 제외한 값임

3) 장애아동가족 지원

성장기 장애아동에게 적절한 발달재활서비스를 제공하여 기능 향상과 행동 발달을 지원하고 장애아동 양육가족의 경제적 부담을 경감시키기 위해 기준 중위소득 180% 이하 가정의 만 18세 미만 장애아동에게 소득수준에 따라 월 바우처(14만 원~22만 원)를 지원하여 발달재활서비스를 이용할 수 있도록 하였다. 장애부모를 둔 자녀(비장애아동)에게는 언어재활서비스 및 독서지도, 수어지도 등을 이용할 수 있도록 지원하였으며, 장애아동의 상시적 돌봄에 지친 장애아동가족구성원에게 양육 및 휴식지원서비스를 제공하였다. 2019년 12월 말 기준 발달재활서비스는 62,361명, 언어발달지원은 327명, 장애아가족양육지원은 3,711명을 각각 지원하였다.

4) 장애인복지 인프라 확충

(1) 장애인보조기기 보급, 서비스 확대

① 장애인보조기기 교부사업

장애인보조기기 교부사업은 생활이 어려운 저소득층 장애인에게 장애인보조기기를 교부하여 일상생활 능력 및 사회활동을 촉진함으로써 삶의 질을 향상시키는 데 목적을 두고 있다. 장애인보조기기 교부사업을 통해 2007년까지 5개 품목(욕창 방지 방석 및 커버, 음향리모콘, 자세보조기기, 음성탁상시계, 휴대용 무선신호기)을 지원하였고, 2008년에 4개 품목(기립보조기기, 진동시계, 식사도구, 보행보조기기)이 추가되었다. 이후 지속적으로 지원 품목을 확대* 및 세분화하여 2019년에는 2개의 품목이 추가함으로써 총 30개의 품목이 각 품목의 기준 금액 내에서 전액 지원되고 있다. 지원대상은 「국민기초생활보장법」상 수급자 및 차상위계층으로 등록한 지체, 뇌병변, 시각, 청각, 심장, 호흡, 발달, 언어장애인이다.

우리나라의 장애인보조기기 관련 정부지원정책은 1964년 원호처(현재의 국가보훈처) 산하 보훈병원의 보장구센터가 국가유공자를 대상으로 재활에 필요한 보철구를 제공하는 데서 시작되었다. 이후 1997년 건강보험 및 의료급여를 통해 보조기기를 지원하여 현재는 보건복지부 외에 고용노동부와 과학기술정보통신부 등 각 부처에서 보조기기를 지원하고 있다.

한편, 장애인・노인 등을 대상으로 보조기기서비스의 효율적 제공을 통해 활동의 제약을 최소화하고 삶의 질 향상을 목적으로 2015년 12월 29일 「장애인・노인 등을 위한 보조기기 지원 및 활용 촉진에 관한 법률」이 제정되었다. 주요 내용으로는 보조기기 지원 및 활용 촉진 사업, 중앙 및 지역 보조기기센터 설치・운영 등 근거 마련, 보조공학사 자격 도입 등이며 2016년 12월 30일 시행되었다.

② 장애인보조기기 사례관리서비스

장애인이 사용하는 장애인보조기기에 대한 관리 부실을 해소하고, 수요자의 이용 만족 및 보조기기사업의 효율성을 높이고자 "장애인보조기기 사례관리사업"을 추진하고 있다. 2009년 중앙(국립재활원 위탁 수행) 사례관리 시범사업을 시작으로, 2010년 2개소(대구・대전광역시), 2011년 2개소(부산・광주광역시), 2012년 1개소(경기도), 2013년 1개소(충북), 2014년 2개소(인천, 경남), 2015년 2개소(전북, 제주), 2019년 6개소(세종, 울산, 충남, 강원, 전남, 경북)의 광역보조기기센터를 신규로 열어 서비스를 확대・시행하였다. 장애인보조기기 사례관리사업은 상담, 평가, 적용, 개조, 사후 관리 등 개별 맞춤 서비스를 통해 서비스 만족도를 높이고, 장애인의 사회활동 및 사회통합을 촉진시키고 있다. 앞으로도 계속 보조기기 사례관리사업을 확충하여 양질의 표준화된 서비스를 제공하고 장애인 복지 향상에 힘쓰고자 한다.

③ 장애인건강보건관리사업

장애인건강보건관리사업은 장애인의 건강상태 개선 및 건강관리 능력 향상을 위해 지역사회 연계를 기반으로 한 보건의료-복지서비스 지원을 목적으로 한다. 보건복지부・중앙장애인보건의료센터－시・도 지역장애인보건의료센터－시・군・구 보건소 연계체계를 구축하여 장애인 맞춤형 건강통합 서비스를 제공하며, 자원 연계・조정을 통해 장애인이 자신이 속한 지역사회 속에서 자원을 활용하여 건강한 삶을 스스로 영위하고 주체적인 삶을 살아갈 수 있도록 장애인건강보건관리사업을 추진하고 있다. 지역장애인보건의료센터는 「장애인 건강권 및 의료접근성 보장에 관한 법률('17.12.시행)」을 근거로 하여 병원급 의료기관을 지정하여, 장애인 주치의, 보건소 등 건강관리사업 조정・지원, 검진・재활・진료 등 거점병원 역할, 여성장애인 임신·출산지원, 의료 종사자 교육 등을 수행하고 있다. 2018년도 지역장애인 보건의료센터 3개소 지정(서울, 대전, 경남)을 시작으로, 2019년도에는 3개소가 추가 지정(서울, 강원, 전북)되었다.

또한, 지역사회중심재활사업은 보건소를 중심으로 지역사회 장애인의 재활운동, 퇴원 후 조기적응, 장애로 인한 2차 장애 예방, 장애인 사회참여 등 장애인에게 의료를 기반으로 맞춤형 보건의료-복지서비스를 지원한다. 이는 장애인 건강문제를 총체적으로 파악하여 보건소 내외 자원연계를 통해 맞춤형 건강보건관리서비스를 제공하여 장애인의 건강상태 개선 및 자가 건강관리 능력 향상을 통한 지역사회 복귀를 목적으로 한다. 이 사업은 1981년 이래 WHO의 주요 재활정책이며 세계 90여개 국가에서 도입·실시하고 있다. 우리나라는 2000년부터 16개 거점 보건소를 중심으로 CBR사업을 추진하기 시작하여 2013년 지역사회 통합건강증진사업으로 통합 및 운영보건소 86개소, 2016년에는 170개소로 확대되었으며, 2017년에는 통합건강증진사업 필수사업으로 지정되어 전국 254개 모든 보건소에서 사업을 추진하고 있다.

또한, 「장애인 건강권 및 의료접근성 보장에 관한 법률('17.12.시행)」의 장애인 건강보건관리 전달체계에 있어서 지역사회중심재활사업이 기초지역단위 전달체계의 역할을 담당하게 됨으로써 그 중요성이 더욱 확대되고 있다.

(2) 장애인복지시설 확충 및 내실화

① 현황

장애인복지시설은 장애인이 시설에 입소하거나 통원하여 재활에 필요한 상담, 치료, 교육, 훈련 및 요양 등의 장애인복지서비스를 제공받을 수 있는 사회복지시설을 말하며, 「장애인복지법」 제58조에서 정한 장애인 거주시설, 장애인 지역사회재활시설, 장애인 직업재활시설, 장애인 의료재활시설로 구분하고 있다.

② 장애인복지시설 확충 및 운영 개선

장애인복지시설은 시설 수 증가, 시설의 기능 보강 및 서비스 개선을 위해 지속적으로 노력해 오고 있다. 그러나 사회적 여건 변화와 사회복지서비스 욕구 증대에 부응하기 위해 종합적인 장애인복지서비스가 지역 내에서 이루어져야 한다는 지방분권위원회 결정에 따라 2005년 장애인복지시설 운영을 지방자치단체 사무로 이관하였으나 지자체의 재정부담 증가로 인해 장애인거주시설 운영 지원사업은 2015년에 다시 국고보조사업으로 환원되었다.

정부는 장애인복지시설의 평가 등을 포함하여 전문적인 재활서비스가 이루어지도록 기본적인 정책방향을 제시하는 역할을 담당하게 되었다. 그 일환으로 2007년에는 「장애인 거주시설 서비스 기능과 구조의 혁신 방안」, 2010년에는 「장애인 거주시설 서비스 비용 산정 연구」, 2015년에는 「장애인 거주시설 설치 · 운영기준 개정안 마련 연구」를 실시하였다.

한편, 2011년 「장애인복지법」 개정으로 장애인거주시설의 거주 기능을 별도로 분리하고, 이용 정원은 30명을 초과할 수 없도록 하는 규정을 신설하였으며, 2012년에는 장애인복지시설 운영자 및 종사자의 장애인 학대 사실 신고 의무화, 피해학대 장애인에 대한 응급조치 의무화, 장애인 학대 사건 심리에 있어 보조인 선임 절차 등을 정함으로써 거주시설 이용 장애인 인권 보호를 위해 노력하고 있다.

또한, 2017년 장애인복지법을 개정하여 학대 등 피해 장애인의 인권 보호를 위해 피해 장애인 쉼터 설치 · 운영, 인권지킴이단 운영, 불법 · 부당한 시설 운영에 대한 행정 처분의 법적 근거를 마련하여 시행 중이다. 장애인복지시설 이용자의 서비스 질 개선과 인권보호 강화를 위해 제도적 기반 확립 및 인프라 확충에 힘쓰고 있으나 거주시설 장애인의 지역사회 정착 및 자립지원 요구가 커지고 있다.

10 장애인차별금지법의 차별 유형과 사례

「장애인차별금지법」의 차별 유형과 사례에 관한 내용은 다음과 같다(서원선, 이수연, 2018).

1) 차별의 의미 및 유형

「장애인차별금지법」 제4조(차별행위)에서는 차별행위를 직접차별, 간접차별, 정당한 편의 미제공에 의한 차별, 광고에 의한 차별, 장애인의 대리인 · 동행인에 대한 차별, 보조견 · 보조기기 사용에 대한 차별 등으로 구분하여 제시하고 있다(법제처, 2020).

(1) 차별 분류 세부조항

① 장애인의 대리인 · 동행인에 대한 차별

장애인을 돕기 위한 목적에서 장애인을 대리 · 동행하는 자(장애아동의 보호자 또는 후견인 그 밖에 장애인을 돕기 위한 자임이 통상적으로 인정되는 자를 포함한다. 이하 “장애인 관련자”라 한다)에 대하여 제1호부터 제4호까지의 행위를 하는 경우. 이 경우 장애인 관련자의 장애인에 대한 행위 또한 이 법에서 금지하는 차별행위 여부의 판단대상임

② 보조견 · 보조기기 사용에 대한 차별

보조견 또는 장애인보조기구 등의 정당한 사용을 방해하거나 보조견 및 장애인보조기구 등을 대상으로 제4호에 따라 금지된 행위를 하는 경우

2) 직접차별

장애인을 정당한 사유 없이 제한 · 배제 · 분리 · 거부 등 불리하게 대하는 것은 장애인에 대한 직접적인 차별에 해당한다. 교육기관이 어떤 개인이 특정한 장애

를 가지고 있다는 이유로 정당한 사유 없이 해당 장애인의 교육 서비스 이용 · 제공 등을 거부하거나 교육 기관에 출입하는 것을 방해하는 등의 행위를 말한다. 이처럼 정당한 사유 없이 장애인이라는 이유로 비장애인들과 비교해 불리하게 대우하는 것을 '직접차별'이라 한다. 장애를 사유로 불리한 대우를 하는 것은 장애가 없었다면 그러한 대우를 받지 않았을 수 있는 대우를 말한다. 즉, 장애를 가지고 있다는 이유만으로는 교육 관련 서비스를 이용하는데 배제 · 분리 · 거부당할 수 있는 이유가 되지 못하며 비장애인이 받는 교육 서비스의 수준만큼 장애인도 받을 수 있도록 적절한 조치를 해야 하고, 불리한 대우란 장애인이 어떤 정당한 활동에 참여하는 것을 '제한 · 배제 · 분리 · 거부'하여 장애인의 유형 · 무형의 이해관계 및 기본권을 상당히 침해하는 등의 불이익을 주는 행위를 말한다(최승철 외, 2013).

3) 간접차별

장애인에 대해 형식상으로는 제한 · 배제 · 분리 · 거부 등에 의하여 불리하게 대하지 아니하지만 정당한 사유 없이 장애를 고려하지 아니하는 기준을 적용함으로써 궁극적으로 장애인에게 불리한 대우를 초래하는 경우를 간접차별이라고 정의한다. 이는 장애인에게 미치는 해당 기준의 부정적 효과가 사전에 충분히 고려될 수 있고 따라서 그 기준이 충분히 회피될 수 있음을 전제로 한다. 사전에 이러한 고려를 하지 않고 문제의 기준을 적용하는 것은 간접차별적인 행위이다(최승철 외, 2013). 예를 들어, 시각장애인이 접근할 수 있는 인터넷 사이트를 제공하지 않아 시각장애인이 교육 관련 정보를 검색하거나 정보를 활용하기 어려운 경우에는 장애에 대한 간접차별이 될 수 있다. 그러나 비록 어떤 장애 중립적인 기준의 적용이 장애인에게 불리한 결과를 야기하더라도 그 기준을 적용하는 데 정당한 사유가 있다면, 즉 그 기준을 적용하는 것이 해당 서비스를 제공하거나 또는 절차상 불가피하거나 합리적인 것이라면 이는 간접차별에 해당하지 아니한다(최승철 외, 2013).

4) 정당한 편의 미제공에 의한 차별

정당한 편의라 함은 장애인이 장애가 없는 사람과 동등하게 같은 활동에 참여할 수 있도록 장애인의 성별, 장애의 유형 및 정도, 특성 등을 고려한 편의시설·설비·도구·서비스 등 인적·물적 제반 수단과 조치를 말한다. 즉, "장애인이 장애가 없는 사람과 동등하게 같은 활동에 참여할 수 있도록" 장애인의 제반 특성을 고려하여 장애인에게 시설·설비·도구·서비스를 새로 또는 변경하여 제공하거나, 정책·절차·관행 등을 새로 또는 변경하여 적용하는 등의 인적·물적·비물리적 제반 수단과 조치를 말한다(최승철 외, 2013). '과도한 부담이나 현저히 곤란한 사정'은 비용이 좀 든다거나 귀찮다거나 불편하다는 정도의 부담이나 곤란이 아니라 지나치거나, 부적절하거나, 비례적이지 못한 부담이나 곤란을 의미하며, 극단적인 부담이나 곤란을 의미하지는 않는다. 이는 과도하게 또는 부적절하게 많은 비용을 요하거나, 편의 제공자의 사업 및 서비스(교육 서비스)나 다른 참여자들(타 학생)의 관련 활동을 상당히 훼손하거나, 편의 제공자의 사업 성격이나 운영을 근본적으로 변형시키는 등의 경우를 말한다. 한편 '과도한 부담이나 현저히 곤란한 사정'에 해당하는지 여부를 판단하기 위해서는 사례별로 모든 관련 요소들, 예를 들면 편의 비용의 크기, 편의 제공자의 재정 및 조직 규모, 편의 제공자의 사업 성격에 대한 영향, 다른 참여자에 대한 영향, 편의 제공자의 편의 확보 노력 등을 종합적으로 고려해야 한다(최승철 외, 2013).

5) 광고에 의한 차별

전자(TV, 라디오, 인터넷 등) 및 비전자(홍보물, 팸플릿 등) 매체를 통해 서비스를 홍보 혹은 광고하는 경우 해당 매체물에서 정당한 사유 없이 장애인에 대한 제한·배제·분리·거부 등 불리한 대우를 표시·조장하는 광고를 직접 행하거나 그러한 광고를 허용·조장하는 경우를 광고에 의한 차별로 규정한다(최승철 외, 2013).

6) 장애인의 대리인 · 동행인에 대한 차별

장애인의 보호자, 후견인, 활동보조인처럼 장애인을 대리하거나 보조하는 개인을 장애인과 관련되어 있다는 이유로 불리하게 대우하거나, 이들에게 외견상 중립적인 기준을 적용하나 불리한 결과를 야기하여 이들의 대리 또는 보조 등의 활동을 훼손하거나, 또는 이들의 활동을 정당한 편의 차원에서 허용하지 않는 것은, 정당한 사유가 없는 한 차별로 간주되고, 일반적으로 장애인들 중 다수는 활동보조인과 함께 동행하거나 일부 발달장애인들은 후견인 혹은 부모와 동행하여 교육기관에 방문하는 경우가 있다. 이러한 경우 정당한 사유 없이 활동보조인 혹은 후견인의 활동을 방해하거나 장애인이 보조인력의 도움을 받지 못하는 것은 차별적인 행위이며, 보조인의 도움을 불허하는 경우에는 그에 상응하는 정당한 편의를 제공해야 한다.

7) 보조견 · 보조기기 사용에 대한 차별

장애인이 교육기관에 방문하기 위해 보조견과 대동하거나 교육 서비스를 이용하기 위해 장애인보조기구를 정당하게 사용하는 것을 방해하는 것은 차별에 해당한다(최승철 외, 2013).

Chapter

06 학대피해아동

학대피해아동에 관한 내용을 자세히 살펴보면 다음과 같다(보건복지부, 2020c).

1 아동학대 현황

유엔 아동권리협약은 아동의 생존·발달·보호·참여에 관한 기본 권리를 명시한 협약으로 1989년 11월 유엔총회에서 채택되었다(한국유니세프, 2020). 대한민국은 유엔 아동권리협약의 비준국으로서 아동·청소년의 인권실태를 파악하고 인권 진전 상황을 지속적으로 모니터링하여 그 결과를 보고할 의무를 가진다.

우리 정부가 아동학대를 방지하고 피해아동을 지원하기 위한 여러 노력을 기울이고 있음에도 불구하고, 잇따르는 아동학대 사건들은 안타까움을 넘어서 사회적 공분을 일으키고 있다. 보건복지부에서 매년 조사하여 발표하는 「학대피해아동보호현황」에 따르면 2018년 지역아동보호전문기관에 학대로 신고·접수된 사례는 총 24,604건으로 2001년부터 꾸준히 증가하는 추세이다(보건복지부, 2019. 12).

가장 최신의 통계자료인 2018년도 자료를 보면, 아동학대 사례 유형은 중복학대가 11,792건(47.9%)으로 가장 높았고, 중복학대 중 신체학대·정서학대가 9,376(38.1%)으로 가장 높게 나타났다. 그 다음으로는 정서학대 5,862건(23.8%), 신체학대 3,436건(14.0%), 방임 2,604건(10.6%), 성학대 910건(3.7%) 순으로 높게 나타났다.

보건복지부·중앙아동보호전문기관(2019)에 따르면, 피해아동의 성별을 보면, 남아가 11,867건(48.2%), 여아가 12,737건(51.8%)로 여아가 약 3.6%p 더 많은 것으로 나타났고, 피해아동의 연령은 만 13~15세의 아동이 전체의 24.7%로 가장 큰 비중을 차지하였고, 그 다음으로는 만 10~12세가 22.1%, 만 7~9세가 17.3%로 나타났다. 학대행위자와 피해아동과의 관계를 보면 부모가 학대행위자인 경우가 76.9%, 대리양육자와 친인척이 각각 15.9%, 4.5%로 나타났다(중앙아동보호전문기관, 2019.12).

이상에서 살펴본 것처럼, 아동학대 신고·접수 건수는 매년 증가하고 있으며, 두 가지 이상의 유형이 혼합된 형태의 학대가 전체 사례의 절반 가까이를 차지하고 있다. 또한 피해아동의 특징을 살펴본 결과, 성별에 따른 차이는 크지 않았지만 여아의 비율이 남아의 비율보다 약간 높았고, 중학생에 해당하는 만 13-15세의 비율이 가장 높았지만, 만 6세 이하의 영·유아의 비율이 전체의 23%에 이르렀다. 특히 만 1세 미만의 영아의 비율도 2.0%를 차지하는 것은 주목할 필요가 있다. 마지막으로 학대 가해자의 97% 이상이 부모, 대리양육자, 친인척으로 피해아동과 같은 공간에서 거주하고 생활하는 밀접한 관련이 있음에도 불구하고, 피해아동의 82.0%는 원가정보호가 지속되는 것으로 나타났다.

아동학대는 아동의 인간다운 삶을 누릴 수 있는 기본적인 권리를 침해하고 더 나아가 생존을 위협하는 행위이다. 아동학대로 인한 피해를 막기 위해서는 아동학대의 심각성에 대한 사회적 인식의 확산과 더불어 아동학대의 발생을 방지하고, 피해아동을 보호하고 지원할 수 있는 정책적 노력과 관심이 함께 필요할 것이다.

2 아동기 부정적 생애경험

아동기 부정적 생애경험에 관한 내용은 다음과 같다(류정희 외, 2019b).

1) 정의

아동기 부정적 생애경험(Adverse childhood experiences)은 생애주기에 걸친 학대·폭력의 중복경험의 개별학대·폭력의 범주를 넘어 부모의 이혼, 실직 등 경제적 어려움, 부모와의 별거경험, 가족 내 폭력의 목격경험 등 다양한 부정적 생애경험을 포괄하는 개념이다.

2) 학대폭력 경험률

(1) 아동기 학대 피해 경험률

조사대상 아동의 아동학대 피해 경험률은 전체의 57.4%였다. 세부적으로 살펴보면 정서학대 피해가 53.9%, 신체학대 피해가 29.9%, 방임피해가 6.3%, 성학대 피해가 0.2% 등인 것을 알 수 있다. 청년의 아동기경험에서는 아동기에 학대 피해를 경험한 비율이 29.6%, 신체학대 피해를 경험한 비율이 26.1%, 정서학대 피해 경험 비율이 4.6%, 성학대가 2.5%, 방임이 2.1% 등으로 나타났다.

아동 대상 조사보다 청년의 아동기 학대 피해 경험 비율이 전반적으로 낮게 나타났으나, 이는 학대를 측정하는 도구가 다소 상이한 데에 일편 기인할 것으로 추정된다. 따라서 아동의 학대 피해 경험률과 청년의 아동기 학대 피해 경험 비율을 일대일로 비교하기는 어렵다. 아동의 학대 주요 행위자가 누구인지 아동에게 질문한 결과 신체학대, 정서학대, 방임 모두 1순위는 '모'라는 응답이 가장 높게 나타났다. 2순위는 '부'라는 응답이 가장 높았다. 이는 청년의 아동기 경험에서도 동일한 패턴으로 확인되었다. 다만 성학대의 경우 아동의 성학대 행위자는 '친구·또래'가 주요 행위자였던 반면, 청년의 아동기 경험에는 '모르는 사람'이 1순위 행위자, '친구·또래'가 2순위 행위자로 나타나 다소 차이를 보였다.

이번에는 아동과 청년의 지난 1년간 인터넷 폭력 피해 및 가해 발생률을 살펴보았다. 인터넷 피해 경험은 누군가가 나에게 직접 나쁜 말이나 사진을 보낸 경험(직접경험)과 누군가 나에 대해 나쁜 말이나 보여 주기 싫은 사진을 제3자(들)에게 배포한 경험으로 구분하였다. 이 중 직접경험 비율이 아동의 경우 2.6%, 청년의 경우 2.0%로 나타났다. 누군가 제3자(들)에게 배포하여 나에게 피해를 입힌 경험은 아동의 경우 0.9%, 청년은 1.3%에 그친 것으로 나타났다. 인터넷 가해 경험은 청년보다는 아동에게 미미하나 다소 높게 나타났다. 직접 가해 경험이 아동의 경우 1.2%, 청년의 경우 1.1%였으며, 누군가의 사진이나 나쁜 말을 제3자(들)에게 배포한 경험도 아동의 경우 1.2%였다. 청년은 0.8%로 나타났다.

(2) 아동의 학대 세부 영역별 피해 경험

지난 1년간 아동학대 발생률을 세부 항목별로 살펴보면 '손바닥으로 나의 엉덩이를 때린 적이 있다'가 20.9%로 가장 높은 비율로 경험하였다. '손바닥으로 나의 손, 팔, 다리 등을 때린 적이 있다'가 19.9%, '손바닥으로 나의 얼굴이나 머리, 귀 등을 때리거나, 꿀밤을 때린 적이 있다'가 11.7%였다. '막대기, 빗자루, 지팡이 또는 벨트 같은 도구를 이용해서 엉덩이를 때린 적이 있다'가 9.5%로 나타났다. 그 밖에 세부 항목의 경험비율은 5% 미만으로 나타났다.

이러한 신체학대 피해를 경험한 아동을 대상으로 본인의 경험이 '신체적 정신적으로 나에게 얼마나 나쁜 영향을 끼쳤는지' 질문한 결과 '전혀 나쁜 영향을 주지 않았다'라는 응답이 46.6%로 가장 높았다. '약간 나쁜 영향'이라는 응답이 41.4%로 다수의 피해 아동이 본인의 경험이 부정적인 영향을 주었다고 생각하지 않았다. 또한 이러한 신체학대 피해 경험이 '나 자신을 가르치기 위하여 필요한 일이었다고 생각하는지'를 질문한 결과 필요한 일이라는(매우 그렇다+그런 편이다) 응답이 전체 피해 아동의 80.8%였다. 필요한 일이 아니었다(그렇지 않은 편+전혀 그렇지 않다)는 응답은 전체 피해 아동의 20.2%에 그쳤다.

또한 전체 아동들을 대상으로 '평소 다른 친구들에 비하여 이와 같은 경험(신체학대 피해 경험)을 많이 겪는지' 질문한 결과 거의 비슷하다는 응답이 50.0%, 많이 겪는다(조금 많음+훨씬 많음)는 응답이 2.4%, 적게 겪는다(훨씬 적음+조금 적음)는 응답이 47.7%를 차지한 것으로 볼 때에, 대부분의 아동들이 다른 친구들보다 적거나 비슷하게 학대를 경험한다고 생각하는 것을 알 수 있다.

아동의 정서학대 피해 경험률을 세부 항목별로 살펴보았다. 전체 세부 항목 중 가장 높은 비율로 경험한 항목은 '크게 소리치거나 또는 고함을 지른 적이 있다'로 51.8%였다. '무시한 적이 있다'가 14.0%, '실제로 때리지는 않았지만, 때리겠다고 위협한 적이 있다'는 11.1%, '나에게 안 좋은 일이 생길 것이라고 말한 적이 있다'가 5.6%였다. 그 밖의 경험은 5% 미만으로 나타났다.

이러한 아동 정서학대 피해에 대하여 피해를 경험한 아동을 대상으로 본인의 경험이 '신체적 정신적으로 나에게 얼마나 나쁜 영향을 끼쳤는지' 질문한 결과 전혀 나쁜 영향을 미치지 않았다는 응답이 48.2%로 가장 높은 비율을 차지하였다. 약간 나쁜 영향을 미쳤다는 응답이 39.9%였고, 나쁜 영향이 10.2%, 매우 나쁜 영향이 1.7% 등이었다. 전체 아동을 대상으로 '평소 다른 친구들에 비하여 이와 같은 경험(정서학대 피해 경험)을 많이 겪는지' 질문한 결과 다른 친구들과 거의 비슷하다는 응답이 50.5%였다. 적은 편(훨씬 적음+조금 적음)이라는 응답이 46.6%, 다른 친구들에 비하여 많은 편(조금 많음+훨씬 많음)이라는 비율은 2.9%로 나타났다.

아동방임 피해 경험을 세부 항목별로 살펴본 결과 '누군가 나와 함께 있어야 하는 경우에도 나를 혼자 집에 있게 했다(야간, 낯선 곳 등 위험한 상황)'는 응답이 전체의 4.4%였다. 방임으로 인한 상해(주변에 나를 지도·감독하는 어른이 없어서 상처가 나거나 다친 적이 있다.) 경험은 1.8%로나타났다. 아동방임 피해 아동을 대상으로 이러한 경험이 나에게 얼마나 나쁜 영향을 끼쳤는지 질문한 결과 전혀 나쁜 영향을 미치지 않았다는 응답이 48.0%로 나타났다. 약간 나쁜 영향이라는 응답은 42.2%, 나쁜 영향을 주었다는 응답은 9.7%였다. 또한 방임 경험에 집안의 경제적인 어려움이 얼마나 영향을 미쳤는지 질문한 결과 '전혀 미치지 않았다'는 응답이 피해 아동 중 38.8%에서 나타났다. '다소 영향을 미쳤다'가 20.9%, '약간 영향을 미쳤다'가 20.3%였고, '중간 정도 영향을 미쳤다'는 응답이 16.3%였다.

전체 조사 대상 아동을 대상으로 '평소 다른 친구들에 비하여 이와 같은 경험(방임 피해 경험)을 많이 겪는지' 질문한 결과 거의 비슷하다는 응답이 49.8%로 가장 많았다. 적은 편(훨씬 적음+조금 적음)이라는 응답은 48.1%였고, 많은 편(조금 많음+훨씬 많음)이라는 응답은 2.1%에 그쳤다.

(3) 청년의 아동기 학대 세부 영역별 피해 경험

이번에는 청년을 대상으로 아동기 학대 경험의 세부 영역별 조사 결과를 살펴보았다. 전체 조사 대상 중 21.7%는 막대기, 지팡이, 회초리 또는 벨트 같은 물건으로 매우 세게 맞은 경험이 있다고 응답하였다. 12.5%는 매우 세게 흔들린 경험이, 8.5%는 매우 세게 맞거나 주먹으로 맞은 경험이 있다고 응답하였다. 아동기 신체학대 경험이 있는 청년을 대상으로 피해 당시에 어떻게 대응하였는지 질문한 결과 '그냥 있었다'는 응답이 76.1%로 가장 많았다.

'자리를 피하거나 집 밖으로 도망갔다'는 응답이 21.3%, '함께 폭력을 행사하였다'가 1.7%, '주위에 도움을 요청하였다'가 0.9% 등으로 나타났다. 청년의 아동기 신체학대 항목들은 주로 '매우 센' 피해 경험을 중심으로 구성되었다는 점에서 대부분의 피해아동이 주위의 도움을 요청하지 못하였다는 결과는 심한 아동학대인 경우에도 가정 내 학대 피해는 폐쇄적일 수 있다는 점을 시사한다. 또한 이러한 아동기 신체학대 경험이 적절한 훈육이었다고 생각하는지에 대하여 62.6%가 그런 편이라고 응답하였다. 그렇지 않은 편이라는 응답은 22.7%, 전혀 그렇지 않다는 응답은 5.6%로 나타났다.

전체 청년을 대상으로 본인의 신체학대 피해 경험을 그 당시 또래들에 비하여 얼마나 많이 경험하였는지 질문한 결과 49.9%가 거의 비슷한 수준이라고 응답하였다. 46.4%가 적은 편(훨씬 적음+조금 적음)이라고, 4.1%가 많은 편(조금 많음+훨씬 많음)이라고 응답하였다. 청년의 아동기 정서학대 피해 경험 중 가장 많은 경험은 '누군가 귀하를 모욕하고 비난해서 스스로를 나쁘거나, 바보 같다거나, 또는 쓸모없다고 생각하게 한 적이 있다'는 것이었다. 전체의 2.3%가 이러한 경험을 한 것으로 나타났다. 그 다음으로는 1.9%가 각각 '사랑하지 않는다고 말하거나 사랑받을 자격이 없다고 말한 적이 있다'와 '귀하를 버리겠다고 하거나 더 이상 귀하를 집에 못 살게 하겠다고 위협한 적이 있다'고 응답하였다.

아동기에 정서학대 피해를 경험하였다고 응답한 청년을 대상으로 피해 당시에 어떻게 대응하였는지 질문한 결과 그냥 있었다는 응답이 78.4%였다. 자리를 피하거나 집 밖으로 도망갔다는 응답이 19.0%, 주위에 도움을 요청하였다는 응답이

1.6%였고, 함께 모욕하거나 위협하였다는 응답이 1.0%였다. 전체 조사 대상 청년에게 본인의 정서학대 피해 경험은 그 당시 또래들에 비하여 얼마나 많이 경험하였는지 질문한 결과 거의 비슷하다는 응답이 49.7%였다. 적은 편(훨씬 적음+조금 적음)이라는 응답은 47.9%였고, 많은 편(조금 많음+훨씬 많음)이라는 응답은 2.4%였다. 청년의 아동기 방임 피해는 전체의 0.5~1.2% 수준으로 낮게 나타났다. 방임으로 인한 상해 경험이 1.2%, 의료 방임이 1.0%, 주거 방임이 0.9%. 식생활 방임이 0.8%, 의생활 방임이 0.5% 등으로 나타났다.

이러한 방임 피해에 대한 자기 인식을 살펴보고자 피해 당시 경제적 상황이 방임에 미치는 영향이 어느 정도였는지 질문한 결과 중간 이상(중간정도+많이) 영향을 주었다는 응답이 과반 이상(57.6%)이었다. 약간 영향을 주었다는 응답은 25.3%, 전혀 영향이 없었다는 응답은 10.7% 수준이었다. 또한 전체 조사 대상 청년에게 본인의 방임 피해 경험이 당시 또래들에 비하여 어떠하였는지 질문한 결과 거의 비슷하다는 응답이 51.3%였다. 적은 편(훨씬 적음+조금 적음)은 46.8%, 많은 편(조금 많음+훨씬 많음)은 1.8%로 나타났다. 청년의 아동기 성학대 피해 경험률은 세부 항목별로 0.6~1.3% 수준인 것으로 나타났다. 강제로 타인의 음부를 보게 하거나 아동의 것을 본 것이 있는 비율이 1.3%로 가장 많았다. 성희롱을 경험한 비율이 1.2%, 그 밖의 성학대 경험이 0.6% 수준으로 나타났다. 아동기 성학대를 경험한 청년들이 당시에 어떻게 대응하였는지 살펴본 결과 52.2%가 자리를 피하거나 밖으로 도망갔다고 응답하였다. 그냥 있었다는 응답은 29.3%였다. 또한 막거나 저항한 비율은 10.0%, 주위에 도움을 요청한 비율은 8.5%였다.

(4) 부모의 부정적 경험과 자녀의 아동학대 피해

이번에는 부모의 부정적인 경험과 자녀의 아동학대 피해 경험이 교차하는 특성을 살펴보기 위하여 주 양육자의 아동기 부정적 생애경험 특성과 아동학대 발생, 부모의 배우자폭력과 아동학대 발생의 교차분석 결과를 살펴보았다. 우선 부모의 아동기 부정적 생애경험은 ACE(Adverse Childhood Experience) 척도 점수로 파악하였는데, 0점부터 13점까지의 점수로 측정되었다. 조사 대상 주 양육자의 아동기 부정적 생애경험 점수 평균은 2.7점으로 나타났다. 아동기에 부정적 생애경험이 전혀 없는 주 양육자의 비율은 20.7%였다. 전체의 79.3%는 1개 이상의 아동기 부정적 생애경험이 있는 것으로 나타났다. 아동기 부정적 생애경험 점수가 1~3점인 비율은 44.8%, 4~6점은 30.1%, 7점 이상은 4.4%였다.

이러한 아동기 부정적 생애경험을 세부 경험별로 살펴보면 가족원의 폭력 피해 경험을 목격한 경우가 전체의 58.9%로 가장 많았다. 정서학대 피해 경험이 52.4%, 지역사회폭력 목격 경험 47.2%, 신체적 학대 피해경험이 30.7%, 정서방임 비율이 19.8% 등이었다. 그 밖의 세부 경험 비율은 10% 미만으로 나타났다. 주 양육자의 아동기 부정적 생애경험 수준별 아동학대 발생률을 아동의 피해 경험과 부모의 가해 경험으로 구분하여 양측에서 모두 살펴보았다. 아동의 피해 경험을 중심으로 볼 때, 주 양육자의 아동기 부정적 생애경험 점수가 높을수록 아동이 보고한 아동의 피해 경험 비율은 증가하였다. 주 양육자의 아동기 부정적 생애경험 점수가 0점인 경우 자녀의 아동학대 피해 경험률은 29.5%에 그쳤으나, 1점인 경우 아동학대 피해 경험율은 44.8%로 증가하였다. 2점일 경우 56.3%, 4점일 경우 73.0%, 7점 이상일 경우 80.3%까지로 증가하였다. 이러한 결과는 통계적으로 유의한 것으로 볼 때, 주 양육자의 아동기 부정적 생애경험의 점수에 따라 자녀의 아동학대 피해 경험 유무에 차이가 있으며, 주 양육자의 부정적 생애경험 점수가 높을수록 자녀의 아동학대 피해 경험 비율이 높은 것으로 판단된다.

또한 주 양육자의 아동기 부정적 생애경험 수준별 부모의 아동학대 가해 경험을 중심으로 살펴볼 때에도 유사한 경향을 확인할 수 있었다. 즉, 주 양육자의 아동기 부정적 생애경험 점수가 0점인 경우 아동학대 가해 경험 비율은 27.0%에 그쳤으나, 1점인 경우 아동학대 가해 경험률이 43.6%로 증가하고, 2점일 경우 54.0%, 4점일 경우 67.0%, 7점일 경우 78.8%까지로 증가하였다. 이러한 결과는 통계적으로 매우 유의하였다.

따라서 주 양육자의 아동기 부정적 생애경험 점수에 따라 자녀의 아동학대 가해 경험 유무에 차이가 있으며, 부정적 생애경험 점수가 증가할수록 아동학대 가해 경험 비율도 높은 것으로 파악된다. 부모의 부정적 경험으로 배우자폭력 피해 및 가해 경험을 살펴보았다. 배우자폭력 피해 경험률은 15.3%, 가해 경험률은 11.9%였다. 이를 세부 영역별로 살펴보면 피해의 경우 정서적 폭력이 10.6%로 가장 높게 나타났다. 성폭력이 4.9%, 신체적 폭력이 3.6%, 경제적 폭력이 2.0% 등이었다. 가해의 경우 정서적 폭력이 10.3%로 역시 가장 높았다. 신체적 폭력이

3.0%, 경제적 폭력이 1.3% 였고, 성폭력은 0.4%에 그쳤다.

아동 부모의 배우자폭력 경험별로 자녀의 아동학대 피해 경험을 살펴보았다. 배우자폭력 가해 경험이 있는 경우 그렇지 않은 경우에 비하여 자녀의 아동학대 피해 비율이 높게 나타났다. 배우자폭력 피해 경험이 있는 경우에도 그렇지 않은 경우에 비하여 자녀의 아동학대 피해 비율이 높았다. 이러한 결과가 통계적으로 유의한 것으로 볼 때, 아동 부모의 배우자폭력이 있었는지 여부에 따라 자녀의 아동학대 피해 경험 비율에 차이를 가져오는 것을 알 수 있다.

(5) 청년의 아동기 학대 등 부정적 생애경험

청년의 아동기 부정적 경험은 만 0~18세 미만의 기간 동안 역기능적 가족생활 사건의 경험 여부, 아동학대(신체적 학대, 정서학대, 성학대) 피해 경험 여부, 가정폭력 목격 경험, 지역사회폭력 목격 경험, 또래폭력 피해 경험 여부 등으로 구성되었다. 역기능적 가족생활사건 경험은 10개의 세부 항목들로 구성되었다. 경험 비율이 가장 높은 항목은 '부모의 실직으로 가정형편이 어려워진 경험'으로 전체 청년의 6.6%가 이러한 경험을 가지고 있었다.

그 다음으로는 '부모님의 이혼 혹은 별거' 경험으로 4.3%가 경험하였다. '가족원의 음주로 인한 어려움'이 있었던 경우는 전체의 3.2%, '부모와 분리 양육'되었던 경험은 전체의 3.0%였다. '전학을 자주 하였던 경험'은 전체의 2.0%가 하였고, '부 혹은 모의 사망 경험'은 전체의 1.4%, '가족원이 장애 혹은 큰 질병이 있어 어려움을 경험'한 경우는 전체의 1.1% 수준으로 나타났다. 그 밖의 경험들은 1% 미만의 비율을 보였다. 이러한 역기능적 가족생활사건 세부 항목을 전체적으로 살펴보면 아동기에 이 중 1건이라도 경험한 청년은 전체의 14.2%로 나타났다.

청년의 아동기 가정폭력 목격 경험과 지역사회폭력 목격 경험은 각 3개 세부 항목으로 구성된다. 가정폭력 목격 경험 중 청년이 가장 높은 비율로 경험한 세부 항목은 '가족구성원 간 언어 및 정서적 폭력'의 목격 경험으로, 전체의 51.4%였다. 도구를 이용한 신체폭력 피해를 목격한 경험은 전체의 18.9%, 도구를 이용하지 않은 신체폭력 피해를 목격한 경험은 17.5%로 나타났다. 세부 항목을 모두 합한 경험 비율은 전체의 52.5%였다. 지역사회폭력 목격 경험 중 가장 높은 비율로 경험한 세부 항목은 '지역사회구성원이 맞는 것을 목격한 경험'으로 전체의

38.3% 수준이었다.

그 밖에 '칼이나 흉기로 위협을 받거나', '칼 등의 흉기에 맞는 것을 목격한' 경험은 각각 8.3%와 7.2% 등의 수준이었다. 세부 항목을 모두 합한 경험 비율은 전체의 38.5%로 나타났다. 청년의 아동기 또래폭력 피해 경험은 7개의 세부 항목으로 구성되었다. 이 중 응답자들이 가장 높은 비율로 경험한 항목은 '맞거나 발로 차이거나 또는 물건들로 인하여 다친' 경험으로 전체의 6.6% 수준으로 나타났다.

그 다음으로는 강제 심부름(빵셔틀 등)을 당한 경험이 4.3%였으며, 돈이나 물건을 빼앗긴 경험이 3.2%, 욕설이나 무시하는 말을 지속적으로 들은 경험이 3.0%, 인터넷 따돌림 · 괴롭힘 경험이 1.4% 등이었다. 청년이 아동기에 어떠한 유형이든지 1개 이상의 또래폭력을 경험한 비율은 전체의 14.2% 수준으로 나타났다. 청년의 아동기 부정적 생활사건 중 1건이라도 경험한 경우와 전혀 경험하지 않은 경우로 구분하여 살펴보면 전체의 66.4%(1052명)가 아동기 부정적 경험이 있는 것으로 나타났다. 부정적 경험을 하지 않은 비율은 전체의 33.6%였다. 청년의 아동기 부정적 경험 유무에 따른 청년기 부정적 경험 비율을 살펴보면 아동기에 부정적 경험이 있는 경우 군대폭력, 데이트폭력, 직장폭력 등 각 부정적 경험 비율이 더 높게 나타났다. 이러한 결과는 통계적으로 유의하였다. 예컨대 아동기 부정적 경험이 있는 청년은 직장폭력 피해의 경험이 아동기 부정적 경험이 없는 청년에 비해 5배가량 높았다. 군대폭력 피해 경험이 59.8%로, 아동기 부정적 경험을 하지 않은 청년의 19.3%보다 3배가량 많았다. 데이트폭력 피해 경험의 경우에도 아동기 부정적 경험을 한 청년과 그렇지 않은 청년 사이에 2배 이상의 경험률의 차이를 보였다. 따라서 청년이 아동기에 부정적 경험을 하였는지 여부에 따라 청년기에 군대, 데이트 및 직장의 폭력 피해 경험 비율에 차이가 있음을 확인할 수 있다.

3 아동의 문제

1) 아동학대의 부모 요인

아동의 부정적 생애경험 중 가장 대표적인 것은 학대이다. 폭력, 구타, 체벌뿐 아니라 욕하거나 겁을 주는 정서적 학대, 식사를 제대로 챙겨 주지 않거나 밤늦게 귀가해도 신경 쓰지 않는 무관심이나 방치 등도 학대에 포함된다. 아동학대 발생의 원인을 설명하는 대표적인 관점으로는 아동 자신의 발달적 특성에 초점을 두는 발달론적 관점, 가해자의 정신적 결함이나 이상심리적 특성 등 개인적 요인에 기초한 정신병리학적 관점, 가족배경, 부모의 양육 태도나 경제 수준과 같은 가정의 환경적 특성에 기인하여 학대가 발생한다고 보는 사회심리학적 관점, 아동과 가정을 둘러싼 사회문화적 맥락에서 원인을 찾는 사회문화적 관점 그리고 여러 가지 관점을 통합하여 학대가 일어난 아동과 가족을 둘러싼 체계들 간의 관계에서 원인을 찾는 생태학적 관점 등을 들 수 있다(한미현, 2008). 학대를 유발하는 하나의 원인이 또 다른 원인에 영향을 주게 되고, 원인들 간에 상호적 관계를 갖기 때문에 아동학대의 원인을 분명하고 명확하게 규정 짓기는 매우 힘들다.

아동학대 발생의 가장 대표적인 원인은 부모 요인이고 그 부모 요인은 다양하고 복잡하다. 정신병리학적 관점에 의하면 부모의 성격 특성은 아동학대와 밀접하게 연관되어 있는 것으로 밝혀지고 있으며, 부모의 양육 스트레스가 높을수록 부모는 아동의 의존적 행동을 높게 지각하며, 아동의 행동을 자주 통제하고 강압적이며 처벌적인 양육 행동을 보인다. 낮은 스트레스 상황 하에서 일반적으로 부모는 자녀를 합리적으로 대할 수 있다.

아동학대를 유발하는 또 다른 가족 환경 요인 중의 하나는 가족구조이다. 먼저 한부모가족의 경우 경제적 수입원의 감소로 인해 경제적으로 궁핍할 가능성이 크다. 한부모 가족은 양부모가족보다 아동 양육과 경제적 활동을 병행해야 하는 이중적인 부담으로 인해 스트레스가 증가되어 아동의 양육에 일관성을 잃기 쉽고, 아동학대의 가능성이 높고, 가정의 분위기도 아동학대에 유의미한 영향력이 있다. 폐쇄적이고 갈등적인 가정 분위기에서 아동학대를 경험할 가능성이 커진다. 갈등

적이고 서로 신뢰할 수 없는 분위기에서 자주 소리를 지르거나 서로의 의견을 존중하지 않고 물건을 집어 던지는 모습을 자주 보이는 가족일수록 아동이 학대를 더 많이 경험한 것으로 나타났다.

또한 가족 및 부모의 행동은 사회적인 맥락 안에서 반응한다. 학대하는 부모는 지역사회 및 이웃과의 관계가 위축되고, 비우호적이며, 사기가 저하되어 있었다. 빈곤한 지역사회에서 이웃과의 비우호적인 관계, 사기 저하는 부모에게 심한 스트레스를 주고, 적절한 아동 양육을 위한 부모 능력을 약화시킬 수 있다. 잦은 이사, 비협조적인 이웃, 불충분한 사회제도 등도 부모를 학대의 위험에 빠지게 한다. 우리나라의 경우 훈육을 위한 체벌이 흔하게 이루어지며, 이에 대한 사회문화적 허용도가 높은 것이 아동학대의 원인 중 하나로 작용하고 있다. 이렇게 아동학대의 원인은 개인적인 이유에서부터 사회문화적 환경 요인에 이르기까지 매우 다양하게 제시되고 있다(오정수, 정익중, 2017).

2) 학대의 세대 간 전이에 대한 이론

아동기 부정적 생애경험 중 아동학대가 성장 발달 과정에서 발생할 수 있는 가장 심각한 사건의 하나로 인식되기 시작하면서 학대 발생의 원인에 대한 연구가 다양한 사회과학 분야에서 진행되어 왔다. 그중 가장 힘을 얻고 있는 설명 중의 하나는 세대 간 전이, 학대의 대물림이다. 아동학대 분야에는 학대하는 부모가 되는 학대아동이라는 개념이 있다. 학대가 여러 세대에 걸쳐 전이될 수 있거나 여러 세대에 걸쳐 지속될 수 있다는 믿음은 학대의 원인에 대해 널리 받아들여지는 개념 중 하나이다. 학대는 피해아동이 경험하는 당시의 직접적 피해에서 끝나는 것이 아니라 피해아동이 또 다른 학대의 가해자로 등장하는 2차 피해를 가져오기도 한다.

과거의 피해자가 새로운 가해자가 되어 자신이 당한 것과 비슷한 유형으로 자녀를 학대하는 것이다. 이런 방식으로 아동학대가 대물림되어 악순환이 계속되는 것은 피해 당사자 본인은 물론이고 사회적으로도 커다란 문제가 될 수 있다. 학대받은 아동이 다양한 문제를 가지고 성장하여 성인이 된다면 취약한 부모가 되어 자녀를 학대할 가능성이 높다.

일반적으로 학대가 세대 간에 어떻게 전달되는지를 단일 요소로 완전히 설명할 수는 없다고 인정된다. 세대 간 전이는 많은 요인들에 영향을 받는다. 이 때문에 제시되는 것은 다중요인 접근법이다. 학대가 개인, 가족, 공동체 및 문화의 상호 영향에 의해 결정된다는 가정하에 어떤 개인이 폭력의 전이를 저지를 가능성이 가장 큰지를 예측하려는 시도는 다양한 수준의 영향 요인 간 복잡한 상호작용에 의해 결정된다고 주장한다. 이 연구들은 대부분 아동학대나 아동학대의 세대 간 전이가 단순히 한두 가지 원인에 기인하는 것이 아니라 상호 연결된 다양한 요인 때문이라고 보고하고 있다. 아동학대 원인에 대한 가장 설득력 있는 설명은 개인의 내적 심리 상태, 가족구성원 간의 공격적인 상호작용 그리고 자원의 이용 가능성, 스트레스 표현 같은 사회구조들이 상호작용하면서 발생한다는 것이다.

3) 아동기 부정적 생애경험과 신체 · 정서적 건강

아동기 학대 피해 경험, 아동의 건강행태와 정신건강 간 연관성을 살펴보기에 앞서 이 연구에 포함된 아동이 겪었던 학대 피해 경험 규모와 아동의 건강행태 및 정신건강 현황을 살펴보았다. 우선 이 연구에 포함된 아동의 평생 동안 및 지난 1년간의 학대 피해 경험규모를 살펴보면 전체 응답자의 72.8%가 유형을 막론하고 하나 이상의 학대나 방임을 살아오면서 경험한 것으로, 57.4%가 유형을 막론하고 하나 이상의 학대나 방임을 지난 1년 동안 경험한 것으로 나타났다. 유형별로 보면 평생 경험의 경우 정서적 학대를 경험했다고 응답한 아동이 68.3%로 가장 많았다. 그 다음으로는 신체학대를 경험했다고 응답한 아동이 53.1%로 높게 나타났다. 지난 1년간 경험의 경우 역시 유사하게 나타난다. 정서적 학대를 경험했다고 응답한 아동이 53.9%로 가장 높았다. 신체학대를 경험했다고 응답한 아동은 29.9%로 나타났다.

아동의 건강행태와 정신건강 현황을 살펴보면 다음과 같다. 우선 건강행태를 보면 전체 응답자의 93.6%가 자신의 건강이 '좋다' 혹은 '매우 좋다'로 인식하고 있는 것으로 나타났으며, 아동의 3.4%가 지난 1년간 흡연을 해 본 적이 있다고 응답했다. 아동의 4.7%는 지난 1년간 음주를 해 본 적이 있다고 답했다. 정신건강 현황을 보면 전체 응답자의 19.6%가 우울한 것으로 나타났다. 1.4%는 지난 1년간 죽고 싶다는 생각을 한 적이 있었다.

4 아동기 부정적 생애경험에 따른 삶의 만족도의 차이

1) 부정적 가족생활사건과 삶의 만족도

여기서는 부정적 생애경험의 항목들과 학대 경험의 항목들을 가지고 삶의 만족도 척도인 SLSS와 PWI의 평균 차이에 대해 살펴보고자 한다. 먼저 부정적 생애경험 중 역기능적 가족생활사건 노출 경험의 항목들을 보면 9개 항목 중 4개 항목의 경험이 삶의 만족도에 통계적으로 유의한 차이를 가지고 왔다. 이 문항들은 부모님과 떨어져서 다른 사람 집에서 살았던 경험, 부모님께서 일자리를 잃으셔서 가정형편이 급격히 어려워진 경험, 술을 많이 마시는 등의 어려움이 있는 가족이 있었던 경험, 부모님께서 이혼하셨거나 별거하셨던 경험이었다. 이 중 가정형편이 급격히 어려워진 경험이 SLSS 5.8점, PWI 6.2점으로 가장 낮게 나타났다.

이러한 항목들이 중복적으로 나타났을 때 삶의 만족도에 어떠한 영향을 미치는지 살펴보기 위하여 9개 항목을 합산한 값으로 평균 비교를 해보았다. 분석의 편의상 4개의 집단(경험이 없는 집단, 단일경험 집단, 2개 중복경험 집단, 3개 이상 중복경험 집단)으로 구분하여 삶의 만족도의 평균치를 비교한 결과 SLSS와 PWI에서 모두 통계적으로 유의한 차이가 나타났다. 부정적 생애경험이 없는 아동들의 삶의 만족도는 SLSS 7.3점, PWI 7.5점이었다. 전체 아동 중 91.8%에 해당하였다. 여기에서 부정적 생애경험이 1개 늘어나면 SLSS는 6.8점, PWI는 7.1점으로 감소하고, 2개 늘어나면 SLSS 6.6점, PWI 6.9점으로 감소하며, 3개 이상이 되면 SLSS 5.7점, PWI 6.0점으로 감소폭이 더 커져서 낮은 삶의 만족도를 보이게 된다. 이러한 결과는 부정적 생애경험이 중복적으로 나타날수록 삶의 만족도가 떨어지는 기존 연구들과 같은 패턴을 보이는 것이다

2) 아동학대 경험과 삶의 만족도

신체적 학대 및 체벌의 항목들에 따른 삶의 만족도 차이를 보면 주로 가벼운 체벌 항목들은 경험 여부에 따라 삶의 만족도 차이가 나타나지 않았다. 하지만 심각한 학대의 항목들은 삶의 만족도 차이가 통계적으로 유의하게 나타났다. SLSS와 PWI에서 공통적으로 통계적으로 유의한 항목은 발로 차기, 손바닥으로 엉덩이 때리기, 목 조르기, 도구나 주먹으로 마구 때리기, 때려눕히기 등이었다. 심각한 수준의 신체적 학대는 삶의 만족도를 유의하게 감소시켰다. 중복학대의 영향을 살펴보기 위하여 가벼운 수준의 체벌을 따로 묶어 그 영향을 살펴보았다. 그 결과를 보면 개별 항목으로 보았을 때는 큰 영향이 없었던 체벌 경험들도 중복적으로 나타나면 삶의 만족도 차이를 가지고 왔다. 체벌 경험이 하나도 없었을 때의 SLSS의 평균은 7.4점, PWI는 7.5점이었던 것에 반해 6가지였을 때는 SLSS와 PWI의 평균이 6.9로 하락한 것을 볼 수 있다. 단, 체벌을 중복적으로 경험하는 아동은 다른 종류의 심각한 신체적 학대 역시 경험하고 있을 수 있어 체벌만의 영향인지는 불분명하다.

정서적 학대의 중복경험 역시 삶의 만족도를 통계적으로 유의하게 낮추는 것으로 나타났는데, 신체적 학대에 비해 감소폭이 더 크게 나타났다. 이는 신체적 학대에 비해 정서적 학대가 상대적으로 정책적인 관심을 못 받고 있는 현실에서 시사하는 바가 크다고 할 수 있다. 적어도 삶의 만족도 측면에서는 신체적 고통만큼이나 정신적 고통도 아동들의 삶의 질을 떨어뜨리는 요인이라 할 수 있다. 방임의 경우 돌봄과 관심의 부재는 아동의 삶의 만족도를 비교적 크게 저하시켰다. 방임은 항목별 발생률이 낮아 충분한 아동 수가 없는 한계가 있었지만, 삶의 만족도가 감소한 항목은 하찮은 존재라고 생각하게 만들기, 충분한 음식과 음료를 제공하지 않기, 제때 치료해 주지 않기, 술에 취해 돌보아 주지 않기 등 비교적 심각한 수준의 방임들이었다.

방임의 중복경험에 따른 삶의 만족도 저하는 2개까지는 별다른 변화가 없지만, 3개 이상부터 SLSS 5.7점, PWI 5.9점으로 비교적 큰 변화가 나타났다. 이는 부모의 감독, 관심, 돌봄의 부재가 누적될 때 부정적 영향이 크게 나타나는 것으로 해석될 수 있다.

3) 또래폭력 경험과 삶의 만족도

또래로부터의 폭력 경험은 조사된 모든 항목에서 통계적으로 유의하게 삶의 만족도를 감소시키는 것으로 나타났다. 욕설이나 무시하는 말을 하기, 폭행당하기, 갈취당하기, 위협당하기, 괴롭힘당하기, 강제 심부름 당하기, 사이버상에서 괴롭힘당하기 등 모두 삶의 만족도를 저하시키는 부정적 경험들이었다. 또래폭력의 중복적 영향 역시 앞서 살펴본 아동학대 항목들만큼 아동들에게 부정적인 영향을 가지고 왔다. 비록 SLSS와 PWI의 감소 패턴에 약간의 차이를 보이지만, SLSS의 감소 패턴은 앞서 살펴본 부정적 생애경험 중 가장 급격하게 하락하였다. 이러한 결과는 우리 사회에서 아동학대만큼이나 또래폭력 혹은 학교폭력에 대해 관심을 가져야 할 뿐만 아니라, 아동학대의 전달체계만큼 또래폭력 피해아동의 지원체계를 갖추어야 한다는 것을 보여 주는 것이다.

4) 중복피해 경험(poly-victimization)과 삶의 만족도

중복적인 피해 경험은 아동의 삶의 질 감소를 가지고 왔다. 이는 SLSS와 PWI에서 유사하게 나타났다. 이를 더 자세히 살펴보기 위하여 SLSS와 PWI의 개별 항목들을 4개 집단(경험 없음, 단일경험, 2개 중복경험, 3개 중복경험, 4개 이상 중복경험)으로 구분하여 살펴보았다. 그 결과 SLSS에서는 문항별로 경험 없는 집단, 단일경험과 2개 중복경험까지는 어느 정도의 수준이 유지되었으나, 3개 중복경험부터는 급격하게 하락하는 패턴을 보이고 있다. PWI도 중복학대에 따른 하락 패턴을 보이고 있으나, 삶의 중요 영역별로 패턴에 약간의 차이를 보인다. 이러한 차이가 무엇에 기인하는지는 연구가 더 필요할 것으로 보인다.

5 보건복지부, 2019년 아동학대 연차보고서

보건복지부의 2019년 아동학대 연차보고서의 내용은 다음과 같다(보건복지부, 2020. 8. 31.).

아동학대 연차보고서는 2018년 아동복지법 개정 이후 2019년에 처음 발간하여 올해로 2년째로써 연차보고서 내용에는 아동학대 예방정책의 추진 실태 및 평가 결과, 피해아동 현황 및 보호·지원 현황 아동학대 사례 분석, 아동학대 예방교육 및 신고의무자 교육 현황 등이 포함된다. 아동학대 신고 건수는 4만 1,389건으로 전년 대비 13.7% 증가하였으며 피해아동의 성별은 남아가 1만 5,281건(50.9%)로 여아보다 약 1.8%p가 높았고, 만 13~15세의 아동이 전체 23.5%로 가장 높은 것으로 확인되었으며, 아동학대 발생 장소는 가정 내에서 발생한 사례가 총 2만 3,883건(79.5%)으로 가장 높았고 주요 아동돌봄기관인 학교, 어린이집, 유치원은 각 2,277건(7.6%), 1,371건(4.6%), 139건(0.5%) 순이었다. 학대행위자는 부모 2만 2,700건(75.6%), 대리양육자 4,986건(16.6%), 친인척 1,332건(4.4%), 기타 364건(1.2%) 순으로 확인되었다.

2019년 피해아동 발견율이 작년 대비 0.83‰p 증가('18년 2.98‰ → '19년 3.81‰) 한 점은 학대 피해아동을 조기발견하여 아동을 보호하는 정책 추진 효과에 큰 의의가 있다고 평가되나, 여전히 가정 내 또는 양육자에 의한 아동학대가 높은 편으로, "체벌은 학대"라는 인식 홍보와 올바른 양육방법에 대한 교육이 필요한 상황이다. 2019년 한해 아동학대로 사망에 이른 아동은 총 42명이며 이 중 0~1세의 아동은 45.2%로 신생아 및 영아가 학대에 의한 사망에 가장 취약한 집단임을 알 수 있었다. 연차보고서에는 관계 부처에서 수행하고 있는 아동학대 예방에 대한 전반적인 정책 및 추진실태를 담고 있어 국가 아동학대 예방정책에 대한 이해를 높였다. 보건복지부 조신행 아동학대대응과장은 "이번 연차보고서를 통해 아동학대 관련 현황과 실태를 파악하고 아동학대 예방정책 및 사업 수행에 도움이 되길 바란다."며, "아동학대는 사회적 관심이 높은 범죄이고 아동의 건강한 발달·증진과 직결되므로 국가와 지자체를 중심으로 민관 협력을 통해 아동학대 예방정책을 적극적으로 추진하는 것이 중요하다."라고 강조했다. 최근 5년간 주요 아동학대 관련 통계의 내용은 다음과 같다.

6 아동학대 신고의무자

1) 아동학대 신고의무자 교육 세부 지침

(1) 기본개요

- 근거
  - 「아동복지법」 제26조 및 같은 법 시행령 제26조
- 내용
  - 아동학대 신고의무자가 소속된 기관・시설 등의 장은 소속
  - 신고의무자에게 신고의무자 교육을 매년 1시간 이상 실시해야 함
  - 「아동학대처벌법」 제10조제2항에 명시된 신고의무자는 예외 없이 교육 수강

(2) 교육내용 및 방법

- (교육 이수기간) 2020.1.1.부터 2020.12.31.까지 1시간 이상
  - 다만, 2019.1.1.~2019.2.28.까지 유예한 2019년 교육으로 이수한 경우 해당 교육은 2019년 교육으로 인정되므로 2020년 교육을 추가로 이수해야 함
- (교육내용)
  - 아동학대 예방 및 신고의무에 관한 법령
  - 아동학대 발견 시 신고 방법
- 피해아동 보호 절차 등
- (근거)「아동복지법 시행령」 제26조제1항
- (교육방법) 강사, 교육교재(PPT, 동영상)를 활용한 집합교육, 시청각교육 또는 인터넷 강의 등 기관 여건에 맞게 교육 실시

- (집합 · 시청각교육) 적합한 강사 섭외 또는 아동권리보장원 홈페이지 (ncrc.or.kr) 자료실에 등재된 교육교재(PPT, 동영상) 이용 가능
  - 2020년의 경우, 코로나바이러스감염증-19 예방을 위해 집합교육보다는 인터넷 강의를 활용한 비대면교육을 권장
- (인터넷 강의) 아래 홈페이지에서 '아동학대' 또는 '신고의무자' 키워드로 검색해 신고의무자 교육 이수
- 서울시 평생학습포털(sll.seoul.go.kr), 경기도 지식(www.gseek.kr), 중앙교육연수원(www.neti.go.kr), 국가평생학습포털 늘배움(www.lifelingedu.go.kr), 중앙육아종합지원센터(lms.educare.or.kr)

(3) 아동학대 신고의무자

- (목적) 아동학대를 쉽게 발견할 수 있는 직종에 종사하는 사람을 신고의무자로 지정함으로써 학대 피해아동 조기발견 및 보호
- 「아동학대범죄의 처벌 등에 관한 특례법」 제10조제2항 각 호에 따른 시설(예시: 유치원, 아동복지시설, 어린이집 등)의 장과 종사자
- (근거)「아동학대범죄의 처벌 등에 관한 특례법」 제10조
- (내용) 신고의무자는 직무 수행 과정에서 아동학대범죄를 알게 된 경우나 그 의심이 있는 경우 수사기관 등에 즉시 신고해야 함

(4) 신고 불이행 시 제재

- (과태료) 정당한 사유 없이 미신고 시 500만 원 이하의 과태료 부과
- (근거) 법 제63조제1항제2호, 같은 법 시행령 제8조
  - 구 분: 1차 위반 과태료 금액 150만 원
    2차 위반 과태료 금액 300만 원
    3차 위반 과태료 금액 500만 원
- (내용)「특정범죄신고자 등 보호법」 제7조부터 제13조까지를 준용해 살인 등 강력범죄의 신고자에 준하여 보호(법 제10조의3)

※ 수사과정에서 인적사항 미기재, 비밀보장, 신변경호 및 주기적 순찰 등 기타

(5) 교육 미실시 시 제재

- (과태료) 아동학대 신고의무자가 소속된 기관 · 시설의 장이 소속 신고의무자에게 신고의무 교육을 매년 1시간 이상 실시하지 않은 경우, 해당 기관 · 시설의 장은 300만 원 이하의 과태료 대상
- 과태료 부과에 앞서 연내 교육이 완료될 수 있도록 반드시 안내 · 독려 필요
  - (근거)「아동복지법」 제75조제3항제1의2호, 동법 시행령 제58조
  - 구 분: 1차 위반 과태료 금액 150만 원
    2차 이상 위반 과태료 금액 300만 원
  - 다만 고의 · 과실이 없거나, 정당한 이유로 신고의무 교육을 실시하지 않은 경우, 심신장애가 있는 경우는 부과대상에서 제외 가능

〈질서위반행위규제법〉

- 제7조 고의 또는 과실이 없는 질서위반행위는 과태료를 부과하지 아니한다.
- 제8조 자신의 행위가 위법하지 아니한 것으로 오인하고 행한 질서위반행위는 그 오인에 정당한 이유가 있는 때에 한하여 과태료를 부과하지 아니한다.
- 제10조 ① 심신(心神)장애로 인하여 행위의 옳고 그름을 판단할 능력이 없거나 그 판단에 따른 행위를 할 능력이 없는 자의 질서위반행위는 과태료를 부과하지 아니한다.
- (과태료 부과 주체) 신고의무자가 소속된 기관 · 시설의 소재지 관할 시장 · 군수 · 구청장 · 교육감 · 교육장
  ※ (예시)「학원의 설립운영 및 과외교습에 관한 법률」에 따른 학원 및 교습소의 경우 소재지 관할 교육장(교육감)이 부과
  - 아동 담당부서 또는 시설 과태료 처분 부서에서 실시함을 원칙으로 하되, 지자체 또는 교육(지원)청 조직구성에 따라 달리 정할 수 있음
- (불이행 여부 적용기간) 매년 1월 1일부터 12월 31일까지의 기간에서 교육 실시 여부를 판단
- (기타) 기타 과태료 산정기준 및 부과금액, 부과절차(의견제출, 이의제기 등) 등의 사항은 질서위반행위규제법령 및 행정절차법령 준용

(6) 기타 사항

- (타 기관 교육 콘텐츠 인정여부) 「아동복지법 시행령」 제26조제1항에서 명시한 필수 교육내용을 포함하는 경우 타기관에서 제작한 신고의무자 교육 콘텐츠도 인정 가능

  * 자세한 사항은 「(참고1) 자주 묻는 질문」 참고
- (강사 선정) 기관별로 아래와 같은 강사자격 권장기준(필수 아님)에 적합한 강사를 선정하여 자율적으로 교육을 실시할 수 있음

  * 아동보호전문기관 등 아동학대 유관기관에 강사 추천 요청 가능

  – 국가 및 지자체, 공공기관 등의 아동학대 유관업무 담당자

  – 아동학대 대응업무 유관기관의 정책개발, 상담 등 관련 업무 종사자

  – 아동학대와 연관된 분야 학위소지자로서 연구, 강의 경력자

  – 상기 각 항과 동등한 자격이 있다고 인정되는 자 등
- (주의사항) 공통기관(신고의무자 교육 대상기관 + 공공부문 아동학대 예방교육 대상기관 ; 대학병원, 대학 내 평생교육기관 등)의 경우 '공공부문 아동학대 예방교육'과는 별도로 연 1회 이상 예방교육 이수 필요

2) 아동학대 신고의무자 교육결과 제출

(1) 기본개요

- (근거) 「아동복지법」 제26조제3항 및 동법 시행령 제26조제3항
- (내용) 아동학대 신고의무자가 소속된 기관·시설 등의 장은 소속

  – 아동학대 신고의무자에게 신고의무 교육을 매년 1시간 이상 실시하고, 그 결과를 관계 중앙행정기관의 장에게 제출해야 함

(2) 교육점검 대상기관

- 「아동학대범죄의 처벌 등에 관한 특례법」 제10조제2항에 따른 아동학대 신고의무자가 소속된 기관·시설

  * 아동학대 신고의무자 대상기관별 중앙부처 소관부서

(3) 교육시행 결과 제출

- (교육실적 인정기준) 2020.1.1.~2020.12.31.까지 1시간 이상 교육 시행
- (제출내용) 2020년 실시한 교육실적* 및 과태료 부과실적
  * (신고의무자가 소속된 기관) 기관명, 교육일시 · 장소, 교육방법, 수료 인원, 관련 증빙자료 등 제출
  (기초자치단체) 이수 기관 수, 미이수 기관 수, 과태료 부과 실적 등 제출
- (제출방법)「아동학대 예방교육 실적관리시스템(가칭)」에 회원 가입 후 입력
  - 실적입력 주체 및 제출방식은 현재 개발 중인 위 실적관리시스템 구축 후 '2020년 신고의무자 교육결과 제출' 안내 시 재공지 예정('20.12월)
- (제출기한) 2021년 1월 1일~2월 28일
  * 신고의무자 교육 점검결과는 연차보고서 형태로 매년 하반기 국회 보고

(4) 각 기관별 교육실시 안내 및 결과보고 제출방법

- (기초자치단체) 신고의무자가 소속된 관할 기관 · 시설에 교육시행 · 점검계획 안내, 교육결과를 취합하여 실적관리시스템에 입력
- (광역자치단체(교육청)) 시 · 군 · 구(교육지원청)에 기관 · 시설별 교육시행 · 점검계획 안내, 소속 시 · 군 · 구 교육실적 모니터링
- (관계 중앙행정기관) 17개 시도에 부처별 소관 기관 · 시설에 대한 교육시행 · 점검계획 수립 및 안내(공문 시행), 시 · 도별 교육실적 모니터링
  - 부처에 소속된 일부 기관 · 시설의 경우 해당 부서에서 직접 교육결과 입력 가능

Chapter

07 입양아동

우리나라 입양아동에 관한 내용을 자세히 살펴보면 다음과 같다(보건복지부, 2020d).

1 입양사업

1) 입양사업의 개념 및 종류

(1) 지원현황

① 지원근거

「입양특례법」 제32조(입양알선비용), 제35조(양육보조금 등)

② 보조금 지원현황

- 입양비용지원: 206백만 원(40%, 60%) 2007년부터 지원
  - 입양알선비용: 입양특례법상 허가받은 입양기관을 통해 입양되는 아동의 입양비용이다.
  - 지원단가: 270만 원(건당)
  - 입양철회비용: 입양대상아동 입양부터 철회 시까지 아동보호기간 동안 소요된 비용이다.

- 지원기준: 15만 원(2주 내)~73만 원(8주 이상)

- 입양기관 인건비 및 운영비: 164만 원(시비100%) 2013년부터 지원
  입양기관 인건비 및 운영비: 지원대상은 서울 소재 국내입양기관 4개소이고 지원내용은 상담원 1인 인건비 및 사무용품비, 영아 일시보호 강화이다.

2) 입양기관 운영

(1) 목 적

국내 입양을 활성화하기 위해 국내입양기관에 대한 운영 지원

(2) 지원내용

- 대상: 국내입양기관 4개소(홀트, 대한, 동방, 성가정입양원)
- 내용: 상담원 1인 인건비 및 사무용품비 지원, 영아 일시보호 강화

(3) 서울시 직영 입양기관: 서울특별시 아동복지센터

서울특별시 아동복지센터는 국내 입양 활성화를 위해 서울특별시 아동복지시설에서 보호하는 유기아동 및 친부모가 친권을 포기하여 입양 조치가 필요한 아동을 입양희망가정 중 양친 가정조사를 통해 입양 적격으로 결정된 가정에 입양 조치하였으며 주요 사업은 아래와 같다.

- 국내 입양 대상 아동 발굴 및 입양 추진
- 양친 가정조사를 위한 가정방문 및 입양 적격 가정 결정
- 입양 적격 가정에 양육시설이 입양 대상 아동 결연
- 법원의 입양 확정 가정에 대해 1년간 입양 사후 지도
- 입양의 날 기념 입양 가입양가정위탁 아동 심리치료 지원 사업측 초청 행사
- 국내 입양 활성화를 위한 인식개선 캠페인

(4) 자치구 지원사업

- 서대문·강서구: 입양 장려금(일반 100만 원, 장애 200만 원)

- 강동구: 입양 축하금(일반 60만 원, 장애 126만 원)
- 강북구: 입양 축하금(일반 60만 원, 장애 120만 원)
- 광진 · 동작구: 입양 축하금(일반 50만 원, 장애 100만 원)
- 종로 · 중구 · 마포 · 양천 · 금천 · 서초 · 송파: 입양 축하금(일반 100만 원, 장애 200만 원)
- 강남구: 양육 수당 10만 원/월, 장애아동은 추가로 의료비 40만 원/년 지원
- 서초구: 양육 수당(10만 원/월)

3) 입양가정위탁 아동 심리치료 지원사업

(1) 목 적

입양 · 가정위탁 아동 중 과잉행동장애(ADHD), 정서불안장애 등으로 인해 상담 · 치료가 필요한 국내입양 · 가정위탁 아동의 심리정서 검사 · 치료비를 지원한다.

(2) 근 거

「아동복지법」 제4조(국가와 지방자치단체의 책무), 제15조(보호조치), 제35조(건강한 심신의 보존), 제59조(비용 보조)

(3) 대 상

「아동복지법 시행령」 제14조 및 「아동복지 사업안내」상의 국내입양 · 가정위탁 보호아동으로 결정된 아동이다.

※ 단, 18세 이상이더라도 고등학교 재학 중인 입양 · 위탁아동과 가정위탁 연장보호아동도 포함

4) 심리치료 지원사업 내용

(1) 사업 기간 및 내역

지원 프로그램 내역: 심리정서치료비, 검사비치료 내역: 치료 대상자의 증상에 따라 필요한 프로그램을 선별 또는 혼합하여 놀이치료, 미술치료, 음악치료, 집단

치료, 인지치료, 언어치료, 기타 아동의 심리정서 회복을 위한 치료를 한다.

(2) 치료가격 및 제공기간

- 구청장이 필요하다고 인정하는 경우 치료 · 검사 · 상담 지원 금액을 각 10만 원 이내에서 초과 지급 가능하다.
- 심리검사비: 회당 20만 원 이내(1회)
- 부득이한 사정으로 가정위탁 책정 전 사전심리검사가 누락된 위탁아동의 경우 심리검사 실시 및 비용 지원을 한다.
- 추가 심리검사 필요시 관련 내용이 명시된 치료기관의 진단서 또는 소견서를 제출받아 구청장이 추가 지원에 대해 결정한다.
- 단, 종합심리검사(Full Battery검사)는 예산지원 가능 범위 내에서 30만 원 이내 지원 가능하다.
- 심리정서치료비 및 위탁부모 양육 상담비: 위탁아동 및 위탁부모 각 월 20만 원 이내, 상담 및 치료 회수는 월 4회 이상 1회당 50분 내외를 원칙으로 하되 탄력 적용 가능하다.
- 치료를 요하는 정도가 심한 위탁아동의 위탁부모에 대해서도 양육 상담비용을 지원한다.
- 교통비: 월 2만 원 이내, 단 지역적 상황으로 택시를 이용해야 할 경우 월 4만 원 이내(아동 및 아동보호자 교통비 포함)이다.
- 지원기간: 12개월 이내(단, 필요시 연장 가능하며, 연장 시 관련 내용이 명시된 치료기관의 진단서 또는 소견서를 제출받아 구청장이 결정)이다.
- 서울시는 자치구 예산배분 현황을 서울특별시 가정위탁지원센터에 공유하고 지원 필요 아동이 누락되지 않도록 상호 협력 부탁한다.

(3) 치료비 지원 대상자 선정

2020년 신규 지원대상 아동은 자치구 추천을 통해 서울시에서 선정하였다.

- 2020년 연간 지원 대상 아동 선정(단, 치료 종결, 타 시 · 도 전출 등에 따른 결원 발생 시 예산의 범위 내에서 추가 선정 가능).

- 서울시에서는 사업기간 중 치료 포기자를 대비하여 예비 인원 확보되었고, 신규 지원대상 아동 추천 방법이다.
- 가정위탁아동: 구청장이 결정 통보한 가정위탁아동 중 심리치료가 필요하다고 판단되는 아동을 <서식 58>에 의거 시에 추천(서울특별시 가정위탁지원센터 추천아동의 경우 자치구를 통해 서울시에 제출)
- 입양아동: 국내 입양아동 중 심리치료가 필요하다고 판단되는 아동을 <서식 58>에 의거 시에 추천한다.
- 대상자 접수 시 아동의 치료에 대한 동의서, 원하는 치료기관 기재 등을 포함하여 작성 및 제출

(4) 치료기관 선정

① 가정위탁아동 경우

서울특별시 가정위탁지원센터는 사례관리 인력을 활용하여 치료비 지원 대상자로 선정된 아동에게 적합한 치료기관을 선정하고, 치료기관 선정과 관련된 자료를 자치구에 제출(치료기관 선정 및 상담사 자격 증명자료 등)

- 지역 내 소아 정신과 등 의료기관이 아닌 상담센터 등을 이용하는 경우 양질의 치료・상담 실시를 위해 다음의 인력요건을 갖춘 기관으로 한정하여 선정한다.

※ 치료기관의 접근성의 문제가 있는 경우 치료사의 직접 방문을 통한 심리치료 가능하다.

※ 치료기관 선정 시 상담사 요건기준은 가정위탁지원센터 종사자 자격기준 중 임상심리치료 전문인력과 동일한 기준 적용이다.

※ 치료기관 선정 시 지역가정위탁지원센터는 치료기관에 상담사의 범죄경력을 요청하여, 확인 권고(치료기관 제출서류) 선정된 치료기관은 서울특별시 가정위탁지원센터에 관련 서류를 제출하고 서울특별시 가정위탁지원센터는 취합된 서류를 관할 자치구에 제출한다.

- 치료 대상 아동 관련 서류: 아동심리검사보고서<서식 60호>, 총괄사례보고서<서식 61호>이다.

② 입양아동의 경우

- 치료비 지원 대상자로 선정된 국내 입양아동의 부모는 아동에게 적합한 치료기관을 선정하고, 치료기관 선정과 관련된 자료를 자치구에 제출한다.
- 입양부모는 서울특별시 가정위탁지원센터가 선정한 치료기관을 이용할 수 있으며, 이때 자치구는 서울특별시 가정위탁지원센터가 제출한 기존 서류와 입양부모가 제출하는 추가 서류 접수를 하고, 치료기관의 선정 및 상담사 요건기준은 가정위탁아동과 동일하다.

(5) 진료비 청구 및 지급

① 치료기관의 진료비 청구

- 치료기관은 '아동 심리치료비 청구서<서식 59호>'를 첨부하여 매월 20일까지 해당 지역 자치구로 진료비를 청구
- 당해연도 말 사업 종료 시점인 12월에는 15일까지 사업 완료
- 진료비 지급: 자치구 담당자
- 자치구에서는 치료기관으로부터 진료비 청구가 있는 경우 관련 서류를 확인한 후 매월 25일에 진료비 지급(전월 1일부터 30일까지 진료비)
- 당해연도 12월은 15일까지 사업 완료, 12월 25일까지 진료비 지급
- 교통비 지급: 자치구 담당자
- 심리치료 지원사업과 관련한 교통비는 월 2만 원 이내에서 지급

② 추진주체별 역할

- 서울시: 사업지침 시달, 신규 지원 대상자 선정, 예산 지원(자치구 재배정) 등 자치구이다.
- 신규 지원 대상자 추천(추천서, 심리검사보고서 또는 진단서(소견서) 제출)한다.
- 치료기관 적합 여부 확인(상담자 자격요건 등 관련 서류 자체 보관)한다.
- 매월 보조금 신청 및 치료비 지급한다.
- 치료 종결 시 총괄사례보고서 취합 등이다.
- 가정위탁지원센터: 위탁아동 사례관리 시 치료 대상 아동 및 치료기관에

대한 진료 진행 상황 관리(필요시 자치구 및 서울시에 보고)한다.

③ 사후관리

가정위탁지원센터는 위탁아동에 한해 치료 대상 아동과 진료 진행 상황을 관리하고, 필요시 서울시에 보고하고, 서울시는 치료 대상 아동이 중도에 진료를 포기하는 경우 가정위탁지원센터와 협의하여 예비 후보자(위탁아동) 중에서 진료비 지원 대상자를 추가 선정한다.

2 국내 입양 활성화 정책

국내 입양 활성화를 위해 2007년도부터 보건복지부에서 『국내 입양 활성화 종합대책』을 마련하여 시행하고 있다.

- 국내입양우선추진제 실시
  - 아동 인수 후 5개월간 국내 입양만을 추진한다.
- 입양 가능 양부모 자격 확대
  - 독신자 허용, 연령제한 완화(아동과의 연령차 45세 → 60세 미만)
  - 자녀수 제한(5명 이내) 규정 삭제
- 공무원 대상 『입양휴가제』(20일) 실시
- 국외입양 쿼터제 실시
  - 입양쿼터(국외 입양 허가 정원)에 의한 국외입양 제한을 한다.

3 국내입양 통합서비스

국내입양 통합서비스에 관한 내용은 다음과 같다(아동권리보장원, 2020).

1) 입양인 사후서비스 소개

(1) 근거

- **입양특례법 제3조(국가 등의 책무)**
  - 국가와 지방자치단체는 건전한 입양문화를 조성하고 요보호아동의 국내입양을 활성화하며, 아동이 입양 후의 가정생활에 원만하게 적응할 수 있도록 하는 등 입양아동의 권익과 복지증진을 위하여 다음 각 호의 사항을 실시하여야 한다.
  - 입양 후 원만한 적응을 위한 상담 및 사회복지서비스 제공
  - 그 밖에 보건복지부령으로 정하는 필요한 사항
- **입양특례법 시행규칙 제2조(국가와 지방자치단체의 책무)** 「입양특례법」(이하 "법"이라 한다) 제3조제4항제7호에서 "보건복지부령으로 정하는 필요한 사항"이란 다음 각 호의 사항을 말한다.
  - 입양상담 관련 전문가의 교육 지원
  - 입양아동의 장애 발생 시 상담 및 그 장애 관련 정보 제공
- **입양특례법 제25조(사후서비스 제공)**
  - 입양기관의 장은 입양이 성립된 후 1년 동안 양친과 양자의 상호적응을 위하여 다음 각 호의 사후관리를 하여야 한다. 국외입양 사후관리에 관한 내용, 방법 등 구체적 사항은 대통령령으로 정한다.
- **입양특례법 제34조(사회복지서비스)**
  - 국가와 지방자치단체는 입양기관의 알선을 받아 아동을 입양한 가정에 대하여 입양아동을 건전하게 양육할 수 있도록 필요한 상담, 사회복지시설 이용 등의 사회복지서비스를 제공하여야 한다.
- **입양특례법 제35조(양육보조금 등의 지급)**

- 국가와 지방자치단체는 입양기관의 알선을 받아 입양된 장애아동 등 입양아동이 건전하게 자랄 수 있도록 필요한 경우에는 대통령령으로 정하는 범위에서 양육수당, 의료비, 아동교육지원비, 그 밖의 필요한 양육보조금을 지급할 수 있다.

(2) 목적

- 입양아동과 가족의 욕구에 따른 생애주기별 서비스를 지원하여 건강한 성장과 발달지원함
  - 입양인(가족) 정체성 확립을 위한 프로그램
  - 아동의 발달단계에서 요구되는 교육, 상담 서비스
  - 입양인 사회적 지지망 구축
  - 입양에 대한 사회적 인식, 문화를 고려한 서비스 개발 및 제공체계 확보
  - 입양가족이 가진 복합적 문제해결 및 욕구 해소를 위해 지속적인 사례관리를 통해 기능 회복과 자립역량 강화 도모

(3) 주요 내용

- **입양 후 사후관리**
  - 가정법원의 입양허가 친양자 입양신고일로부터 입양기관의 담당자가 양친과 양자의 상호적응 상태를 관찰하고 필요한 서비스를 제공함으로써 아동의 입양가정 적응을 지원(1년간 의무적 이행)
- **가족찾기 서비스**
  - 가족상봉 지원 및 친가족 찾기 위한 자원연계
  - (입양정보공개제도) 입양인이 친생부모를 찾기 위하여 입양 관련 정보의 전부 또는 일부의 공개를 청구하면 입양과 관련된 정보를 공개
  - 입양정보 보존 및 기록 전산화
- **입양인 사후서비스 공모사업**
  - 국외 입양인의 모국 방문 및 정착, 국내 입양아동 및 가족의 입양 후 상호적응 등을 위한 프로그램 지원

- **국내 입양가정 통합서비스**
  - (국내 입양가정) 입양아동-부모 간 부적응 등으로 어려움에 처한 국내 입양 가정에 사례관리, 상담 등 통합서비스 제공

(4) 추진경과

- 1952년 후생시설운영요령 수립
- 1976년 「입양특례법」(법률 제2977호) 제정
- 1995년 「입양촉진 및 절차에 관한 특례법」(전부개정, 법률 제4913호) 제정
  - 국내입양 활성화를 목적으로, 양부모의 자격조건 강화 · 사전교육 및 사후관리 · 장애아동 양육보조금 지급 시행
- 2004년 「입양촉진 및 절차에 관한 특례법」(일부개정, 법률 제7183호)
  - 입양아동에 대한 양육수당 · 수수료 · 기타 양육보조금 지급 근거 마련
- 2005년 「입양촉진 및 절차에 관한 특례법」(일부개정, 법률 제7448호)
  - 아동이 가정에서 양육될 수 있도록 국가 및 지자체 지원 규정, 입양의 날 지정 및 입양알선 비용 보조 근거 마련
- 2009년 중앙입양정보원 개원
- 2010년 4개 정부부처(복지부, 외교부, 문광부, 행안부) 추진 「국외입양인 사후관리 사업」 복지부로 이관
- 2011년 「입양촉진 및 절차에 관한 특례법」(전부개정, 법률 제11007호) 「입양특례법」으로 제명 변경
- 2012년 「입양특례법」(법률 제25조, 동법 시행령 제5조)
  - 사후서비스 사업 대상을 국외입양인에서 국내입양인으로 확대
  - 중앙입양원 설립
- 2013년 입양인 사후서비스 사업 복지부 직접 수행에서 중앙입양원 위탁사업으로 전환
- 2015년 「입양특례법」(일부개정, 법률 제13322호)
  - 국외입양 사후관리 의무화
- 2019년 「아동복지법」(일부개정, 법률 제10조의 제2호)
  - 아동권리보장원 출범

(5) 제공체계

- 국내·외 입양인 사후서비스
  - 복지부
    - 입양아동 지원정책 및 사후서비스 사업 운영계획 수립
    - 입양아동 지원정책 및 사후서비스 사업 국고보조금 총괄
    - 입양기관 등 지도 점검 및 주요 통계 관리
  - 시·군·구
    - 입양아동 및 입양가족 지원 정책 홍보: 지자체 홈페이지 등
    - 국내 입양아동 양육수당, 입양아동 의료급여 등 신청 접수, 지급
    - 입양아동 심리치료 지원사업 신청 접수, 지급
  - 아동권리보장원
    - 국내·외 입양인 사후서비스 제공: 입양정보공개청구, 교육, 위기입양인 지원 등
    - 국외 현지 및 국내·외 입양인 사후서비스 공모사업 운영지침 마련, 사업 관리
    - 국외 현지 및 국내·외 입양인 기관(단체) 네트워크 구축
  - 입양기관
    - 입양 성립 후 사후관리 제공 및 사후관리 보고서 작성(의무기간)
    - 입양인 가족찾기 서비스 제공: 입양정보공개청구 등
    - 국내·외 입양인 사후서비스 제공(공모사업 등)
  - 사후서비스 제공기관
    - (공모사업 참여기관) 국내·외 입양인 사후서비스 사업 운영기관
    - (자조모임) 국내·외 입양인 단체 및 모임 등 사후서비스 제공단체

2) 국내 입양가정 통합서비스 지원사업 운영

(1) 기본방향

- 이용자 중심의 환경 조성을 위해 자원체계 및 지역사회 자원 확보가 되어 있는 사례관리기관을 통한 위탁사업 실시

- 구체적인 사업계획에 따라 지속성을 갖는 사업 지원
- 심사위원회가 결정하는 바에 따라 지원사업 및 금액을 정함
  - 공개경쟁방식을 원칙으로 함
- 철저한 사업관리와 성과평가를 통한 책임성 제고
  - 중간점검, 현장 모니터링 실시
  - 공통 · 사업별 성과지표 관리
- 분야별 예산규모 사전 설정에 따라 균형 지원

(2) 지원대상

- 사회복지법인 제2조에 따른 아동 · 청소년 및 가족 대상 등 입양 관련 사업 수행이 가능한 사회복지법인
- 민법 제32조에 따른 비영리법인(재단법인, 사단법인 등)
- 비영리민간단체지원법 제4조에 따라 등록된 비영리법인(민간단체)
- 최근 5년 이내 이상 공익활동 실적이 있는 기관 · 단체 등

※ 지원 제외 단체

- 법인이 아닌 단체로서 대표자 또는 관리인이 없는 단체 또는 친목단체
- 기금 및 보조금 사업 수행과 관련하여 부당집행, 불법행위를 행한 단체

(3) 지원방식

- 입양기관, 단체 등에 사업내용을 공지하고, 수행기관을 공모로 선정
- 유의사항
  - 사업 및 지원금액에 대한 심의 및 선정은 심사위원회에서 결정
- 단체역량, 사업내용, 이전 사업평가 결과 등을 종합적 고려
  - 허위사실 기재, 기타 부정한 방법으로 보조금을 교부받은 경우, 교부 받은 보조금을 다른 용도로 사용한 경우 「보조금 관리에 관한 법률」에 의해 교부금을 환수하며, 형사처벌 받을 수 있음
  - 사업 관련 자료 및 회계 서류 등은 당해 사업 종료연도부터 5년간 보존하여야 하며, 보건복지부 및 아동권리보장원 요청 시 제출해야 함

– 사업계획 및 예산편성은 「보조금 관리에 관한 법률」과 기타 회계 관계법령, 「2020 국내 입양가정 통합서비스 지원사업 안내서」를 참고하여 작성

(4) 추진일정

- 지원계획 공고(3월 4일)
  – 아동권리보장원 홈페이지 게시
- 사업설명회 개최(3월 11일)
  – 국내 입양가정 통합서비스 지원사업 목적 및 방향 설명
  – 공모사업 운영계획, 신청방법, 회계처리기준 전달 등
- 신청서 접수
  – 기관현황, 사업계획서, 인력운영계획서 등 E-mail 접수
- 심사 및 선정
- 지원결정 통보
  – 아동권리보장원 홈페이지 공고 및 단체 통지
- 보조금 교부 및 사업 추진
  – 지원 결정한 사업에 대한 사업계획 확정 및 협약 체결
  – 보조금은 2회로 나누어 지급하는 것을 원칙으로 함
- 중간점검 및 현장 모니터링
  – (중간점검) 공모사업 운영기관의 사업 추진, 예산진행 점검
    • 중간점검 이후 2차 사업비 교부
  – (현장 모니터링) 신규사업 등 현장 모니터링이 필요한 경우 실시
- 결과보고서 및 보조금 정산보고서 제출
  – 사업완료 후 30일 이내 보장원으로 결과보고서, 정산서 등 관련 서류(공문 포함) 제출
  – 사업비 잔액 및 발생이자 반납(반납일시 공문에 기재)
  – 사업 추진 실적(만족도 결과 분석) 및 정산보고서
- 사업 및 회계평가
  – 사업 운영 실적 및 성과 평가
  – 보조금 사용에 대한 적절성, 적정성 등 평가

- 불인정금액 발생 시 해당 사업비 반납 조치

(5) 실천지침

- **서비스 대상**
  - 가정 및 사회 부적응 국내 입양인, 가정폭력, 아동학대 및 파양 위기에 있는 국내 입양가정
  - 입양가정에서의 심리적, 정서적 적응을 위해 지원이 필요한 국내 입양아동
  - 파양의 이슈를 제기하는 부모, 심리적으로 소진된 가정
  - 가정의 안정을 위해 노력하지만 많은 한계를 경험한 가정
  - 연장아동 및 장애아동을 키우는 가정

- **국내 입양가정을 위한 서비스 일반지침**
  - 국내 위기입양가정을 지원하는 아동권리보장원, 입양기관, 협력기관의 실무자는 서비스과정에서
    - 사례관리 모형이 제안한 실천원칙과 윤리(비밀보장 등)를 준용
    - 입양인의 권익 침해가 발생하지 않도록 주의
    - 입양인에게 지원되는 서비스의 범위·수준 등 제반 사항에 대해 사전에 충분히 소통하고 안내
    - 실무자의 안전을 위협하는 상황에 대해 관리자에게 해당내용을 공유하고 실무자 안전이 보장되는 적절한 대응이 이뤄지도록 충분한 사전교육을 실시

(6) 입양가정 통합지원 유형별 서비스 개입 전략

- **기본형**

욕구가 단편적이며 6개월 미만의 외부자원과 적극적 협의 없이 사례관리기관에 마련된 자원체계를 통해 문제 해결이 가능하다고 판단되는 사례해당 사례관리 기관 내부 사례회의를 통한 서비스 제공 결정

- 초기상담/ 욕구사정 → 서비스계획 → 서비스제공 → 평가 → 종결 → 사후관리

- 입양인과 그 가족을 대상, 가족 적응과 갈등 해결이 주 이슈
- 최소 1달에 1번 이상 접촉하여 서비스 제공과 점검 활동을 수행
- 기관 내 팀 접근(입양기관/사례관리 내 사례회의)을 통해 주요 의사 결정

- **통합형**
  - 이용자의 욕구가 복합적이어서, 입양기관/사례관리기관 포함 다양한 자원체계(공공, 민간, 입양기관, 입양옹호 모임 등)가 적극적 협업을 통해 이용자의 욕구 대응과 기능회복이 가능하다고 판단되는 사례로 상대적으로 장기개입(6개월 이상)이 필요한 사례
  - 초기상담/욕구사정 → 서비스계획 → 서비스제공 → 평가 → 종결 → 사후관리
  - 입양인과 그 가족을 대상으로 함
  - 학대와 폭력 등 생명과 안전에 문제가 있는 경우, 정신건강과 관련된 이슈가 있는 경우, 장애아동 및 연장아동 입양가정의 복합적 욕구 등은 우선적으로 통합형 선정을 고려
  - 초기 개입 3개월까지는 주 1회 이상의 접촉빈도를 권장하고 이후 접촉빈도는 서비스 진행 상황과 이용자의 적응 수준을 고려하여 조정
  - 다학제적 팀접근(아동권리보장원, 입양기관, 공공자원, 민간자원 등이 포함된 지역사회 통합사례회의체)에 기초한 의사 결정
- **잠재적**
  - 사례관리가 불필요한 경우
  - 사례관리 거절 및 포기 등으로 사례 개입이 어려운 경우

(7) 입양가정 통합서비스 지원 목표

- **입양가정의 위기 안정화**
  - 가족갈등 및 문제의 수준이 심각한 수준에 있는 가정에 대한 초점화된 집중개입을 통해 가족해체 예방 및 가족 기능 강화
  - 입양가정 통합서비스 지원을 위한 지역사회와의 체계적 연계
    - 기존 건강가정 사례관리서비스 체계에 입양가정을 위한 교육 및 상담 콘

텐츠 제공
- 입양 후 부모들의 아동 발달에 따른 적절한 양육을 위한 정보 제공과 필요시 상담 및 치료 제공
- 입양 관련 상담, 치료, 법률, 정신건강 전문가들과의 긴밀한 협력 체계의 강화
- 입양부모들의 연대체계를 통한 다양한 교육, 컨퍼런스, 캠프 활동 참여

- **구체적 내용**
  - 가족의 욕구 사정과 확인
  - 부모와 입양인의 정신적 및 신체적 건강문제를 다루도록 돕기
  - 가족의 외로움과 절망감 풀어내기
  - 가족 및 관련된 서비스 제공자 모두에게 도움을 제공하기
  - 부모의 역할을 강화하기
  - 사회적 고립을 줄이기
  - 자녀가 자신의 잠재력에 도달하도록 돕기

- **통합지원서비스 실천 원칙**
  - 클라이언트 중심 실천
    - 국내 통합지원서비스는 클라이언트의 권리와 참여에 초점을 두므로 통합형 선정을 고려
    - 초기 개입 3개월까지는 주 1회 이상의 접촉빈도를 권장하고 이후 접촉빈도는 서비스 진행 상황과 이용자의 적응 수준을 고려하여 조정
    - 다학제적 팀접근(아동권리보장원, 입양기관, 공공자원, 민간자원 등이 포함된 지역사회 통합사례회의체)에 기초한 의사결정 잠재적 · 사례관리가 불필요한 경우
    - 사례관리 거절 및 포기 등으로 사례 개입이 어려운 경우
  - 클라이언트의 자율성 및 성장을 위한 참여 지향
    - 사례관리자는 클라이언트의 욕구를 포괄적으로 사정하되, 클라이언트를 적극적인 행동의 주체로 보고 그들의 강점, 잠재력, 성장가능성, 능력 등을 확인하고 개발하는 데 역점을 두며, 공식 · 비공식적인 지원체계의 역

할을 수행

- 가족중심 실천
  - 가정은 아동의 안전기지로서 애정과 신뢰감 형성의 원천인 동시에 역기능으로 인한 부정적인 영향을 끼칠 수 있음
  - 아동을 가족과의 상호작용 맥락 안에서 파악하고 지원하는 것이 중요(전체 가족구성원 모두 사정, 계획과 개입의 초점이 됨)
  - 가족중심 실천의 변화 동력은 부모이고, 사례관리자는 부모 혹은 가족이 아동을 돕는 최선의 방법을 찾아 아동의 욕구를 충족할 수 있도록 지원
- 강점관점 실천
  - 입양가정의 내적 역량강화와 성장을 추구
  - 현재 문제와 어려움을 호소하더라도 그것만을 조명하지 않고, 아동과 가족의 자긍심, 성품, 능력, 꿈과 희망, 자원 등을 파악하여 이것을 극대화시킬 수 있는 통합서비스 실천
- 교량적(bridge) 실천
  - 집중개입이 필요한 위기사례의 경우 입양가정의 어려움이 파양으로 치닫지 않도록 현재 당면한 위기에 초점을 두고 실천하는 것이 필요
  - 사례관리 종결기간은 위기 안정화라는 일차 목적에 초점을 두고 설정하며, 이 기간 동안 가족의 기능 강화, 아동의 안전한 환경 조성을 위한 체계적인 사례관리를 수행
  - 가정의 위기를 촉발했던 다양한 심리적, 생활환경적 문제를 위한 포괄적인 서비스제공 기능을 지역사회에 다양한 서비스 기관들로 이관하는 것이 필요

- **수행기관 역할**
  - 아동권리보장원
    - 국내위기입양가족의 사례관리 자문위원회 구성 및 운영
    - 사례관리 대상자 데이터 구축 및 관리
    - 사업 추진내역 점검 및 지도·감독 및 사업홍보(월1회 사례관리 사업단 모니터링)

- 국내위기입양가족 사례관리 지원사업 지침 및 효과 평가
- 통합서비스 지원 사업단 이의 신청 접수 관리 및 대응
- 입양가족 사례관리전문가 양성(교육, 코칭, 상담)
- 사례관리 실행 지침 개발
- 입양에 대한 이해교육 실시(교사 및 지자체 공무원 교육)

– 사례관리사업단

- 위기입양가정의 자원과 욕구 사정 및 욕구 충족을 위한 사례관리
- 위기입양가정 사례관리대상자 서비스 통합망 설계 지원
- 위기입양가정과 자원 연결
- 서비스 효율성과 비용효과의 평가
- 자조모임 연계 및 조직화
- 입양인 인식개선 및 입양인의 가족찾기에 대한 홍보

(8) 사례관리 절차

- **사례발굴 의뢰(대상자 접수)**

– 개념

- 사례발굴은 지원이 필요한 가정을 발굴하는 과정으로 사례관리의 첫 단계로서 자발적 도움을 요청한 경우와 비자발적으로 연계된 경우 등이 있으며 이에 따라 가족의 협력 수준이 달라질 수 있음

– 진행과정

- 초점 대상과 주요 욕구 확인(공개 및 비밀 입양여부 확인)
- 의뢰인 및 대상자의 어려움이 무엇인지 확인하고 사례관리대상자로서 적합여부 파악
- 입양가정(아동 혹은 부모) 자발적 방문(전화 및 내방)
- 학교 상담기관 등 제3자에 의한 의뢰 확인
- 사례관리 주요 내용 및 이용방법 등 간략 소개

– 긴급사례의 예시

- 학대 및 가정폭력으로 인해 긴급 분리조치가 필요한 경우(아동보호전문기관 즉시 연계)

• 정신건강과 관련된 이슈가 있는 경우
• 장애아동 및 연장아동 입양가정의 복합적 문제가 있는 경우

• **초기상담**

– 개념

• 클라이언트와 사례관리자가 처음으로 만나서 동반자적 관계 수립 및 정보를 수집하는 과정으로 사례관리자는 개인과 환경에 대한 기본적인 정보를 수집해야 하며, 클라이언트가 경험한 어려움에 대해 진심으로 이해하며 클라이언트와 관계를 수립하는 데 초점을 둠

– 진행 시 주요사항

• 위기발생의 주요 원인 및 입양가정의 상황을 구체적으로 파악(연장아동, 장애아동, 다문화가구 등)
• 초기상담 자료는 사례 종결 시 위기도 변화를 통한 종결 적정성 판단에 활용되며, 입양가족의 주관적 욕구와 사례관리자의 전문적 판단의 구분하여 기록
• 여러 가지 욕구영역에 다중선택 가능
• 비밀입양가족 유형의 경우 기관 비밀유지 서약서 제공
• 긴급사례인 경우 사례와 관련된 객관적 자료 확보
• 서비스 이용 및 개인정보 활용 동의서 작성

• **욕구사정**

– 개념

• '사정(assessment)'이란 클라이언트와 가족이 사례관리자와 함께 클라이언트가 직면하고 있는 어려움, 욕구, 선호, 강점과 자원 등을 발견하고, 공유, 확인해 나가는 과정으로 사례관리 진행과정에서 여러 번에 걸쳐서 이루어짐
• 입양가정의 위기의 단계에 대한 확인, 가족의 강점과 자원 파악
• 공식 비공식 지역 자원연계를 위해 가계도, 생태도 파악
• 주 대상: 입양아동과 부모로 욕구조사를 실시(위기문제와 관련한 필요의 경우 사람들 = 교사, 이웃, 사회기관담당자 등 포함)

- 사정의 주요 내용
  - 가계도: 현재 살고 있는 가족을 중심으로 가계도 작성, 주민등록상 등록된 내용이 아닌 현재 동거하고 있는 모든 가족을 포함하여 기록, 남자를 네모, 여자를 동그라미로 그리고, 각 구성원 옆에 사별, 이혼, 가출, 별거, 질병 등의 특이사항을 기록하고, 작성 후 가족원을 중심으로 가족관계를 선으로 표시한다.
  - 생태도: 주요 가족원의 관계와 자원을 파악하고 연계하는 것이 중요하므로 이를 생태도를 통해 파악가족들과 함께 가족원을 중심으로 한 비공식적 지지망(친척, 이웃, 친구, 종교기관 등) 및 공식적 지지망(복지관, 공공기관, 학교 등)에 대해 파악하고, 가계도를 중심으로 각각의 가족원이 교류하는 가족 및 사회체계(친척, 친구, 학교, 직장, 사회복지기관, 의료기관 등)를 그려나가며 관계의 방향과 갈등 정도에 대해 표시한다.
  - 가족의 강점: 입양아동과 부모(주요 가족구성원)의 강점을 각각 사정하는 것이 도움이 됨. 대화를 통해 아주 사소한 것이라도 자신들이 잘하는 것을 확인하여 가족들이 스스로의 힘을 인식하여 변화의 주체로 움직이도록 돕는 기초과정이 됨. 위기로 인해 의기소침해진 가족들의 그동안의 노력을 점검하여 가족의 유대 외 힘을 확인할 수 있는 기회를 제공
- 입양가정 위기촉발요인에 대한 사정
  - 입양가정의 위기가 생기는 요인들, 부모와 아동의 기질이나 스타일이 판이하게 다른 경우 아동은 부모가 참기 힘든 행동을 보일 수 있는데 성격상 충돌이 있거나 극복하기 어려운 문화적, 종교적 차이가 서로 간에 있을 수 있다.
  - 입양에 대한 준비의 부족: 아동과 부모(특히 부모)가 입양에 대한 준비를 전혀 하지 않을 수 있으며, 서로에 대해 갖고 있는 명확한 기대가 자녀에게 전달되지 않을 수 있다.
  - 입양 후 지원 및 자원 부족: 가족의 도움이 필요하지만 입양전문가에게 다가갈 수 없거나 가족에게 필요한 자원이 제공되지 않을 수 있다. 또한 가족구성원 중 누군가가 입양을 지지하지 않아서 계속 가족에게 부정적인 영향을 미치는 경우도 있다.

• 비현실적인 기대: 가족들이 아이에게 이상적인 이미지를 갖고 있기 때문에 아이가 그 이미지에 맞지 않을 때 실망하게 될 수 있다. 애착의 부족: 부모는 자녀와 힘든 시간을 보낼 수 있으며, 부모는 아이의 행동을 이해하지 못하고 아이는 해결되지 않은 슬픔, 애착의 문제로 부모님과의 관계에서 어려움을 겪을 수 있다.

- 외부스트레스 요인: 가족들은 현재 실직, 경제적 어려움, 관계문제 등의 스트레스를 겪고 있기 때문에 자녀의 어떤 욕구를 충족시킬 수 없는 상황에 처해 있을 수 있다.
- 예상치 못한 상황: 가족원의 갑작스런 사망, 질병 또는 임신으로 가족 상황의 국면이 바뀌었거나 가족이 부담을 느끼는 경우가 발생할 수 있다.
- 욕구 영역별 사정: 조사된 욕구 사정 내용은 한 가지 영역의 욕구로 명확히 구분되기보다 여러 가지 욕구가 중첩되어 나타날 수 있으므로 욕구의 우선순위는 아동 혹은 가족의 안전에 문제가 발생하는 경우, 현재 문제의 가장 큰 원인이거나 다른 욕구 영역들에 가장 포괄적으로 영향을 미치는 경우 등을 우선적으로 고려한다.
- 욕구조사 사전준비
  • 대상가구 특성을 고려한 주 사례관리자 지정
  • 대상가구에 연락하여 방문일정 협의
  • 대상가구의 특성 및 안전문제를 파악하여 동행 방문 준비
  • 대상자 특성상 접근이 어려운 경우 의뢰기관, 주변인을 통해 대상자의 특성 및 상황을 사전에 파악
  • 입양기관 및 행정정보 망을 통한 대상자의 기본 정보 조회
  • 초기상담지를 참고하여 욕구조사 시 파악할 내용 정리
- 욕구조사 실시
  • 대상가구의 주관적 욕구와 주 사례관리자의 전문적인 판단을 구분하여 기록
  • 대상가구의 전반적인 문제와 주요 대상자를 누구로 할 것인지를 결정

- **서비스 계획 수립**
  - 개념
    - 서비스 계획은 사례관리자와 입양가정이 함께 협의하여 실천계획을 발전시키는 단계로 목표설정, 구체적인 실천계획의 수립이 포함
    - 사례관리자가 입양가정이 함께 실천계획의 수행에 합의하고 상호간의 책임과 역할을 확인하는 것이 중요
  - 변화단계의 목표
    - 입양가정의 위기 안정화
    - 가족갈등의 감소를 통한 가족해체 예방
    - 가족 기능의 강화
  - 서비스 계획의 실천 지침
    - 서비스 계획은 입양인과 가족의 욕구에 근거하여 수립(서비스 목표와 개입계획이 논리적으로 연결)
    - 입양가족이 가장 원하거나 필요로 하는 것, 가장 쉽게 참여하고 성취할 수 있는 것에 초점을 둠
  - 목표수립: 사례회의 결과를 토대로 사례관리 가정에 대한 개입목표(장-단기) 설정, 15일 내외의 기간 동안 구체적인 서비스 제공 계획 수립 서비스 계획 시 우선순위 정하기
    - 입양인과 가족이 가장 중요한 부분이라고 생각하는 것
    - 당장 안전에 위험이 있을 가능성이 있는지의 여부
    - 달성하기 쉬운 것
  - 서비스 목표 예시
    - 아동역량 강화: 학교 성적 향상, 자기의사표현 능력 향상, 정상체중 달성, 동아리 참여, 친구관계 향상 등
    - 부모역량 강화: 양육자의 정서적 안정 또는 정신적 안정화, 양육자의 사회적응 능력 개선, 영양가 있는 식단 마련, 양육자의 취업능력개발, 양육자의 음주 시절주, 아동과 의사소통 기술 향상, 아동학대 예방교육 참여 등
    - 가족 기능 강화: 의료 관련 치료, 안전 확보를 위한 학교 내 모니터링

체계연결, 이웃지지체계 마련, 깨끗한 주거 환경, 안정된 소득처 마련, 경제적 도움 마련, 명의도용에 다른 법적 문제 해소 등

- 목표는 개입에 대한 성과 평가의 기준이 되므로 가능한 구체적이고 측정 가능한 상태로 기술하기(예: '신체적 건강유지'보다는 '정상체중유지'가 적절) · 입양인과 가족원의 안전점검 및 심리정서적 지지 제공이 무엇보다 중요하고, 모든 사례의 서비스 목표에 안전점검, 심리정서적 지지 제공의 내용을 공통적으로 포함시킬 것
- 서비스 계획은 수립된 목표를 달성하기 위해 무엇을 할 것인지를 구체적으로 기록. 즉, 입양인을 포함한 가족구성원의 사례관리 달성에 필요한 서비스

※ 정부공식서비스 종류: 가사지원, 식사(식품)지원, 위생(이미용 등) 지원, 활동(이동) 생활용품지원, 일상생활관련 비용지원, 복합지원(복지서비스 정보물 제공), 검진 · 진단 및 치료, 의약품 · 의약품 외 및 보장지원, 공연 · 전시 관람지원, 체육활동지원, 체험 및 여행지원, 문화 · 여가 관련 비용지원, 안전 및 인권교육, 아동학대대상자 및 가족지원 등

– 일시보호서비스

- 개입기간: 목표 달성을 위해 실천(또는 서비스)이 이루어지는 시간을 기록함
- 월 단위를 기준으로 기록

  ex) 00복지관 방과후 프로그램 이용: 2017.03.~2017.06.
- 단위 기간을 주, 월, 분기, 연간으로 분류하여 빈도/횟수를 기록

  ex) 주 2회, 월 4회 등
- 평가: 평가 시, 변화 목표의 달성 정도를 10점 척도(높을수록 달성도가 높음)로 클라이언트(목표 달성 정도1)와 사례관리자(목표 달성 정도2)가 함께 평가하는 과정을 통해 서비스 계획에 대한 점검활동을 수행하고 기록
- 일반적으로 기관이 목표 달성의 기준을 정할 수 있으나 클라이언트가 인식하거나 평가하는 것을 준용하여 일함

* 단기목표: 서비스 제공 후 3개월~6개월 이내 달성 가능한 목표 수립, 단

계별로 제공해야 하는 서비스와 연계되고 개입시기를 고려하여 구체적으로 수립

* 장기목표: 서비스 제공 후 6개월-1년 이상의 개입을 통해 대상가구의 긍정적인 변화를 도모하기 위한 목표 설정

- 서비스 제공 시 고려사항: 지역사회의 다양한 서비스 기관과 연계 및 네트워크 형성, 이용 가능한 자원을 충분히 활용하고 필요시 유관기관과 회의를 개최하는 등 자원 활용방안 모색

- **서비스 제공**

  – 개념: 서비스 제공 목적은 입양아동과 가족에게 다양한 자원연계를 포함한 적절한 서비스를 제공함으로써 위기를 완화하고, 위기촉발요인을 감소시켜 가정을 유지하고 가족해체를 예방하며, 가정의 기능을 강화하도록 지원하는 것

  – 서비스 제공 시 고려사항: 지역사회의 다양한 서비스 기관과 연계할 수 있도록 네트워크를 형성하고 이용 가능한 자원을 충분히 활용하고 필요시 유관기관과의 회의를 개최하는 등 자원 활용방안을 다양하게 모색

- **점검과 평가**

  – 개념

    - 서비스계획에 따른 서비스제공에 있어 적절성 여부와 이용자의 만족도, 이용자의 변화정도 등을 확인
    - 사례관리자는 서비스 제공 과정에서 기존에 수립했던 목표에 대한 성과, 즉 대상자의 문제행동이나 후유증 감소 및 가정과 사회(학교) 적응력 향상, 가족 위기의 감소, 가족 기능의 수준과 회복에서 의미 있는 변화가 나타나고 있는지 점검

  – 점검사항

    - 점검단계에서 사례관리자는 노력성, 적정성, 서비스의 질, 서비스의 산출과 성과 등을 점검해야 하며, 이와 관련하여 [서식 제5호]사례관리 과정에 대한 평가를 활용하여 최소 3개월에 1번 이상 작성

  – 서비스 점검 시 유의사항

- 비공식적인 자원망 접촉과 협력 강화: 아동 및 가족과 일상적으로 접촉하는 서비스 제공자(교사, 학원 강사, 멘토 등)와 같이 클라이언트에게 직접적인 영향을 미칠 수 있는 사람들과 지속적으로 접촉유지하며, 협력강화, 사례관리의 개입방향에 대해 공감대를 형성하는 것이 필요
- 직접 접촉을 위한 노력: 점검을 위해 사례관리자는 입양인의 집이나 주요 체계로 직접 찾아가(가정방문, 학교방문, 클라이언트에게 중요한 지역사회의 다른 장소 등) 직접 대면하는 방식으로 정보를 수집
- 점검을 통해 나타난 변화 활용: 사례관리자는 사례관리를 통해 나타나는 클라이언트의 크고 작은 의미 있는 변화를 관찰하고 확인가족의 변화를 확인하는 과정에서 변화의 내용을 공유하고, 어떻게 변화가 나타났는지, 변화를 유지할 방법은 무엇인지에 대해 클라이언트와 협의
- 사례회의를 통한 점검 과정에서 입양인과 가족의 참여 확대: 강점관점 및 가족 중심 실천으로 접근하며, 특히 입양인을 양육하는 부모나 주요 돌봄 체계와 동반자적인 관례를 수립하는 것이 중요하고, 이들이 사례회의에 참여했을 시, 사례기록은 전체를 공유하기보다는 핵심적인 내용만을 공유하며, 별도의 회의 자료 없이 논의하는 것이 불필요한 오해를 줄이고 회의를 자연스럽게 진행한다.

– 점검 후 재사정이 필요한 경우
  - 입양인 혹은 입양가정의 욕구가 달라졌을 때
  - 가정의 내외적인 중요한 변화가 있을 때
  - 이사 등 아동과 가족의 주거지 변화가 있을 때

사례관리자가 단독으로 점검 수행 가능하나 점검 후에는 슈퍼바이저의 확인을 받아야 하고, 필요의 경우 사례회의를 통해 공식적으로 앞으로의 개입방향에 대해 논의한다.

- **종결**

– 개념
  - 입양인 사례관리 개입을 통해 나타난 긍정적 변화 평가 및 사례관리자와 입양인 가족의 관계를 정리하고 최종적으로 서비스를 마무리하는 과정을

의미

- 종결평가방법: 사례 종결 여부 및 시점을 결정할 때 '사례평가'과정이 수반되며 피해아동 및 학대 행위자, 가족의 상황을 종합적으로 평가하여 사례 종결 여부 및 시점을 결정
  • 사례회의를 통한 사례종결 평가 논의
- 입양기관: 담당자들로 구성된 자체 사례회의 실시로 사례종결을 논의하며, 관련된 지역사회 자원체계, 당사자, 부모 등 가족구성원 참여도 가능하고, 입양인 등 개인의 변화를 평가한다.
- 서비스: 이용자(입양인 또는 가족) 측면에서 이용자가 직접 작성한 설문지, 변화된 척도를 사용하여 점검, 변화 관련 파일, 인터뷰자료를 통해 평가활용척도: 문제해결 대처능력, 긍정적인 자아개념, 사회적 지지, 가족의 건강성, 학교생활 적응, 이용자 만족도 평가(다양한 활용이 가능하도록 여러 가지 척도를 제시하였지만 실천기관의 상황에 따라 변화 목표와 관련된 것을 선택적으로 활용할 것을 권고한다.)
  • 문제해결 대처능력 평가: 문제해결 대처능력은 이전과 유사한 어려움이나 새로운 어려움에 처할 경우 내·외부의 자원을 활용하여 적극적으로 해결하고자 하는 인식과 태도와 관련됨
  • 긍정적인 자아개념: 긍정적인 자이개념이란 긍정적인 자기평가, 자아 안정감, 자아수용과 같은 표현으로 현실적인 자아와 이상적인 자아 간에 일치도가 높은 상태를 의미, 자아개념 척도는 10문항으로 정서적 자아(4), 사회적 자아(3), 성취적 자아(3)로 구성되며, 점수가 높을수록 자아개념이 긍정적임을 의미
  • 사회적 지지: 타인과의 의미 있는 상화작용의 결과로 얻게 되는 긍정적인 모든 자원을 말하며, 본 척도는 부모, 교사, 급우, 또래, 전문가 지지의 5개 하위척도로 구성됨
- 가족 및 학교 체계 변화 평가
  • 가족건강성: 가족건강성(family strength)이란 긍정적인 가족정체감을 가지고 가족구성원들 간의 긍정적인 상호작용 증진과 발달 촉진, 가족의 스트레스나 위기를 효과적으로 처리할 수 있는 능력을 말함

• 척도는 '관심과 사랑', '의사소통 및 문제해결능력', '사회적 관계'로 이뤄지고, 점수가 높을수록 가족건강성이 높다는 것을 의미

• 학교생활 적응: 학교생활 적응이란 학교생활을 하며 접하게 되는 다양한 교육적 환경을 자신의 욕구에 맞게 변화시키거나 자신이 처한 상황과 환경에 순응하면서 만족스럽고 조화로운 관계를 유지하는 바람직하고 능동적인 상태 척도는 12문항으로 학교에 대한 태도, 교사와의 관계, 수업에 대한 태도, 친구와의 관계, 학교규칙, 학교행사에 대한 태도, 학교에 대한 태도로 7개의 하위영역으로 구성됨

• 이용자 만족도 평가: 사례관리서비스 종결 후 사례관리서비스에 대해 클라이언트의 만족도 수준을 측정하기 위해 아래에 제시된 유형의 척도를 사용하여 직접 평가를 받는 방식으로 측정하고, 개방형 질문을 활용하게 되면 제공받는 서비스에 대한 만족도 정도를 구체적으로 확인할 수 있음

– 종결보고서 작성 및 종결 시 사례관리자 역할

• 종결보고서 작성

• 사례종결 사유: 해당사례의 종결 사유에 대한 기록개입(성과)

• 목표 달성 정도: 서비스계획 당시 수립한 목표의 달성 정도 기록

• 종결소견: 사례종결에 대한 사례관리자의 소견을 기록(아동과 가족의 비협조로 진행이 어려운 사례: 가출이나 전화 수신거부 등으로 사례관리자가 여러 번의 시도에도 불구하고 본인을 만나기 어려운 경우) 등은 사례회의 후 종결 고려 가능함

– 사후관리계획

• 사례종결 후 사후관리 방법 및 계획 기록

• 종결 시 사례관리자의 주요 역할지지 제공

사례관리자는 성공의 경험과 강점을 근거로 가족을 지지, 입양가족서비스 종결 이후 독립적으로 자신들의 삶을 유지해 나가야 하는 상황에 직면하면서 희망과 자신감뿐만 아니라, '잘할 수 있을까'라는 불안함을 경험할 수 있고, 종결 후 대처 방안: 클라이언트의 강점과 자원을 공유하고, 이것을 활용하여 스스로 문제해결을 할 수 있는 능력을 인지하도록 지원

• 사후관리에 대한 고지: 종결 후 사후 관리계획을 전달하며, 필요시 사례

관리 시스템과 다시 협력할 수 있다는 가능성을 제공한다.

- **사후관리**
  - 개념
    - 사후관리는 종결 이후에 아동과 가족이 변화를 잘 유지・지속하며 추가적으로 필요한 자원 여부와 지역사회 자원을 얼마나 잘 이용하고 있는지에 대한 아동과 가족상황을 연계하여 파악하는 것을 의미
    - 입양가족은 사후관리를 과정을 통해 변화유지에 도움되는 지지적인 상담과 정보로 심리적 안정감을 가질 수 있음
    - 이 과정을 통해 종결상태를 확정하거나 재개입의 가능성을 탐색
  - 개념
    - 종결 이후 3개월 내에 총 1회 이상의 사후관리를 통해 수집한 정보로 '재개입', '타 기관 의뢰', '내부 서비스 의뢰', '클라이언트에 의한 종결', '최종 종결'을 판단
    - 성과의 지속성 유지확인, 의뢰의 적절성, 지원활용 정도 등을 통해 사례관리 서비스의 영향을 평가하는 중요한 과정

- **사례회의 활용**
  - 개념
    - 사례회의 실천과정의 주요 이슈는 욕구사정, 서비스 유형 판단, 맞춤형 서비스 계획 수립, 서비스 점검과 평가, 슈퍼비전 제공, 종결 여부 결정 등 평가와 결정을 돕기 위해 사례관리 팀 내・외부 지역자원들과 함께 진행(통합사례회의)
  - 사례회의 준비사항
    - 모든 참여자에게 날짜, 시간, 장소 고지
    - 회의의 목적 설명
    - 논의될 주요 사항에 대한 잠정적인 계획
    - 논의 및 결정사항에 대한 기록
    - 논의 및 참여자 동의 사안에 대해 회의 종료 전 요약 확인

  사례회의에서 사례에 대한 계획 수립은 슈퍼바이저와의 상담만으로 진행할

수 있지만 서비스 유형 판단 혹은 사례종결 심의는 반드시 사례회의를 통해 다루고 기록을 첨부, 사례회의는 수시회의와 정기회의로 구분되며 6개월에 1회 이상 모든 사례에 대한 정기 점검회의를 하는 것이 바람직함

3) 보조금 운용계획

(1) 보조금 교부신청

- **보조금 교부신청서 등의 제출**
  - (교부신청서): 기관명, 소재지, 보조사업의 목적과 내용, 보조사업 총 경비 및 교부신청 금액, 자기부담 금액, 보조사업기간 등 포함
    * 국내 입양가정 통합서비스 지원사업은 자부담 편성 의무가 없음
  - (사업계획서): 국고보조금 지원결정 통보를 받은 운영기관은 사업 실행 계획서와 보조금 교부신청서를 아동권리보장원으로 제출
    - 사업 배경 및 필요성, 단계별 주요 내용 및 추진일정, 사업 대상 및 참여인원, 평가(만족도조사 포함)방법, 사업 소요경비와 산출기초, 기대효과, 담당인력 운영계획 등 아동권리보장원에서 정하는 사항
  - (보조금 관리 통장(계좌) 사본): 보조금 통장은 보조금만 관리할 수 있도록 1개 사업에 1개의 통장(계좌)을 별도 개설(법인일 경우 법인 명의, 기타 단체는 단체명과 대표자 성명이 함께 들어간 통장 개설)
    - 기관에서 2개 이상의 사업을 운영 시 사업별 통장 개설, 기존 통장 사용 시 잔액 0원으로 정리
    - 잔액 내역 0원 통장사본(또는 계좌번호 지정서) 제출
  - (기타서류) 업무협약서, 사업자등록증(혹은 고유번호증)* 사본, 지방세 및 국세 완납증명서
    * 통장, 카드, 사업자등록증 등 사본에 원본대조 확인 필수

(2) 보조금 교부

- **교부결정 및 교부 전 사전 확인**
  - (사업계획서의 적정성): 법령과 예산의 목적에 위배 여부, 사업 내용의 적

정 여부, 금액산정의 착오 유무 등 최종 확인

- (보조금 교부 전 확인): 보조금 통장(계좌) 및 보조사업자와 일치 여부, 보조금 관련 서류 구비 여부, 통장(계좌)에 잔액 내역 0원 통장사본 등 확인을 거쳐 교부

- **교부조건 부여**
  - 보조금의 교부를 결정함에 있어 법령 및 예산이 정하는 보조금의 교부 목적 달성에 필요하다고 인정되는 조건을 붙일 수 있음

- **교부결정 통지**
  - 보조금의 교부를 결정한 때에는 교부결정통지서를 신청자에게 통지
  - 보조금 교부결정 통지 전 사업비 집행 불가(소급보전 불가)

- **교부방법: 사업별 교부 원칙**
  - 사업비는 보조사업 특성에 따라 미리 또는 추진상황에 따라 교부
  - 사업비는 2회에 나누어 사업선정 후 60%를 우선 지급하며, 사업추진 결과 등에 따라 지급
    - 중간점검 결과에 따라 사업 보완, 중단 등 요구 가능
  - 보조금의 교부는 반드시 보조금 전용통장의 계좌를 사용하여야 함

(3) 보조금 관리

- **보조금 집행불가 항목**
  - 운영기관은 사업 추진과 직접적인 관련이 없는 다음 항목은 사업비로 편성하여서는 아니 됨

- **보조금 용도 외 사용금지**
  - 운영기관은 법령, 보조금 교부결정의 내용에 따라 성실히 사업을 수행하여야 하며, 그 보조금을 다른 용도에 사용하여서는 아니 됨

- **사업의 포기**
  - 지원 결정된 사업을 단체 사정으로 포기할 경우 사업포기서 제출

- **사업 내용 및 예산 변경**
  - 보조사업자는 사정의 변경으로 사업의 내용 또는 예산의 배분(항목, 비목 등)을 변경하려면 아동권리보장원의 승인을 받아야 함
    - 누적 70만 원 이하 변경의 경우 자체 변경 가능(변경 내용 보장원으로 송부)
    - 단, 사업 계획 시 포함되지 않은 사항(비목 신설 등), 전담인력 인건비 증액은 자체변경불가

(4) 회계처리

- **보조금 계정의 설정 등**
  - 운영기관은 교부받은 보조금에 대하여 따로 계정을 설정하고 수입 및 지출을 명백히 구분하여 계리
  - 보조사업자의 보조금 집행은 보조금 결제용 전용카드(체크카드 등) 사용을 원칙으로 하며, 보조금 정산 시에는 증빙서를 제출하되, 부득이한 경우에는 세금계산서 등을 관련 증빙자료로 첨부

- **보조금 전용통장(계좌) 및 전용카드 개설 사용**
  - 사업별 별도의 계좌 통장 개설(법인일 경우 법인명의로, 비법인은 단체명과 대표자 성명이 함께 들어간 통장으로 개설)

    ※ 다른 명의 혼용 및 대표자 개인통장 사용 불가
  - 보조금 결제 전용카드(체크카드 등) 개설 사용

- **보조금 지출: 지출결의서 작성 등**
  - 보조금 지출 시에는 지출결의서를 작성, 대표자의 결재를 득한 후 지출하게 하는 등 집행 관리를 철저히 하여야 함
  - 지출결의서에는 지출일자, 지출자, 지출항목, 지출내역 등 포함
  - 사업비를 일괄 인출하여 사후 정산하는 형태의 회계처리 금지
  - 지출원인행위가 발생하지 않은 경우 임의적 경비인출 금지
  - 보조금 교부결정 이전에 집행한 사업비는 보조금으로 보전 불가

- 각종 수당은 관련 세법에 따라 원천징수 및 납부
- 강사료, 인건비, 원고료 등의 각종 수당은 관련 세법에 따라 원천(특별) 징수한 후 법인 또는 단체의 관할세무서 등에 납부
- 보조사업비는 당해 사업기간 내 집행 완료 *별도 안내
- 보조사업은 회계연도 내에 완료, 회계연도 말(11월 중)까지 집행
- 정산결과, 미집행액 및 집행 잔액, 예금 결산이자는 반환(12월 중)
- 보조사업비에 포함된 자부담 비용의 집행 관리
- 자부담 예산에 대한 집행을 전제로 하여 보조금 지급이 결정된 것이므로 보조금의 집행기준과 동일하게 집행
- 자부담을 우선하여 집행하고 보조금과 동일하게 증빙서류 관리
- 물품구매(50만 원 이상)의 경우 비교견적서(1개 이상) 등 관련 서류를 첨부하여 내부품의 후 지출
- 기준단가 준수 및 예산 절감 노력
- 보조금의 집행은 명확한 산출 근거를 명시하여 정확하게 집행하여야 하며, 예산 절감을 위해 노력하여야 함
- 보조금 집행 시 회계 관련 규정 준용

• **교부결정의 내용 변경**

- 교부결정 후 사정의 변경으로 인해 아동권리보장원이 필요하다고 인정하는 경우, 그 교부 결정 내용과 조건을 변경할 수 있음
- 사업결과 보고 및 정산

• **보조사업의 정산**

- 운영기관은 사업완료 후 1개월 이내에 아동권리보장원으로 결과보고서 및 정산서 등 관련 서류 일체를 공문과 함께 원본으로 제출 ※ 반납금액 및 반납일시 기재
- 아동권리보장원은 결과보고서 및 정산서를 토대로 사업이 법령 등에 적합하게 수행되었는지에 대해 심사하고 필요시 자료 재요구, 현지조사 실시
- 아동권리보장원은 결과보고서 및 정산서 심사 결과 적합하지 않은 경우에는 운영기관에 시정, 반환 등 필요한 조치를 취해야 함

- 사업비 정산: 불용액 파악, 보조금 교부조건 위반여부 등 보조금 집행 및 회계처리의 적정성 검증에 중점을 두고 정산 실시
- 증빙서 편철: 회계 관련 영수증은 A4용지 단면에 부착·편철함을 원칙으로 함(양면 불가)

Chapter 08

빈곤아동

1 아동빈곤의 개념과 문제

우리나라는 빈곤선 이하의 저소득 국민에게 국가가 주거, 생계, 의료, 교육, 자활 등에 필요한 경비를 주어 최소한의 기초생활을 제도적으로 보장해 줄 목적으로 국민기초생활 보장법을 제정하여 이 법에 기초하여 사회취약계층을 분류하고 있다. 현재 국민기초생활보장제도의 규정에는 기초생활수급권자와 차상위계층을 명시하고 있다. 절대적 빈곤 개념의 기초생활수급자란 보건복지부에서 결정하는 건강하고 문화적인 생활을 유지하기 위하여 필요한 최소한의 비용인 최저생계비를 기준으로 하여 선정된 자를 의미한다. 상대적 빈곤 개념의 차상위계층은 기초생활수급자가 아닌 저소득층으로 소득이 중위소득 50% 이하인 사람을 말한다. 2015년 7월부터 차상위 계층의 범위가 최저생계비 120% 이하에서 중위소득 50% 이하로 확대되었다(「국민기초생활보장법」, 「국민기초생활보장법 시행령」). 이러한 저소득층에 대한 정의를 기초로 하여 사회적 통념으로 저소득층 아동을 정의하면 기초생활수급자뿐만 아니라 대개 빈곤자를 포함한 가정의 18세 미만의 아동을 말한다(박아름, 2018: 6~7).

또한 빈곤은 인간다운 삶을 최소한으로 영위하기 위해 요구되는 물적 자원의 상태가 부족한 것을 뜻한다(한국민족문화대백과, 2016). 빈곤에 대한 다양한 정의와 기준에 따라 절대적 빈곤(absolute poverty), 상대적 빈곤(relative poverty), 주관적 빈곤(subjective sense of poverty) 등으로 제시되어 왔다. 빈곤가구의 구성원으로서 아동을 빈곤아동으로 볼 수 있다. 빈곤아동의 개념에 있어 아동 자신의 빈곤보다는 속한 가정의 빈곤이 강조된다. 아동에 대한 연령 기준은 UN 및 주요 OECD 국가 등에서 법적으로 설정한 18세 미만으로 볼 수 있다. 이에 따라 빈곤아동이란 빈곤가족에 속해 있는 18세 미만의 아동을 의미한다(김미숙, 정경희, 2010: 54~65).

빈곤 관련 정책 또는 연구에서는 일반적으로 절대적 빈곤 및 상대적 빈곤의 개념이 활용되고 있다. 아동빈곤율에 대한 조사 자료 중 절대적 · 상대적 빈곤율을 활용하는 경우를 살펴보면, 빈곤통계 연보자료의 한 가구소득과 가구의 특성을 기준으로 하고 있다. 또는 국민기초생활보장 수급자의 비율로 아동빈곤의 정도를 설명하고 있고, 주관적 아동빈곤율은 아동 자신이 스스로 빈곤 정도를 파악하여 빈곤여부에 대해 알아보는 것이다. 이러한 방식은 아동이 자신이 빈곤한 상황에 처해 있다고 느끼는지를 확인함으로써 빈곤 현상에 대해 평가하는 것을 의미한다(오정윤, 2017: 10).

한국보건사회연구원(정은희, 이주미, 2015)에서 절대적 · 상대적 아동빈곤율에 대한 조사를 수행한 바 있다. 조사 결과에 따르면 전반적으로 아동빈곤율이 감소하고 있는 것으로 나타났다. 상대적 아동빈곤율은 국내외 기관 및 기구 등에서 사용되는 공식적인 지표로 볼 수 있다. 상대적 아동빈곤율은 가처분소득 중위 50% 기준이 일반적으로 활용되고 있다.

1) 빈곤가정 아동 · 청소년의 개념

빈곤가정 아동 · 청소년과 관련된 내용은 다음과 같다(이현주 외, 2019).

일반적으로 빈곤가정 아동 · 청소년이란 빈곤가정에서 생활하는 18세 미만의 아동 · 청소년을 말한다. 즉, 「국민기초생활보장법」에 의해 수급권자로 선정된 가정의 차상위계층과 저소득층 가정에 속해 있는 아동을 의미한다(변지영, 2014). 그러나 이는 어디까지나 성인 중심, 경제적 의미 중심의 개념 규정이다. 아동이 건강하게 성장하기 위해서는 경제적 지원만이 아니라 정서적 지원, 교육적 지원 등 다양한 영역에서의 지원이 필요하다. 수많은 지원 중 어느 하나라도 지원이 결핍되게 된다면 그 아동・청소년은 부모의 경제력과는 관계없이 빈곤아동・청소년이 되는 것이다. 예를 들어, 부모가 중산층일지라도 자녀에 대해 무관심하고 방임하는 경우 이 아동이 부유하다고 말할 수 없다는 의미이다.

「아동의 빈곤예방 및 지원 등에 관한 법률」 시행규칙 제2조(빈곤아동의 기준)에 따른 「아동의 빈곤예방 및 지원 등에 관한 법률」 및 「동법 시행규칙」상의 빈곤아동의 정의는 다음과 같다. 빈곤가정이 아동에게 크게 신체・인지발달의 문제, 행동・정서발달의 문제, 교육 격차의 문제에 영향을 준다. 첫 번째, 빈곤가정에서는 아동들은 적절한 시기에 제대로 된 영양소를 충분히 제공받지 못한다. 이는 성장지체 등과 같은 신체발달의 문제를 일으키는데, 신체발달 문제는 아동의 인지 발달 및 심리사회발달에도 연관이 되어 있어 학교 중퇴, 비행, 우울 등과 같이 다양한 문제를 발생시킨다. 두 번째, 경제적 어려움은 가정을 책임지고 이끄는 부모의 육체적・정신적 스트레스를 가중시킨다. 이는 아동과 부모와의 상호작용을 약하게 하고 정서적 교류 및 유대를 단절시킨다. 경제적 어려움은 부모뿐만 아니라 아동에게도 심리적 긴장과 불안감을 심어주어 행동정서발달에 어려움을 준다. 마지막으로 빈곤가정의 아동은 적절한 시기에 제대로 된 교육적 지원을 받지 못하는 경우가 많은데 이는 일반가정의 아동들과의 교육 격차 문제를 발생시킨다. 예를 들어 학교생활과 학원 등에 대한 가정의 지원, 학습 교구(도서, 컴퓨터 등)에 대한 지원 그리고 유익하고 적절한 교육적 자극을 줄 수 있는 체험활동이나 문화 활동에 대한 지원이 부족하다. 빈곤가정 아동의 교육 성취 목표는 학년이 올라 갈수록 낮아지는데 이는 경제적 어려움을 겪는 가정의 아동이 고학년이 될수록 학습 동기와 목표가 낮아지고, 그로 인해 미래 직업에 대한 기대치가 내려가기 때문이다.

2) 빈곤아동・청소년을 위한 지도

건강한 아동・청소년이란 지적, 사회・정서적, 신체적인 모든 영역이 균형 있게 발달하여 전인적 인간으로 성장 발달하는 아동・청소년을 의미한다. 빈곤은 전인적 인간으로 아동・청소년이 성장하는 것을 방해하는 위험요소가 된다.

Garmezy(가메지)는 부정적인 결과가 예측되는 위기환경에도 불구하고 정상적인 발달을 보이는 아동에게 더 관심을 갖고, 이러한 발달을 유도하는 요인을 강조하기 시작하였는데 이를 보호요인이라고 하였다. Garmezy는 아동의 긍정적인 자아존중감이나 사회적 특성, 가족 응집력, 유용한 외부적 지지체계가 불리한 환경 속에서도 아동·청소년의 발달을 긍정적인 방향으로 개선해 주는 보호요인으로 작용한다고 하였다. 즉, 아동·청소년이 높은 위기환경에서 성장하고 있지만, 긍정적인 가족 특성이나 아동·청소년의 긍정적 성격 등과 같은 중재변인인 보호요인이 양호하게 작용하기 때문에 위기환경 내에서도 정상적인 발달을 유지할 수 있다는 것이다.

따라서 빈곤이라는 문제로 인하여 많은 빈곤아동·청소년들은 비빈곤아동·청소년들에 비해 모든 영역의 발달에서 낮은 수준을 보일 수는 있으나, 보호요인의 제공을 통해 이러한 부정적 결과를 상당 수준으로 제거할 수도 있음을 알 수 있다. 그러므로 지도자들은 빈곤 아동·청소년들의 보호요인을 제공해 줄 수 있어야 한다.

빈곤 아동·청소년들에게 있어서 가장 중요한 것은 빈곤으로 인하여 부모들의 정서적 지지를 지원받기 어려운 가정환경에 처해 있으므로, 이들에 대한 정서적 지지와 경제적 독립 등을 위하여 아동 자신이 삶의 주인공으로서 자신의 진로와 방향을 스스로 계획하는 자립심을 키우는 것이 매우 중요하다.

3) 빈곤아동 문제

(1) 유아빈곤의 개념 및 특성

빈곤은 인간다운 삶을 최소한으로 영위하기 위해 요구되는 물적 자원의 상태가 부족한 것을 뜻한다(한국민족문화대백과, 2016). 빈곤의 규모와 변화의 추이는 빈곤을 어떻게 정의하는지에 따라 달라진다(홍경준, 2005). 빈곤에 대한 다양한 정의와 기준에 따라 절대적 빈곤(absolute poverty), 상대적 빈곤(relative poverty), 주관적 빈곤(subjective sense of poverty) 등으로 제시되어 왔다. 일반적으로 빈곤선을 절대적 또는 상대적 기준으로 구분하여 빈곤의 개념이 설명되고 있다. 각각의 세부적인 내용을 살펴보면 첫째, 절대적 빈곤은 생활하는 데 요구되는 최소한의 자원이 확보되지 못한 상태로 볼 수 있다. 최소한의 자원을 화폐 단위로 환산한 것을 빈곤선으로 볼 수 있다. 소득 수준이 이러한 빈곤선 이하로 나타나면 빈곤층에 속하는 것으로 분류된다(박능후, 2004).

둘째, 상대적 빈곤은 기본적으로 생활을 유지하는 데 관련되는 욕구 수준을 상대적으로 비교함으로써 도출된다. 즉, 상대적 빈곤은 빈곤선을 설정하는 데 있어 다른 사회구성원들의 일반적인 욕구 수준을 중요하게 다룬다. 이 경우 빈곤가구는 중위소득 또는 평균적인 소득 이하의 소득을 보이는 가구로 분류된다.

셋째, 빈곤의 기준을 주관적 평가에 따라 설정하는 주관적 빈곤의 개념에 따라 설명되기도 한다(김교성, 김성욱, 이정면, 노혜진, 2008: 297~319; 임채홍, 현승현, 김수용, 2009: 582~605). 주관적 빈곤의 특징은 구성원이 속해 있는 상황에 따라 스스로 평가함으로써 생활에 대한 직접적·구체적 느낌이 반영될 수 있다는 것이다(임채홍 외, 2009; 최세현, 김배성, 이상학, 2007: 722~750.). 이를 통해 사회구성원들이 빈곤하다고 생각하는 정도가 어느 수준인지 직접적으로 확인할 수 있다. 하지만 객관적인 확인은 어려울 수 있다는 한계가 지적되기도 한다(김교성, 김성욱, 이정면, 노혜진, 2008: 297~319; 임채홍, 현승현, 김수용, 2009: 582~605).

국내에서 아동을 대상으로 하는 빈곤조사가 이루어져 왔으나, 유아를 대상으로 한 빈곤조사는 거의 이루어지지 못하였다. 따라서 본 연구에서는 빈곤아동 발달에 대한 조사 결과를 광범위하게 고찰하여, 그에 포함된 빈곤유아에 초점을 맞추어 분석하고자 하였다. 빈곤가구의 구성원으로서 아동을 빈곤아동으로 볼 수 있다. 빈곤아동의 개념에 있어 아동 자신의 빈곤보다는 속한 가정의 빈곤이 강조된다. 아동에 대한 연령 기준은 UN 및 주요 OECD 국가 등에서 법적으로 설정한 18세 미만으로 볼 수 있다. 이에 따라 빈곤아동이란 빈곤가족에 속해 있는 18세 미만의 아동을 의미한다(김미숙, 정경희, 2010: 54~65).

빈곤 관련 정책 또는 연구에서는 일반적으로 절대적 빈곤 및 상대적 빈곤의 개념이 활용되고 있다. 아동빈곤율에 대한 조사 자료 중 절대적·상대적 빈곤율을 활용하는 경우를 살펴보면, 빈곤통계 연보 자료의 한 가구소득과 가구의 특성을 기준으로 하고 있다. 또는 국민기초생활보장 수급자의 비율로 아동빈곤의 정도를 설명하고 있다. 주관적 아동빈곤율은 아동 자신이 스스로 빈곤 정도를 파악하여 빈곤여부에 대해 알아보는 것이다. 이러한 방식은 아동이 자신이 빈곤한 상황에 처해 있다고 느끼는지를 확인함으로써 빈곤 현상에 대해 평가하는 것이다. 따라서 자신의 상황에 대해 정확히 진술하기 어려울 정도로 어린 유아를 대상으로 조사하는 데 한계가 있다.

한국보건사회연구원(정은희, 이주미, 2015)에서 절대적·상대적 아동빈곤율에 대한 조사를 수행한 바 있다. 조사 결과에 따르면 전반적으로 아동빈곤율이 감소하고 있는 것으로 나타났다. 상대적 아동빈곤율은 국내외 기관 및 기구 등에서 사용되는 공식적인 지표로 볼 수 있다. 상대적 아동빈곤율은 가처분소득 중위 50% 기준이 일반적으로 활용되고 있다.

가정의 경제적 어려움 분석에 있어 절대적 빈곤 개념을 활용하였다. 절대적 빈곤 개념을 바탕으로 하여 빈곤선 책정을 위해 일반적으로 활용되는 기본적 욕구 방법을 참조하였다. 즉, 욕구소득비(income-to-needs ratio)에 기초하여 가족소득을 가구규모에 따른 최저생계비로 나누어 계산하였다. 이러한 가족소득 기준에 근거하여 본 연구의 대상인 빈곤유아를 표집하였다. 이는 정익중(2009)이 빈곤 및 일반 집단 구분을 위해 조사 시점을 기준으로 월평균 가구소득을 가구규모별 월 최저생계비로 나누어 계산한 욕구소득비에 근거한 것이다.

(2) 빈곤이 유아 발달에 미치는 영향

인간의 성장 및 발달은 어린 시절 다양한 경험을 통해 급격히 이루어진다. 아동 발달에 영향을 미치는 개인적·사회적 측면의 위험 요소가 보고되어 왔다(강문희 외, 2007). 그중 대표적인 위험 요소에 빈곤이 포함된다. 빈곤은 아동을 양육하는 환경상에 존재하는 박탈 또는 결함을 개념적 속성으로 한다. 이러한 빈곤은 아동의 발달에 영향을 미칠 뿐만 아니라 삶의 질에 전반적으로 부정적 영향을 미치는 것으로 나타났다고, 아동이 속해 있는 가구의 빈곤은 이후 아동이 새롭게 구성하는 가정의 빈곤에도 영향을 주어 대물림되기도 한다.

빈곤이 아동에게 미치는 영향에 대한 많은 연구들이 이루어져 왔다. 어린 시절 중에서도 유아기의 발달은 향후 성장 과정에 큰 관련성을 보여 다른 시기에 비해 특히 강조되었다(김현숙, 2011; 이재연 외, 2008; 정옥분, 2002; 조성연 외, 2001). 유아 발달에 빈곤이 미치는 부정적 영향과 관련하여 빈곤의 측정방법, 빈곤 노출 시기, 발달영역, 빈곤에 동반된 다양한 위험 요인이 어느 정도로 중첩되었는가에 의해 빈곤의 영향력이 달라진다고 하였다. 장기간 동안 빈곤을 경험한 유아들은 비교적 지능 수준이 낮고 또래관계에 있어 부정적 영향을 받는 것으로 나타나 생애 초기 단계에 빈곤을 경험한 경우에 학업성취도가 낮은 것으로 보고되었다.

이처럼 보다 어린 시기인 유아기에 빈곤이 강한 영향을 미치고, 빈곤가정의 유아는 일반가정의 유아에 비해 신체적으로 건강하지 못하며, 질병의 발생 비율이 더 높은 것으로 나타났고 우울, 불안 등의 내재화된 문제뿐만 아니라 과잉행동 및 반사회적 행동, 또래 갈등 등의 외현화 문제를 겪는 것으로 나타났다. 특히 빈곤을 간헐적으로 경험하는 경우 보다 매우 어린 시기 또는 장기적으로 빈곤을 경험하는 경우에 상당히 부정적 영향을 받는 것으로 보고되고 있으며 빈곤은 유아발달에 있어 부정적인 영향을 미치는 것으로 보고되어 왔다. 빈곤이 유아발달에 미치는 직접적인 영향뿐만 아니라 빈곤가정에서 부모와 자녀 간 관계를 통한 간접적 영향도 발생하게 된다. 즉, 빈곤가정의 경제적 어려움으로 인해 긍정적이지 못한 양육태도, 우울, 스트레스 등으로 부모와 자녀 간 관계가 좋지 못할 가능성이 높다. 이에 따라 유아발달에 부정적 영향을 미칠 수 있다는 것이다(곽금주, 김정미, 유제민, 2007: 1~19).

(3) 우리나라 아동의 물질적 빈곤과 결핍

'2018년 아동종합실태조사'에 따르면 만 0~8세 아동 가구는 보호자를 대상으로, 만 9~18세 미만 아동은 보호자와 아동을 대상으로 조사하고 아동의 물질적 결핍 수준에 대해 유니세프 이노첸티(Innocenti)의 14개 항목 아동결핍지수(Child Deprivation Index)를 활용하여 측정하였다. 아동결핍지수를 구성하는 14개의 결핍항목은 경제적으로 더욱 발전한 사회에서 아동의 성장과 발달에 필요한 기준으로 고려될 수 있는 소유(possesstions), 서비스(services), 기회(opportunities)의 결핍을 측정할 수 있도록 설계되었으며, 구체적으로 다음과 같은 내용으로 구성된다. 아동결핍지수는 전체 14개 문항 중 2개 이상의 항목에 '아니요'라고 응답한 아동의 비율을 의미한다.

① 2018년 우리나라 아동의 결핍 실태

소득기준 아동빈곤율은 아동의 자원 결핍 그 자체만을 보여 주며, 물질적 자원의 결핍이 미치는 다차원적 결과를 포착하지 못한다. 다차원적 아동빈곤의 특성을 더 포괄적으로 이해하기 위해 아동종합실태조사에서는 2차 조사인 2013년 조사부터 아동결핍 수준(child deprivation)을 조사하였다. 분석 결과, 만 0~17세 아동의 결핍지수는 31.5%였으며, 2013년의 54.8% 대비 큰 폭으로 감소하였다. 아동의 연령별 결핍 수준 차이는 크지 않았으며, 부모가 대신 응답한 만 0~8세 아동과 아동 자신이 직접 응답한 만 9~17세 아동의 결핍 수준은 31% 정도로 유사하게 나타났다.

결핍 문항 수의 분포를 살펴보면, 결핍의 경험이 전혀 없는 아동의 비율은 0~8세가 가장 높았으며, 아동 4명 중 1명이 1~2개의 결핍을 경험했다고 응답했다. 문항별로 살펴보면 14개 문항 중 취미생활, 스포츠, 동아리 활동 등의 정기적인 여가생활 결핍이 26%로 가장 높았다. 특히 0~8세 아동에서 27.7%로 높게 나타났다. 친구들을 집으로 초대해 놀거나 식사를 하는 기회의 결핍(15.2%), 야외 활동을 할 수 있는 기구의 결핍(15.1%)이 다음으로 높게 나타났다. 만 9~17세의 아동들 사이에서는 생일 파티나 가족 행사 등의 기회 및 신선한 과일 · 채소 섭취, 육류 또는 생선 섭취, 하루 세끼 식사 등 식생활 관련 결핍이 상대적으로 높게 나타났다. 예컨대, 하루에 세끼를 먹지 않는다고 응답한 9~17세 아동이 7.5%로 전 연령대 아동 평균인 5.2%보다 높았으며, 매일 육류 또는 생선, 신선한 과일이나 채소 섭취 등 균형 잡힌 식생활을 하지 못하는 아동도 10~11%에 달했다.

반면, 가정에서 인터넷 활용이 가능하지 않다고 응답한 아동의 비율은 2.6%로 14개의 결핍항목 중 가장 낮게 나타났다. 아동의 인구경제사회학적 특성별로 아동결핍수준을 살펴보면, 기초생활수급 가구, 낮은 소득수준, 한부모 · 조손 가구 여부와 높은 상관관계를 보인다. 아동결핍지수는 저소득 수급 아동 표본에서 67%로, 일반 가구 아동의 29.9%보다 2.2배 높게 나타났다. 또한 소득계층의 무응답, 맞벌이 여부에서 기타 가구, 한부모 · 조손 가구의 아동이 50% 이상의 높은 결핍지수를 보였다. 다음으로는 중위소득 50% 미만 가구가 높게 나타났다.

한편, 아동 연령별로는 0~2세 영유아의 결핍지수가 높게 나타났는데, 이러한 결과에 대해서는 '친구들을 초대해서 놀 기회', '야외 활동 기구', '정기적인 여가

활동' 등의 일부 결핍 항목이 0~2세 아동의 결핍을 측정하기에 상대적으로 부적절하다는 점을 고려할 필요가 있다. 이와 관련하여 아동 발달 단계별 특성을 반영하는 아동결핍에 대한 접근 방법인 다차원 중복결핍 분석(MODA)을 적용할 필요가 있다.

② 아동결핍지수의 국제 비교

이상과 같이 2018년 우리나라 아동의 결핍 수준은 2013년에 비해 크게 향상되었음에도 불구하고, OECD 및 유럽 국가들과의 비교 분석 결과는 우리 아동의 물질적 결핍 수준이 여전히 OECD 및 유럽 국가 29개국 중에서 가장 높은 수준임을 보여 준다. 비교 대상 자료는 2009년 유럽연합 소득과 생활수준에 대한 통계(EUSILC 2009)로, 29개 유럽 국가에서 1~16세 아동이 있는 12만 5000가구를 대상으로 하여 아동결핍지수를 조사했다(Adamson, 2012).

아동의 물질적 빈곤과 웰빙은 전통적이고 화폐적인 접근 방식과 다차원적이고 비화폐적인 방식을 통해 다차원적으로 이해되어야 한다. 일반적으로 소득 측정에 기반한 빈곤지표는 현재의 소득이 자산, 저축과 같은 생활수준을 결정하는 다른 자원들을 반영하지 못하고 있으며 빈곤을 자원의 결핍 그 자체로만 설명한다는 점에서 한계가 있다. 빈곤은 자원의 결핍에 따른 다차원에 걸친 결과, 즉 의식주를 포함하는 생계, 건강과 의료, 교육, 문화와 여가 등의 영역에서의 박탈과 배제를 포함하는 복합적인 현상이기 때문이다.

특히 아동의 빈곤에 대해서는, 아동의 발달 단계에서 경험하는 결핍과 배제의 경험이 이어지는 아동의 성인기 삶에 부정적인 영향을 미친다는 점에서 아동들이 경험하는 빈곤의 폭과 깊이를 정확하게 진단하여 정책적으로 개입하는 것이 중요하다. 이에 이 글에서는 우리나라 아동의 빈곤 현황과 실태에 대한 종합적인 진단을 위해 2018년 아동종합실태조사에서 나타난 우리나라 아동의 물질적 결핍 수준을 분석하였으며, 그 결과와 함의는 다음과 같이 정리할 수 있다.

첫째, 2016년 한국의 소득기준 아동빈곤율은 가계동향조사에서 가계금융복지조사로 국가의 공식 통계 자료원이 변화함에 따라 시계열적 단절이 있었으며, 2016년 기준 상대적 아동빈곤율은 15.2%를 기록했다. 통계 자료원의 변경에도 불구하고 아동빈곤율은 지속적으로 감소 추이를 보이고 있으며, 2017년 14.2%,

2018년 12.3%로 감소폭이 뚜렷했다.

둘째, 2018 아동종합실태조사에서는 아동의 물질적 결핍 실태를 측정하는 14개의 문항(의식주, 교육, 문화, 여가 등)을 포함했으며, 2번 이상의 결핍을 아동결핍으로 분류하였다. 만 18세 미만 우리나라 아동의 31.5%가 물질적 결핍을 경험하고 있는 것으로 나타났는데, 이는 2013년 아동종합실태조사 결과와 비교할 때 큰 폭으로 감소한 수치이다. 아동들은 여가 및 문화생활에서 가장 큰 결핍을 경험하고 있었다. 예컨대 정기적인 여가활동을 하지 못하고, 친구들을 초대해 놀거나 생일파티나 가족행사를 하지 못한다는 응답이 가장 많았다. 만 9~17세 아동의 경우 양적·질적 측면에서 균형 잡힌 식생활의 결핍을 경험하는 비율이 저연령 아동 그룹보다 높게 나타났다. 아동결핍 수준은 기초생활수급 가구, 소득수준이 낮은 가구, 한부모 또는 조손 가구, 경제활동가구원이 없는 가구에서 높게 나타났다. 이는 자원 결핍과 물질적 결핍의 결과 간 높은 상관관계를 반영한 것이라고 할 수 있다.

셋째, 아동의 빈곤은 부모, 가족, 친구, 지역사회 환경 등 아동을 둘러싼 복합적인 환경 요소들을 매개로 건강, 발달, 관계, 양육, 여가 및 문화, 안전, 주거 등 다차원적 영역에서 발생하고 있으며, 이는 신체적, 사회·정서적으로 부정적인 아동 발달의 결과에 영향을 미친다(류정희 외, 2019a).

따라서 아동 삶과 성장의 조건을 평등하고 동등하게 만들기 위한 다차원적 아동빈곤 예방 정책을 수립하고 개입하기 위한 장단기 전략을 세우는 것이 중요하다. 다차원적 아동결핍 실태에 대한 분석 결과는 빈곤아동의 가구 유형별 특성을 뚜렷하게 보여 준다. 저소득 가구, 한부모·조손 가구의 아동들은 소득수준이 낮을 뿐만 아니라 사회적 관계, 문화와 여가, 교육, 꿈과 기회 등 다차원적 차원에서 결핍과 차별을 일상에서 경험하고 있다. 한부모·조손 가구 등 취약가구의 아동과 가족을 위한 주거 지원, 교육 자원 및 문화 자본을 강화할 수 있는 지원을 확대하는 방안 등 다차원적 박탈지표의 구성 요소가 되는 물질적 결핍을 보완하기 위한 정책이 필요하다.

마지막으로, 효과적인 아동빈곤 예방 정책의 수립 및 개입을 위해 시급히 확보되어야 할 토대는 다차원적 아동빈곤지표의 개발과 모니터링 시스템의 확보, 다차원적 빈곤 개입을 위한 다부처의 실질적인 협업 체계의 작동이라고 할 수 있다.

먼저, 다차원적 아동빈곤지표를 개발하고 이를 지속적으로 모니터링하는 체계를 확보해야 한다.

지난 20여 년간 유니세프, OECD 등 주요 국제기구에서는 아동의 발달단계에 적합한 다차원적 아동빈곤지표를 개발하기 위해 다양한 노력을 해 왔다. 우리나라의 경우 2013년 아동종합실태조사에서 유니세프에서 개발한 아동결핍지표를 추가해 조사를 시행했다.

그러나 아동결핍지표는 다양한 차원의 결핍을 포괄하지 못하고 있으며 아동의 발달 단계와 연령별 특수성을 반영하지 못한다는 점에서 한계가 있다.

2 아동빈곤과 비행아동청소년

1) 비행아동 · 청소년의 개념

비행(delinquency)은 사전적으로 '바람직하지 않은 행위' 또는 '문제 있는 행동'으로 정의된다. 일반적인 비행의 의미는 ① 사회의 여러 규범을 어긴 행위 ② 법률적으로는 법을 위반한 행위 ③ 교육적으로는 학교 등의 교육기관의 규칙을 위반한 행위 등으로 분류된다(송승현, 2015). 이처럼 비행에 대한 학자나 법 등의 개념 사용은 매우 다양해서 아동과 청소년의 비행의 범위를 결정하는 것은 어려운 일이 아닐 수 없다. 아동 · 청소년의 행동을 관점에 따라서, 어떤 이는 인간이 성장하는 과정에서 겪을 수 있는 하나의 성장통과 같은 것으로 보는가 하면, 어떤 이는 비정상적인 행동으로 볼 수 있기 때문이다. 우리나라의 경우 소년법 제4조에서는 아동 · 청소년의 비행은 12세 이상 20세 미만의 아동 · 청소년에 의한 범죄행위, 촉법행위와 우범행위를 말하며, 이러한 행위를 하거나 할 우려가 있는 아동 · 청소년은 각각 범죄소년, 촉법소년, 우범소년으로 정의하고 있다. 범죄소년이란 14세 이상 19세 미만의 소년으로서 형벌법령에 저촉되는 행위를 한 자로 형사책임이 있다. 촉법소년이란 10세 이상 14세 미만의 소년으로서 형벌법령에 저촉되는 행위를 한 자로 형사책임은 없다. 우범소년은 12세 이상 19세 미만의 소년으로서 집단적으로 몰려다니며 주위 사람들에게 불안감을 조성하는 성벽(性癖)이 있거나, 정당한 이유 없이 가출을 하거나, 술을 마시고 소란을 피우거나 유해환경에 접하는 성벽(性癖)이 있는 자를 지칭한다. 또한 미성년자보호법에서는 음주, 흡연, 싸움, 유흥업소 출입, 성도덕 문란행위 등으로 자신 또는 타인의 덕성을 해롭게 하는 소년을 불량행위소년으로 규정하고 있다. 그러나 성인범죄자에 비해 비행아동·청소년은 변화 및 개선 가능성이 커 사회적인 보호 및 지원을 통한 비행예방 노력이 중요하다(한국청소년정책연구원, 2015).

2) 비행의 발생원인

(1) 개인적 요인

비행 발생원인과 관련하여 개인적 특성을 강조하는 이론은 모집단이질론인데, 범죄를 저지를 잠재력은 사람마다 다르게 분포되어 있고, 결국 범죄 잠재력이 높은 사람이 범죄를 저지른다는 것을 말한다. 이러한 관점에서 보면 비행아동·청소년은 특정한 성향을 가지고 있는 아동·청소년이 비행을 저지를 가능성이 높고, 이들 집단을 선별하여 비행을 예방하는 것이 범죄예방 및 감소 정책의 대안이 될 수 있다. 여기서 말하는 잠재력과 관련하여 가장 많이 제시되고 있는 요소는 자아통제력이다. 즉, 자아통제력이 높은 사람은 범죄나 비행을 저지를 가능성이 낮다는 것인데, 자아통제력이 낮은 사람은 미래보다는 당장의 눈앞에 벌어진 상황에 몰두하기 쉽고, 좌절감을 참기 어렵기 때문에 자신이 경험하게 되는 좌절감이 분노로 연결되어 이것이 공격성으로 이어진다는 것이다.

(2) 가족체계 요인

아동·청소년 비행과 관련한 가족체계 요인은 결국 가족의 구조적 결손과 기능이다. 가족의 구조적 결손이란 부모의 부재, 한부모가족 등 지금까지의 전형적인 가족구조로부터 이탈된 가족 상황에서 성장한 아동들이 비행을 경험할 가능성이 높다는 것이다. 가족구조의 결손은 경제적 빈곤, 정서적 지지의 부족 등을 통해 부모와 자녀 간의 정서적 접촉이 부족해지고, 적절한 감독과 훈육이 어렵기 때문에 비행행동을 유발하게 되기 때문이다. 가족구조의 결손은 비행에 직접적 영향을 미친다기보다는 간접적인 영향을 미친다고 주장하는 보고도 있다. 경제적 고충이나 정서적 지지의 부족을 극복하기 위해 가족이나 가족 외부체계(지인, 사회적 안전망)로부터 지원을 받거나 부족한 역할모델을 제공받을 수도 있기 때문이다.

따라서 가족구조의 결손보다는 기능이 더 많은 영향을 미치고 있다고 주장하기도한다. 즉, 가족 기능이 원활하지 못한 경우 자녀의 훈육을 물리적 방법(폭력 등)에 의존하게 되고, 자녀를 거부하거나, 비일관적인 양육태도로 인해 자녀 양육을 소홀히 하게 된다는 것이다. 결국 가족구성원 간의 갈등 관계를 많이 경험하게 되는 아동・청소년은 공격적 행동을 강화 받게 되고 이는 비행으로 연결된다는 것이다.

(3) 또래 관련 요인

아동・청소년의 비행은 또래집단의 접촉을 통해 이루어진다고 설명하고 있는 이론은 차별접촉이론이다. 이 이론은 기본적으로 사회학습이론과 그 맥을 같이하고 있는데, 비행행동을 긍정적으로 수용하고 있는 사람들과 접촉함으로써 아동・청소년들이 비행을 수용하게 된다는 것이다. 특히 청소년기에 비행을 경험하게 되는 경우 개인이나 가족요인에 영향을 받을 때보다 또래집단의 영향력은 크다고 보고되고 있다. 즉, 중・고등학교 시기에 비행을 경험하게 되는 청소년들은 부모의 이혼, 실업, 정체성 혼란 등의 위기를 함께 경험하게 되면서 비행또래집단과의 접촉이 늘어나게 될 것이고 그것으로 비행에 참여할 가능성이 높아진다고 한다.

(4) 학교 관련 요인

학교에서의 부정적인 경험이 아동・청소년의 비행에 영향을 미친다는 이론은 사회통제이론이다. 학교의 사회통제는 교사, 교장 등 학교의 성인들이 관습적 제도에 대한 헌신(commitment)하는 것이다. 관습적 제도에 대한 헌신이란 성원들이 교육, 직업 등 기존의 관습적 행위에 투자한 정도를 말하는데, 학생들의 입장에서는 구체적으로 학업성취(성적)이다. 즉, 성적이 낮은 학생들은 성적이 높은 학생들에 비해 잃을 것이 적기 때문에 비행에 참여할 가능성이 높아진다. 또한 또래에 대한 동조성 역시 이 이론에서는 비행의 중요 요소로 제시하고 있다. 동조성이 강한 청소년들의 경우 그렇지 않은 청소년보다 비행에 참여할 가능성이 높다고 본다. 이외의 비행에 영향을 미치는 학교 관련 요인으로는 교사의 무관심, 학교의 태만한 대응, 학교에 대한 지역사회의 무관심, 통솔력과 지도력의 유형 등이 있다.

(5) 문화 환경적 요인

아동 · 청소년들은 매스컴을 통해 폭력과 범죄 등을 모방하기도 한다. 매스컴에서 인간의 가치를 저하하거나, 공격적 행동을 자주 보여주는 등 아동 · 청소년의 비행을 부추길 수 있는 내용이 빈번하게 노출하는 것은 그 사회의 문화환경적 수준을 보여준다고 볼 수 있다. 최근에는 컴퓨터를 통해서도 아동 · 청소년들이 유해한 환경에 노출되기도 한다. 이외에도 알코올이나 가정과 학교에서의 폭력에 대한 허용적 분위기 역시 아동 · 청소년의 비행에 영향을 미친다.

3) 비행아동 · 청소년의 처우

(1) 비공식적 처우의 확대이다.

아동 · 청소년의 비행을 법에 따라 엄격하게 처우할 경우에는 성인범죄자가 되거나 범죄예방에 부정적인 결과를 낳을 수 있다. 따라서 아동 · 청소년 비행에 대해서는 비공식적인 통제를 해야 한다는 것이다. 이는 국가의 부담을 더는 것이기도 하고 동시에 아동 · 청소년의 사회적응을 최대화할 수 있게 된다고 한다. 즉, 민간이 운영하고 있는 치료교육시설, 시설가정, 집단수용시설, 지역사회상담소 등에 비행아동 · 청소년의 처우를 맡겨야 한다는 접근방법이다.

(2) 비범죄화이다.

아동 · 청소년의 비행을 범죄화하면 낙인효과를 낳게 되기 때문이다. 이 접근방법은 비공식적 처우에서 주장하는 바와 같이 비행아동 · 청소년에 대한 통제의 주체를 민간에게 두는 것에서 나아가 아동 · 청소년의 지위비행을 소년사법체계로부터 완전히 자유롭게 해야 한다는 것을 의미한다.

(3) 지위비행의 비형사화이다.

지위비행에 대해서는 절대 사법적 처리를 해서는 안 되며, 아동·청소년 자신에게 위험하다고 판단되는 경우에만 일시적 구금 같은 것을 허용하자는 접근방법이다. 이는 아동과 청소년은 보호와 감독을 필요로 하는 존재이며, 동시에 성인과 동일한 책임을 지게 해서는 안 된다는 관점이다.

(4) 비수용화이다.

아동을 보호할 책임이 있는 모든 사회제도, 즉 가족, 학교, 사회복지시설 등의 기관이 그 책임을 다하지 못한 실패를 소년원이 고스란히 떠맡는 것은 불합리하므로 원하지 않는 아동을 강제로 수용하는 소년원은 폐지하고, 자비롭고 온건하며 지역사회에 이바지한다.

4) 비행아동 · 청소년 지도

청소년백서(2014년)에 따르면 전과가 없는 소년의 초범 비율은 줄어드는 데 비하여, 전과(4범 이상)가 있는 소년범의 재범 비율은 계속 증가하는 것을 알 수 있다. 이는 분명 비행을 저지르는 아동·청소년에 대한 가정과 사회의 관심이 부족하다는 것을 보여준다 하겠다. 비행아동·청소년의 문제는 다양한 요인들이 복합적으로 작용하고 있기에 어느 한 가지 차원에서 접근하는 것은 효과적이지 않다. 따라서 비행아동·청소년 지도에 있어서 여러 가지 사항을 고려해야 할 것이다(한국청소년정책연구원, 2015).

(1) 학업을 중단한 청소년의 일상생활에 대한 지도

학업을 중단한 비행아동·청소년은 밤과 낮이 바뀌고 밤에 주로 생활하는 불규칙적인 생활패턴을 갖게 된다. 이러한 불규칙적인 생활에 대한 가정과 주변으로부터의 생활지도가 적절하게 이루어져야만 건전한 생활 패턴을 되찾고 재비행을 예방할 수 있게 될 것이다. 밤늦게 친구들과 몰려다니지 않기, 비행친구를 만나지 않기, 게임시간 줄이기 등의 내용을 포함한 생활 규칙을 아동들과 정하는 것도 구체적인 예가 될 것이다. 단기적으로 건전한 아르바이트를 할 수 있도록 알선해 주는 것도 좋은 방법이 될 것이다.

(2) 비행아동 · 청소년의 일탈을 예방하기 위한 부모의 지도

청소년상담연구(2010)에 따르면, 부모의 관심과 지도가 비행친구와의 만남 횟수를 줄이고 일탈행동 억제에 영향을 주는 것을 알 수 있다. 이는 아동이 부모가 자신을 감독하고 있다는 것을 인식하는 것만으로도 아동은 일탈행동과 비행친구와의 만남을 줄인다는 것을 의미한다. 자녀가 밖에서 누굴 만나고 무엇을 하는지에 대해 많은 정보를 부모가 가지고 지도 · 관리를 한다면 아동 · 청소년의 비행과 일탈을 줄일 수 있을 것이다.

(3) 비행아동 · 청소년의 일탈을 예방하기 위한 신뢰감 형성

비행아동 · 청소년은 가정이나 학교에서 맘을 열고 대화를 나눌 수 있는 경험을 해보지 못한 경우가 많다. 그러므로 먼저 친밀감을 형성하고 이들의 이야기를 경청할 수 있는 태도를 지녀야 한다. 그런 시간은 서로 신뢰감을 형성할 수 있게 되고 이 신뢰감이 형성되어야만 도움을 줄 수 있게 되는 것이다. 이야기를 들어줄 때는 아동 · 청소년들의 이야기 내용에 대해 판단을 하기보다는 공감을 해주고 대안을 생각해 낼 수 있도록 유도하는 것이 좋다. 즉, 기존의 가치관과 다른 생각이나 느낌을 이야기할 때에는 '아, 너는 그렇게 생각했구나.'라는 식으로 상대방의 이야기를 경청하고 있음을 알린다. 다만, 네 생각이 맞다거나 틀리다는 식의 판단을 하지 않는 것이 좋다는 것이다. 그런 후에 상황에 맞는 자신의 경험이나 다른 사람의 경험을 이야기하면서 '너 같으면 어떻게 하면 좋을 것 같다고 생각하니?' 등의 말을 통해 상대방의 생각이나 느낌을 이야기하도록 배려해 주는 것이 바람직하다. 그러나 물론 이 역시 만나는 아동 · 청소년의 상황에 따라 다를 수 있음을 명심해야 한다. 어떤 이론도 모든 인간을 해석하고 문제를 해결할 수는 없기 때문이다.

3 아동가구 소득지원제도의 제언

아동가구 소득지원제도의 제언의 내용은 다음과 같다(정은희 외, 2018).

아동가구에 소득을 지원하는 제도의 소득재분배 효과를 분석하는 것이 목적이다. 본 연구의 목적을 위해 먼저 우리나라의 아동가구의 소득분포 및 불평등 현황과 경향을 통계청 가계동향조사 소득분포 분석 결과, 아동가구의 시장소득은 2006년부터 2016년까지 증가하였으며 소득 하위 분위의 소득점유율 또한 증가하는 추세인 것으로 나타났다. 지니계수는 2006년 이후 조금씩 감소하다 2016년에 상승한 것으로 나타났다. 시장소득 증가 요인과 지니계수의 변화 요인은 일부는 저소득 아동가구의 비율 감소와 소득 하위계층의 아동 수 감소로 인한 것이며, 일부는 정부의 소득지원제도로 인한 불평등 감소 효과에 기인한 것으로 분석되었다.

그러나 정부의 아동가구 소득지원제도의 불평등 감소 효과는 점점 줄어들고 있는 추세였으며, 소득 하위 계층의 아동 수 및 아동가구 비율 또한 감소하는 추세였다. 이와 같은 사실은 정부의 아동가구에 대한 소득지원제도의 효과성이 실제로는 더 낮을 것이라는 점을 시사한다. 다음으로 아동가구를 지원하는 소득지원제도 중 대표적인 프로그램인 가정양육수당, 보육료 지원, 근로장려세제, 자녀장려세제와 같은 개별 프로그램의 재분배 효과를 분석하였다.

보육료 지원은 만 0-5세 아동이 있는 가구의 시장소득 기준 불평등을 2010년에 4.3% 정도, 2016년에 4.2% 정도 감소시켰다. 해당 연령 아동의 불평등은 2010년에 4.6% 정도, 2016년에 4.7% 정도 감소시켰다. 양육수당은 2016년 만 0-5세 아동가구의 시장소득 불평등을 1.1% 정도, 해당 연령 아동의 불평등을 1.3% 정도 감소시킨 것으로 나타났다. 근로장려금은 같은 기간에 아동가구와 아동의 시장소득 기준 불평등을 각각 0.1% 정도 감소시켰고, 자녀장려금은 각각 0.2% 정도 감소시켰다. 2018년 9월에 실시된 아동수당의 불평등 감소 효과를 모의실험으로 분석한 결과, 만 0-5세 아동가구의 불평등은 약 1.5%, 해당 연령의 불평등은 1.7% 정도 감소시키는 것으로 확인되었다. 그리고 만 0-5세 아동이 있는 가구의 빈곤율은 5.9% 정도 감소시키고, 해당 연령 아동의 빈곤율은 5.7% 정도 감소시키는 것으로 추정되었다. 아동수당의 불평등 및 빈곤 완화 효과 정도는 기존의 시뮬레이션 연구에 비해 높게 나타났다. 예를 들어 고제이 외(2017)의 연구에서 아동수당 지급이 아동빈곤은 2.7% 감소시키는 것으로 추정하였고 소득불평등은 0.9% 정도 감소시키는 것으로 추정하였다. 이러한 차이는 분석에 사용한 기준소득이 다르고 분석 대상 아동연령 또한 다르기 때문인 것으로 보인다.

시장소득을 기준으로 아동수당의 소득재분배 효과 및 빈곤 완화 효과를 분석하였다면, 고제이 외(2017)의 연구에서는 가처분소득을 기준으로 아동수당의 효과를 분석하였다. 가처분소득을 활용하여 아동수당의 효과를 분석한 것은 다른 모든 제도의 불평등과 빈곤 완화 효과를 고려한 이후에 아동수당의 추가적인 효과를 분석했다는 의미이다. 따라서 이미 다른 제도의 영향으로 소득불평등과 빈곤이 어느 정도 완화됐고, 추가적인 지원으로 인해 영향받는 계층이 빈곤선 근처에 몰려 있지 않다면 불평등 감소 및 빈곤 완화 효과는 작아질 가능성이 있다. 그러나 가처분소득을 기준으로 활용한 것은 현재의 제도가 유지되고 조정되지 않는다는 가정하에 분석했기 때문에 보다 현실적인 가정을 통한 분석이라고 볼 수 있다. 그러나 본 연구의 초점은 개별 소득지원제도의 순효과에 두고 있다. 이는 본 연구가 개별 제도의 재조정이 이루어진다면 어떤 제도를 선택해야 하는지에 대한 고민에서 출발하였기 때문이다. 따라서 다른 지원이 없다는 가정에서 개별 지원제도의 효과만을 분석하였기 때문에 시장소득을 활용하여 분석하는 것이 적절하다고 하겠다.

분석 대상 연령 또한 본 연구는 정책의 대상이 되는 만 0세에서 5세까지 아동만을 대상으로 하였는데 기존 연구는 만 17세까지 분석 대상으로 포괄하였기 때문이다. 앞에서 논의한 바와 같이 정책의 대상 아동연령을 넘어서는 분석은 해당 정책의 효과를 과소평가하게 된다는 점을 알 수 있다. 위의 분석 결과를 종합해 보면, 보육료 지원이 불평등 감소 효과가 가장 큰 것으로 나타났다. 개별 제도의 불평등 완화 효과의 크기는 개별 제도의 규모에 의한 것일 가능성이 있다. 보육료 지원의 불평등 완화 효과가 큰 이유 중 하나는 지출 규모가 크며 보육료 지원을 선택하는 가구의 비율이 높기 때문일 것으로 예상된다. 2013년 말 0-5세 아동 중에서 가정양육수당을 이용하는 아동의 비율은 39.5%이며 한부모와 조손가구는 가정양육수당을 이용하는 비율이 26.7%이다. 가정양육수당을 이용하지 않는 비율이 전체 아동 중 60.5%이며 한부모와 조손가구 아동의 경우에는 73.3%이다(통계청, 2015). 아동양육수당의 경우 2013년 말에 소득기준을 이미 없앴고, 가정양육수당을 이용하지 않는 경우에는 보육료 지원을 받을 수 있기 때문에 가정양육수당을 이용하지 않는 비율이 곧 보육료 지원을 받는 비율로 해석될 수 있다.

마지막으로 아동가구 소득지원제도에 대한 국가 개입이 소득재분배에 미치는 효과를 LIS 데이터와 OECD 지출 자료를 분석하여 국제비교를 하였다. OECD 지출 분석 결과 지출 수준이 높은 국가가 아동빈곤율 감소 수준이 높은 것으로 나타났다. 특히 아동가구에 대한 서비스 지출 수준이 높은 국가가 그렇지 않은 국가에 비해 아동빈곤율을 낮추는 것으로 나타났다.

그러나 국가 간 비교는 각 국가의 시장소득 재분배 상황이나 정책적 조합에 따라 재분배 효과가 달리 나타난다. 즉, 시장에서 소득분배 상황이 불평등한 국가와 그렇지 않은 국가에서 동일한 규모의 정책적 개입이 있다 하더라도 시장에서 불평등한 국가에서 정책적 개입 효과가 더 작게 나타날 가능성이 있기 때문이다. 따라서 국가 단위의 비교분석 결과를 해석할 때는 해석상 주의가 필요하다.

국가비교에서 LIS 자료를 이용하여 개인 단위로 분석한 결과를 살펴보면, 여성의 노동시장 참여를 용이하게 하는 급여보다는 가족이전급여를 지원하는 정책이 지니계수 감소 효과가 큰 것으로 나타났다. 이는 빈곤율, 빈곤갭비율에서도 동일한 결과를 보이고 있다. 이러한 결과는 급여를 제공하는 방식의 특성에 기인한다기보다는 급여의 규모에 기인한다고 볼 수 있다. 즉, 가족이전급여의 규모가 모성・부모휴가급여의 규모보다 크기 때문이다. 모성・부모휴가급여는 노동시장에 참여하는 대상만을 고려하고 있다면, 가족이전급여는 아동이 있는 가구에 보편적으로 지급하는 급여이기 때문이다. 어떤 경우에든 아동에게 계층상승의 기회는 언제나 열려 있어야 한다. 아동의 현재 소득지위에 대한 원인이 아동에게 있지 않으며 자신의 선택에 의한 결과도 아니기 때문이다. 또한 현재 본인의 노력으로 바로 계층상승으로 이어지지도 않을뿐더러 노력할 수 있는 자원이 충분히 뒷받침되지 않은 상태에서는 노력의 기회조차 얻기 힘들기 때문이다.

한편, 한국보건사회연구원 보건복지포럼(2020)에 따르면, 비교적 최근까지 우리나라의 아동빈곤율은 7% 수준에서 점차 감소되는 추세를 보였다. 13% 수준에 머무르던 경제협력개발기구(OECD) 회원국 평균의 절반에 가까운 수치였다. 이는 OECD평균보다 높게 나타났던 '전체 인구 중 빈곤율', 매우 높게 나타났던 '65세 이상의 노인빈곤율'과 비교할 때 주목할 만한 현상이다. 이와 같이 감소 추세를 보이는 낮은 수준의 우리나라 아동빈곤율을 이해하기 위한 연구가 국내외에서 진행되었다. 아동빈곤율 감소 추세는 아동이 있는 가구의 상대소득 증가, 보육료 지원 서비스 등 아동 가구에 대한 사회적 이전의 재분배 효과 증가, 1997년 경제위기 이후 결혼 및 출산 연기 등에 따른 합계출산율 감소 등의 다양한 요인이 복합적으로 상호작용한 결과일 수 있으며(여유진, 2017), 빈곤가정 부(父)의 상대적으로 높은 고용률, 고학력 비중 증가 등이 빈곤아동의 생활수준 향상에 기여한 것으로 분석되었다(Thevenon, 2018).

그러나 2016년을 기점으로 우리나라 소득분배지표의 기준 자료가 가계동향조사에서 가계금융복지조사로 변경되었으며, 이에 따라 2016년 이후 우리나라 아동빈곤율은 2015년과 시계열적으로 단절이 불가피해졌다. 2016년 상대적 아동빈곤율은 15.2%로 가계동향조사 기준 6.7%에 비해 2배 이상 높게 나타났으며, 2015년 OECD평균의 절반에 가깝던 한국의 아동빈곤율은 2017년 OECD평균보다 높은 수치를 기록했다. 다만 빈곤율의 지속적인 감소세는 시계열 단절 이전과 유사한 경향성을 보이는 것을 확인할 수 있다. 소득분배 관련 공식 통계지표의 시계열적 단절에 의한 이와 같은 아동빈곤율 수치 변화는 단순하게 비교될 수 없으며 해석에 유의할 필요가 있다. 소득에 기초한 상대적 아동빈곤율은 통계자료원에 따라 2배 이상의 차이를 보인다. 이는 공식 통계자료원의 차이 및 행정자료와의 연계에 따른 변화라는 요인으로 설명할 수 있다. 가계금융복지조사는 연간 조사로, 3월 31일 기준으로 1년에 한 번 시행되는 조사이다. 약 2만 가구, 5만 6000여 명의 가구원을 대상으로 하며, 매년 표본의 20%가 교체되는 연동표본조사 방식을 취하고 있다.

2016년 기점으로 제공되고 있는 가계금융복지조사는 행정자료로, 소득과 공적이전 지출 항목을 보완하여 정확성을 개선하였다는 점에서 기존의 자료와 차이가 있다. 즉, 무응답 또는 과소응답 경향성이 강하게 나타나는 소득 등 민감한 항목에 대한 응답을 국세청, 보건복지부 등의 소득 관련 행정자료를 결합함으로써 대체・보완하였으며(통계청, 금융감독원, 한국은행, 2019), 이로써 조사 소득 대비 평균소득이 상승한 것으로 나타났다. 이러한 평균소득의 증가에 따라 중위소득

50% 또는 60%에서 설정되는 상대적 빈곤선(poverty threshold)이 높아졌으며, 이것이 아동의 상대적 빈곤율 증가의 주요한 요인 중 하나로 해석될 수 있다. 실질적인 빈곤아동의 규모는 아마도 조사자료를 기초로 하는 6.7%와 15.2% 사이 어디쯤일 수 있으며, 조사 및 행정자료의 연계를 통하여 더 정확한 소득자료를 확보하기 위한 노력을 지속할 필요가 있다.

Chapter

09 다문화가족아동

1 다문화가족아동의 개념 및 문제

다문화가족아동의 개념에 관한 내용은 다음과 같다(김윤재 외, 2017: 193~194).

1) 다문화가족아동의 개념

(1) 협의의 개념

국회는 2007년 「다문화가족지원법」을 제정해, 정부가 다문화가족 정책을 추진할 수 있는 법률적 근거를 마련했다. 「다문화가족지원법」에 의하면 다문화가족이란 '결혼이민자와 한국인으로 이루어진 가족'과 '국적법에 의해 귀화허가를 받은 자와 한국인으로 이루어진 가족'으로 정의하고 있다.

(2) 광의의 개념

한편, 교육과학기술부에서는 다문화의 개념을 보다 확대하여 사용하고 있다. 교육현장에서는 결혼이민을 통한 자녀뿐 아니라 외국인 근로자 자녀 등이 한 교실에 모여 있기 때문이다. 여기서는 "다문화가정"이라는 개념을 사용하여 다양해진 사회구성원에 대한 맞춤형 교육 및 사회적응 지원을 확대하고 있다(교육과학기술부, 2008). 법무부의 경우는 이민자라는 용어를 사용하여 다문화사회의 사회통합정책을 실시하고 있다. 이처럼 부처에 따라서 다문화가족의 개념의 범위가 다르다(한국교육개발원, 2009). 본 장에서는 다문화가족을 결혼이민자 가족, 외국인근로자 가족, 북한이주민 가족으로 분류하고 다문화가족아동은 이 세 집단의 다문화가족 자녀로 정의하고자 한다.

2) 다문화가정아동의 문제

다문화가족아동에 관한 내용을 자세히 살펴보면 다음과 같다(보건복지부, 2019f).

(1) 신체적 특성에 따른 어려움이다.

다문화가정아동의 피부색이나 생김새가 다를 경우 아동이 또래집단에서 따돌림을 받는 등의 부정적 경험을 함으로써 전반적인 학교적응에 어려움을 겪을 수 있다.

(2) 언어적인 문제에서 오는 어려움이다.

언어 소통 문제에서 보면 국제결혼가정 자녀의 경우 모국어 사용이 금기시되는 분위기에서 자라는 경우가 많아 한국어와 모국어 모두가 미숙한 경우가 많다. 아동의 언어습득 및 발달은 가정환경, 교육환경에 많은 영향을 받고, 특히 가정환경은 언어학습을 하는 데 중요한 역할을 하며, 특히 부모와의 언어 상호작용이 매우 중요한 요인이라고 할 수 있다. 언어 상호작용에 있어서 모국어 습득 환경과 주된 양육자가 사용하는 언어 및 의사소통 유형은 아동의 언어발달에 직접적인 영향을 미치게 된다.

(3) 다문화에서 오는 어려움이다.

대부분 어머니가 외국인이기 때문에 한국과 다른 문화를 접하게 되고, 문화 언어적 차이와 자신이 혼혈이라는 사실은 다문화가정 자녀의 정체성 형성에 부정적인 영향을 미친다. 다문화가정아동은 두 나라 문화가 혼재된 가정교육과 대한민국의 학교교육을 동시에 경험하면서 정체성 형성에 혼란을 느끼게 된다. 또한 이러한 정체성 형성의 혼란은 대인관계의 형성과정에도 부정적으로 작용하며, 또래들로부터 놀림을 당하거나 자신감을 잃어 학교교육에서도 주변으로 밀리게 한다.

(4) 사회적 편견에 따른 어려움이다.

단일민족, 순혈주의를 강조하는 사회·문화적인 신념은 국제결혼가정 자녀들에게 배타적일 수밖에 없다. 다문화가정아동은 사회적 편견으로 집단 따돌림을 당할 우려가 있다. 다문화가정 아동들은 일반가정 아동들에 비해 교육관계 형성에 더 큰 어려움을 호소하고 있으며 다문화가정아동 대부분이 따돌림이나 괴롭힘을 당한 경험이 있는 것으로 나타났다.

2 다문화가족지원

다문화가족아동에 관한 내용을 자세히 살펴보면 다음과 같다(이정옥, 2020).

1) 다문화가족지원사업 개요

(1) 사업목적

다문화가족의 안정적인 정착과 가족생활을 지원하기 위해 가족 및 자녀 교육·상담, 통·번역 및 정보제공, 역량강화지원 등 종합적인 서비스를 제공하여 다문화가족의 한국사회 조기적응 및 사회·경제적 자립 지원 도모

(2) 법적근거

다문화가족지원법 제12조(다문화가족지원센터의 설치·운영 등)

(3) 센터 설치현황

센터 수: 총 227개소(2020년 기준)

(4) 센터 예산지원

- 센터 유형별 예산 지원액: 지자체 경상보조, 국비 서울 30%, 지방 50%
- 특성화 사업비: 지자체 경상보조, 국비 서울 30%, 지방 50% 지원

(5) 지자체 다문화가족지원협의회 구성 · 운영

- 목적: 시 · 도(광역) 및 시 · 군 · 구(기초)별 다문화가족 관련 사업에 관한 협의 · 조정 및 효과적인 서비스 연계 등을 위하여 구성 · 운영

(6) 구성

- 위원장: 부시장 · 부지사(부시장 · 부군수 · 부구청장)
  * 명칭: ( ) 시 · 도(시 · 군 · 구) 다문화가족지원협의회

- 위원
  - 다음 각 기관 및 시설의 대표자 및 관련 전문가 등으로 구성
  - 다문화가족 지원정책 담당국장, 교육청 · 경찰서 · 고용센터 · 출입국관리사무소 등 다문화가족 유관기관 관계자
  - 다문화가족지원센터, 종교단체, 기업 등 다문화가족지원 관련 기관 · 단체 관계자
  - 학계, 언론인 등 다문화가족지원에 관하여 학식과 경험이 풍부한 자
  - 다문화가족 관련 시민 · 사회단체를 대표할 수 있는 사람
  - 도(시)의회의장이 추천하는 도(시)의원
  - 사회활동 및 정책개발 관련 경력이 있는 다문화가족

  * 지자체 특성에 따라 필요시 '외국인주민 지원협의체' 등과 통합 운영 가능
- 부위원장은 다문화가족 정책 담당국장으로 하며, 다문화가족 소관업무 담당 과장급 공무원을 간사로 함

(7) 운영

- 회의 개최: 연 2회 원칙(필요시 수시회의 개최)
- 주요 협의사항

- 지자체 다문화가족정책 시행계획의 수립 · 시행 및 평가에 관한 사항
- 다문화가족 관련 지자체, 교육청, 민간 등 유관기관 사업의 총괄 · 조정 및 연계 · 협력에 관한 사항
- 일회성 · 시혜성 사업의 장기적인 역량강화사업으로의 개편 등 다문화가족 지원사업의 내실화에 관한 사항
- 지역 내 다문화가족 관련 사업수요 파악 및 지역 특성에 맞는 다문화가족 관련 사업 개발 · 지원에 대한 사항
- 지역사회 다문화 수용성 제고 및 다문화가족의 정책 및 사회참여 활성화에 관한 사항 등

(8) 실적 보고

- 각 시 · 도는 시 · 도 및 관할 시 · 군 · 구의 반기별 협의회 개최 실적을 붙임 서식에 따라 작성하여 여성가족부에 제출하여야 함

  ※ 상반기 개최 실적: 2020년 8월 15일까지

  ※ 하반기 개최 실적: 2020년 12월 31일까지

2) 다문화가족지원센터 지정

(1) 관련 근거

- 「다문화가족지원법」 제12조(다문화가족지원센터의 설치 · 운영 등) 제3항,
  시행령 제12조의3(지정센터의 지정 신청 등)
  시행규칙 제5조(지원센터의 지정 신청)

(2) 지정주체

시 · 도지사(센터 사업 대상지역이 2개 시 · 군 · 구 이상일 경우에 한정), 시장 · 군수 · 구청장

(3) 신청자격: 법인 · 단체 · 개인 등

(4) 지정기간: 5년

(5) 지정절차

- **센터 지정절차**
  - 신청(법인 · 단체 · 개인 등)
  - 심사위원회 구성 및 심사(시 · 도 또는 시 · 군 · 구)
  - 지정 결정
  - 지정서 발급
  - 홈페이지 게시(시 · 도 또는 시 · 군 · 구)
  - 센터 지정 결과보고(시 · 군 · 구 → 시 · 도 → 여성가족부)

- **지정신청서 제출**
  - 지정신청서(서식 1 양식)
  - 사업계획
  - 시행령 제12조제1항에 따른 '설치 · 운영기준'에 맞는 요건을 갖추었음을 증명하는 서류

- **심사위원회 구성**
  - 다문화가족 지원 관련 학계 · 민간 전문가, 공무원 등을 포함하여 최소 5명 이상으로 구성
  - 지정 신청한 법인 · 단체 · 개인과 이해관계가 있는 자는 위원에서 배제
  - 위원회의 원활한 회의 운영을 위해 지자체 다문화가족지원사업 부서장이 당연직 간사 담당

- **심사기준**
  - 다문화가족 지원 관련 업무 수행경력
  - 교통여건, 지리적 위치 등 접근성
  - 전문인력의 확보 수준(법 제12조제5항에 따른 전문인력)
  - 시설의 적정성(시행령 제12조제1항 설치 · 운영 기준 준수 여부)
  - 사업계획서의 충실성 및 실행 가능성

(6) 지정서 발급

: 2020년 가족사업안내(1) 【서식 2】 다문화가족지원센터 지정서 양식 참조

(7) 센터 지정취소

- 센터 운영 중 지정취소 사유에 해당할 경우 심사위원회 심사를 거쳐 지정취소 가능
  - 센터 현지조사 및 해당 센터 관계자가 심사위원회에 참석하여 변론할 수 있도록 청문 과정을 거치는 등 투명하게 절차를 이행

- **지정취소 사유**
  - 지정받은 법인・단체・개인이 센터 지정신청 시 제출한 사업계획을 충실히 수행하지 않는 경우
  - 지정받은 법인・단체・개인이 파산 또는 해산한 경우
  - 「보조금 관리에 관한 법률」 제22조(용도외 사용금지) 제2항을 위반한 경우(보조금 지원센터에 한함)
    * 해당 보조금은 센터운영비, 사업비 등을 모두 포괄함
  - 센터 사업을 이용하여 영리사업을 한 경우(프로그램 운영에 필요한 강사료, 입장료 등 실비수준의 이용료 징수는 가능)
    *「보조금 관리에 관한 법률」 제22조제2항
  - 간접보조사업자는 법령과 간접보조금의 교부 목적에 따라 선량한 관리자의 주의로 간접보조사업을 수행하여야 하며 그 간접보조금을 다른 용도에 사용하여서는 아니 된다.

- **지정취소 사후조치**
  - 시・도지사 또는 시・군・구청장은 지정취소 처분 후 여성가족부장관에게 보고하고 지정취소 사실을 홈페이지에 게시
  - 지정취소를 통보받은 센터는 별도의 규정이 없는 한 익월부터 센터 운영을 중단해야 함

(8) 다문화가족지원센터 명칭 및 로고 사용

- 명칭은 "○○시 · 도(시 · 군 · 구) 지정 ○○○다문화가족지원센터"로 함
  - 해당 지역에서 운영되고 있는 기존 다문화가족지원센터와 유사한 명칭 사용 금함
- 센터는 아래의 로고를 사용하여 건물 외벽에 현판 부착

(9) 행정사항

- 다문화가족지원센터 신규 지정 시 기존 다문화가족지원센터와 역할 중복이 발생하지 않도록 지역의 센터 이용 수요 등을 고려하여 지정 여부를 결정해야 함
  - 특히, 개정법에 의해 신규 지정되는 다문화가족지원센터는 지정신청자가 자력으로 법 제12조제4항 각 호 업무 추진이 가능해야 함
    ※ 센터운영계획서상에 센터운영(센터에서 추진하는 사업 포함)에 필요한 예산과 예산의 조달방법이 명확하게 표시되어야 함

3) 다문화가족지원센터의 사업

(1) 다문화가족지원센터 프로그램 안내

① 가족

- 다문화가족 이중언어: 환경조성프로그램(연간 10시간)
- 다문화가족 학령기 자녀 입학 및 입시 정보 제공(부모 대상, 연간 4시간): 상 · 하반기 각 1회
- 가족의사소통프로그램
- 가족관계 향상 프로그램
- 결혼과 가족의 이해
- 가족의 의미와 역할
- 아버지교육
- 부모-자녀 관계 및 자긍심 향상 프로그램
- 자녀교육프로그램

- 부모역할교육, 자녀건강지도
- 자녀생활지도
- 자녀성장지원사업 등 연간 필수 14시간, 선택 26시간 이상(이중언어코치 배치센터는 공통필수 중 이중언어 환경조성프로그램 160시간 이상)

② 가족 프로그램 운영 시 유의할 점

- 일회성 또는 행사성 사업을 지양하고 학생 관련 프로그램은 교육청 사업과 중복하여 실시되지 않도록 주의하여야 함

③ 성평등 · 인권

- 가족 내 성평등교육
- 다문화 이해교육
- 인권감수성 향상교육
- 이주여성과 한국인 배우자 · 부모대상 프로그램(多함께 프로그램) 등(2시간)
- 폭력피해 대처 및 예방교육
- 이주여성 대상 프로그램
- 다문화가족 관련 법과 제도
- 이주민과 인권
- 찾아가는 폭력예방교육 20시간 이상 실시

④ 사회통합

- 취업기초소양교육
- 구직자 발굴 시 e새일시스템과 연계된 워크넷 등록 및 새일센터로 적극 연계
- 새일센터의 결혼이민자 대상 직업교육훈련 개설 시 적극 협조(교육과정 설계 · 모집 등): e새일시스템과 연계된 워크넷 등록 및 새일센터 연계(10건 이상)
- 다문화가족 나눔봉사단 소양교육(4시간 이상)
- 다문화가족 나눔봉사단 활동
- 한국사회적응교육
- 소비자 · 경제교육

- 학업지원반 운영 및 연계
- 다문화가족 자조모임
- 다문화 인식개선
- 결혼이민자 멘토링프로그램
- 결혼이민자 정착단계별 지원 패키지 프로그램(=결혼이민자 자립지원 패키지 프로그램) 등: (미래찾기, 길찾기 등 미래설계 프로그램 중 선택)
- 재난안전교육
- 다문화가족 교류 · 소통공간
- 선거교육 15시간 이상 실시(봉사자 소양교육 필수 4시간 포함)

⑤ 상담

가족상담 · 개인상담 · 집단상담 · 사례관리 · 위기가족 긴급지원 · 외부상담기관 연계 등 연간 80회기 이상

⑥ 홍보 및 자원연계

- 지역사회 홍보
- 지역사회네트워크
- 찾아가는 결혼이주여성 다이음
- 홈페이지 운영 등 센터 홈페이지 프로그램 안내, 게시판에 익월 프로그램에 대한 안내글 게시(매월 30일까지)

⑦ 참고사항

- 위 제시된 사업 외에 지역사회 특성 및 수요를 감안하여 센터 고유사업 실시 권장
- 사업 종료 후 매 사업 프로그램마다 만족도 조사 및 자체분석을 통하여 추후 프로그램 운영에 반영

(2) 자조모임 운영지원(연중, 수시)

① 목적

- 기정착 다문화가족이 신규 다문화가족의 한국사회 초기 적응을 지원함으로

써 정서적 유대감 형성 및 조기정착 안정화
- 구성원 간 지식과 정보 교류를 통한 문제해결 역량강화
- 다양한 자조모임을 통해 다문화가족 잠재역량 향상 및 지역사회 참여 촉진

② 유의 사항
- 소수 국적 출신 결혼이민자의 조기정착을 위하여 소규모 자조모임 운영 적극지원
  - 가능한 모든 국적별 자조모임이 구성·운영될 수 있도록 추진
- 자조모임 활동 시 필요한 정보 및 센터 내·외부 자원을 적극 연계

③ 자조모임 참여 인센티브
- 다문화가족지원센터 자조모임 리더로 활동한 시간을 나눔봉사단 실적으로 인정
- 자조모임 유형에 관계없이 지역사회에 기여하는 단체 봉사활동을 한 경우 나눔봉사단 활동 실적으로 인정

④ 향후 계획(안)
- 우수 센터·자조모임 시상 및 사례 공유

(3) 나눔봉사단 운영지원(연중, 수시)

① 목적
- 서비스 수혜자에서 지역사회 발전을 위한 기여자로서의 전환을 통해 자긍심 향상 및 지역사회 내 다문화 인식개선 도모
- 자원봉사활동을 통한 지역사회 내 소통 및 정서교류의 활성화로 사회통합 도모
- 유의사항
  - 결혼이민자의 모국어 능력 등 재능 발휘와 개발을 위한 봉사활동 실시 독려
  - 사례1) 해외여행 전 해당 국가 관광지 및 문화 등에 대한 정보 습득을 위한 비다문화가족 대상 멘토링 실시

– 사례2) 외국어 회화를 공부하고 싶은 비다문화가족 대상 강의 또는 멘토링 실시

② 향후 계획(안)

- 우수 센터 · 봉사단 시상 및 사례 공유

(4) 결혼이민자 정착단계별 지원 패키지 프로그램(=결혼이민자 자립지원 패키지 프로그램)

① 목적

- 결혼이민자의 자립역량 강화 지원서비스 체계를 확립하여 결혼이민자 스스로 정착과정을 설계하고 관련 서비스 탐색, 실행계획 수립 등을 수행할 수 있도록 지원

② 사업개요

- 사업기간: 2020년 1월~12월
- 사업대상: 한국 거주 3~5년 이상 결혼이민자, 다문화가족지원센터 한국어교육 3단계 이상 자 등 한국생활의 초기정착이 어느 정도 이루어진 결혼이민자
- 사업수행기관: 건가 · 다가 통합서비스 운영기관 및 다문화가족지원센터

※ 다문화가족지원센터는 사회통합영역 선택사업, 건가 · 다가 통합서비스 운영기관은 공통 필수사업으로 추진

③ 대상자 선정

- 지역 내 홍보, 다문화가족지원센터 이용자 등을 대상으로 대상자 발굴
- 결혼이민자의 능동적인 미래설계 프로그램임을 감안하여 적극적인 참여의지가 있고 초기정착 이후의 삶에 대한 사전준비를 필요로 하는 결혼이민자로 선정

④ 사업내용

- 미래설계 프로그램(미래찾기)
  – 향후 한국생활 예측 및 서비스 점검

- 현재 생활에 대한 점검 및 비전, 미래설계
- 관심분야별 세부계획 수립 프로그램(길찾기)
  - 당당한 학부모를 향한 길찾기
  - 괜찮은 일자리를 향한 길찾기
  - 폭넓은 사회활동을 향한 길찾기
- 정착지원서비스 정보체계 탐색(지역정보알기)
  - 지역사회 서비스 분야 탐색

⑤ 세부 프로그램 내용

- 운영인력: 센터 내 취업지원담당자 등 기존인력 활용

(5) 선거교육 프로그램

① 목적

- 다문화가족의 주권의식 함양으로 사회통합 도모
- 헌법상 보장된 참정권 및 선거권 행사를 위해 선거절차(방법)에 대해 이해와 실습을 통한 선거참여 역량강화

② 유의사항

- 배우자와 함께하는 교육 프로그램과 연계하여 운영 가능

(6) 홍보 및 자원연계

① 지역사회 홍보

- 다문화 캠페인과 언론매체 인터뷰 등 홍보활동
- 지역센터별 홍보자료, 소식지 제작 및 배포
- 다국어판 생활·정책 정보지 보급 확대
- 『한국생활가이드북』 등 중앙관리기관 홍보물 안내
- 정보 제공
  - TV 등 방송매체를 활용하여 정보제공 활성화
  - 위성방송 및 케이블방송의 외국인 대상 라디오 음악방송에 한국생활 정책

정보제공('08.8월~), 센터에서 방송청취

- 다문화가족 대상 정보제공사업 활성화
  - 다문화가족의 사회적응력을 제고하고 잘못된 정보로 불이익을 받는 경우를 방지하기 위해 취업, 법률, 의료 및 복지 상담서비스, 안전 정보 제공

※ 연계실적: 연간 20건 이상 실시(센터 다누리 홈페이지 안내 게시판에 익월 프로그램에 대한 안내글 게시 시 1건으로 인정)

※ 안내글의 내용은 이미지 파일로 제공 시 텍스트와 병행하여 게시 필요(이미지 파일은 번역기 적용이 이루어지지 않아 이용자들의 이용에 제한됨)

* 참고: "국민안전교육 포털"(kasem.safekorea.go.kr)에서 안전교육 콘텐츠, 지역별 안전체험관 정보 확인 가능하므로, 지진 등 대응 요령 적극 홍보

② 지역사회 네트워크

- 지역사회 내 다문화가족지원사업이 통합적, 체계적, 효율적으로 추진될 수 있도록 서비스 전달체계 구축 및 서비스 제공기관 연계
- 시 · 군 · 구 다문화가족지원 담당부서가 총괄 조정 역할
  - 법무부, 문광부, 교육부 등 관련 부처 사업과 연계 · 조정 강화
  - 지역사회복지협의체에 센터 참여 추진
- 일선서비스 전달체계는 센터가 중심이 되어 관련 기관–민간단체–기업 간 협력 네트워크 구성
  - 공동사업 추진, 대상자 발굴 · 홍보, 전문서비스 연계 추진
  - 지역사회 내 결혼이민자가 필요로 하는 서비스 제공기관 파악 및 연락처, 주소 등 정보 제공 강화
- 사회복지관, 주민자치센터, 마을회관 등 지역 인프라를 적극 활용하여 다문화가족 지원 프로그램 운영으로 서비스 접근성 강화

③ 홈페이지 운영

- 지역별 다문화가족지원센터 홈페이지(다누리) 운영
  - 센터 홈페이지 프로그램 안내 게시판에 익월 프로그램에 대한 안내글 게시(매월 30일까지)

(7) 다문화가족 방문교육사업

① 사업개요

- **사업 목적**
  - 방문교육서비스는 한국어교육서비스, 부모교육서비스, 자녀생활서비스로 나눠지며, 방문교육지도사(한국어교육지도사, 생활지도사)가 가정을 직접 방문하여 맞춤형 서비스를 제공함으로써 대상자의 한국어능력 향상 도모, 자녀양육 역량강화, 자아·정서·사회성 발달을 도모함
- **서비스 기간**: 2019년 1월 1일~12월 31일
- **서비스 유형**
  - 한국어교육서비스 ; 결혼이민자(최초 입국 5년 이하) 및 중도입국자녀가 생활언어를 익히고 문화를 이해할 수 있도록 체계적·단계별 한국어교육을 제공
  - 부모교육서비스: 언어·문화 차이 등으로 자녀양육에 어려움을 겪고 있는 결혼이민자에게 생애주기별(임신·출산·영아기, 유아기, 아동기) 서비스 제공
  - 자녀생활서비스: 학업성취가 낮고 자아·정서·사회성 발달에서 어려움을 겪고 있는 만 3~12세 이하 다문화가족 자녀(중도입국자녀 포함)에게 서비스 제공
- **서비스 대상**
  - 한국어교육서비스: 최초 입국 5년 이하 결혼이민자, 중도입국자녀
  - 부모교육서비스: 결혼이민자의 생애주기별 각 1회 지원
  - 임신·출산·영아기(임신 중~생후 12개월 이하)
  - 유아기(12개월 초과~48개월 이하)
  - 아동기(48개월 초과~만 12세 이하)
  - 자녀생활서비스: 만 3~12세 이하 다문화가족 자녀·중도입국자녀
- **방문교육지도사 역할**
  - 한국어교육지도사는 한국어교육서비스를, 생활지도사는 부모교육서비스와 자녀생활서비스를 제공(한국어교육지도사 중 업무전환지도사는 부모교육 및 자녀생활서비스도 제공 가능)

(8) 다문화가족 자녀 언어발달지원사업

① 사업개요

- **사업 목적**
  - 다문화가족 자녀들이 건강한 사회구성원 및 글로벌 인재로 성장할 수 있도록 아동의 언어발달상태를 평가하고, 의사소통에 어려움을 가진 아동에게 적절한 언어교육을 실시함으로써 체계적이고 전문적인 언어발달지원서비스 제공
  - 다문화가족 자녀의 언어교육과 더불어 다문화가족 자녀의 부모에게 상담 및 교육 서비스를 제공함으로써 일상생활에서도 아동의 언어발달 촉진 도모
- **사업 대상**
  - 다문화가족 자녀 언어발달지원사업을 시행하는 전국 207개소
- **사업 기간**
  - 2019년 1월~12월(12개월)
- **사업 장소**
  - 다문화가족지원센터(다문화가족 자녀 언어발달교실)
  - 외부기관(어린이집, 유치원, 초등학교 등)
- **서비스 내용**
  - 언어평가: 대상 아동에게 적합한 평가도구를 활용하여 아동의 언어발달 정도를 평가
  - 언어교육: 언어발달 평가 결과, 교육이 필요한 아동을 대상으로 어휘·구문 발달 촉진, 대화·사회적 의사소통 능력 향상, 읽기 및 이야기하기 등의 발달 촉진을 위한 언어교육 실시
  - 부모상담 및 교육(초기면담 포함): 대상 아동 부모와의 라포 형성, 가정 내 언어촉진활동 정보제공을 위한 부모상담 및 자녀의 언어발달을 지원하기 위한 부모교육 시행
- **서비스 기간**
  - 1회 6개월, 최대 3회까지 연장 가능(최대 총 24개월)

- **다문화가족 자녀 언어발달지원서비스 과정**
  - 언어발달지원사업은 서비스 신청서를 접수한 후, 초기면담을 거쳐 초기 언어평가를 실시함
  - 언어평가 결과에 따라 교육의 진행여부가 결정되며, 언어교육이 필요한 아동은 언어발달 수준에 맞는 서비스 계획이 수립됨
  - 언어발달 촉진을 위한 교육은 최대 24개월까지 실시하며, 교육은 센터 내 언어발달교실 및 외부기관(어린이집, 유치원 등)에서 진행됨
  - 교육의 내용과 결과에 대한 부모상담 및 내용 서비스가 제공됨
  - 6개월 이상 언어교육을 받은 아동을 대상으로 서비스의 적절성과 효과성을 분석하기 위한 진전평가가 실시됨
  - 24개월 서비스가 종료된 이후에도 사후상담 및 사후평가를 통한 사후관리를 수행함
- **사업추진체계**
  - 여성가족부
    - 추진방향 설정 등 사업 총괄
    - 사업 안내(지침) 마련 및 보급
    - 예산 지원 및 사업 평가
    - 한국건강가정진흥원 관리
    - 신규사업 개발 및 시범 운영 등
  - 한국건강가정진흥원
    - 프로그램 및 매뉴얼 개발 보급
    - 온라인 콘텐츠 개발 및 운영
    - 지원 및 평가, 이용자 만족도 조사
    - 실적관리 및 보고, 결과보고서 제작
    - 사업홍보 및 사업현황 관리
    - 다문화 언어발달지도사 양성교육
    - 다문화 언어발달지도사 역량강화교육
    - 언어발달지원사업 슈퍼비전
  - 다문화가족지원센터

- 다문화 언어발달지도사 채용
- 언어교육대상자 시·군·구 추천 및 관리
- 한국건강가정진흥원 및 거점센터 협력 네트워크 구축
- 사업 홍보 및 언어교육, 평가 수행
- 사업실적 및 성과보고
- 지역사회 유관기관 간 협력네트워크 구축

(9) 결혼이민자 통번역서비스사업

① 사업개요

- **사업 목적**
  - 입국 초기 결혼이민자의 초기 정착 단계에서 경험하는 의사소통 문제해결을 위한 통번역서비스지원을 통해 한국사회 조기적응에 기여
  - 한국말이 서툰 결혼이민자에게 가족·사회생활에 필요한 의사소통을 지원하기 위한 통역·번역서비스 제공
  - 통·번역 인력채용 등 사회적 일자리 확대로 결혼이민자의 자립능력 및 주체적 역량강화
  - 결혼이민자의 언어능력을 통한 전문 직업군으로의 사회진출로 자긍심 고취
  - 안정적인 경제활동 지원을 통한 사회통합 기여
- **사업 대상**
  - 다문화가족 및 다문화가족을 직·간접으로 지원하는 개인 또는 기관
- **사업 기간**
  - 2019년 1월~12월(12개월)
- **이용 방법**
  - 내방, 전화, 이메일, 팩스, 출장(외부) 등
- **서비스 유형**
  - 통역, 번역, 정보 제공 등
- **서비스 내용**
  - 한국말이 서툰 결혼이민자의 가족·사회생활에 필요한 의사소통을 지원하

기 위한 통·번역서비스 제공
- 가족생활 및 국가 간 문화 차이 등 입국 초기 상담 통번역
- 결혼이민자 정착 지원, 국적·체류 관련 정보 제공 및 사업 안내 통번역
- 임신·출산·양육 등 생활 정보 안내 및 상담 내용 통번역
- 학령기 자녀 생활 지원
- 교육과정 통번역 지원
- 가족 간 의사소통 통역
- 행정·사법기관 이용 시 통번역
- 병원, 보건소, 결찰서, 학교 등 공공기관 이용 시 통번역
- 위기상황 시 긴급지원 통번역
- 기타 다문화가족을 직·간접적으로 지원하는 개인 또는 기관에서 의뢰하는 통번역 업무 등

- **서비스 언어**
  - 결혼이민자 주요 출신국 언어
  - 베트남어, 중국어, 필리핀어(영어, 타갈로그어), 몽골어, 태국어, 러시아어, 인도네시아어, 캄보디아어, 일본어, 네팔어 등 센터별 1~4개 언어

(10) 다문화가족 사례관리사업

① 사업개요

- **사업 목적**
  - 다문화가족의 복잡하고 다양한 문제해결 및 욕구 해소를 통해 다문화가족의 심리·정서적 안정과 경제적 자립역량 강화
  - 가정폭력 등 위기상황에 처해 있거나 가족관계 갈등으로 인한 가족해체 위기에 처해 있는 가정을 지원함으로써 가족 기능 회복 도모
  - 사회통합의 관점에서 결혼이주여성, 외국인근로자, 다문화가족 자녀 및 중도입국자녀의 한국사회 적응 및 정착 지원
- **사업 대상**
  - 다문화가족 사례관리사업을 시행하는 전국 115개 다문화가족지원센터

- **사업 기간**
  - 2019년 1월~12월(12개월)
- **서비스 유형**
  - 위기관리가구
    - 가족폭력, 이혼, 자살(시도), 재난 등의 상황적 위기로 인해 정신적 외상(트라우마)을 경험한 개인 및 가족 등
  - 일반형 관리가구
    - 다문화가족이 기본 가족역량은 있으나, 정보부족, 소득부족 등으로 다양한 사회서비스를 이용하지 못하는 가족(문제와 욕구의 심각성이 상대적으로 낮은 경우)
  - 통합형관리가구
    - 다문화가족의 문제 및 욕구의 심각성, 복합성이 높아 통합적 접근을 요구하는 개인 및 가족, 기존의 사회서비스로는 욕구 충족이 불가능하여 새로운 내외부 자원을 발굴・연계해야 하는 가족 등 사례관리 개입 효과가 다문화가족에 국한하는 것이 아닌 지역사회의 역량강화와 사회제도의 변화를 이끌어내는 데 초점을 두는 사례
- **서비스 기간**
  - 위기 관리가구: 1~3개월
  - 일반형・통합형 관리가구: 3~12개월
- **다문화가족 사례관리서비스 과정**
  - 대상자 선정: 초기상담을 거쳐 사례회의 후 서비스 대상자에게 통보
  - 동의 및 계약: 대상자에게 사례관리 전반 과정 설명, 동의서를 받고 계약 체결
  - 욕구사정 및 실행계획 수립: 대상자의 욕구에 맞춰 구체적 계획 수립
  - 사례관리 서비스 활동 및 네트워크 활동 수행: 대상자에게 효과적인 서비스를 제공하고자 지역 내 자원 발굴 및 네트워킹, 취업연계 등 지원
  - 평가 및 종결: 목표 달성 및 계약기간 만료 등의 사유로 사례종결 시 평가 수행

- **사후관리**

  종결 이후 대상자에 대한 후속적 점검

② 사업운영 현황

- 사업 시행현황
  - 2019년 다문화가족지원센터 218개소 중 125개 센터에서 다문화가족 사례관리사업을 운영
- 사례관리사 인력현황(국비)

③ 사례관리 실적

- 사례관리 주요 실적은 크게 사례관리대상자 관련 실적과 불특정대상자 관련 실적으로 구분할 수 있으며, 실적 내용은 일반서비스, 주요 활동, 자원연계기관 성공현황으로 분류됨

(11) 한국어교육사업

① 사업개요

- **사업 목적**
  - 결혼이민자, 중도입국자녀가 한국어를 학습하여 안정적인 초기 정착 및 한국의 일상생활과 사회생활에 적응할 수 있도록 지원
  - 의사소통 능력 향상으로 다문화가족 내 갈등이나 어려움을 예방하여 가족기능 강화 지원
- **사업 대상**
  - 다문화가족 한국어교육사업을 시행하는 전국 231개 한국어교육운영기관
- **사업 기간**
  - 2019년 1월~12월(12개월)
- **사업내용**
  - 정규 한국어교육 과정
    - 1단계~4단계까지 총 4개 과정의 한국어교육으로 각 단계별 100시간으로 구성

- 배치평가 및 성취도평가는 운영기관에서 자체적으로 실시하며, 배치평가는 결과에 따라 4단계까지 배정할 수 있음

※ 1~4(초 · 중급) 각 단계별 정규 한국어교육 과정(연계과정)을 이수한 이민자가 사회통합프로그램 '한국어교육' 과정의 중간평가 응시 가능

– 중도입국자녀과정
  - 중도입국자녀를 대상으로 한 특별반 형태의 한국어교육과정

– 한국어 심화과정(특별반)
  - 지역별 수요 및 특성에 따른 교육과정으로 진학반, 취업대비반 등 다양하게 운영

② 사업운영 현황

- **운영기관 기본 업무 흐름도**

– 정규 한국어교육 과정

- **운영방법**

– 한국어교육 교재

– 강사
  - 「국어기본법 시행령」에 따른 한국어교원 3급 이상 자격소지자 우선
  - 「국어기본법 시행령」에 따른 한국어교원양성과정(필수 이수시간 120시간) 이수자로서 정부기관 또는 시민사회단체, 평생교육법에 의해서 운영되고 있는 평생교육시설 등에서 이민자 대상 한국어교육 경력 500시간 이상 확인 가능자
  - 초등학교 정교사(2급) 자격 이상을 소지하고, 초등학교 교사 2년 이상 경력 확인 가능자로서 「국어기본법 시행령」에 따른 한국어교원 양성과정(필수 이수시간 120시간)을 이수한 자

3 다문화가정아동이 겪고 있는 문제에 대한 해결

1) 차별을 경험한 다문화가정아동을 위한 종합적 · 개별적 차원의 접근

다문화가정아동들이 본인의 외모나 가족의 구성원이 다수의 사회구성원과 다르다는 것을 인식하기 시작하고 그에 대한 부정적인 경험(차별, 놀림 등)을 하게 되면 성장기 아동들은 부정적인 자아정체성을 형성하게 된다. 이는 아동이 극단적인 선택(자살 등)을 하는 데 영향을 주기도 한다. 부정적인 경험을 한 다문화가정아동과 가정을 위해 개별적 · 종합적 차원의 심리상담 프로그램과 교육 프로그램을 개발하고 실시해야 할 것이다(김석준, 2015년에서 재인용).

2) 다문화교육에 대한 개선

대중교통이나 여러 장소에서 외국인을 만나는 것은 더 이상 낯설지 않지만 외국인에 대한 배타적인 모습은 여전한데 특히 인종차별(인종 사대주의)에서는 더욱더 심하다(LA중앙일보, 2014. 09. 16.). 학교에서 학생들에게 인종적 · 문화적 다양성에만 집중된 교육은 인종과 문화에 대한 차별을 심어주게 되었다. 그리고 한국 학생들이 다문화에 대한 시각이 아직 미성숙하고, 외모, 인종, 한국어 사용능력이 낮다는 이유로 다문화가정아동들이 학교에서 놀림이나 차별을 당하는 경우가 많다(김석준, 2015년에서 재인용). 다문화교육과 관련하여 다문화아동과 함께 만들어 나갈 다문화 마인드 형성을 위한 노력이 필요해 보인다.

3) 중도입국아동을 위한 맞춤 서비스 기회 제공

중도입국아동은 결혼이주여성이나 외국인 근로자가 데려온 외국 태생 아동 또는 국제결혼가정 아동이 국외에서 성장하다가 취학연령이 되어 입국한 경우를 말한다. 2015년부터 서울시가 국내 기업과 함께 설립 운영해 온 서울온드림교육센터를 통해 중도입국아동들을 위한 귀화시험, 진학지도, 한국어교육 등 서비스를 제공(복지연합신문, 2016.08.23.)하는 좋은 예가 있지만 이런 서비스를 지원 받지 못하는 중도입국아동들이 아직 많은 것이 현실이다. 이에 정부와 민간이 노력하여 중도입국아동들의 한국 생활 적응을 위한 맞춤형 프로그램과 교육 기회를 제공해야 할 것이다.

4) 다문화가정아동의 학교폭력을 예방하기 위한 사회 차원의 대책 필요

의사소통의 어려움과 문화적 차이 등으로 다문화가정아동들이 학교생활에 있어서 어려움을 겪고 있지만 이런 문제를 해결하기 위하여 동료와 교사들과의 깊이 있는 상담은 어려운 것이 현실이다. 그로 인해 학교 폭력에 노출되어도 친구나 주변 사람들에게 도움을 받기가 힘들다. 그리고 일반 학교 폭력 피해자 보다 다문화 가정 아동폭력 피해자의 문제를 학교 현장에서 해결하기 더 어려운 것이 현실이다. 이에 늘어나는 다문화가정아동을 위한 학교폭력전담 부서를 설치하여 학교폭력을 사전에 예방할 수 있는 적극적이고 능동적인 대책을 시행해야 할 것이다.

Chapter

10 한부모가족아동

1 한부모가족아동의 개념

오늘날 현대사회에는 다양한 형태의 가족이 존재한다. 이 중 한부모가족은 부모 중 한쪽이 부재하기 때문에 그로 인해 사회복지의 일차적 관심 대상이 되고 있다. 한부모가족아동은 부모 중의 한쪽이 사망·실종하거나, 부모가 이혼 별거하거나 또는 부모 중의 한쪽이 배우자를 유기하는 경우와 이 밖에 부모 중의 한 명이 교정시설에서 무기 또는 장기적으로 복역하게 되는 경우에 양친 중의 한쪽 부모와 그 자녀로 이루어지는 한부모가족이 발생하고 아동의 입장에서는 한부모를 두게 되므로 이 경우에 한부모가족의 아동을 말하며 그 내용은 다음과 같다(윤매자 외, 2018: 243~245).

1) 부와 모의 사망에 의한 한부모가족아동

예전에는 전쟁에 의해서 부모의 어느 한쪽이 사망한 경우로 한부모가족이 되었으나, 현대에 와서는 전쟁보다는 질병과 사고에 의하여 한쪽 부모의 사망이 증가하고 있다.

2) 이혼에 의한 한부모가족아동

이혼은 생존하고 있는 배우자 간에 있어서 그들의 협의에 의하여 또는 재판상의 절차를 거쳐서 혼인관계를 해소하는 것을 말한다. 이혼은 부부 중 어느 일방의 사망에 의한 혼인관계 해소와 달리 부부관계에서 일어나는 여러 가지 문제로부터 탈피하기 위한 하나의 방법으로 인위적으로 부부관계를 소멸하는 법률상으로 인정하는 제도이다. 자녀가 있는 경우 이혼은 결과적으로 부모 일방과 자녀로 구성된 한부모가족의 형성을 초래하게 만들며 자녀의 양육권은 법에 의해 또한 당사자의 협의에 의해 한쪽 부모에게 넘겨지게 된다.

3) 유기에 의한 한부모가족아동

배우자 유기에 의한 한부모가족은 부부가 별거하고 있는 상태에서 부부 중의 일방이 자녀를 양육하면서 가족생활을 영위하는 경우를 말한다. 여기에서 부부란 법적으로 혼인관계에 있는 부부와 미혼의 부부를 모두 포함한다. 이에 따라 일반적으로 편부 가족보다 편모 가족이 많은 편이지만 배우자 유기는 고의적인 것으로 부에 의해서 주로 발생하고 있다.

4) 미혼에 의한 한부모가족아동

미혼에 의한 한부모가족은 법적으로 혼인을 하지 않은 상태에서 아이를 갖게 되어 아이를 낳게 됨으로써 발생하는 가족의 형태이다. 통상 법적 요건을 갖추어 한 번도 결혼한 적이 없는 상태로 부모가 된 미혼부모를 말하며 엄격하게 따지면 자신의 배우자 이외의 사람과 관계를 맺어 부모가 된 기혼부모까지도 포함한다.

2 한부모가족아동의 문제

한부모가족이 겪는 문제를 살펴보면 다음과 같다(김윤재 외, 2017: 193~194).

첫째, 소득의 감소와 주택문제 등의 경제적 문제이다. 특히 모자가족의 경우 주로 저소득 영역이라는 점이다. 특히 모자가족은 부자가족보다 경제적 어려움이 더 심각하다(강기정 외, 2002: 141~159). 모자가족이 심각한 어려움을 겪는 원인을 보면 여성 한부모는 여성이라는 이유로 노동시장에서 취업기회의 제한과 임금 차별을 경험한다. 왜냐하면 주부가 가질 수 있는 직업이 주로 비정규직이거나 일용직이고, 특히 남편의 갑작스러운 사망이나 이혼 등으로 경력단절 여성들이 노동시장에 재진입하여 고임금의 직장을 갖기가 사실상 어렵다. 이렇게 노동시장 내에서 여성이 주변적 위치를 차지하고 있다가 여성이 가족의 생계를 책임지는 모자가족이 되면 자연히 경제적 빈곤에 처할 수밖에 없다.

한편, 부자가족에게도 경제적 문제는 중요한 문제로 지적된다. 아버지가 단순 노무직이나 일용직에 근무하는 경우 그동안 아내가 담당했던 가사 및 육아문제 등으로 새로운 가계지출이 발생하여 가정의 경제적 어려움뿐만 아니라, 자녀 양육 면에서는 모자가족보다 더 어려움을 느낀다. 한국사회는 가부장적 가치의 만연으로 인해 남녀의 성역할이 분리되어 있기 때문에 이에 대한 부자가족 부의 스트레스는 더욱 가중된다고 할 수 있다. 특히 가사 관리 문제를 잘 조절하지 못할 경우 심지어 직장 이동과 전환을 가져올 수 있어 이것이 다시 경제적 문제로 이어지는 악순환을 경험하게 한다. 뿐만 아니라 심지어는 자녀에게도 가사부담이 지워지고 자녀는 이런 부담으로 인하여 심리적 갈등을 겪기도 한다.

둘째, 한부모가족의 자녀양육의 문제이다. 한부모가족은 양친 중 어느 한쪽의 부재로 인해 가족 내에서의 역할과 지위의 변화에 적응해야 하는데 이 과정에서 스트레스와 갈등을 겪게 된다. 가정에서 아버지의 부재로 모자가족의 자녀가 겪는 심리적 고통은 주변 사람의 편견과 함께 작용하며 비행청소년화를 가져올 수 있으며, 부자가족의 자녀양육의 어려움은 모자가족의 양상과 다르게 나타난다. 부자가족의 아버지는 자녀에 대해 충분히 돌보아 주지 못한 죄책감 때문에 자녀양육에 있어서 감정적으로 흐르기 쉽고, 일관성을 기대하기 어려우며 교육열은 높지만 진학률에 비해 학업성적은 좋지 않고 교육을 통한 상향이동의 가능성은 매우 낮다고 볼 수 있다. 그리고 어머니의 부재에 따른 가정의 질서와 안정감이 상실되어 산만함과 의욕상실로 이어질 수 있으며 어머니의 부재로 인한 자녀양육문제는 아버지가 안정된 직업을 구할 수 없는 요인이 되기도 한다(이영실 외, 2013: 249-259).

셋째, 사회적 편견과 차별로 인한 아동이 겪는 어려움이다. 양부모와 함께 한

가족만이 정상가족으로 인정되고 있는 우리 사회에서 한쪽 부모와 자녀로 구성된 가족은 비정상적 혹은 결손으로 낙인 받으며 살아간다. 특히 최근에는 이혼의 급격한 증가로 한부모가족이 증가하면서 이혼에 대한 이중 낙인 및 차별을 그 자녀가 경험하고 있다.

넷째, 한부모가족의 아동이 겪는 정서적 어려움이다. 대체로 모자가족은 경제적 기반이 약화됨으로써 심리적 불안감이 조성될 뿐 아니라 모자가족의 발생사유가 사별이든 이혼이든 간에 구성원 전체가 상실감과 피해의식을 갖게 된다. 이러한 정서적 문제는 경제적 문제 다음으로 지적되고 있으며 이러한 정서적 문제는 경제적 영향을 많이 받는다. 한편 부자가족의 아동은 어머니의 부재로 모성상실을 경험하고 그 결과 자아에 대해서 부정적으로 판단하는 태도를 갖게 될 가능성이 크다. 따라서 모성이 결여된 부자가족의 아동은 인내심이 부족하고 감정표현이 자유롭지 못하며 정서적 불안정상태에 빠질 가능성이 높다. 특히 아버지가 딸을 양육하는 경우 동일시 대상인 어머니의 부재로 말미암아 어려움을 겪을 수 있으며, 어머니가 아들을 양육하는 경우 남성의 부재로 말미암아 그 아들은 남성의 역할을 배울 기회를 상실하게 될 가능성이 높다.

3 한부모가족지원사업

한부모가족과 관련된 내용은 다음과 같다(여성가족부, 2020).

1) 양육비 이행 지원 종합서비스 안내

(1) 양육비 이행확보 지원서비스 대상

미성년 자녀를 양육하고 있는 이혼·미혼 한부모 가족 등

(2) 양육비 이행관리원 역할

미성년 자녀를 양육하고 있는 이혼·미혼 한부모가 양육비를 받지 못하고 있는 경우

* 양육비 이행관리원 설치 후
가장 효과적인 서비스를 콕 집어! 자녀가 성년이 될 때까지 계속 지원!
⇒ 한부모 아동의 안정적 성장 도모

(3) 양육비 이행 지원 종합 서비스 내용

① 양육비 상담

- 양육비 청구 및 이행확보 등을 위한 법률 지원 또는 협의 성립 지원
- 법원의 양육비 확정 판결에 따른 이행지원 및 이행여부 모니터링 확인
- 양육비 채무 불이행자에 대한 제재 조치
- 한시적 양육비 긴급지원 및 비양육부모의 양육책임에 대한 인식개선
- 양육비 이행 지원에 관한 제도 연구, 프로그램 지원 등
- 양육비 이행 촉진을 위한 비양육부·모와 미성년 자녀의 면접교섭 지원

② 궁금 사항 문의

- 전화, 방문 및 홈페이지 등을 통해 상담 및 양육비 이행확보 신청 등 가능
- 상담전화(지역번호 없이 1644-6621), 홈페이지(www.childsupport.or.kr) 등 참조
- 주소: 서울특별시 서초구 반포대로 217 서울지방조달청 본관 5층 양육비이행관리원
- 서울특별시 마포구 월드컵로 37 웰빙센터 7층 한국건강가정진흥원 가족전용 상담전화

2) 한부모가족지원사업 개요

(1) 한부모가족지원법 지원대상자 선정 및 복지급여 지급

① 지원대상자의 종류

- 한부모가족(모자가족 및 부자가족)
  - 모자가족이란 모(母)가 세대주[세대주가 아니더라도 세대원(世代員)을 사실상 부양하는 자를 포함]인 가족을 의미
  - 부자가족이란 부(父)가 세대주[세대주가 아니더라도 세대원(世代員)을 사실상 부양하는 자를 포함]인 가족을 의미
- 조손가족
  - 부모로부터 사실상 부양을 받지 못하는 아동(이혼, 유기, 행방불명, 실종, 사망, 경제적 사유 등)을 (외)조부 또는 (외)조모가 양육하는 가족
- 청소년 한부모가족
  - 한부모가족으로서, 모(母) 또는 부(父)의 연령이 만 24세 이하인 가족

② 지원대상 가구원

- 한부모가족 및 청소년 한부모가족의 "모(母)" 또는 "부(父)"와 만 18세 미만(취학 시 만 22세 미만*)의 자녀
- 조손가족의 경우 (외)조부 또는 (외)조모와 만 18세 미만(취학 시 만 22세 미만*)의 손자녀

③ 지원대상자 선정 조건

- 한부모가족, 조손가족, 청소년 한부모가족으로서 가구 선정기준 및 소득인정액 기준을 충족한 경우 지원결정 가능

④ 지원결정(복지급여)의 신청

- (신청주의) 생활이 어려운 저소득 한부모가족, 청소년 한부모가족, 조손가족의 가족구성원, 그 친족 및 기타 관계인이 신청
- (직권주의) 사회복지전담공무원은 지원을 필요로 하는 자가 누락되지 않도록 관할지역 내에 거주하는 지원대상 가구에 대한 지원결정을 본인의 동의

를 얻어 직권으로 신청할 수 있음

- 한부모가족아동양육비 신청 시, 양육비이행관리원의 양육비 이행확보 지원 서비스 안내 및 신청을 적극 권장

⑤ 가족현황 및 소득 · 재산 조사

- 지원결정 · 복지급여 신청자에 대해 시장 · 군수 · 구청장은 사회복지전담공무원으로 하여금 신청자의 가족구성원 현황, 소득과 재산 등에 관한 사항을 조사토록 하여 지원결정 및 급여실시 여부와 급여내용을 결정

⑥ 지원결정 및 통지

- 시장 · 군수 · 구청장은 신청자에 대하여 필요한 조사를 실시한 후 그 결과에 따라 지원결정 및 급여실시 여부와 급여내용을 결정하여야 함
- 시 · 군 · 구에서 사회복지전담공무원이 조사한 내용을 사회보장정보시스템에 등록하면, 시장 · 군수 · 구청장은 해당 내용을 검토하여 결정내용(적합 또는 부적합)을 즉시 입력
- 조사 실시 후 소득인정액 산정기준 등의 변동으로 신규 지원대상자로 선정되는 경우에는 매년 1월에 급여내용 결정
- 신청자에 대한 통지
  - 시장 · 군수 · 구청장은 지원결정 및 급여 신청에 대하여 그 결정요지, 급여종류, 급여방법 및 급여개시 시기 등을 명시한 사회복지서비스 및 급여[결정 · 변경 · 중지 · 정지 · 상실]통보서를 지원대상자 또는 신청자에게 서면통지 원칙. 다만, 신청인의 요청이 있는 경우 전화, 문자메시지(SMS) 또는 전자우편 등 추가 통지 가능
- 급여신청자의 이의신청(심사청구)
  - 지원결정 및 복지급여를 신청한 자, 그 친족이나 그 밖의 이해관계인은 시장 · 군수 · 구청장의 처분에 이의가 있는 경우 그 결정의 통지를 받은 날로부터 90일 이내에 당해 시장 · 군수 · 구청장 · 특별자치도지사에게 서면으로 이의신청을 할 수 있음
  - 구두로 이의신청을 접수한 지원기관의 공무원은 이의신청서(서식 I-6호)를

작성할 수 있도록 협조 의무

- 이의신청을 접수한 시장 · 군수 · 구청장 · 특별자치도지사는 30일 이내에 이를 심사 · 결정하여 청구인에게 통보하여야 함

⑦ 급여의 실시 및 지원대상자 관리

- **급여의 실시**
  - 지원결정된 가구 또는 가구원에 대하여 아동양육비, 아동교육지원비, 생활보조금, 자립촉진수당 등 결정된 급여를 지급
- **지원대상자 관리**
  - 지원대상자의 가족구성원, 소득 및 재산 등에 대한 변동사항을 당사자의 신고 또는 담당공무원의 확인조사 등을 통해 파악하여 지원결정 및 급여중지, 급여변경 등에 반영
  - 부정수급자 등에 대해서는 보장비용 징수기준에 의거하여 보장비용 징수

(2) 신규신청자

① 신청(읍 · 면 · 동)

- **신청서 작성**
  - (신청서) 사회복지서비스 및 급여제공(변경) 신청서(서식 제 I 1호)의 '안내 및 유의사항'을 먼저 민원인에게 설명하여 정보조회 동의 서명을 받은 후 가족관계 등을 사회보장정보시스템으로 조회하여 반영
  - 상담과정에서 확인된 정보를 입력한 신청서를 출력하여 민원인에게 나머지 사항을 기재 후 신청인 서명을 하여 제출하도록 함
- **'양육비 이행확보 지원 서비스' 신청 안내(읍 · 면 · 동)**
  - (대상) '양육비 이행확보 및 지원에 관한 법률'에 따른 만 19세 미만 자녀를 양육하는 한부모
  - (내용) 비양육부 · 모로부터 양육비를 지급받을 수 있도록 상담, 협의, 법률, 추심, 면접교섭 등의 서비스를 종합적으로 지원(지원기관) 양육비이행관리원(여성가족부 산하)
  - (안내내용) 아동양육비 신청 시, '양육비 이행확보 지원 서비스' 내용 및

신청절차* 안내 후, 읍·면·동 주민센터 등에 비치된 서비스 신청서 교부

- (전화상담) 1644-6621(1번 양육비상담), 온라인 www.childsupport.or.kr
- (등기우편 / 방문 접수) 서울특별시 서초구 반포대로 217 서울지방조달청 본관 양육비이행관리원 접수처(우편번호 06578)

② 지원대상자 결정 및 결과 통지(시·군·구 사업팀)

- 신청인에 대한 조사결과를 정보시스템에 반영하고, 지원대상자에게 결정 내용 통지는 서면통지 원칙. 다만 신청인의 요청이 있는 경우 문자메시지(SMS) 또는 전자우편 등 전자적 방법에 의한 추가 통지 가능

③ 이의신청 접수 및 처리(시·군·구 사업팀)

- 지원결정 등 처분에 이의가 있는 경우 시·군·구청장에게 서면으로 이의신청 가능
- 이의신청 처분에 대한 불복 시에는 통지를 받은 날로부터 90일 이내에 행정심판 또는 행정소송 제기 가능(이의신청을 제기하지 않고 바로 행정심판 또는 행정소송 제기도 가능함)
- 기존 지원대상자 급여지급 절차
  - 공적자료 변동사항 알림(시스템)
  - 지원대상자의 소득재산정보, 인적정보 등 공적자료에 변동사항이 발생한 경우 사회보장정보시스템를 통해 알림기능 제공
- 변동사항 적용 및 관리(시·군·구 통합조사관리팀)
  - 소득·재산 변동
    - 공적자료 변동사항은 사회보장정보시스템에 자동 반영되며, 담당공무원 확인이 필요한 사항(예: 보유여부만 통보되어 가액 산정이 필요한 경우 등)은 확인 후 반영
  - 가구원 인적변동: 거주지 변동(전출·전입), 가구원 변동(사망, 말소 등) 시 알림
  - 전출입 등에 따른 가구원 변동 시 지원가구 재구성
  - 변동사항을 반영하여 소득인정액 재산정 공적자료에 의한 변동사항은 매

월 15일까지 반영하여야 하며, 변동사항을 당월 미반영 시 당월급여는 전월기준으로 생성됨

④ 각종 공제액 반영 및 수정(시 · 군 · 구 사업팀)

- 각종 공제액이 반영된 개인별 급여예상액 확인
- 예상급여액 확인 시 급여생성 이상 자로 시스템에 의해 제공된 대상자에 대해서는 공제사항 재수정

⑤ 급여 지급자료 생성(사회보장정보시스템)

- 급여 지급자료(대상자, 금액, 계좌번호 등)는 변동사항을 적용하여 재산정된 소득인정액을 기준으로 매월 급여생성일에 사회보장정보시스템에 의해 자동 생성

⑥ 급여액 확정 및 지급의뢰(시 · 군 · 구 담당 사업과)

- 급여담당자는 사회보장정보시스템에 의해 자동 생성된 급여 지급자료 내역을 확인하여 급여별 확정처리 후 전자결재
- 결재된 급여 지급자료(PDF파일)를 연계된 지방재정시스템(e-호조)을 통하여 회계부서로 지급의뢰

⑦ 급여이체 및 급여지급(시 · 군 · 구 회계부서)

- 지방재정시스템(e 호조)을 통해 의뢰된 급여내역은 'e-지로시스템(금융결제원) 또는 각 시 · 도 금고 시스템을 통해 암호화 파일을 전송하여 급여 입금

3) 시 · 군 · 구, 읍 · 면 · 동의 역할

(1) 추진방향

- 자산조사 및 자격관리 기능을 시 · 군 · 구 통합조사관리팀으로 일원화
- 읍 · 면 · 동은 대민상담 및 찾아가는 서비스 강화
- 취약 한부모, 조손가구에 대한 탈빈곤, 가족 기능 회복 등 지원 필요시 지역 건강가정지원센터의 사례관리팀에 연계

(2) 추진 방안

- 읍·면·동: 대민 서비스 창구
  - 읍·면·동은 상담·신청안내, 신청·접수, 지원이 필요한 가구 발굴, 찾아가는 서비스 기능 강화
- 시·군·구(통합조사관리팀): 자산조사, 자격관리
  - 자산조사가 필요한 사업의 신규 신청자 조사 및 선정, 변동사항 적용 및 관리, 확인조사 업무를 통합조사관리팀에서 전담하여 자산조사 및 자격관리 기능 일원화

(3) 신청 절차

- '20년부터는 한부모가족지원사업과 함께 양육비 이행지원 서비스도 안내
  - (신청서 작성) 공통신청서 또는 개별사업신청서 작성 및 구비서류 안내 상담과정에서 파악된 정보는 신청서에 기재되어 출력·제공
  - 신청서상의 정보조회 동의 서명을 받은 후 가족관계 등을 사회보장정보시스템으로 조회하여 반영하고, 상담과정에서 얻은 정보를 입력한 신청서를 출력하여 민원인에게 나머지 사항을 기재 후 서명하여 제출하도록 함
  - '양육비 이행 지원 서비스'의 경우, 지원대상자가 희망하는 경우 서비스 신청서를 교부하고, 신청절차에 대해 안내(접수 자체는 개인정보 보호 등의 사유로 지원대상자가 직접 이행관리원을 방문하거나 등기우편으로 신청서 접수)
  - (신청접수) 읍·면·동 접수 후 시·군·구로 송부
  - (서류보완 안내) 제출한 신청서와 구비서류를 검토하여 누락된 내용 보완

(4) 신청 시 안내사항

- 처리기한: 30일(특별한 사유가 있는 경우 신청일로부터 60일 이내 연장가능) 내에 민원처리 후 통보예정임을 안내
- 제출서류 안내: 신청서, 구비서류 이외에 추가로 제출해야 할 서류 및 제출기한 등을 안내

- 통지방법: 서면으로 통지하는 것을 원칙으로 하되, 이와 병행하여 지원 대상자가 원하는 경우 전화안내, 전자우편, 문자메시지서비스 등으로도 통지할 수 있음을 알리고 지원대상자가 가장 적절한 통지방법을 추가 선택할 수 있도록 안내
- **신고의 의무**
  - 소득재산, 가구원수 변동, 혼인, 배우자 군복무 또는 형기만료 등 한부모가족지원법 지원대상자(한부모가족, 조손가족, 청소년 한부모가족) 자격유지에 변동사항이 발생할 경우 즉시 신고할 의무가 있음을 안내, 정확히 신고하지 않을 경우 변동사항에 따른 자격 중지, 징수 등의 조치가 있을 수 있음을 안내, 신고에 따른 조사를 할 때 조사의 거부, 방해, 기피 시 신청이 각하되거나 결정이 취소될 수 있음을 안내
- **부정수급자에 대한 비용의 징수**
  - 거짓이나 그 밖의 부정한 방법으로 복지급여를 받거나 타인으로 하여금 복지급여를 받게 한 경우에는 부정수급에 대한 비용을 징수함을 안내, 위의 사항을 위반하여 부정수급 시 「한부모가족지원법」 제29조제4항에 따라 1년 이하의 징역, 1천만 원 이하의 벌금, 구류 또는 과료에 처할 수 있음을 안내
  - 한부모가족 복지급여 부정수급 관리제도 개선 및 관리체계 강화를 통한 복지급여 수급 적정성 강화, 혼인관계자 자격 정비 소요기간 및 실시주기 단축
  - ('14년) 연 1회 ⇒ ('15년) 연 2회 ⇒ ('16년) 연 4회
  - 시 · 도에서는 관할 지자체의 부정수급 환수 현황을 한부모가족 부정수급자관리 서식*에 따라 환수 현황 등을 상시 관리, 시 · 도별 부정수급 환수급여신청일'이 '급여개시일'임
- **신청조사 실시**
  - 지원대상자 소득 · 재산 조사 등 지원결정 및 복지급여 자격 여부 등을 판단하기 위한 조사 실시
  - 조사를 거부, 방해, 기피할 경우 안내한 대로 신청을 각하하거나 한부모가구 결정을 취소

(5) 급여의 결정

- 시・군・구는 읍・면・동에서 지원결정을 신청하면 2020년도 한부모가족 지원법 지원대상자 선정기준을 적용하여 신속히 지원결정 및 급여실시 여부, 급여내용을 결정
- 선정기준을 충족한 자에 대해서만 급여를 실시함

(6) 접 수

가. 신청등록

- 읍・면・동 또는 시・군・구 담당자는 대상자가 제출한 신청서 내용 및 제출서류를 사회보장정보시스템에 등록 제출된 각종 서류는 사회보장정보시스템에 스캔하여 등록
- 사회보장정보시스템에 등록 시 민원행정시스템에 민원등록 및 접수번호 자동 부여

(7) 접수의 효력 발생 시기

- 신청서 및 구비서류 제출일을 '신청일'로 함
- 읍・면・동 조사담당공무원은 접수된 신청에 대해 즉시 조사 실시
- 읍・면・동 사회복지담당공무원은 접수된 신청서를 즉시 시・군・구청으로 통보

4) 한부모가족지원법 지원대상자 선정기준

(1) 기본원칙

- '18년 1월 1일부터 한부모가족 선정기준(한부모가족증명서 발급대상)과 한부모가족 복지급여 지급기준 분리
  - 한부모가족
  - 선정기준(한부모가족 증명서 발급대상): 기준 중위소득 60% 이하
  - 아동양육비 등 복지급여 지급기준: 기준 중위소득 52% 이하
  - 청소년한부모가족("부" 또는 "모"의 연령이 만 24세 이하인 경우)

- 선정기준(한부모가족 증명서 발급대상): 기준 중위소득 72% 이하
- 아동양육비 등 복지급여 기준기준: 기준 중위소득 60% 이하

- 지원기관은 한부모가족지원법에 의한 지원대상자를 가구 단위로 선정
- 대상자 중 실종 후 30일이 경과한 날이 속하는 달의 다음 달부터 지급 중지
- 한부모가족지원법 지원대상자 연령기준

<한부모가족 자녀연령 관련>

- 만 5세 이하(추가아동양육비): 만 6세가 되는 생일이 도래하는 달의 전달까지
- 기준: A년 B월에는 지급: (A-6)년 (B+1)월 출생아까지
  - 2020년 01월분 아동양육비는 2014년 02월 출생아까지 지급
  - 2020년 02월분 아동양육비는 2014년 03월 출생아까지 지급
  - 2020년 03월분 아동양육비는 2014년 04월 출생아까지 지급
  - 2020년 04월분 아동양육비는 2014년 05월 출생아까지 지급
  - 2020년 05월분 아동양육비는 2014년 06월 출생아까지 지급

- 만 18세 미만(아동양육비): 만 18세가 되는 생일이 도래하는 달의 전달까지
- 만 18세 미만(지원대상 자녀(한부모가족자격)): 만 18세가 되는 생일이 도래하는 달의 전 달까지

* 단, 자녀가 만 18세가 넘었으나 고등학교 재학 중인 경우, 고등학교 졸업일이 속한 달까지

- 기준: A년 B월에는 지급: (A-18)년 (B+1)월 출생아까지

  - 2020년 01월분 아동양육비는 2002년 02월 출생아까지 지급
  - 2020년 02월분 아동양육비는 2002년 03월 출생아까지 지급
  - 2020년 03월분 아동양육비는 2002년 04월 출생아까지 지급
  - 2020년 04월분 아동양육비는 2002년 05월 출생아까지 지급
  - 2020년 05월분 아동양육비는 2002년 06월 출생아까지 지급

- 만 22세 미만(취학 시 지원대상 자녀): 만 22세가 되는 생일이 도래하는 달의 전달까지

<한부모가족 모 또는 부 연령 관련>

- 만 24세 이하(청소년한부모): 만 25세가 되는 생일이 도래하는 달의 전달까지
  - 지원대상 가구원은 한부모가족(청소년한부모 가족 포함)의 母 또는 父와 만 18세 미만(취학 시 만 22세 미만)의 자녀로 함
    - 조손가족의 경우에는 (외)조부 또는 (외)조모와 만 18세 미만(취학 시 만 22세 미만)의 손자녀
  - 다만 취학 중인 경우에는 만 22세 미만을 말하되, 지원대상자로 선정된 이후 「병역법」에 따른 병역의무를 이행하고 취학 중인 경우에는 병역의무를 이행한 기간을 가산한 연령 미만을 말함
- 지원대상 자녀가 없는 경우에는 한부모가족 지원대상에서 제외

  ex) 모와 대학 미취학 20세 자녀로 구성된 2인 가족의 경우 자녀연령이 초과하여 지원대상 자녀가 없으므로 한부모가족 지원대상이 아님
  - 다만 출산 후 해당 아동을 양육하지 아니하는 미혼모가 미혼모자가족복지시설을 이용하는 경우에는 한부모가족 지원대상자로 선정 가능(한부모가족지원법 제5조의2)
- 한부모가족 중 만 18세(취학 시 만 22세, 지원대상자로 선정된 이후 군복무 후 취학 시 병역의무기간을 가산한 연령) 이상의 자녀(조손가족의 경우 손자녀)가 있을 경우에는 그 자녀를 제외한 나머지 가족구성원을 지원함
  - '11년도 까지는 첫째 자녀의 연령이 만 18세 이상(취학 시 만 22세 이상)이 되면 가구전체를 지원대상에서 제외하였음
- 지원대상 가구로 선정되기 위해서는 가구 선정기준 및 소득인정액 기준을 충족하여야 함
- 이혼 후 전 배우자와 주민등록상 주소가 같을 경우 지원대상에서 제외
- 지원대상 가구원이 생계와 주거를 같이 하는 경우(주민등록상 주소와 세대가 동일한 경우) 지원가구로 선정하는 것이 원칙임
  - 다만 모(부)와 자녀가 주민등록상 주소와 세대가 다른 경우에도 양육의 연장선상에 있는 자녀로 인정되는 경우에는 지원 가능함
  - 모(부)의 주민등록상 관할지에서 지원하도록 함

- 「재외동포의 출입국과 법적 지위에 관한 법률」 제2조제1호에 따른 국민(대한민국의 국민으로 외국의 영주권을 취득한 사람 또는 영주할 목적으로 외국에 거주하고 있는 사람)으로서 「해외이주법」 제12조에 따른 영주 귀국신고를 하지 아니한 사람(재외국민)은 원칙적으로 지원가구에서 제외

(2) 가구 선정기준

한부모가족지원법에서 지원하는 한부모가족의 "모"와 "부"의 범위는 다음 각 호에 해당하는 경우임

- 배우자와 사별 또는 이혼했거나 배우자로부터 유기된 자
  * 유기란 대법원 판례에 따라 "배우자가 정당한 이유 없이 서로 동거, 부양, 협조하여야 할 부부로서의 의무를 포기하고 다른 일방을 버린 경우
- 정신 또는 신체장애로 인하여 6개월 이상 장기간 근로(노동)능력을 상실한 배우자를 가진 자(경제활동으로 소득이 있는 경우는 제외, 공적자료로 파악)
- 근로능력을 상실한 배우자를 지원 가구원에 포함하여 지원
  - 「장애인 고용촉진 및 직업재활법」 제2조제2호 및 동법 시행령 제4조의 규정에 의한 중증장애인
  - 질병·부상 또는 그 후유증으로 치료 또는 요양이 필요한 자 중에서 근로능력평가를 통해 시장·군수·구청장이 근로(노동)능력이 없다고 판정한 자
  - 기타 근로가 곤란하다고 보건복지부장관이 정하는 자
    ※ 근로능력평가에 대한 자세한 사항은 국민기초생활보장사업 "근로능력 없는 수급자" 규정 참조

- **미혼모 또는 미혼부(사실혼 관계에 있는 자는 제외)**
  - 사실혼 관계에 있는 자란 사실상 혼인생활을 하고 있으면서 혼인신고가 없기 때문에 법률상 혼인으로 인정되지 않는 부부관계를 하고 있는 자를 말하며, 구체적으로 "당사자 사이에 주관적으로 혼인의 의사가 있고, 객관적으로도 사회관념상 가족질서적인 면에서 부부공동생활을 인정할 만한 혼인생활의 실체가 있는 경우"(대법원 판례)

- **배우자의 생사가 분명하지 않은 자**
  - 배우자의 실종선고 절차가 진행 중인 자, 관할 시 · 군 · 구청장이 가출 또는 행방불명 사실을 확인한 경우(거주불명등록자, 주민등록 직권말소 등)
    ※ '10년까지는 경찰서 등 행정관청에 가출신고 후 1개월이 경과하면 배우자의 생사가 분명하지 않은 경우로 인정하여 한부모가족으로 선정할 수 있었으나, '11년부터는 경찰서 등 행정관청에 가출 · 행방불명 신고한 자를 지원대상에서 제외함
- 가정폭력 등에 의한 배우자 또는 배우자 가족과의 불화 등으로 인하여 가출한 자 「가정폭력방지 및 피해자보호 등에 관한 법률」 제7조에 따른 지원시설 또는 「한부모가족지원법」 제19조에 따른 일시지원복지시설 입소 시 입소 확인서 및 사실확인을 통해 한부모가구로 지원
- 배우자의 군복무로 인하여 부양을 받을 수 없는 자
  - 군복무로 보는 경우는 현역 복무 및 1년 이상 공익근무요원 또는 상근예비역으로 근무하는 경우임(산업기능요원, 승선근무예비역, 유급지원병 등 근로소득을 발생시키는 군복무 중인 경우는 제외)
  - 군복무 중인 배우자(현역, 공익근무요원, 상근예비역)는 지원대상 가구원에서 제외
- 배우자의 장기복역으로 인하여 부양을 받을 수 없는 자
  - 장기복역이란 교도소, 구치소, 보호감호시설 등에 6개월 이상 수형 중인 경우이며, 6개월 이상 수형에 관한 판결로도 가능
- 조손가족의 "(외)조모" 또는 "(외)조부"의 범위
  - (외)조부 또는 (외)조모 중 1인이 손자녀를 양육할 경우 지원하는 것이 원칙
  - (외)조부와 (외)조모가 함께 손자녀를 양육하는 경우
  - (외)조부 또는 (외)조모 중 1인이 심신장애 · 질병으로 장기간 근로능력을 상실하거나 (외)조부 또는 (외)조모 중 1인이 65세 이상이면 지원 가능함
  - 다음의 사유로 부모로부터 부양을 받지 못하는 아동을 양육하는 (외)조부 또는 (외)조모를 지원대상으로 함
  - 부모가 사망하거나 생사가 분명하지 아니한 경우

- **청소년 한부모가족의 "모" 또는 "부"의 범위**
  - 한부모가족(부자가족 및 모자가족)의 조건을 갖춘 경우로써 모 또는 부의 연령이 만 24세 이하인 가족(연령기준) 만 나이*를 기준으로 지원
  - 만 나이 적용: 만 25세가 되는 생일이 도래하는 달의 전달까지(지원 만료기준) 만 나이를 적용하므로 만 25세가 되는 생일이 속한 달부터 지원 만료

- **「한부모가족지원법」에서 지원하는 "아동(자녀)" 범위**
  - 기본원칙
    - 만 18세 미만의 자녀를 지원대상으로 함. 다만, 취학 중인 경우에는 만 22세 미만을 말하되, 지원대상으로 선정된 이후 「병역법」에 따른 병역의무를 이행하고 취학 중인 경우에는 병역의무를 이행한 기간을 가산한 연령 미만을 말함
    - 한부모가족에 연령을 초과한 자녀가 있는 경우에는 그 자녀를 제외한 나머지 자녀를 지원함
  - 연령 산정기준: 만 나이 기준으로 만 나이 산정
    - 만 18세 미만(취학 시 만 22세 미만, 지원대상으로 선정된 이후 군복무 후 취학 시 병역의무기간을 가산한 연령), 2020년 지원대상 연령 만 18세 미만: 만 18세가 되는 생일이 도래하는 달의 전달까지

- 취학 시 만 22세 미만(군복무 후 취학 시 병역의무기간을 가산한 연령 미만)의 적용대상
  - 만 18세를 초과한 자녀에 대해서는 재학증명서 등으로 취학 여부를 반드시 확인하여야 함
  - 「고등교육법」 제2조 및 「평생교육법」 제31조에서 정하는 학위가 인정되는 대학에 재학하는 경우 대학 과정의 학점이 인정되는 「학점인정 등에 관한 법률」에 따른 교육시설 포함
  - 「초·중등교육법」 및 「평생교육법」에서 정하는 고등학교에 재학하는 경우
  - 외국 대학에 재학 중인 경우
  - 국외 대학의 경우 「고등교육법 시행령」 제70조(학력인정)제2항에 의해 국

외대학도 학위를 인정받고 있음에 따라 만 22세가 될 때까지 가구원 수에 포함하여 지원결정 유지(재학을 증명할 수 있는 공증된 번역서류 반드시 첨부)

- **취학 시 병역의무 이행기간 가산**
  - 휴·복학 여부와 상관없이 만 22세가 되는 연도 말까지 지원한 후 중단하고, 군복무 후 복학하는 시점부터 병역의무 이행기간을 연장함. 이 경우 병역의무 이행기간 연장은 최대 만 25세 연도 말까지 가능
  - 종전 업무의 혼선을 초래한 휴학 인정기간(2학기) 규정을 삭제하고, 해당 기간만큼 최대 만 25세 연도 말까지 병역의무 이행기간을 연장할 수 있도록 하여 업무의 효율성과 지원대상자 권익을 제고함

4 저소득 한부모가족(조손가족 포함) 아동양육비 등 지원

1) 사업의 목적

- 저소득 한부모가족이 가족 기능을 유지하고 생활안정과 복지증진 유지를 위해 아동양육비, 아동교육지원비 등을 지원

2) 사업연혁

- 1992년: 저소득 모자가정 자녀에 대한 학비 및 아동양육비 지원
- 1995년: 저소득 부자가정 자녀 지원
- 2001년: 아동양육비 지원금액 월 16,000원 지급
- 2004년: 아동양육비 지원금액 월 20,000원 지급
- 2005년: 아동양육비 지원금액 월 50,000원 지급
- 2007년: 「모부자복지법」을 「한부모가족지원법」으로 개정

- 모부자 가정을 한부모가족으로 변경
- 조손가족을 지원대상으로 포함
- 한부모가족의 자녀가 취학 중인 때에는 20세 미만에서 22세 미만으로 확대

- 2008년: 한부모가족아동양육비 지원대상 확대(8세 미만)
- 2009년: 한부모가족아동양육비 지원대상 확대(8세 미만 → 10세 미만)
- 2010년: 한부모가족아동양육비 지원대상 확대(10세 미만 → 12세 미만)
- 2012년: 고등학생 교육비 이관 및 신규 복지급여 도입
  - 한부모가족 고등학생 교육비(수업료, 입학금) 교육과학기술부로 이관 신규 복지급여 도입
  - 조손가족 및 25세 이상 미혼모부자가족 5세 이하 아동 추가양육비(월 5만 원)
  - 한부모가족복지시설 입소 가구 생활보조금 지원(월 5만 원)
  - 중고등학생 자녀 학용품비 지원(연 5만 원)
- 2013년: 12세 미만 아동양육비 인상 지원(5만 원 → 7만 원)
- 2015년: 12세 미만 아동양육비 인상 지원(7만 원 → 10만 원)
- 2017년: 13세 미만 아동양육비 인상 지원(10만 원 → 12만 원)
- 2018년: 14세 미만 아동양육비 인상 지원(12만 원 → 13만 원)
- 2019년: 18세 미만 아동양육비 인상 지원(13만 원 → 20만 원)

3) 2020년도 급여내용

- **아동양육비**

저소득 한부모가족의 만 18세 미만 아동 자녀 1인당 월 20만 원

- **추가 아동양육비**

- 저소득 조손가족 및 만 25세 이상 미혼 한부모가족의 만 5세 이하 아동
- 만 24세 이하 미혼한부모의 경우 청소년한부모로서 월 35만 원의 아동양육비를 지원하므로 제외, 만 5세 이하 자녀 1인당 월 5만 원

- **아동교육지원비**
  - 저소득 한부모가족의 중학생 및 고등학생 자녀 자녀 1인당 연 5.41만 원

- **생계비**
  - (생활보조금) 한부모가족복지시설에 입소한 저소득 한부모가구 가구당 월 5만 원

- **지원방법**
  - 지급단위: 가구를 단위로 지원대상 아동 수를 산정하여 지급
  - 지 급 일: 매월 정기지급일에 지원 원칙
  - 지원일이 토요일, 공휴일인 경우 그 전일에 지급
  - 급여개시일: 지원대상자로 결정된 날이 아닌 급여신청일이 급여개시일에 해당
    - 급여신청일이 전년도인 경우 전년도 소급 지급분은 당해연도 기준으로 산정하여 지급함. 다만 급여기준 변경 등으로 인하여 매년 1월에 새로이 지원대상자로 결정되는 자의 경우는 해당 연도 1월 1일이 급여개시일에 해당
  - 신규 지원대상자에 대한 지급기준
  - 급여신청일이 포함된 달의 산정된 급여 전액 지급
  - 급여 중지자에 대한 지급기준
  - 급여 중지가 결정된 달의 급여는 전액 지급함. 다만 부정수급자의 경우 지원 중지가 결정된 달의 급여를 지급하지 않음
  - 지원대상자가 국민기초생활보장 생계급여 수급권자로 전환 신청한 경우 수급권자로 확정된 날이 속하는 달부터 급여지급을 중지하되, 확정된 날이 속하는 해당 월에 한해 기지급되었을 경우 환수하지 않음
  - 한부모가족지원대상자가 실종처리되었을 경우 실종 후 30일이 경과한 날이 속하는 달의 다음 달부터 지원 중지

- **지원절차 및 요령**
  - 지원대상 가구를 관할하는 시 · 군 · 구에서 사회보장정보시스템을 통해 월

별로 지원대상자의 계좌에 입금

- **주소 변경 등에 따른 업무 이관**
  - 지원대상 가구의 세대원 전체가 주소지를 변경한 경우 전출지 시장·군수·구청장은 신주소지를 관할하는 시장·군수·구청장에게 사회보장정보시스템을 통해 아동양육비 지급 관련 서류 일체를 이송, 전입지 시장·군수·구청장은 이송된 관련 서류와 해당 지원대상 가구의 생활상태를 신속히 파악하여 지원 대상자로 결정된 경우에는 주소 이전에 따른 공백 없이 양육비를 지원하여야 하되, 전입일이 15일 이전일 경우에는 신거주지의, 16일 이후일 경우에는 구거주지의 시·군·구청이 지급

4) 추가 아동양육비

(1) 지원목적

- 저소득 조손가족 및 미혼 한부모가족의 만 5세 이하 아동의 양육지원 강화

(2) 지원사항

- 지원대상 가구
  - 소득인정액이 기준 중위소득 52% 이하인 조손가족
  - 소득인정액이 기준 중위소득 52% 이하인 미혼 한부모가족으로서 모 또는 부의 연령이 만 25세 이상인 경우
  - 연도를 기준으로 만 나이 산정: 만 6세가 되는 생일이 도래하는 달의 전달까지 ⇒ 미혼 한부모가족 여부는 관할 읍·면·동을 통해 확인 및 관리

(3) 지원대상에서 제외되는 가구

- 청소년한부모가족(모 또는 부의 연령이 만 24세 이하)의 5세 이하 아동은 제외
- 청소년한부모가족의 아동에게는 월 35만 원의 양육비를 지원하므로 제외
- 「국민기초생활보장법」에 의한 생계급여 수급자

- 「아동복지법」에 의한 가정위탁 양육보조금을 받는 경우
- 「긴급복지원법」에 의한 생계지원을 받는 경우
  - 지원대상 아동: 만 5세 이하 아동
    - 연령 산정기준: 생일를 기준으로 만 나이 산정
    - 연령 산정기준일: 만 6세가 되는 생일이 도래하는 달의 전 달
  - 지원내용: 만 5세 이하 자녀 1인당 50,000원/월
  - 아동양육비 지원의 지원방법, 지원절차 및 요령, 주소변경 등에 따른 업무 이관 내용과 동일함

(4) 아동교육지원비(중 · 고등학생 학용품비)

- **지원목적**
  - 저소득 한부모가족(조손가족 포함) 중 · 고등학생 자녀의 학습지원 강화

- **지원사항**
  - 지원대상 가구
  - 소득인정액이 기준 중위소득 50초과 52% 이하인 한부모가족 및 조손가족
  - 소득인정액이 기준 중위소득 52% 이하인 청소년한부모가족도 중 · 고등학생 자녀가 있을 경우 지원대상에 포함됨

- **지원대상에서 제외되는 가구**
  - 「국민기초생활보장법」에 의한 교육급여를 지원받는 가구
  - 「긴급복지지원법」에 의한 교육지원을 받는 가구
  - 「장애인복지법」에 의한 교육비 지원을 받는 가구

- **지원대상 아동: 중학생 및 고등학생 자녀**
  - 다음 각 호의 학교에 재학하는 학생에게 지원
    - 「초 · 중등교육법」 제2조제2호의 규정에 의한 중학교 · 고등공민학교
    - 「초 · 중등교육법」 제2조제3호의 규정에 의한 고등학교 · 고등기술학교
    - 「초 · 중등교육법」 제2조제4호의 규정에 의한 특수학교(중학교 및 고등학교 과정에 한함)

- 「초 · 중등교육법」 제2조제5호의 규정에 의한 각종학교
- 「평생교육법」 제31조에 따른 학교형태의 평생교육시설(고등학교의 학력이 인정되는 시설에 한한다)

- 지원내용: 중고등학생 자녀 1인당 54,100원/연(年)

(5) 급여지급 기준

- 지급단위: 가구를 단위 지원대상 아동수를 기준으로 산정 지원
- 지원시기: 연 1회
  - 7월 급여지급일 현재 지원대상자로 선정된 가족의 중 · 고등학생 자녀에게 5.41만 원 일괄 지급

- **신규 지원대상자에 대한 지급기준**
  - 지원대상자로 결정된 날이 아닌 급여신청일이 급여개시일에 해당되며, 신청시기와 무관하게 당해년도 학용품비 5.41만 원 전액지원
  - 7월 급여지급일 이후에 신규 지원대상자로 선정된 경우에는 선정된 날 이후 급여지급일에 지급

- **지원방법**
  - 학용품비 지급 전에 해당학교로부터 지원대상자의 재학여부를 확인한 후 사회보장정보시스템을 통해 지원대상자의 급여지급 계좌로 입금

- **급여지급 중단기준**
  - 한부모가족 지원중지가 결정된 때 또는 지원대상 중 · 고등학생이 휴학, 자퇴, 퇴학 등으로 학업을 계속할 수 없는 사유가 발생한 경우에도 기지급된 학용품비는 환수하지 않음
  - 지원대상자가 취업상태나 소득 · 재산 등의 변동 사실을 지체 없이 신고하여야 함에도 이를 신고하지 않고 있다가 지원기관의 확인조사를 통해 동 사실이 밝혀져 지원중지된 경우에는 학용품비를 지급하지 아니함

- **주소 변경 등에 따른 업무 이관**
  - 아동양육비의 주소 변경 등에 따른 업무 이관과 동일하게 처리

5 청소년 한부모 자립지원

1) 사업목적

- 청소년 한부모는 어른 한부모가 겪는 빈곤과 자녀양육 · 생계 · 가사 부담 외에 학업중단 · 취업훈련 부족 등과 같은 어려움도 느끼므로, 자녀 양육환경 개선과 자립기반 마련을 위한 지원 필요성이 높음

2) 사업연혁

- 2010년: 청소년 한부모 가구의 자녀 양육환경 개선과 자립을 지원하기 위해'청소년 한부모 자립지원사업' 신규 실시
- 2011년: 아동의료비 지원을 폐지하고, 자립지원 촉진수당 신설
- 2015년: 자산형성계좌지원 만기도래
- 2017년: 아동양육비 인상 지원(15만 원 → 17만 원)
- 2018년: 아동양육비 인상 지원(17만 원 → 18만 원)
- 2019년: 아동양육비 인상 지원(18만 원 → 35만 원)

3) 지원예산

- 국비지원액: 3,596백만 원(국비 보조율: 서울 50%, 타 시 · 도 80%)

4) 급여별 세부내용

(1) 청소년 한부모가족아동양육비

- **지원배경 및 필요성**
  - 자녀 양육환경 조성을 위한 아동양육비를 지원함으로써, 청소년 한부모가구 아동의 건강한 성장을 도모

- **지원사항**
  - 지원대상 가구: 기준 중위소득 60% 이하인 청소년 한부모가구(생계급여 수급자 가구 제외)
  - 청소년 한부모 가구 아동 1인당 지원액: 월 350,000원(단, 한부모가족지원법상 아동양육비로 월 20만 원을 받고 있는 가구의 경우에는 차액으로 월 15만 원만 지급)

    ※ 단, 생계급여 수급자 가구의 아동에 대하여는 지원하지 않음

- **주소 변경 등에 따른 업무 이관**
  - 한부모 아동양육비 지원의 지원방법, 지원절차 및 요령, 주소변경 등에 따른 업무 이관 내용과 동일함

5) 청소년 한부모 자립지원 촉진수당

- **지원 목적 및 취지**
  - 청소년 한부모가구는 경제적 빈곤과 자녀양육에 대한 부담 이외에도 학업 단절이나 취업기회에 있어서의 차별로 인해 자립기반 형성에 어려움을 겪음
  - 청소년 한부모가 사회의 편견을 극복하고, 자녀를 양육하면서 자립기반을 마련할 수 있도록 자립지원 촉진수당을 지원
- 지원내용: 청소년 한부모 가구당 지원액 월 100,000원/1년 단위 지원

- **지원대상 가구**
  - 기준 중위소득 60% 이하 청소년 한부모가구이면서, 신청일 기준 최근 1년 내 학업(초·중·고·대학교·대학원 등 학교재학, 검정고시학습, 비인가 대안학교 학습)·직업훈련·취업활동 등을 통해 자립활동에 참여한 실적이 있는 가구에 대하여 지원

- **지원 시 확인사항**
  - 지원대상 가구에 대한 기본 확인 사항

    (직접 양육하는 경우) 가족관계등록부를 통하여 청소년 한부모 사실을 확

인할 수 있는 가구로서 주민등록등본상 동거(직접 양육) 확인
(위탁양육하는 경우) 가족관계등록부를 통하여 청소년 한부모 사실을 확인할 수 있는 가구로서 주민등록등본상 분리되어 있을 때에는 자녀를 사회보장정보시스템을 통하여 가정위탁 또는 아동지원시설에 위탁사실 여부를 확인

6 한부모가족복지시설 현황 및 운영사항

1) 사업의 목적

한부모가족복지시설 운영의 투명성과 서비스 질 향상을 통해 입소자의 건강한 자녀 양육 등 다양한 욕구 충족 및 사회·경제적 자립 지원

2) 한부모가족복지시설 현황

2019. 12월 말 기준 총 131개소(생활시설 124개소, 이용시설 7개소)

3) 시설 유형별 입소대상 및 기능

(1) 입소대상

- 모자가족복지시설(기본생활지원형)
  - 한부모가족지원법 제4조에 따른 母로서 만 18세 미만(취학 시 만 22세 미만)의 아동을 양육하는 무주택 저소득 모자가족
  - 미혼모자가족복지시설(기본생활지원형 또는 공동생활지원형) 퇴소자 중 스스로 아동을 양육하는 미혼모는 모자가족으로 시설 입소 대상자에 포함

7 한부모가족복지시설 아이돌봄서비스지원

1) 사업 개요

(1) 목 적

- 한부모의 학업·취업 등으로 양육공백 발생 시 아이돌보미가 찾아가는 돌봄서비스를 제공하여 한부모가족의 양육부담 경감 및 자립 도모

(2) 근거법령

- 「한부모가족지원법」 제17조(가족지원서비스), 「아이돌봄지원법」 제13조의2(아이돌봄서비스의 우선 제공)
- 지원대상: 만 12세 이하 아동을 양육하는 한부모가족
- 사업수행기관: 한부모가족복지시설 및 한부모가족 공동생활가정(매입임대주택) 주거지원 사업수행기관
- 국비 예산액: '20년 2,552백만 원(서울 30%, 지방 70%)

- **추진체계**
  - 여성가족부: 사업총괄 및 운영지침 수립, 예산지원 등
  - 지방자치단체: 자체사업계획 수립 및 예산 지원, 사업수행기관 지도·감독 등
  - 사업수행기관: 아이돌봄서비스 이용, 사업 실적 및 정산 보고 등

- **사업 내용**
  - 당 사업 지침에서 규정되지 아니한 사항은 여성가족부 「2020년도 아이돌봄지원사업 안내(지침)」를 준용하고, 아이돌봄서비스 신청 및 이용 관련 자세한 사항은 해당 지역 아이돌봄서비스 제공기관(☎ 1577-2514, http://idolbom.go.kr)으로 문의

- **지원기준**
  - 지원대상: 만 12세 이하 아동을 양육하는 한부모가족으로서, 한부모가족복

지시설 입소자 및 1년 이내 퇴소자, 한부모가족 공동생활가정(매입임대주택) 주거지원사업 입주자

- 생후 3개월 미만 영아의 경우에도 아이돌봄서비스 신청 · 이용 가능하나, 아이돌봄서비스 제공기관은 사고 등 발생 가능성이 높음에 대한 이용자 가정의 확인을 계약서에 별도로 명시해야 함
- 지원요건: 아이돌봄지원사업을 통해 양육공백 기준(한부모의 취업 · 학업(준비), 한부모가족의 질병 등)에 대한 확인을 받은 경우
- 한부모가족이 상담 및 교육 프로그램 등에 참여하는 경우

- **지원내용**
  - 아이돌봄서비스 이용요금
  - 생후 3개월 미만 아동 대상 아이돌봄서비스 이용 관련 배상책임보험 가입비
  - 생후 3개월 이상 아동에 대한 배상책임보험은 아이돌봄서비스 제공기관에서 가입
  - 기관연계서비스 아이돌보미 교통비: 교통비는 실비기준으로 신청기관과 서비스제공기관 간 협의하여 결정
  - 가정연계서비스의 경우 「아이돌봄지원사업」 예산으로 기지원

(3) 아이돌봄서비스 종류별 이용기준

- **영아종일제서비스**
  - 돌봄대상: 만 3개월 이상~만 36개월 이하 영아
  - 이용요금: (기본) 시간당 9,890원
  - 야간(오후 10시~오전 6시), 일요일 이용 시 기본요금의 50%를 증액
  - 이용시간: (기본) 1회 3시간 이상, (추가) 최소 30분 단위
  - 돌봄활동 범위
    - 이유식 먹이기, 젖병 소독, 지저귀 갈기, 목욕 등 영아 돌봄과 관련된 활동 전반(건강, 영양, 위생, 교육 등)
    - 돌봄 대상 아동의 관찰사항(일상생활, 아동발달, 건강, 특이사항) 등을 매일 이용가정에 구두 또는 수첩, 서면, 통화, 문자메시지 등 통해 전달

- 이용방법
  - 한부모가족이 아이돌봄지원사업 홈페이지(idolbom.go.kr)를 통해 회원가입 및 아이돌봄서비스 신청
  - 아이돌봄지원사업에서 정부지원 대상자(중위소득 150% 이하의 가~다형 이용자)로 판정된 이용가정은 신청 시 정부지원 시간 및 금액을 '0'으로 기재, 이용가정은 이용요금을 당일 결제하지 않고 일정기간의 아이돌봄 이용내역을 사업수행기관에 일괄 제출, 사업수행기관은 이용가정이 제출한 이용내역을 확인 후 이용가정의 계좌로 일괄 입금 처리

- **시간제서비스**
  - 돌봄대상: 만 3개월 이상~만 12세 이하 아동
  - 이용요금
    - 일반형: (기본) 시간당 9,890원
    - 종합형: (기본) 시간당 12,860원
  - 야간(오후 10시~오전 6시), 일요일 이용 시 기본요금의 50%를 증액
  - 이용시간: (기본) 1회 2시간 이상, (추가) 최소 30분 단위
  - 돌봄활동 범위
    - 일반형: 학교, 보육시설 등 등・하원 및 준비물 보조, 부모가 올 때까지 임시보육, 놀이활동, 준비된 식사 및 간식 챙겨주기 등(아동 돌봄과 무관한 설거지, 조리를 통한 식사 등 일반 가사활동은 불가), 36개월 이하 영아를 대상으로 시간제 돌봄을 제공할 경우 영아종일제 업무 병행
    - 종합형: 시간제서비스 일반형의 돌봄활동 범위 포함 및 아동과 관련한 가사 추가(아동 관련 세탁물 세탁기 돌리기 및 정리, 아동 놀이공간에 대한 정리・청소기 청소・걸레질하기, 아동 식사 및 간식 조리(예외적으로 시간제서비스 종합형에서만 화기를 사용한 조리 가능)와 그에 따른 설거지 등
  - 이용방법
    - 한부모가족이 아이돌봄지원사업 홈페이지(idolbom.go.kr)를 통해 회원가입 및 아이돌봄서비스 신청, 아이돌봄지원사업에서 정부지원 대상자(중

위소득 150% 이하의 가~다형 이용자)로 판정된 이용가정은 신청 시 정부지원 시간 및 금액을 '0'으로 기재, 이용가정은 이용요금을 당일 결제하지 않고 일정기간의 아이돌봄 이용내역을 사업수행기관에 일괄 제출, 사업수행기관은 이용가정이 제출한 이용내역을 확인 후 이용가정의 계좌로 일괄 입금 처리

- **질병감염아동지원서비스**
  - 돌봄대상: 법정 전염성 및 유행성 질병에 감염된 만 12세 이하의 유치원, 초등학교 보육시설 등 이용 아동
  - 이용요금: (기본) 시간당 11,860원
  - 야간(오후 10시~오전 6시), 일요일 이용 시 기본요금의 50%를 증액
  - 이용시간: (기본) 1회 2시간 이상, (추가) 최소 30분 단위

- **돌봄활동 범위**
  - 질병 아동의 병원 이용 동행 및 재가 돌봄서비스 제공, 돌봄대상 건강, 아동의 질병과 관련된 특이사항 등을 매일 이용가정에 구두 또는 수첩, 서면, 통화, 문자메시지 등 통해 전달
  - 입원한 아동에 대해 병원 내 돌봄서비스 제공 불가

- **이용방법**
  - 한부모가족이 아이돌봄지원사업 홈페이지(idolbom.go.kr)를 통해 회원가입 및 아이돌봄서비스 신청, 증빙서류 제출
  - 아이돌봄지원사업에서 정부지원 대상자(중위소득 150% 이하의 가~다형이용자)로 판정된 이용가정은 신청 시 정부지원 시간 및 금액을 '0'으로 기재, 이용가정은 이용요금을 당일 결제하지 않고 일정기간의 아이돌봄 이용내역을 사업수행기관에 일괄 제출, 사업수행기관은 이용가정이 제출한 이용내역을 확인 후 이용가정의 계좌로 일괄 입금 처리

- **기관연계서비스**
  - 돌봄대상: 사회복지시설 등의 만 0~12세 아동

- 이용요금: (기본) 시간당 16,740원
- 야간(오후 10시~오전 6시), 일요일 이용 시 기본요금의 50%를 증액
- 일요일, 공휴일, 근로자의 날과 야간이 중복되는 경우에는 기본요금의 100%를 증액
- 이용시간: (기본) 1회 2시간 이상, (추가) 최소 30분 단위
- 돌봄활동 범위: 시설 입소 아동 돌봄 보조
- 요금지급: 해당 서비스제공기관의 가상계좌로 이체
- 이용방법: 사업수행기관에서 아이돌봄지원사업 홈페이지(idolbom.go.kr)를 통해 회원가입 및 이용 신청

8 한부모가족 공동생활가정형 주거지원

1) 정책 개요

(1) 목 적

- 저소득 무주택 한부모가족의 심리적·경제적 안정: 주거로 인한 심리적·경제적 부담을 덜고 저렴한 월세로 자립을 준비할 수 있도록 주거 지원

- **사업내용**
  - 국토교통부가 매입한 임대주택 중 일부를 저소득 무주택 한부모가족에 공급(공동생활가정 형태)
  - 지방자치단체가 운영기관을 선정하여 여성가족부에 신청하면 지역 안배를 고려해 운영기관 수 최종 결정
  - 운영기관에서는 전담인력을 배치하여 한부모가족의 자립 지원
  - 지원체계 각 주체별 역할
    - 여성가족부: 사업총괄 및 운영지침 수립, 공급 물량 확보, 운영기관 선정, 예산지원 등

- 지방자치단체: 운영기관 추천 및 운영기관별 물량배정, 운영기관 점검 및 지도 · 감독 등
- 운영기관: LH공사 · 지역공사와 임대주택 계약, 입주자 모집 · 선정, 관리비 수납 및 주택 관리점검, 입주자 상담, 자조모임 구성 및 운영, 직업훈련 및 취업 연계 등 자립 지원 등

2) 지원대상 및 입주 조건

(1) 지원대상

자립의지가 있는 저소득 무주택 한부모가족

(2) 입주 조건

- 입주기간: 최장 6년 이내로 하되, 2년마다 입주자격 재심사 후 연장여부 결정
  - 연장 시 입주자선정심사위원회의 심의가 필요하며, 입주기간의 성과 · 자립계획 등을 종합적으로 심사하여 연장 결정
  - 입주 방식: 공동생활지원형 매입임대주택 주거지원의 취지(공동생활가정 구성 및 생활지원)에 따라 임대주택 1호당 2가구 이상 입주 원칙, 주택 규모, 가족 구성, 가구원 수 및 자녀 연령 등 여건상 필요시 1호당 1가구 입주 가능
  - 임대보증금 및 관리비: 주거비용 중 임대보증금 정부 지원, 관리비 및 각종 공과금은 입주자 부담

3) 운영기관 및 사업수행

(1) 운영기관의 선정

- 해당 지역 건강가정지원센터 또는 최근 5년간 한부모가족복지시설이나 미혼모부자거점기관 수행 등 운영 경험이 있는 법인 등을 운영기관으로 선정 가능

- 광역자치단체에서 관할 지역 내 신청가능기관 선정: 지역LH공사의 해당 지역 매입임대주택(공동생활가정형) 물량을 조회한 후 신청가능기관에 안내

(2) 선정 절차

- 운영기관은 입주대상자로부터 [서식 Ⅱ-18호] 주거지원신청서를 상시접수하고 [서식 Ⅱ-24호] 주거지원신청 접수대장을 작성
- 신규 임대주택 공급물량 확보 · 기존 입주자의 퇴거 등 임대주택 공급이 가능할 경우 [서식 Ⅱ-24호] 주거지원신청 접수대장에 증빙서류를 첨부하여 입주자선정심사위원회에 안건으로 상정
- 입주자선정심사위원회는 [서식 Ⅱ-20호] 입주자 선정평가표에 따라 평가를 실시하고 결과를 심의하여 [서식 Ⅱ-25호] 주거지원신청자 우선순위 명부 작성, 심의 절차는 구체적인 운영방식을 정한 자체 규정에 따르나, 표준점수 변환방식을 이용하여 공정성을 확보, 위원회에서 자립 가능성이 현저히 부족하거나, 위원회 전원의 의견합치로 해당 임대주택에 입주가 적절치 않다고 인정한 경우 등 합리적인 이유가 있는 경우에는 입주 제외도 가능
- 선순위 자가 입주를 포기할 경우 다음 순위 자를 입주자로 선정

9 한부모가족지원사업 관련 기관 종사자 교육

1) 목 적

- 한부모가족복지사업 관련 기관 종사자의 전문성 확보 및 직무능력 향상을 통하여 체계적이고 효과적인 한부모가족 지원 서비스 제공
- 한부모시설 및 재가서비스 등 다양한 한부모가족지원사업의 효과적인 사업 운영 지원 및 활성화 도모

2) 교육 개요

- 대상: 한부모가족복지시설 · 단체, 공동생활가정형 주거지원사업 및 미혼모 · 부 초기지원 사업수행기관 등 종사자
- 내용: 직급 · 직무별 집합교육, 세미나, 워크숍 등 다양한 형태 교육
- 교육시간: 종사자 역량강화교육 연내 10시간 이상 이수 권고
- 사업수행기관: 한국건강가정진흥원

3) 기대 효과

- 한부모가족복지 관련 기관의 서비스 역량강화 및 복지사업 비전 모색
- 한부모가족의 다양한 욕구에 대응할 수 있는 새로운 서비스 개발과 정책방안 도출
- 한부모가족복지사업 관계자들의 협력과 참여의식 고취 및 한부모가족복지 네트워크 강화

Chapter

11 다양한 가정

미혼모는 법적으로 결혼하지 않은 상태에서 아기를 임신하여 분만한 여성을 의미하는 것으로 그 내용을 살펴보면 다음과 같다(보건복지부, 2019f).

1 10대 미혼모 청소년

1) 미혼모에 대한 개념

미혼모의 사전적 정의는 법적으로 결혼하지 않은 상태에서 아기를 임신하여 분만한 여성을 의미한다. 그러나 미혼모에 대한 광의의 범주에서는 결혼한 여성이 이혼, 별거 등 독신과부의 상태에서 법적인 배우자가 아닌 남성과의 사이에서 임신을 한 경우, 처녀가 혼전 임신을 한 경우나 독신녀가 인공수정으로 임신(비혼모)한 경우 또는 대리모가 법적인 남편이 아닌 남성에게 청탁받은 대역으로서 임신한 경우도 혼외자의 생모로서 미혼모의 범주에 속한다고 본다.

한국사회의 경우에는 법적으로 한부모의 범주에 속하고 있으나 사회적으로는 '혼전 임신을 한 여성'이라는 사실에 초점을 맞추어 '미혼모'라는 용어로 칭해 왔다. 그러나 혼전 임신 후, 혼자서 아기를 양육하는 미혼모들이 증가함에 따라 친권은 포기하는 미혼모들과 차별을 두기 위하여 '양육미혼모'라는 용어를 사용하기도 한다. 이 말은 1999년 미혼모 생활시설인 '애란원'에서 '사회복지공동모금회' 사업에 제출한 '양육미혼모를 위한 자조지지공동체 사업'에서 처음으로 사용된 용어이다.

2) 10대 미혼모의 발생원인

(1) 개인 · 심리적 요인

10대 가출자의 증가와 자아존중감의 부족에 따른 충동적 행동 등을 들 수 있다. 10대에 미혼모가 되는 경우 상당수가 가출을 한 상태에서 남자친구와 사귀거나 동거를 하고, 쉽게 돈을 벌기 위해 청소년 성매매를 하여 임신을 하게 되는 경우가 많았다. 가출한 10대 청소년이 일할 수 있는 노동시장은 한정되어 있고 더욱이 10대 여성이 할 수 있는 일은 특별 서비스업종으로 제한되어 있다. 그렇기 때문에 장기적인 가출은 10대 청소년들이 유흥업에 유입되는 직접적인 원인이 된다. 또한 10대 가출 청소년들의 자아존중감 부족에 따른 충동적 행동으로 미혼모가 발생하기도 한다. 자아존중감은 10대 청소년들의 성행동에도 영향을 미치기 때문이다. 10대 청소년의 경우 신체적 성숙과 또래집단의 변화, 지식과 자아가 성숙하는 시기로 이 시기에 자아존중감이 적을수록 충동적 성관계가 증가하고 자신을 학대하며, 자신의 가치가 낮다고 생각하여 스스로를 제대로 돌보지 않아 10대 미혼모 · 미혼부가 되기 쉽다.

(2) 가족 환경적 요인

부모의 갈등과 불화는 이혼이나 별거 그리고 가출 등으로 연결되는데, 이는 결국 가족이 해체 · 분해되는 것(조손가정, 소년소녀가정 등)으로 귀결된다. 이런 구조적인 상황에 놓여 있는 아동 · 청소년들은 무관심과 방임 속에 방치되는데 부모만큼 고통을 겪게 된다. 그리고 대부분 경제적으로 어려운 상황에 놓여 있어, 가족 환경적으로 돌봄을 받지 못하는 청소년들은 미혼모가 되기 쉽다.

(3) 교육적 요인

부모의 소극적인 성 태도나 성 및 피임에 대한 지식부족으로 인해 10대 미혼모가 발생하기도 한다. 부모는 자녀에 대한 모든 교육의 일차적인 책임을 가지고 있다. 근래 들어 우리나라도 외국처럼 가정에서 성교육을 먼저 가르쳐야 한다는 목소리가 나오고 있지만 아직까지 우리나라의 부모들은 성에 대한 대화나 지식을 자녀에게 가르치는 것이 매우 미약하다.

10대 청소년들의 성과 피임에 대한 지식 습득 경로를 보면 친구, 즉 또래집단에 의한 경우가 가장 높다. 최근 교육부의 실질적인 성교육 지시로 각 학교에서 성교육을 하고 있지만 전문교사에 의한 체계적인 교육과는 아직 거리가 멀고, 교육의 1차집단인 가정에서의 지식 습득은 거의 없는 것으로 나타났다. 특히 10대 청소년들이 또래집단 다음으로 성과 피임지식을 습득하고 있는 대중매체나 월간잡지·주간지 등은 성에 대해 선정적이고 흥미 위주가 많아 청소년들이 올바르지 못한 방법을 터득하기 쉽다. 나아가 불법 음란비디오나 불량영화, 저속한 주간지 등은 청소년들에게 무분별한 성행위를 조장하며 모방심리를 유발하여 충동적 성범죄를 유발하는 등 많은 폐단을 낳고 있다.

(4) 사회적 요인

사회의 성에 대한 가치관의 변화와 윤리관의 파괴, 또래집단에 편승된 성 태도, 혼전성행동 풍조의 확산, 청소년 성매매의 급증이 있다. 최근 10대 청소년들은 향락산업의 번창과 전통적 성에 대한 가치관이 퇴색하고 애정만 가지고 있다면 언제든지 성관계를 가질 수 있다는 새로운 도덕성에 근거한 성 관념을 가지게 되어 결과적으로는 10대 미혼모를 양산하게 된다. 우리 사회에 전반적으로 팽배해진 물질만능주의와 생명 경시 풍조가 청소년의 성에 대한 가치관을 변화시키며 윤리의식을 퇴색시키고 있다. 청소년의 성에 대한 보수적 가치관이 변화하듯 개방되고 있다.

3) 미혼모의 특성

첫째, 가족의 형태가 다양해지고 있지만 미혼모가족의 수용이 사회적으로 받아들여지기 어려운 우리나라의 상황에서 미혼모들은 자신의 혼외 임신에 대한 거부감이 크다. 둘째, 미혼모의 교육수준도 고졸 이하가 일반적이나 고학력 미혼모가 증가하고 있다. 미혼모의 발생이 성에 대한 무지에서 비롯되는 것이 아니라 정상적인 교육을 받은 사람들에게도 일어나는 것임을 알 수 있다. 셋째, 미혼모의 가족관계도 과거에는 결손가족 출신의 미혼모 숫자가 많았으나 정상가정에서 발생하는 비율이 증가하고 있다. 이것은 가정 내에서 도덕적 규제의 약화와 청소년의 신체적 조기 성숙으로 성행위의 적극적인 양상이 나타나고 있다. 넷째, 미혼모의 주거도 가출과 관련이 있는데, 가출한 상태에서 미혼모가 되거나 미혼모가 된 후에 가출을 한 경우도 많다. 이것은 부모의 통제를 벗어난 상황에서 일어난 일인 경우가 많았다는 것을 나타내준다. 다섯째, 미혼모는 성에 대한 지식과 피임 방법에 대한 이해가 부족하며 성관계에 대한 태도는 순간적 · 충동적 · 맹목적인 것이 일반적으로 성관계 후에는 후회하는 경우가 많으며, 미혼모의 재임신율이 점차 증가하는 추세에 있다. 여섯째, 미혼부는 없고 미혼모만 있는 나라라는 비난을 받을 정도로 미혼부의 무책임에 대한 법적 규제가 미비한 실정으로 미혼모들이 그에 대한 책임을 자신에게 모두 돌림으로써 미혼부와의 적극적인 해결 방법을 찾지 않고 있다. 일곱째, 임신 이후 미혼모들이 겪는 가장 큰 어려움은 마음의 혼란, 가족과의 관계, 주위의 시선 또는 아기의 문제였으며, 출산 후에 가장 큰 필요한 도움도 대부분의 미혼모들이 정신적인 위로와 격려 또는 가족의 용서를 바라고 있다. 또한 미혼모들은 재정적으로나 정신적으로 모두 고통을 받고 있다.

2 미혼모 자녀양육의 문제점

1) 경제적 문제

10대 미혼모들은 대부분 가족의 이해를 못 받고 사회적 냉대로 인하여 주위에 도움을 청하기가 쉽지 않기 때문에 임신 및 출산, 양육을 혼자서 해결해 나가야 하는 경우가 많다. 그래서 임신 사실을 알게 된 후 임신중절을 선택하거나 출산을 하더라도 친권을 포기하고 입양 등 아동보호기관으로 보내지게 된다. 자녀양육을 선택하지 못하는 가장 큰 이유도 경제적 문제이며, 아이의 양육을 결정한 경우라도 경제적 어려움 때문에 가장 많이 힘들어 하고 있다. 아이가 자라면서 기타 지출이 많아짐에 따라 정부에서 지원되는 것만으로는 감당하기 힘들기에 어린이집 등 보육기관에 맡기고 취업을 할 수밖에 없는 미혼모들도 있다.

아이를 돌봐줄 가족이나 시설에 속해 있다면 상황은 조금 달라지겠지만 아이를 위한 지출이 클 수밖에 없다. 더욱이 10대 자녀양육 미혼모들은 주위와 사회로부터 소외되어 취업 등 직업을 위한 정보습득도 용이하지 않아 구직이 어렵다. 또한 구직이 된다 해도 아기양육 문제로 파생된 제반 문제가 취업을 어렵게 한다. 즉, 취업한 10대 자녀양육 미혼모들을 위한 모성보호 차원에서 보육 및 직장을 양립할 수 있는 지원이 부족하다고 볼 수 있다. 그리고 정책적으로 지원받을 수 있는 미혼모임에도 불구하고 자신이 미혼모임이 주위에 알려지면 아이에게 피해가 가지나 않을까 하는 마음에 그냥 숨기고 살아가는 미혼모들이 많다.

2) 심리적 · 정서적 문제

10대 자녀양육 미혼모들은 임신, 출산이나 자녀양육 결정 등의 과정에서 수많은 정서적 위기를 경험한다. 임신 사실을 알았을 때 미혼모들 대부분이 무서움, 두려움, 수치심, 절망감, 불안감 등을 경험한다고 한다. 이러한 마음의 혼란을 경험하고, 가족과 미혼부와의 관계가 멀어질지도 모른다는 생각과 사회적 편견 때문에 불안감이 지속된다.

자녀양육을 선택한 경우 주위의 도움이 없이 혼자서 키워야 하고 처음 키우는 모성으로서 양육에 대한 스트레스가 크다. 또한 아이의 부성의 부재로 인해서 아이가 주위의 놀림이나 상처를 받지나 않을까 하는 생각에 심리적으로 불안을 겪게 된다. 아이를 입양시키거나 미혼부에게 보내는 등 친권을 포기한 경우도 아이에 대한 죄책감 등으로 우울 및 고통을 겪는다. 특히 경험 미숙과 정보차단, 경제적 압박, 학업지속, 건강문제 등 외부적 요건과 함께 미혼부에 대한 배신감, 주위 사람들에 대한 서운함과 실망감 등의 심리적 부담도 가중된다.

이러한 상황은 아기에 대한 집착으로 이어져 지나친 기대를 가져와 정상적인 학습과 생활에 문제가 야기된다. 미혼모의 아기에 대한 사회적 편견도 미혼 자녀양육 미혼모들이 극복해야 할 어려운 과제 중의 하나이다. 대부분의 미혼모들이 시설에 수용되어 상담 및 양육과 교육 등을 지원받고 있다. 그에 반해 지역사회에

살며 혼자서 가정을 꾸리는 경우 그들은 상대적으로 아이의 양육에 대한 정보나 기타 지지받을 수 있는 부분이 극히 적다고 보이고, 주위의 시선을 피해 살다보니 더욱이 그렇다. 하지만 시설에 있는 미혼모들도 예외는 될 수 없는 것이 시설에서의 기한이 다 되면 자립해야 할 경우 그들을 계속적으로 지지해 줄 수 있는 것이 필요하게 된다.

3) 법률적 · 제도적 문제

미혼모들을 위한 단일법령이 없어서 여러 가지 법령에 의존해서 그들의 처우를 보장받게 됨으로써 불편한 점들이 발생할 수 있다. 시설 등 보호받을 수 있는 자격도 제한되어 있고, 자격이 되는지 증명해야 하기 때문이다. 한국사회는 사생아에 대한 책임을 거의 미혼모가 떠맡게 되는 경우가 대부분이다. 가끔 미혼부가 아이를 키우는 경우도 있지만 그 수는 매우 적다. 미혼부가 책임을 질 수 있게 하는 제도적 장치가 없기 때문에 '미혼모만 있지 미혼부는 없는 나라'라는 말이 나오는 것이다. 차츰 자녀양육을 선택하는 미혼모들이 늘어감에 따라 그들을 지원하고 있는 여러 보호시설들, 그중에서도 조금은 실질적으로 도움이 되고 있는 공동생활시설(그룹홈)의 수가 늘었지만 아직도 턱없이 부족한 것도 문제이다.

이러한 시설들은 대부분 대도시에 집중되어 있어 지리적 접근이 어려운 면이 있고 정보부족 등으로 보호시설을 이용하지 못하는 미혼모가 많다. 특히나 자녀양육을 선택한 미혼모들에게 주거에 대한 문제는 경제적 문제 다음으로 심각하다. 자녀양육 미혼모 그룹홈은 2년 정도밖에 머물 수가 없으므로 그 안에 퇴소 후에 기거할 곳을 구할 수 있어야 하는데, 직장을 다닐 수 없는 미혼모들은 더욱 걱정이 될 수밖에 없고 막막한 경우가 대부분이다. 시설 중에서도 모자보호시설만이 3년 이상이고 다른 시설들은 더 짧은 기간이므로 미혼모들에게 얼마나 안정을 줄 수 있을지 의문스럽다. 또한 미혼모시설에서는 퇴소 후 자활 자립을 목적으로 직업교육을 시키고 있지만 아직도 대부분 단순 직업교육 프로그램이 실시되고 있다.

4) 학업 중단의 문제

학교를 다니는 학생이 임신 출산을 하게 되는 경우 법으로 교육받을 권리가 있음에도 불구하고, 학교로부터 자퇴를 권유 받거나 퇴학을 당해 학업을 계속 이어갈 수 없는 경우가 많다. 10대 미혼모 중 중학교 중퇴 및 졸업은 30%, 고등학교 중퇴 및 졸업은 63.8%로 임신 출산으로의 학업 중단의 문제가 심각한 것으로 나타났다. 18세 이전의 10대 미혼모 대부분은 고등학교를 마치지 못한다는 연구도 있다. 학업 중단 및 포기는 10대 미혼모들을 경제적 빈곤에 빠지게 하는 또 다른 문제로 연결된다. 제대로 된 교육을 받지 못해 취업이나 구직활동에 어려움을 느끼거나 양질의 직장을 얻지 못하는데 이런 문제는 아동에게 대물림 되게 된다. 학업 중단과 경제적 어려움에 빠지는 것을 막기 위해 10대 미혼모의 교육받을 권리를 더욱더 보장하고 미혼모 복지 향상을 위해 노력하여 앞으로 발생할 수 있는 사회적 비용의 부담을 줄여야 할 것이다.

3 미혼모 · 부 가정지원

미혼모 · 부 가정지원에 관한 내용은 다음과 같다(이정옥, 2020).

1) 사업개요

(1) 추진배경

- 미혼모 · 부는 경제적 부담과 사회적 편견 등으로 임신중절 · 유기 · 입양 등 출산 · 양육을 포기하는 사례가 많아, 안정적으로 자녀를 양육할 수 있도록 지원 필요
- '16년 국 · 내외 입양의 91.8%가 미혼모 아동(보건복지부)
- 임신한 미혼여성 등이 상담 및 양육교육, 미혼모시설 입소, 정부지원 등을 쉽게 접할 수 있는 종합적인 서비스 제공 기능 미약, 초기 위기 발생 시 위기 극복을 위한 다양한 정보 제공, 종합적인 상담과 경제적 지원 필요

(2) 사업 목적

- 미혼모·부가 아기를 스스로 양육하고자 할 경우 초기 위기에 대처할 수 있도록 서비스를 제공하여 양육은 물론 자립에 이르도록 지원함, 지원기관을 통해 미혼모의 임신 초기부터 상담 및 정보제공, 자녀출산과 양육 시 응급지원 서비스 제공

(3) 근거법령

- 한부모가족지원법 제17조(가족지원서비스)
  국가나 지방자치단체는 한부모가족에게 다음 각 호의 가족지원서비스를 제공하도록 노력하여야 한다.
- 아동의 양육 및 교육 서비스
- 교육·상담 등 가족 관계 증진 서비스
- 사업대상: 혼인 기록이 없고 사실혼 관계가 아닌 미혼모·부 가구
- 사업기간: 2019.1.~2019.12.
- 사업수행기관: 전국 17개소
  - 6개소('09년) → 17개소('10년~'19년)
  - 예 산 액: 866백만 원(국비 50%, 지방비 50%)
  - 추진체계
  - 여성가족부
  - 사업 추진계획 수립 및 총괄
  - 지방자치단체(시·도 및 시·군·구)
    - 사업 세부 추진계획 수립, 자체 예산 확보 및 홍보
    - 사업수행기관 선정, 지도·점검 및 사업평가
    - 사업수행기관의 사업 운영실적 및 사업비 정산결과 보고 등

- **한국건강가정진흥원**
  - 사업수행기관의 사업 운영실적 관리 및 보고
  - 업무매뉴얼 개발 및 보급, 우수사례 발굴 및 전파
  - 종사자 교육, 컨설팅 제공 등 기타 사업지원

- **사업수행기관**
  - 연간 사업계획서를 작성하여 해당 지자체에 제출
  - 사업홍보, 지원대상자 모집, 상담 및 서비스 등 제공
  - 지역 유관기관 자원연계 및 네트워크 구축
  - 사업실적 및 사업비 정산보고 등 사업운영 관련 자료제출 등

(4) 사업수행기관 선정(시 · 도)

- 시 · 도별 1개(서울 2개) 사업수행기관을 선정, 사업운영기간은 3년 이내로 함
- 시 · 도 조례에 의해 미혼모 지원 기능을 수행하는 기관을 우선 선정
- 시 · 도는 건강가정지원센터, 미혼모자시설 등을 운영하는 법인, 사회복지관 등 역량 있는 기관이 참여할 수 있도록 공모 실시
- 다만 전년도 사업 실적 등을 고려하여 연장(기존 사업수행기관을 재지정) 가능. 재지정은 자체적으로 3인 이상의 위원 구성을 통하여 사업 실적 등의 평가를 통해 결정
- 입양기관을 운영하는 사회복지법인이 직접, 간접적으로 운영에 참여하는 기관은 사업수행기관 선정대상에서 제외

2) 사업수행기관의 추진내용

(1) 사업담당자 배치

- 본 사업 수행을 위한 상담경력자 등 전담인력 1명 배치
- 상담을 통한 미혼모 · 부자의 정서 지원
  - 임신 · 출산에 대한 정서적 불안감 해소, 부모 역할에 대한 부담감 해소, 사회 편견으로 위축된 자존감 향상, 자립심 강화 등을 위한 상담
  - 온 · 오프라인 상담, 미혼모 · 부의 부모 상담, 준비되지 않은 임신에 대한 정서지원, 주거 · 양육 등 미혼모 · 부의 생활상담 등

- **출산 및 양육 지원**
  - 지원대상: 시설입소자(보장시설수급자)를 제외한 만 3세 이하 자녀를 양육하는 미혼모·부 가구 중 소득이 기준 중위소득 72% 이하인 가구
  - 「한부모가족 증명서」, 「수급자 증명서」, 건강보험료 본인부담금 납부액(노인장기요양보험료 제외) 등으로 확인
  - 한부모가족 지원은 별도가구 보장 원칙이므로 부모와 거주하고 있더라도 지원 가능
  - 2020년도 기준 중위소득 72% 가구별 소득기준 및 건강보험료 본인부담금
  - 미혼부 중 본인의 가족관계등록부에 자(子)로서 등록되지 아니한 자녀를 양육하고 있는 경우 친자검사를 통해 친자임이 확인될 경우 지원가능
  - 친자검사확인서 등 증빙서류 제출(친자검사비 지원), 만 3세 이하 자녀를 양육하는 24세 이하 청소년 미혼모·부는 부양의무자 또는 주변의 도움을 받을 가능성이 낮아 경제적 지원이 긴급한 경우 우선적으로 지원, 미혼여부 등은 가족관계등록부 및 필요시 기타의 방법을 통해 확인절차를 거친 후 지원
  - 가족관계증명서, 혼인관계증명서 등 제출, 주민등록상 거주지* 또는 주민등록상 거주지 인접 시·도에서 지원(단, 예외적으로 긴급한 상황인 경우 및 지방자치단체 간 합의가 있을 경우 주민등록상 거주지와 관계없이 지원 가능)
  - 사례관리, 자조모임 등 참여의 용이성 고려
  - 주민등록상 거주지와 실거주지가 불일치할 때에는 방문상담, 우편물 주소 확인 등으로 실거주지 증빙하여 실거주지에서 지원
  - 행정구역은 다르나 거주지와 가까운 경우, 거주지에 거점기관 부재 등, 단, 실거주지 이동이 잦거나 중복수혜가 의심되는 경우 타 지역 지원기관에 당해연도 서비스 제공여부 확인 요청(당사자로부터 개인정보 제공 동의서 확보 등 관련조치 선행)

- **지원내용**
  - 병원비: 출산비 및 아이의 입원·예방접종비 등 모와 아이의 건강을 위해

필요한 병원비
- 병원비는 의료급여 대상인 기초수급권자(차상위계층 포함)에게 지원 불가하나, '비급여 부분'에 한해 지원 가능(「국민건강보험요양급여의 기준에 관한 규칙」)
- 양육용품: 분유, 기저귀, 계절에 따른 내의 · 겉옷, 유모차, 보행기, 장난감 등
- 지원액: 연간 가구당 70만 원 이하 지원
- 단, 자녀가 2명 이상인 경우 최대 140만 원 지원 가능, 양육용품의 경우 1회 10만 원 이하 지원
- 지원한도액 70만 원을 초과하여 발생할 시에는 기관의 예산 소요계획 등을 고려하고 지자체 담당공무원과 사전협의 후 지원여부를 결정
- 자녀가 12개월 이하인 경우 예산범위 안에서 연간 30만 원 한도 내 추가 지원 가능
- 예산범위 내에서 각 센터는 자체규정에 따라 대상자별 차등지원 가능
- 지급방법: 병원비는 의료기관에, 양육용품은 구입 대상처에 계좌입금 등
- 양육용품 지원방식은 각 사업수행기관별 자체규정에 따름(택배, 방문전달, 센터전용 온라인 구매 이용 등)

- **친자검사비 지원**
  - 지원내용: 아동양육에 대한 책임의식 강화를 위해 친자검사비 지원
  - 지 원 액: 실비
  - 지급방법: 검사기관에 계좌입금
  - 관련서식은 서식편 해당서식 참조

- **교육 · 문화체험프로그램 운영 지원**
  - 임신 · 출산, 자녀양육 등과 관련된 생활주기별 정보 및 서비스를 제공하고, 경제적으로 자립할 수 있도록 지원하는 프로그램 운영
  - 프로그램 예시
    - 임신, 출산, 자녀양육, 산전 · 후 관리교육, 부모교육, 경제 및 법률교육, 성교육 등

• 산전 · 후 체조, 엄마와 아기체조, 자녀와 놀이활동

– 프로그램은 최소 연 6회 진행

– 관련서식은 서식편 해당서식 참조

- **자조모임 운영 지원**

– 자립 경험의 발전적 논의가 가능한 자조모임 운영 지원

– 자조모임 계획서(6하 원칙에 의한 모임목적, 활동 필요성, 활동추진현황, 활동방법, 활동내용, 활동장소, 활동일시, 참가자 명단, 기대효과 등), 자조모임 결과보고서 등을 첨부함

– 자조모임은 최소 연 6회 진행

– 1인당 지원한도액은 2만 원 이내, 모임 1회당 지원한도액 30만 원 이내로 함

– 유흥업소 등에서의 사용경비, 주류구입비 등은 지원 제외

- **지역 유관기관 연계 지원**

– 온 · 오프라인상의 정보제공 및 관련 기관 연계 지원

– 시 · 군 · 구 희망복지지원단, 읍 · 면 · 동 주민센터, 건가센터 가족역량강화지원, 미혼모시설 · 법률기관 · 의료기관 등 유관기관과 지역 네트워크를 구축하여 정보제공 및 기관연계 등 지원

– 미혼모 · 부 및 한부모가정을 위한 정부 및 지자체 복지서비스 수혜에 대한 정보제공 및 제반사항에 대한 지원, 미혼모 · 부가 직접 양육을 할 경우 법률, 행정에 대한 정보제공(출생신고, 친권 및 양육권에 대한 문제, 친부확인 절차 등)

– 법률구조공단에서는 미혼부 자녀 출생신고 관련 법률 지원서비스가 제공되오니, 해당 기관으로 적극 연계 필요, 직업교육, 자격증 취득과정, 검정고시 준비, 취미교육 등 교육기관 연계 및 정보제공

– 기타 자립 및 자활을 위한 정보사항 등 제공

– 관련서식은 서식편 해당서식 참조

– (지원대상 범위) '출산 및 양육 지원'을 제외한 지원은 특별한 제한 없이 미혼모 · 부 가구이면 지원 가능

3) 무료법률구조사업 사업개요

(1) 사업 목적

- 법률보호취약계층인 한부모가족을 무료법률구조대상자로 정하고 무료법률 지원을 실시하여 한부모가족의 기본적 인권 보호 및 법률 복지증진

(2) 추진 경과

- 2008년부터 공탁금관리위원회가 한부모가족 무료법률구조 사업비 지원
- 2016년부터 무료법률구조 대상자별 소관기관에서 지원
- 한부모가족(여성가족부), 장애인(보건복지부), 국가보훈대상자(국가보훈처) 등

(3) 근거 법령

- 「법률구조법」 제4조(보조금의 지급)
  정부는 동법 제8조에 따른 대한법률구조공단의 건전한 육성·발전을 위해 필요하다고 인정하면 예산의 범위에서 보조금을 지급할 수 있다.
- 「법률구조법」 제7조(수수료 등의 징수 금지)
  법률구조법인 등 기관에서 법률구조업무를 담당 또는 담당하였던 자는 법률구조를 이유로 수수료나 그 밖의 어떠한 금품도 받아서는 아니 된다. 다만 대통령령으로 정하는 소송비용, 변호사보수 등에 대하여는 그러하지 아니하나, 그럼에도 불구하고 다음의 어느 하나에 해당하는 자에 대하여는 대통령령으로 정하는 바에 따라 국가가 소송비용과 변호사보수를 부담할 수 있다.
- 「한부모가족지원법」 제5조 및 제5조의2에 따른 보호대상자

(4) 사업대상

「한부모가족지원법」 제5조, 제5조의2제2항에 따른 한부모가족

- 같은 법 시행규칙 제3조의3에 따른 한부모가족증명서 구비 필요
- 이혼 이후 '한부모가족'이 된 세대주 및 자녀를 대상으로 지원

- 사업기간: 2020. 1.~2020. 12.
- 사업수행기관: 대한법률구조공단
- 한부모가족의 양육비 관련 지원사건은 '양육비이행관리원'에서 수행(☎ 1644-6621)
- 예 산 액: 290백만 원(국비 100%)
- 추진체계
- 여성가족부 · 사업 기본방향 및 추진계획 수립
- 사업수행기관 선정 및 사업비 지원 대한법률구조공단 · 사업계획서 작성 및 제출
- 사업수행 및 정산 · 실적 보고

(5) 사업 세부 추진내용

- **지원내용**
  - 한부모가족에게 법적 분쟁 발생 시 무료법률구조(법률상담, 소송대리, 기타 법률사무 지원)를 통해 정당하게 권리구제를 받을 수 있도록 소송비용(실비) 및 변호사보수 등을 지원

- **지원사건**
  - 양육비이행관리원 위탁사건을 제외한 민 · 가사사건
  - 승소가액이 2억 원 이하인 경우에 한정
  - 한부모가족의 양육비 및 인지 사건은 양육비이행관리원에서 수행
  - 지원기관: 양육비이행관리원(www.childsupport.or.kr, ☎ 1644-6621)
  - 지원대상: 한부모가족, 미혼모부자가족, 기타 한부모가족, 조손가족
  - 지원사건: 양육비 청구, 인지 청구, 양육비 이행확보 신청 등
  - 지원범위: 소송비용(실비) 및 변호사 보수비용
  - 미혼부에 대한 자녀 출생신고 법률 절차 지원 가능(*미혼부 자녀 출생신고 가이드라인 참고)
  - 형사사건(구속사건, 공판절차에 회부된 사건, 소년부 송치사건, 재심사건 등)

- 행정심판 및 행정소송 사건
- 헌법소원 사건

- **법률구조 신청서류**
  - 주민등록표 등(초)본
  - 한부모가족 증명서
  - 주장사실 입증자료
  - 인신사고: 치료비명세서, 향후 치료비추정서, 신체감정서 등
  - 대여금: 차용증서 및 지불각서 등
  - 기 타: 피해사실을 입증할 수 있는 서류

(6) 법률구조 신청방법 및 처리절차

- **신청방법**
  - 지역소재 대한법률구조공단 사무소(공단 홈페이지 참조) 방문 신청
  - 법률상담은 국번 없이 ☎132, 사이버상담(www.klac.or.kr), 직접 방문상담 가능, 방문상담 예약제 안내
  - 공단은 방문상담 예약제 실시
  - 예약방법은 공단 홈페이지(www.klac.or.kr), 모바일 홈페이지(m.klac.or.kr), 국번없이 132전화, 방문 등을 통하여 가능하며 희망일자 1일 전까지 선착순으로 예약

- **처리절차**
  - 공단 소정양식의 법률구조신청서와 함께 본인의 주민등록표 등(초)본과 법률구조대상자임을 소명할 자료, 주장사실을 입증할 자료를 해당지역의 공단사무실에 제출
  - 공단은 법률구조신청서가 접수되는 즉시 사실조사에 착수하며, 사실조사 진행과정에서 미비된 서류의 보완이 이루어질 수 있음
  - 공단은 사실조사가 일정단계에 이르면 당사자에게 분쟁에 대한 법률적인 문제점과 그 해결방법을 제시하여 당사자 간 원만한 화해가 성립되도록 권

유 · 노력
- 상기한 노력에도 불구하고 화해가 성립하지 않을 경우에는 구조 타당성, 승소가능성, 집행가능성을 심사한 후 소송 제기여부를 결정
- 소송제기가 결정된 사건의 소송은 공단 소속변호사 또는 공익법무관이 수행
- 「가족관계의 등록 등에 관한 법률」 개정에 따른 미혼부 자녀 출생신고 가이드라인

(7) 개정 배경

- 결혼하지 않은 사이에서 태어난 아동(이하 '혼인 외 출생자')의 출생신고는 현행법상 어머니(미혼모)가 하도록 되어 있음
  - 가족관계 등록 등에 관한 법률(이하 '가족관계등록법') 제46조 ② 혼인 외 출생자의 신고는 모가 하여야 한다.
  - 미혼부가 출생신고를 하고자 할 경우에는 각종 복잡한 절차를 거쳐야 했으나, 이를 간소화하여 태어나자마자 버려지는 아이들의 생명권이 보장될 수 있도록 함('법률 제13285호 가족관계등록법 개정 이유')
  - 가족관계등록법 제57조 ② 모의 성명 · 등록기준지 및 주민등록번호를 알 수 없는 경우에는 부의 등록기준지 또는 주소지를 관할하는 가정법원의 확인을 받아 제1항에 따른 신고를 할 수 있다('15.5.18.신설, '15.11.18.시행).

- 미혼부 출생신고 관련 '한부모가족 무료 법률구조' 특례 인정(신설)
  - 아동 출생신고를 마치지 않은 미혼부는 한부모가족이 아니므로(공부상가족관계 부재) 한부모 법률구조 대상 아니었음 ⇒ 「가족관계등록법」 제57조 제2항의 '가정법원 확인'을 하고자 하는 미혼의 남성에 한하여 '한부모가족 무료법률구조' 가능하도록 함
  - 단, 이 경우에도 법률구조공단 규칙으로 정하는 일정 소득 이하의 저소득자만 이용 가능(문의전화 법률구조공단 132)

(8) 출생신고 절차

- 첨부서류 준비('친생자 출생신고를 위한 확인 신청'의 첨부서류 준비)
  - 사건본인의 모의 성명 · 등록기준지 · 주민등록번호를 알 수 없는 사유를 소명할 수 있는 자료
  - 아동의 어머니를 왜 알 수 없는지 이유를 적은 '사유서' 등 준비
  - 「가족관계의 등록 등에 관한 법률」
  - 제57조(친생자 출생의 신고에 의한 인지)

① 부가 혼인 외의 자녀에 대하여 친생자출생의 신고를 한 때에는 그 신고는 인지의 효력이 있다.

② 모의 성명 · 등록기준지 및 주민등록번호를 알 수 없는 경우에는 부의 등록기준지 또는 주소지를 관할하는 가정법원의 확인을 받아 제1항에 따른 신고를 할 수 있다.

③ 가정법원은 제2항에 따른 확인을 위하여 필요한 사항을 직권으로 조사할 수 있고, 지방자치단체, 국가경찰관서 및 행정기관이나 그 밖의 단체 또는 개인에게 필요한 사항을 보고하게 하거나 자료의 제출을 요구할 수 있다. 등록번호를 알 수 없는 사유를 기재하고, 그 사유를 소명할 수 있는 자료와 신청인과 사건본인 사이에 혈연관계가 있음을 소명할 수 있는 자료를 첨부하고, 가정법원의 관할을 증명할 수 있는 가족관계증명서 1통 또는 주민등록표 등 · 초본 1통을 첨부하여야 한다.

제3조(가정법원의 심리) ① 가정법원은 신청인이 사건본인의 모의 성명 · 등록기준지 · 주민등록번호를 알 수 없는 경우에 해당하는지 여부 및 신청인과 사건본인 사이에 혈연관계가 있는지 여부를 확인하여야 한다.

② 가정법원은 제1항에 따른 확인을 위하여 필요한 사항을 직권으로 조사할 수 있고, 지방자치단체, 국가경찰관서 및 행정기관이나 그 밖의 단체 또는 개인에게 필요한 사항을 보고하게 하거나 자료의 제출을 요구할 수 있다.

③ 가정법원은 필요하다고 인정할 경우에는 신청인과 사건본인을 심문할 수 있다.

④ 가정법원은 신청서와 첨부서류, 제3항의 심문에 의하여도 사실관계에 의문이 있을 때에는 참고인 심문을 할 수 있다.

⑤ 심문은 공개하지 아니한다. 다만 가정법원은 심문을 공개함이 적정하다고 인정하는 자에게는 방청을 허가할 수 있다.

제4조(친생자 출생의 신고) ① 법 제57조제2항에 따라 출생신고를 하는 경우에는 가정법원의 확인서 등본으로 출생증명서를 갈음한다.

② 제1항의 신고를 하는 경우 출생장소를 알 수 없는 때에는 출생신고서에 출생장소를 기재하지 않을 수 있다.

제5조(등록부 정정 신청 등) ① 신고의무자는 법 제57조제4항제1호 또는 규칙 제87조의2제3항에 해당하는 경우에 이를 소명하는 자료를 첨부하여 출생신고 및 등록부 정정을 신청하여야 한다.

② 시・읍・면의 장은 제1항의 경우에 법 제57조제2항의 출생신고에 의하여 작성된 등록부의 기록과 법 제57조제4항의 출생신고의 내용이 동일하다고 인정되는 때에는 등록부정정신청서 여백에 그 취지를 기재하고 날인하여야 한다.

제6조(등록부 정정 방법 등) ① 법 제57조제4항의 출생신고를 할 때에는 법 제57조제2항의 출생신고에 의하여 작성된 가족관계등록부의 등록사항별 증명서를 첨부하게 하고, 출생신고서 양식(「가족관계등록사무의 문서 양식에 관한 예규」 별지양식 제1호) 중 "기타사항란"에 법 제57조제4항에 따라 출생신고를 한다는 뜻을 기재하게 하여 수리한다.

② 출생신고를 수리한 시・읍・면의 장이 법 제57조제4항에 따른 등록부 정정 신청을 받은 때에는, 제5조제2항에 따라 동일인 여부를 확인한 후 동일인이 틀림없으면 법 제57조제2항의 출생신고에 의하여 작성된 가족관계등록부를 폐쇄한다.

③ 제2항의 등록부정정신청을 할 때에는 법원의 허가를 요하지 아니한다.

④ 모의 인적사항을 알 수 있게 된 경우, 법 제57조제4항에 해당하지 않는 때에는 모에 관한 사항을 추후보완신고에 의해 등록부에 기록할 수 있다.

부 칙

(시행일) 이 예규는 2015년 11월 19일부터 시행한다.

4 가족역량강화지원사업

가족역량강화지원사업의 내용은 다음과 같다(이정옥, 2020).

1) 가족역량강화지원사업

(1) 사업 목적

- 취약 · 위기가족이 가진 복합적 문제해결 및 욕구 해소를 위해 지속적인 사례관리를 통해 가족 기능 회복과 정서 · 경제적 자립역량 강화 도모

(2) 법적 근거

- 건강가정기본법 제21조(가정에 대한 지원) 및 제21조의2(위기가족긴급지원)
- 한부모가족지원법 제17조(가족지원서비스)

(3) 추진 경과

- 취약한부모가족 역량강화서비스
- 취약여성가구주 사례관리 시범사업 추진('04년 3개소, '05~'06년 5개소)
- 한부모가족 생활안정지원사업('07~'08년, 5개소)
- 취약가족(한부모가족) 역량강화서비스('09년 5개소, '10~'11년 17개소)
- 위기가족 대상 가족보듬사업('10년 11개소, '11년 19개소)
- 조손가족 통합지원 프로그램 운영('11년 4개소)
- 2012년부터 취약한부모가족 역량강화서비스, 가족보듬사업, 조손가족 통합지원 프로그램 운영 예산을 하나로 통합하여 단일사업으로 운영(기존 3개 사업을 1개 통합사업 3개 유형의 서비스로 변경, '12년 31개소, '13년 30개소, '14년 30개소)
- 2015년 취약 · 위기가족지원사업으로 명칭을 변경(30개소 운영)
- 2016년 사업수행기관 확대('15년 30개소 → '16년 47개소)

- 사업범위 확대: 사업수행기관 희망 시 법원 연계 이혼위기가족 지원 서비스제공 가능
- 2017년 가족역량강화지원사업으로 명칭 변경(47개소 운영)
- 2018년 가족역량강화지원 사업수행기관 확대(61개소)
- 2019년 가족역량강화지원 사업수행기관 확대(70개소)
- 2020년 가족역량강화지원 사업수행기관 확대(79개소)

(4) 2020년 예산액

8,914백만 원(국비 50%, 지방비 50%)

(5) 사업규모

- 센터 1개소당 상시 사례관리대상 30~50가구(실무자 3인 기관 기준, 1인당 15~20가구)
- 단, 실무자 1인 기관 상시 15가구

(6) 사업수행기관: 79개소

- 건강가정지원센터(11개소), 건강가정・다문화가족지원센터(68개소)
- 시・도별 2개소 이상 사업수행기관 운영을 원칙으로 함
- 해당 지자체는 기 운영기관을 재지정하거나 사업수행 운영평가 결과에 따라 재선정 가능
- 각 사업수행기관은 광역기관 역할로서 해당 시・도 내 전 지역을 대상으로 사업을 수행하여야 하며, 시・도 내 사업수행기관이 여러 개인 경우에는 기관별 사업시행지역을 사업비에 따라 각각 나누어 사업을 실시할 수 있음

(7) 지역 유관기관 협의체 구성・운영

- 목적
  - 지역 유관기관 협의체를 구성하여, 사례관리를 위한 다양한 지역기관과의 협력, 지역사회 자원 발굴 및 연계 등을 위한 네트워크 기반 마련

- 주관: 사업수행기관
  - 지자체는 협의체 구성 · 운영 시 적극 협조하여 사업이 활성화될 수 있도록 지원
- 구성(예시)
  - 지방자치단체, 보건소 등 관공서
  - 여성새로일하기센터, 고용안정지원센터 등 취업 관련기관
  - 경찰서, 소방서, 성폭력 · 가정폭력상담소, 자살예방센터, 재난심리지원센터
  - 학교, 교육청 등 교육기관
  - 병원, 정신건강증진센터 등 의료기관
  - 장학재단, 청소년 지원 관련기관
  - 아동보호전문기관
  - 이혼소송 관련 가정법원 · 지방법원(지원) 등
  - 노무사, 변호사 등

(8) 역할

- 가족역량강화지원사업의 효율적인 추진을 위해 대상자 발굴, 정보공유, 서비스 지원 등 유관기관 간 연계 · 협력 강화 방안 논의

(9) 정보제공 및 지역사회 자원 활용 · 연계

- 지역사회 자원 조사 및 관리
- 지역사회 및 기타 공식, 비공식 자원 현황을 파악하고 DB화하여 대상자 특성이나 수요를 고려한 자원을 파악하고 관리
- 사례관리대상자의 문제해결을 위한 지역사회 자원 활용 및 연계
- 자원연계: (예) 생계비, 의료비 등의 물적 자원 연계, 후원자, 자원봉사자 등 인적 자원 연계, 취업, 주거, 법률, 건강, 문화생활 등 정보안내 및 제공, 고용센터, 주민센터 등 기관 연계
- 지역사회 내 구축된 자원연계체계(지역사회보장협의체 등)에 적극 참여

- 우리 기관 및 사업에 대한 홍보뿐 아니라 상대 기관의 특성과 자원에 대한 파악, 공동사업 참여를 통해 자원 공유 및 확보 등 진행
- 외부기관의 자원 활용 및 연계뿐 아니라 기관 내부의 자원 활용 및 연계를 위한 협력도 중요
- 통합사례관리, 지역사회보장협의체 활동 등 공적인 회의체뿐 아니라 실무자 간담회나 교육 등도 참여하여 잠재적인 자원 발굴 및 동원 가능성 타진

(10) 운영: 연 4회 이상

- 특별한 목적을 가진 분야별 유관기관 협의는 수시로 실시 (예: 취약가족 취업을 위한 여성새로일하기센터와의 업무협의 등)

2) 가족역량강화지원 서비스 지원과정

(1) 서비스 지원과정

① 대상자 발굴 → ② 초기상담 → ③ 사례관리 등록 → ④ 욕구 및 강점 사정 → ⑤ 서비스 계획 → ⑥ 서비스 제공 → ⑦ 서비스 점검 → ⑧ 서비스 평가 → ⑨ 서비스 종결 → ⑩ 사후관리

① 대상자 발굴

대상자 선정기준에 맞는 사례발굴을 위해 지역사회의 다양한 기관과 연계

② 초기상담

주요 문제나 욕구의 확인을 통해 사례관리대상자 여부를 판단하는 과정－초기상담은 의뢰기관이 제공한 정보를 포함하며, 이미 수집된 정보가 있다면 이를 적극적으로 활용－사례회의를 통해 복합적 문제해결을 위한 역량, 자원과 정보가 부족한 가족을 대상자로 선정

- 사례관리대상자를 선별하기 위해서는 1회성 상담이 아니라 몇 차례의 추후상담을 통해 필요한 정보를 보완
- 취약가정: 자기효능감 및 가족 기능 척도 사전조사 실시(척도1,2)
- 조손가족: 효과성 척도(척도7) 활용

- 긴급위기가족: 개인 및 가족위기성(척도3), 외상후스트레스진단(척도4), 우울진단(척도5), 사건충격 척도(척도6) 활용

③ 사례관리 등록

사례관리 서비스에 대한 서면동의를 통해 사례관리대상자로 등록

- 대상자에게 사례관리의 의미, 주요 진행방식 등에 대해 구체적으로 설명
- 협력적인 노력에 대한 동의 및 계약

④ 욕구 및 강점 사정

사례관리자와 대상자가 함께 대상자의 욕구에 관한 정보를 수집 및 분석하고 우선순위를 정하고 종합하는 과정(서식7, 8). 2020년 가족사업안내(Ⅱ)

⑤ 서비스 계획

- 사정단계에서 파악된 사례관리대상자와 그 가족이 처한 상황과 서비스 욕구, 문제해결 방향에 대한 욕구를 근간으로 함
- 사례관리자의 전문적 판단이 종합적으로 고려되어 변화 목표와 이에 따른 서비스 제공·연계의 구체적인 계획을 수립

⑥ 서비스 제공

- 서비스 계획을 실행하는 과정으로 대상자에게 적합한 서비스와 자원을 확보하여 직·간접 서비스를 제공
- 매 회 서비스를 제공한 후 서비스 제공 보고서를 작성 후 제출
- 부모교육 및 가족상담서비스 진행 시, 전문상담사는 가정의 상황을 모니터링하여 사례관리자에게 보고
- 해당 가정에 대한 사업지원인력(전문상담사 포함)과 사례관리담당자는 유기적인 보고를 통해 서비스 제공 현황 정도를 파악

⑦ 서비스 점검

- 계획서를 중심으로 6개월 이내 재사정 실시
- 서비스가 계획대로 진행되었는지, 대상자의 환경 및 욕구에 변화가 발생하였는지 여부를 점검

⑧ 서비스 평가

- 사례관리대상자(가구)의 욕구와 문제가 개입과 점검을 통해 목표 대비 어느 정도 개선·향상되었는지를 확인하는 과정
  - 서비스 계획 단계에서 설정한 목표가 달성되었다고 생각될 때, 또는 서비스 제공 시작 후 만 1년이 되는 시점에 실시
  - 서비스 점검표를 바탕으로 서비스 과정에 대한 평가를 실시
  - 서비스 만족도, 목표 달성 정도, 대상자의 변화 상황은 면접상담을 통해 평가
  - 취약가정 대상 가족 기능 및 자기효능감 사후조사 실시(척도1,2)
- 서비스 완료 후 평가 결과 등을 사례관리회의에 보고

⑨ 서비스 종결

- 평가를 통해 대상자의 상황 호전 등으로 더 이상 서비스 제공이 필요 없다고 판단된 경우
- 대상자의 사망, 3개월 이상의 연락두절, 본인의 희망 등 서비스 제공이 불가한 경우
- 종결 후 사후관리 진행 여부를 결정

⑩ 사후관리

- 종결 이후 1개월, 3개월, 6개월의 기간을 두고 변화 상황 안정화 여부를 모니터링하고, 재개입 필요성을 조기에 판단하기 위한 목적으로 수행
- 서비스 대상자와 함께 합의한 계획의 이행 여부를 점검하고 이행정도에 따라 센터 내 가족상담, 지역품앗이, 집합교육 등 건강가정지원센터의 프로그램으로 연계 가능

(2) 주요 지원내용

- 심리·경제적 자립, 역량강화를 위한 지속적인 사례관리
- 정보제공 및 지역사회 자원 활용·연계
- 부모교육, 가족관계, 자녀양육교육 등 프로그램 및 자조모임

- 자녀 학습·정서 지원(배움지도사 파견)
- 생활도움서비스(키움보듬이 파견)
- 긴급위기지원(지지리더, 키움보듬이 파견)
- 이혼위기가족 특화 지원사업(선택사업): 법원 연계 이혼위기가족 지원사업으로 사업수행기관 인근 이혼 관할 법원과 사전에 연계하기로 협의된 경우에만 사업 실시 가능

(3) 지원기간

- 세부사업 내용 참조(사례관리 기간 1년 이내, 필요시 1년 연장 가능)

5 가족역량강화지원 지원대상

1) 지원대상의 종류

(1) 취약가족

- 기준 중위소득 72% 이하 (손)자녀를 양육하는 한부모가족, 조손가족 등 가족기능 및 역량 강화를 위해 지원이 필요 가족
  - 사업대상 기준에 적합한 대상자 중에서 복합적인 문제를 가지고 있어 사례관리가 필요하다고 판단되는 가구
  - 초기상담, 사례회의, 사례선정 위원회 등을 통해 사례관리가 필요한 대상자 선정

    ※ 자립의지가 있는 비수급·저소득 가구 우선 지원

    ※ 「세월호피해구제및지원특별법」 제29조에 따라 친권자가 사망하거나 생사가 분명하지 아니한 미성년인 피해자는 학습·정서지원 및 교육·문화 프로그램 지원가능

    ※ 정보이용자 및 단순 서비스 이용자에 해당하는 경우 건강가정지원센터 및 외부기관 서비스를 이용하도록 연계

(2) 긴급위기가족

- 재난·사고 등 경제·사회적 위기사건을 직면한 위기가족
  - 위기사건으로 긴급지원이 필요하다고 판단되는 경우
  - 사례관리대상자 중 긴급위기 상황이 발생한 경우
  * 긴급한 개입을 요하는 위기가족은 가족의 안전 확보를 위해 긴급한 서비스가 먼저 제공된 이후 사례관리대상자로 구분

(3) 이혼 신청 중인 가족(선택사업)

- 법원에 이혼을 신청한 가족
  - 협의 및 재판 이혼 신청자 등 이혼을 준비 중인 부부와 아동

2) 가족역량강화지원 세부사업 내용

(1) 취약가족

- 단, 센터별 사업계획서상 목표치의 10% 이내에서 기준 중위소득 100% 이하까지 지원 가능
- 자녀 학습정서 지원
  - 지원연령: 초등학교, 중학교 재학 또는 이에 상응하는 연령대의 (손)자녀

- **지원내용**
  - 사례관리대상 중 배움지도사를 파견하여 학습지도(학습동기·목표 점검, 기초학습·자기주도학습·부진교과목 지도 등) 및 정서 지원(일상생활지도, 멘토·멘티 서비스 등)
  - 자기주도 학습계획: (손)자녀의 학습상태 및 상황 점검, 자기주도적인 학습습관 형성
  - 학습지도: 과목별 학습지도, 숙제지도, 부족한 기초학습 지도 등
  - 정서지원: 멘토·멘티 서비스 등
  - 일상지도: 일상 생활지도 및 일상 생활습관 지도 등
  - 지원기간: 1년 이내, 필요한 경우 1년 연장 가능

- 지지리더가 직접 상담하거나 사업수행기관 내 상담 관련 팀으로 연계하여 위기가정의 부모·자녀 및 부부 등을 대상으로 정서적 안정을 위한 상담 제공

- **긴급 가족돌봄 지원**
  - 갑자기 보호자의 공백이 발생한 가정의 수요에 따라 생활도움서비스(일시돌봄, 가사활동, 개인활동, 정서지원)를 지원하기 위한 지지리더 파견(키움보듬이 파견 가능)
  - 전문상담사 및 심리치료 전문기관에 연계
  - 정신적 외상 피해 최소화를 위해 전문상담 제공
  - 부모교육, 가족관계, 자녀양육교육 등 프로그램 및 자조모임
  - 기준 중위소득 72% 이하 취약·위기가족 대상 '프로그램 및 자조모임' 내용 참조

- **지원한도**
  - 가구당 90만 원 이내(지지리더 활동, 가족상담 등 포함)
  - 가구 내 지원대상이 3인 이상인 경우, 지원한도의 150% 범위 내에서 지원 가능

- **안전교육 및 보호조치**
  - 위기가족에 대한 돌봄지원이 필요한 경우 지원인력의 안전을 고려하여 사전교육 및 보호장구 착용 등 보호조치 마련
  - 가정폭력, 학대 등 위험에 노출된 긴급위기가정의 방문 시 직원 및 지지리더의 안전보장을 위하여 2인 1조 편성 가능(사업지원인력을 포함한 2인 1조 가능)

3) 이혼 신청 중인 가족(선택사업)

(1) 목적

- 아동복리적 관점에서 이혼신청가족을 대상으로 가족 기능 강화를 위한 이혼 위기상담 · 교육 · 문화 서비스 등을 무료로 제공
  - 사업수행기관 인근 이혼 관할 법원과 사전에 연계하기로 협의된 경우에만 사업 실시 가능

(2) 지원내용

- 법원에 이혼을 신청한 가족을 대상으로 가족기능 회복 및 아동복리 증진을 위한 상담, 교육, 문화서비스 등을 제공
- 사업내용에 상담, 교육서비스 제공은 반드시 포함하여야 하며, 예산의 범위 내에서 다양한 프로그램을 개발 가능
- 상담내용에는 자녀 양육에 관한 사항 · 친권자 지정에 관한 사항 · 이혼 후의 의사소통을 통한 자녀의 복리 증진에 관한 사항을 포함
- 부모들이 자녀의 복리를 위해 충실한 협의를 할 수 있도록 도움을 주어야 함

(3) 전문강사 자격기준

- 대학의 가족상담, 교육상담 등 관련학과 교수(전임강사 이상)
- 관련 상담 · 교육 분야 박사학위 소지자
- 가족상담 관련 자격증 소지자로서 상담경력 3년 이상인 자
- 건강가정지원센터장 등으로 관련 상담경력 3년 이상인 자

(4) 예산집행

- 상담위원 상담료 지급기준: 건강가정지원센터 지급기준 적용
- 법원에서 이혼신청가족에 대한 상담을 의뢰하고 상담비를 지급하는 경우에는 중복지급 금지
- 법원에서 이혼신청가족 상담 의뢰 시 1회당 4만 원, 최대 6회까지 상담료

지원(법원별로 상이하고 일부 법원은 미지급)

- 기타: 여비, 원고료, 강사료, 강사 및 전문가 여비보상금, 레크리에이션 출연료는 '20년 건강가정지원센터 예산 편성 및 집행 지침 적용

4) 가족역량강화지원 인력 운용

(1) 사업전담인력

- **인원**
  - 가족역량강화지원사업 전담팀을 구성하여 운영
  - 전담팀은 아래의 기준에 따라 3명을 원칙으로 하되, 사업수행기관의 수에 따라 최소 2명 이상으로 하여 적정하게 편성 · 운영
  - '16년 이후 신규 사업수행기관은 전담팀원을 1명 이상 채용 가능하고, 팀장은 센터 내 상담부서의 팀장이 겸직으로 배치 가능
  - 단, 지자체 사정에 따라 지자체가 결정 가능

- **자격기준**
  - 2020년 센터 직원 채용 자격기준을 따름(가족사업안내 제1권 p.10)

- **직무교육**
  - 2020년 센터 직원교육 지침을 따름(가족사업안내 제1권 p.23)

- **인건비 지급기준**
  - 2020년 센터 인건비 가이드라인 참고(가족사업안내 제1권 p.293)

- **선정방법**
  - 서류심사(1차) 통과자에 한하여 면접을 실시
  - 선정위원회(외부전문가 등)를 구성하여 서면심사 및 면접 실시
  - 선정기준: 자격, 유사경력, 자질, 전문성, 활동지속 여부 등

- **계약**
  - 계약기간은 당해연도 사업기간으로 하여 계약서를 작성

- 계약 시 사업지원인력으로서 활동 준수사항이 기재된 서약서 첨부
- 사업지원인력 관리대장을 작성(인적사항, 계약기간 등 기재)

- **활동 시 준수사항**
  - 대상 가구원을 만날 때에는 항상 해당 신분증을 소지
  - 서비스 제공 전후 활동계획서 및 활동일지를 작성하여 사업수행기관에 제출
  - 서비스 종료 후 대상가정에 활동일지에 작성된 내용을 고지

- **활동중지**
  - 활동 서약서 사항을 위반한 경우
  - 활동일지 작성 등 활동사실을 허위로 보고하는 경우
  - 서비스에 대한 불평신고가 3회 이상 접수된 경우
  - 만족도 조사결과 최하등급인 경우

- **활동비 지급기준**
  - 지원인력 활동비는 인건비가 아닌 사업비 항목으로 편성
  - 지급방법: 1회 방문 시 2시간을 기본
  - 교통비는 별도 지급하되 횟수가 아닌 실제 소요시간과 실비(대중교통)를 기준으로 지급
  - 지역특성에 따라 이동시간 대비 교통비가 적을 경우 이동시간 대비 기준에 따라 지급 가능(이동시간 1시간 이상 10,000원, 1시간 미만 5,000원, 초과 불가)
  - 사업기관은 사업지원인력 활동상황을 확인 후 월별로 급여 지급(매월 10일)

(2) 배움지도사 양성 및 보수교육

- 양성교육(오리엔테이션)
  - 대상: 배움지도사로 신규 선발된 자(대기자 포함)
  - 내용: 활동실무와 관련된 제반 교육을 실시

  * 수료자(출석률 80% 이상)에 한해 활동 가능하고 신분증 교부

- 시간: 28시간(우대자는 14시간)
- 시·도별 인근 지역 센터 간 합동 교육 실시
  * 센터별로 수요 예측하여 자율적으로 양성하되 현황 요청 시 배움지도사 현황을 보고할 수 있도록 관리하여야 함
  * 센터별 자체 교육 실시 가능—방법: 양성교재 및 교육과정에 따른 수행기관 자체 실시

• **보수교육**
- 대상: 배움지도사로 활동 중인 자(방문지도사도 수강 가능)
- 시기: 분기별 1회 이상 보수교육 실시
- 내용: 배움지도사 소양교육, 사례교육, 업무 관련 회의 등
- 전체 보수교육 시간 중 60% 이상 필수 참석
- 보수교육 참석 시 교통비(실비) 지급

• **키움보듬이 양성 및 보수교육**
- 대상: 키움보듬이로 신규 선발된 자(대기자 포함)
- 내용: 활동실무와 관련된 제반 교육을 실시
  * 수료자(출석률 80% 이상)에 한해 활동 가능하고 신분증 교부
- 시간: 16시간(우대자는 10시간)
- 시도별 인근 지역 센터 간 합동 교육 실시
  * 센터별로 수요 예측하여 자율적으로 양성하되 현황 요청 시 키움보듬이 현황을 보고할 수 있도록 관리하여야 함
  * 센터별 자체 교육 실시 가능
- 방법: 양성교재 및 교육과정에 따른 수행기관 자체 실시

• **보수교육**
- 대상: 키움보듬이로 활동 중인 자
- 시기: 분기별 1회 보수교육 실시
- 내용: 보수교육 교재를 우선으로 진행하나, 키움보듬이의 욕구 및 사업수행기관 특성을 반영하여 운영 가능함

– 전체 활동기간의 보수교육 횟수, 보수교육 시간 중 60% 이상 필수 참석
– 보수교육 참석 시 교통비(실비) 지급

- **지지리더 교육**
  – 대상: 지지리더로 선발된 자
  – 내용: 위기현장에서의 위기가족에 대한 개입 및 상담, 위기가족 이해 등
  – 방법: 수행기관 자체 실시

(3) 예산편성 및 집행

- **지원예산 및 배정**
  – 예산규모: 2020년 8,914백만 원(국비 50%, 지방비 50%)
  – 시・도별 또는 사업지역별 상반기 사업성과 분석을 통해 연초 확정 내시한 국고보조금 배정액 변경 가능

- **예산편성**
  – 인건비 구성항목 및 지급기준을 준수하고, 사업비가 충분히 확보될 수 있도록 편성
  – 구성항목: 급여, 제수당, 4대 보험 기관부담금, 퇴직적립금 등
  – 편성기준: 센터 인건비 가이드라인 참조(가족사업안내 제1권 p.293)

- **운영비**
  – 구성항목: 여비, 일반수용비, 공공요금, 제세공과금, 차량비, 기타 운영비 등

- **사업비**
  – 편성기준
  – 인건비, 업무추진비, 운영비를 최소화하고, 사업비가 충분히 확보될 수 있도록 편성
  – 사업지원인력(지지리더, 배움지도사, 키움보듬이) 활동비는 사업비로 편성

- **예산편성 시 유의사항**
  – 인건비, 운영비 항목 예산편성 시 센터 공통사항 지침 참조(가족사업안내

제1권 p.30)

- 배움지도사, 키움보듬이, 지지리더에게 활동비 외 상해보험, 교통비(실비) 별도 지원
- 배움지도사, 키움보듬이, 지지리더 활동은 1회 방문 시 2시간을 기본으로 하며, 2시간 초과 시 30분 단위로 활동 및 활동비 지급
- 지원한도를 초과하여 추가지원이 필요하다고 판단되는 경우에는 자체심의 위원회를 거쳐 지자체 승인을 득한 후 지원 가능
- 지원인력 양성, 슈퍼비전 실시 등 사업과 관련된 사항은 사업비 항목으로 예산편성

- **기타**
  - 예산의 전용: 건강가정지원센터 예산 전용 참고
  - 예산집행기준: 건강가정지원센터 예산집행기준 참고
  - 국고보조금통합관리시스템(e나라도움) 사용
- 사업수행기관(위기가족, 긴급)
- 사업수행기관: 79개소(17개 시 · 도)
  - 시 · 도별 2개소 이상 사업수행기관 운영을 원칙으로 함
  - 각 사업수행기관은 광역기관 역할로서 해당 시 · 도 내 전 지역을 대상으로 사업을 수행하여야 하며, 시 · 도 내 사업수행기관이 여러 개인 경우에는 기관별 사업 시행지역을 각각 나누어 사업을 실시할 수 있음
  - 각 사업수행기관은 취약위기가족지원사업을 모두 수행
  - (2011년) 취약 17개소, 보듬 19개소, 조손 4개소 → (2012년) 취약 · 보듬 · 조손 통합운영 31개소 → (2013~2014년) 가족역량강화지원 30개소 → (2015년) 취약 · 위기가족지원사업 30개소 → (2016~2017년) 가족역량강화지원 47개소 → (2018년) 가족역량강화지원 61개소 → (2019년) 가족역량강화지원 70개소 → (2020년) 가족역량강화지원 79개소

Chapter

12 대리가정아동

1 가정위탁보호아동

가정위탁보호아동에 관련된 내용은 다음과 같다(보건복지부, 2020e).

1) 가정위탁보호아동의 이해

(1) 정 의

가정위탁이란 보호대상아동의 보호를 위하여 성범죄, 가정폭력, 아동학대, 정신질환 등의 전력이 없으며 아동복지법령이 정하는 기준에 적합한 가정에 보호 대상아동을 일정 기간 위탁하는 것(「아동복지법」 제3조)이다.

(2) 목 적

보호대상아동(요보호 아동)을 보호 · 양육하기를 희망하는 가정에 위탁하여 양육함으로써 가정적인 분위기에서 건전한 사회인으로 자랄 수 있도록 하고, 보호대상아동 발생 시 가정보호를 우선하도록 하며, 특히 2세 미만 영아의 경우 가정보호가 우선 실시될 필요하다.

(3) 근 거

「아동복지법」 제3조(정의), 제4조(국가와 지방자치단체의 책무), 제15조(보호조치), 제15조의3(보호대상아동의 양육상황 점검), 제16조(보호대상아동의 퇴소 조치 등), 제16조의2(보호대상아동의 사후관리), 제48조(가정위탁지원센터의 설치 등), 제49조(가정위탁지원센터의 업무), 제59조(비용보조) 등 「국민기초생활보장법」 제4조제3항(급여의 기준), 제7조(급여의 종류), 제10조(생계급여를 실시할 장소), 제14조의2(급여의 특례), 동법 시행령 제5조(부양받을 수 없는 경우) 등 관련 조항 「의료급여법」 제3조(수급권자)이다.

(4) 연 혁

- 1990년: 가정위탁사업 시범 실시
- 2000년: 가정위탁 양육보조금 지원
- 2000년~2002년: 가정위탁지원센터 시범 운영(강원도)
- 2003년: 가정위탁지원센터 전국 확대(총 17개소, 서울특별시가정위탁지원센터 설치)
- 2004. 7.: 중앙가정위탁지원센터 설치
- 2005. 7.: 「아동복지법」 개정(가정위탁보호의 법적 근거 규정)
- 2006. 1.: 가정위탁아동 상해보험료 지원
- 2010. 1.: 입양 및 가정위탁아동 심리치료비 지원
- 2012. 8.: 「아동복지법」 개정(시·군·구 가정위탁지원센터 설치 근거 규정, 가정위탁보호아동 자립 지원 근거 규정)
- 2016. 3.: 「아동복지법」 개정(가정위탁지원센터를 아동복지시설에 포함)
- 2020. 1.: 중앙가정위탁지원센터 아동권리보장원(2019. 7. 출범)으로 업무 이관

(5) 가정위탁 대상 아동

- **근거법령**
  - 「아동복지법」 제3조의 '보호대상아동'

- **보호아동**
  - 만 18세 미만의 아동(만 18세 이상인 경우에도 고등학교 재학 중인 아동은

포함)으로서 보호자가 없거나 보호자로부터 이탈된 아동
- 아동을 학대하는 경우 등 그 보호자가 아동을 양육하기에 적당하지 아니하거나 능력이 없는 경우의 아동
- 요보호아동 발생 시 만 2세 미만 아동은 가정위탁으로 우선 배치

- **보호연장 가능 아동**
  - 보호조치 중인 만 18세 이상 아동 중 다음의 요건에 해당하면 위탁보호기간 연장 가능(「아동복지법」 제16조)
  - 아래의 사유에 한해 교차 적용 가능
  - 「아동복지법 시행령」 제22조제1호에 의해 연장보호 중 「아동복지법」 제16조제4항제1호의 교차연장 사유가 발생한 경우
  - 「아동복지법 시행령」 제22조제4호에 의해 연장보호 중 「아동복지법」 제16조제4항제1호의 교차연장 사유가 발생한 경우
  - 각 연장사유에 의해 연장보호 중 「아동복지법 시행령」 제22조제2호의 교차연장 사유가 발생한 경우

- **보호연장 가능 아동 소년소녀가정의 가정위탁보호 전환 추진**
  - 소년소녀가정보호제도는 아동에게 위험을 초래할 수 있어 UN 등에서도 폐지를 권고하고, 소년소녀가정에게는 대리양육자, 친인척, 일반가정위탁 등 위탁가정을 발굴하여 가정위탁보호로 전환이 필요하다.

- **가정위탁 유형**
  - 대리양육 가정위탁: 친조부모, 외조부모에 의한 양육
  - 친·인척 가정위탁: 친조부모, 외조부모를 제외한 친인척에 의한 양육
  - (민법에 의한 8촌 이내의 혈족 등에 의한 양육)
  - 일반가정위탁: 일반인에 의한 가정위탁

(6) 가정위탁 선정 및 관리

- 위탁가정 선정기준(「아동복지법」 시행규칙 제2조 등)
  - 위탁아동을 양육하기에 적합한 수준의 소득이 있을 것

- 위탁아동에 대하여 종교의 자유를 인정하고 건전한 사회구성원으로 자랄 수 있도록 양육과 교육을 할 수 있을 것
- 종교시설(교회, 사찰 등의 본당과 부속건물을 말함)을 주거지로 삼아 생활하는 종교인은 가정위탁보호의 취지와 맞지 않으므로 위탁부모가 될 수 없음
- 위탁부모의 나이가 25세 이상(부부의 경우 부부 모두 해당)으로서 위탁아동과의 나이 차이가 60세 미만일 것
- 다만 구청장이 위탁아동을 건전하게 양육하기에 위탁가정의 환경이 적합하다고 인정하는 경우에는 가능
- 자녀가 없거나 자녀의 수가 위탁아동을 포함하여 4명 이내일 것(18세 이상 자녀 제외)
- 가정에 성범죄, 가정폭력, 아동학대, 마약, 알코올, 약물중독, 정신질환 등의 전력이 있는 사람이 없을 것
- 구청장은 위탁가정의 마약, 알코올, 약물중독, 정신질환 등의 전력이 없음을 확인하기 위해 건강보험요양급여내역(최근 3년, 반드시 특수상병기록을 포함) 등 증빙자료 요청 및 검토
- 위탁가정의 아동학대 전력 확인을 위해 경찰서에 아동학대 범죄 전력 조회, 보건복지부에 국가아동학대정보시스템 아동학대 판단 전력 조회 요청 및 검토

(7) 위탁가정 교육(「아동복지법 시행규칙」 제2조제6호)

- 가정위탁을 희망하는 사람(위탁부모 중 1명 이상)은 반드시 기본 5시간 이상 위탁부모 양성교육을 이수해야 함
- 대리양육 및 친·인척 위탁가정의 경우에도 반드시 교육 이수 필요(점검 예정)
- 가정위탁을 하고 있는 일반위탁부모, 대리양육·친인척 위탁부모는 매년마다 5시간 이상의 보수교육을 받아야 함
- 위탁양육에 대한 이해, 위탁양육의 절차, 위탁아동의 특성, 좋은 부모의 역할 등을 교육

- 교육 이수 대상자가 노령, 질병 등 불가피한 경우에는 직접 가정을 방문하여 교육을 실시할 수 있음
- 자치구는 대리양육·친인척 가정위탁보호 책정 시 위탁부모에 대해 가정위탁지원센터를 통해 부모교육을 이수하도록 적극 안내하여야 하며, 교육 진행 시 인원 모집·장소제공 등을 협조하도록 함

(8) 가정위탁 유형별 선정 절차

① 대리양육 또는 친인척 위탁

- (보호신청) 아동을 위탁하여 양육하고자 하는 조부모 또는 친인척은 아동의 거주지(주민등록상 거주지)를 관할하는 동주민센터에 가정위탁보호(대리양육) 신청서

<서식 45호> 및 건강보험요양급여내역서(최근 3년) 등을 제출

② 가정위탁지원센터

- 가정위탁보호 결정 통보를 받은 가정위탁지원센터는 아동을 위탁가정으로 배치하고, 관할 행정기관과 협조하여 위탁아동 및 위탁가정에 대한 사례관리 수행
- 신규 책정된 일반위탁 및 대리양육, 친인척위탁가정에 대하여 위탁보호 초기(3개월 이내)에 위탁가정을 방문하고, 이후 분기별 1회 이상 방문 또는 전화연결 등을 통하여 아동의 적응상태 및 양육실태 등을 파악

(9) 가정위탁보호 종결

① 친가정 복귀

- 보호아동의 보호자가 직접 아동을 양육(친가정 복귀)하려는 경우 아동의 보호 양육을 결정한 구청장에게 아동 가정 복귀 신청서(「아동복지법 시행규칙」 별지 제10호의4)를 제출하여야 함(「아동복지법」 제16조)
- 아동 가정 복귀 신청서를 제출받은 구청장은 해당 가정위탁지원센터장의 의견 청취 후 의뢰받은 날로부터 7일 이내 양육 상황 점검표(아동보호서비스 업무매뉴얼 서식 23)를 활용하여 부모의 문제(경제적·건강 문제 등)가

해결되었는지 확인 점검

구청장은 아동복지심의위원회 심의를 거쳐 아동의 귀가 조치 여부 결정

- 단 아동학대로 인해 가정위탁보호 중인 아동을 귀가 조치할 경우, 아동보호전문기관으로부터 소견서(아동보호서비스 업무매뉴얼 서식 24)를 제출받아 아동의 귀가조치 여부를 판단 친가정 복귀 시 사례관리담당자(가정위탁지원센터, 자치구 및 동주민센터)는 친가정에 대한 충분한 점검 및 준비시간을 확보해야 하며, 귀가에 대한 상담을 거쳐 구체적인 계획을 수립 후 귀가 적합성 파악
- 복귀 전, 위탁아동 · 친가정 · 위탁가정 · 사례관리 담당자 간 만남 필요

② 보호종료(18세 도래, 보호조치 변경)

- 보호대상아동이 18세 이상이 되면 구청장은 해당 아동의 보호조치를 종료 형제 · 자매가 한 가정에서 위탁보호를 받다가 형제 · 자매 중 1인이 만 18세 이상 등의 사유로 가정위탁보호가 종료되더라도 동생(나머지 형제 · 자매)은 계속해서 가정위탁보호가 유지되어야 함
- 또한 18세 이후 가정위탁 종결되는 형제 · 자매를 보호자로 친인척위탁가정으로 책정하고자 할 때에는 양육을 지원해 줄 주변지원체계를 충분히 고려하여야 함

 * 18세 이후 연장보호가 결정된 아동의 경우 위탁부모로 책정할 수 없음
 * 가정위탁보호아동은 「2020 국민기초생활보장안내」의 급여위탁 별도가구 보장 대상이며, 「국민기초생활보장법」 제8조의2제3항에 의해 가정위탁아동은 부양의무자의 부양을 받을 수 없는 대상으로 처리아동 단독 전출 등으로 주소지가 이전된 경우 이를 알게 된 즉시 전출구에서는 전입주소지 관할 지자체의 협조를 받아 아동의 보호상태 확인 후 아동의 가정위탁보호 종결 여부를 결정

③ 유의사항

- 구청장은 보호대상아동의 가정위탁이 종결된 경우, 그 사실을 가정위탁보호자, 가정위탁지원센터의 장에게 7일 이내에 통보

(10) 가정위탁보호기간 연장

- 보호조치 중인 보호대상아동이 18세 이상이 되면 보호조치를 종료하여야 하나, 「아동복지법」 제16조제4항에 따라 보호기간 연장 가능
- 자치구에서는 18세 도달(고등학교 졸업) 시 위탁아동에게 보호기간 연장 신청, 일시중지 사유 발생 또는 소멸 시 해당 자치구에 신고해야 함을 안내(1월 중)
- 위탁보호 중인 아동 또는 위탁부모는 보호기간 연장을 동주민센터에 신청(연장 사유가 발생하면 위탁보호조치가 종료되기 전에 연장 사유에 대한 근거서류를 제출)

(11) 지원내용

- 양육보조금(시비 100%) 및 「국민기초생활보장법」에 의한 생계비 등 지원
  - 양육보조금 지원: 아동 1인당 월 200,000원
  - 양육보조금 지급방법: 위탁가정보호결정일이 포함된 달의 전액을 지급하며, 종결 및 중지 사유가 발생한 달까지 지급함을 원칙으로 함
- 전입일이 15일 이전일 경우: 신거주지의 구청장이 지급
- 전입일이 16일 이후일 경우: 구거주지의 구청장이 지급
  - 양육보조금 지급계좌: 1세대 1계좌 원칙(아동의 계좌로 지급받는 것이 원칙. 다만 아동명의의 계좌 개설(재개설 포함)에 어려움이 있을 경우 위탁부모의 계좌로 지급 가능)
- 국민기초생활수급자 책정 · 지원
  - 위탁가정 소재지 자치구는 위탁보호 결정아동에게 생계급여 등 제공
  - 위탁가정 소재지 자치구는 가정위탁보호 및 국민기초생활수급을 동시에 책정
  - 위탁보호 결정에 따른 양육보조금 및 「국민기초생활보장법」에 의한 수급자 책정은 위탁아동 발생 소재지 자치구에서 수행
  - 양육보조금의 지급은 위탁가정 소재지 자치구에서 위탁가정보호가 결정된 날로부터 지원(학업 등 이유로 주소지가 분리된 경우 포함)

-「국민기초생활보장법」에 의한 급여는 수급자로 결정되면 위탁가정 소재지 자치구에서 급여신청일을 급여개시일로 보아 지원
- 위탁아동이 18세 이상인 경우에도「고등교육법」제2조에 따른 대학 이하의 학교에 재학 중인 경우에는 졸업 시(졸업하는 날이 속하는 달)까지 지원 가능
- 효정신 함양비: 5만 원/세대 · 연 2회(설 · 추석), 부모 중 한 부모 이상이 사망한 세대에 지원
- 대학입학금: 3,000,000원/인 · 년
- 지원대상:「고등교육법」제2조에 의한 대학진학자(사이버대학 포함) 및「평생교육법」
- 제31조, 제32조, 제33조에 따라 교육부장관의 인가를 받아 전문대학 및 대학 이상의 학력 · 학위가 인정되는 평생교육시설의 정규대학(사이버대학, 학점은행제 대학) 진학자(보호아동 및 5년 이내 보호종료아동 포함)

(12) 3,000,000원 범위 내 지원

① 고지된 대학입학금 중 장학금을 제외한 금액을 지급

- 자립정착금: 5,000,000원/명(「아동복지법 시행령」제38조제1항제3호)
- 지원대상: 18세 이상의 가정위탁보호종결아동(연장보호종결아동 포함)
  ※ 가정위탁보호아동(또는 소년소녀가정)으로 책정된 지 1년 이상인 자에 한함(아동복지생활시설 거주기간 포함되나, 서울시 전입일 6개월 이상 경과되어야 함)

② 지원절차

- 자립정착금 지급 시 사용계획 필수 확인 및 아동명의의 계좌로 입금
- 행복e음 '퇴소아동 자립정착금 지급 관리'를 통해 아동에게 지급

(13) 명의의 계좌로 입금 가능

- 아동이 계획에 맞게 사용하도록 아동복지시설 등 자립업무 담당자들이 사전교육을 실시하도록 하고, 정착금 지급 후 사후관리를 하도록 안내

- 자립정착금은 보호종료가 이루어진 당해연도 지급을 원칙으로 하며, 신청 접수일로부터 30일(특별한 사유가 있는 경우 60일 이내 연장 가능) 이내 지급
- 직업훈련비: 600,000원/인 · 분기
- 지원대상: 위탁아동 중 · 고등학교 재학생으로 취업을 대비하여 기술교육 학원에 다니는 자(단, 취업 및 직업교육을 목적으로 하는 방과후학교 특기적성교육 포함)
- 구비서류: 학원수강료 영수증 등
- 미진학생 학원수강료: 600,000원/인 · 분기
- 지원대상: 학교에 재학하지 않고 기술교육 또는 고 · 대입검정고시 준비를 위해 학원에 다니는 자
- 구비서류: 학원수강료 영수증
- 아동용돈
- 목적: 아동에게 용돈을 지원하여 효과적인 용돈 사용 지도 및 퇴소 후 사회생활 적응에 기여
- 지원대상: 초등학교, 중학교, 고등학교에 재학 중인 학생
  * '학교 밖 아동'의 경우, 학령에 근거하여 용돈 지급
- 지원기준(아동 1인/월): 초등학생 15,000원 / 중학생 25,000원 / 고등학생 30,000원
- 입소일이 15일 이전: 전액지급, 16일 이후: 50% 지급
  * 중도퇴소의 경우 전액지급

(14) 가정위탁아동 상해보험료 지원

- 보험담보: 위탁아동 및 부양자 1인의 후유장해, 위탁아동 입원 · 통원 의료비 등 지원
- 보험료: 1인당 연 68,500원 이내
- 가정위탁아동 심리치료비 지원
- 지원내역: 심리정서치료비, 검사비, 교통비
- 지원금액: 심리정서치료비 월 20만 원 이내, 심리검사비 20만 원(1회) 이내

(단, 종합심리검사(Full Battery검사)는 예산지원 가능범위 내에서 30만 원 이내 지원 가능)

(15) 위탁가정 전세주택 지원(국토교통부)

- 대출대상 주택: 임차전용면적 85m^2 이하인 주택
- 일반주택 전세자금 및 공공임대주택 임대보증금 지원
- 지원대상: 양육자가 무주택세대구성원으로서 해당 가구의 월평균소득이 전년도 도시근로자 가구당 월평균소득 이하인 소년소녀가정 · 대리양육가정 · 친인척위탁가정 · 일반가정위탁
- 지원절차: 구청장이 지원대상자의 신청(친권자, 후견인 포함)을 받아 지원대상 가정을 선정하여 사업시행자*에 전세주택 지원 대상 추천
- 지원기간: 계약기간 만료 또는 지원대상자의 연령이 만 20세를 초과한 경우 지원기한 연장의 필요성 여부를 판단하여 2년 단위로 최대 3회까지 연장하여 재계약 가능
- 지원조건: 지원대상자가 만 20세 이전이거나 보호조치가 종료되기 이전까지는 무상지원

2) 후원자 및 결연기관 지정

(1) 후원자 지정

- 대리양육, 친인척위탁가정 등 가정위탁보호아동의 경우 가까운 이웃에 거주하는 아동위원, 종교인, 지역여성지도자, 공무원, 가정위탁지원센터 상담원 등을 후원자로 지정하여 고충이나 애로사항을 상시 의논, 해결
- 후원자는 결연기관의 직원과 협조체계를 구축하여 후원금을 제대로 사용할 수 있도록 지도하여 후원금 사용에 따른 문제 최소화 지정방법
- 지역사회 내 근거리에서 아동을 보살필 수 있고 아동문제에 대한 열의가 있고 관심이 있는 자를 구청장이 지정

(2) 결연기관과 협조강화

- 결연기관과 긴밀한 협조체계를 구축하여 가정위탁보호아동 지원, 후원자와의 만남행사 등 후원 프로그램 활성화
- 구청에서는 가정위탁보호 결정・해지 시 결연기관에 명단을 통보하여 결연후원이 이루어질 수 있도록 함
- 서울특별시 지정 결연기관: 어린이재단 서울지부(☎ 02-325-2205)

(3) 위탁보호 관리

- 관할 구청장은 아동복지지도원(아동위원 포함), 관련 공무원 및 가정위탁지원센터 직원 등으로 하여금 위탁보호 관리를 하도록 함
- 일반위탁 및 신규 대리양육가정으로 결정된 가정에 대해서는 위탁보호 초기(3개월 이내)에 위탁가정을 방문하도록 하고, 이후 분기별 1회 이상 방문 또는 전화연결 등을 통하여 아동의 적응상태 및 양육실태 등을 파악하도록 함
- 특히, 친인척 또는 일반인에 의한 위탁가정에서 보호 중인 아동에 대한 생계급여를「국민기초생활보장법」제10조의 규정에 의하여 당해 가정에서 위탁・실시하는 경우에는 동주민센터 사회복지전담공무원과 협조하여 수급여부를 확인할 것
- 국민기초생활수급자 책정은 위탁아동 발생 소재지 자치구에서 하는 것을 원칙으로 하되, 수급자 책정 전에 위탁가정으로 전입하여 위탁가정에서 함께 생활하고 있는 경우 등 국민기초생활수급자 선정기준에 부합할 때에는 위탁가정 소재지 자치구에서 수급자로 책정 가능
- 위탁가정 주소지 관할 구청장은 위탁가정 방문 및 아동양육 상황 등을 파악하여 별도의 조치사항이 필요한 때에는 보호아동 발생지 관할 구청장에게 통보하여야 함
- 구청장은 위탁아동 및 위탁가정에 대한 지정, 해지 결과 및 주소지 이전 사항 등 가정위탁보호 변경사항을 발생 시마다 <서식 62호>를 작성하여 서울특별시가정위탁지원센터에 통보

- 위탁아동 · 위탁가정의 전출입 시 전출(전출지에) 사항 통보 철저
- 위탁아동의 위탁기간 및 신변에 관한 사항에 있어 친부모가 연락두절 또는 행방불명 시 구청장의 승인을 통하여 위탁을 진행하도록 함
- 구청장은 통장 발급 등 일상생활의 중요한 사항의 결정 시 서울특별시가정위탁지원센터나 위탁부모의 신청에 의해 가정위탁보호확인서<서식 55호>를 발급할 수 있음
- 구청장은 대리양육 · 친인척위탁 · 일반가정위탁 보호결정 후 서울특별시가정위탁지원센터에서 사례관리 중 친가정의 연락두절 등 불가피한 사유로 인해 친가정의 정보(현거주지, 연락처 등) 요청 시 협조(※ 단, 개인정보 유출에 각별한 유의)
- 구청장 및 서울특별시가정위탁지원센터는 대리양육 · 친인척위탁의 위탁보호자가 고령인 경우 보호자가 더 이상 양육 · 보호할 수 없는 상황에 대비하여 위탁아동의 후속보호조치(일반위탁, 그룹홈 등)를 마련할 것

(4) 기관별 역할

① 동주민센터

- 대리양육 및 친인척 위탁
  - 대상아동 상담 및 아동 가정조사
  - 조사 실시 후 아동보호신청자 가정조사서<서식 46호>, 보호대상 아동조사서
- 일반가정위탁
  - 보호를 필요로 하는 아동이 발생하면 상담 · 지도 후 구청장에게 의뢰
- 공통사항
  - 자치구의 위탁보호 결정 후 「국민기초생활보장법」에 의한 수급자 선정, 아동의 주소지 이전, 전학 등에 관한 업무 지원
  - 가정위탁보호 중 아동의 친부모가 주민등록이 말소되어 연락이 불가능한 경우 위탁보호 연장 및 위탁가정 변경
  - 가정위탁지원센터의 위탁부모(의무)교육 안내와 모집 및 CDA 계좌신청, 보건복지부 바우처 지원사업 안내 및 서비스를 연계하도록 하며 위탁가정 관리에 관한 업무 협조

- 동주민센터에서도 가정위탁보호확인서(「아동복지법 시행규칙」 별지 제10호의2) 발급 가능

② 자치구

- 대리양육 및 친인척 위탁
  - 가정위탁(대리양육) 신청서<서식 45호>, 아동보호신청자 가정조사서<서식 46호>, 보호대상아동조사서<서식 1호>를 제출받아 검토하여 가정위탁보호 결정
  - 위탁아동 및 위탁가정에 대한 지정, 해지 결과 및 주소지 이전 사항 등 가정위탁보호(변경)사항<서식 62호>을 발생 시마다 아동발생지 및 위탁가정 관할 동사무소, 서울특별시가정위탁지원센터 및 서울특별시아동복지센터에 통보
  - 보호필요아동 발생 시 상담 · 지도 후 서울특별시아동복지센터 및 가정위탁지원센터에 의뢰하는 등 필요한 조치를 하고 적합하지 아니한 자에 대하여는 아동복지시설 입소 등의 보호조치를 할 수 있음

③ 일반가정위탁

- 보호필요아동이 발생하면 상담 · 지도 후 서울특별시아동복지센터로 의뢰하는 등 필요한 조치를 취할 것
- 서울특별시아동복지센터에서 위탁아동으로 결정통보 받으면 관할 동에 통보하여 위탁보호아동의 「국민기초생활보장법」에 의한 수급자 선정 여부, 아동의 주소지 이전, 전학 등에 관한 업무 지원
- 위탁아동 및 위탁가정에 대한 지정, 해지 결과 및 주소지 이전 사항 등을 가정위탁보호 (변경)사항<서식 62호>에 의거 아동발생지 및 위탁가정 관할 동사무소, 가정위탁지원센터 및 서울특별시아동복지센터에 통보
- 가정위탁지원센터의 위탁부모(의무)교육 안내 및 위탁가정관리에 관한 업무 협조

④ 공통사항

- 가정위탁보호가 결정된 아동에 관하여 아동카드<서식 2호>를 작성하여 보

관하고, 아동카드, 아동보호신청자 가정조사서, 아동보호신청서, 국가아동학대정보시스템 정보조회 동의서<서식 50호>를 서울특별시가정위탁지원센터에 송부

- 가정위탁보호사업의 원활한 수행을 위하여 구청장은 지역 내 위탁아동 현황을 서울특별시가정위탁지원센터 및 서울특별시아동복지센터에 제공(분기별)
- 「아동복지법」 제15조(아동보호), 제16조2(보호대상의 사후관리)의 규정에 의해 가정위탁보호아동을 사후관리
- 「아동복지법」 제16조(보호대상의 퇴소조치 등)의 규정에 따라 아동의 보호자로부터 귀가 신청서<서식 51호>를 제출받은 구청장은 서울특별시가
- 기초생활수급자 책정, 가정위탁아동 상해보험 지원, 전세자금 지원 등 가정위탁아동에 대한 지원
- 구청장은 위탁가정의 보호자 및 위탁아동의 요청이 있는 경우 가정위탁보호 확인서(「아동복지법 시행규칙」 별지 제10호의2)를 발급하고 발급내역을 기록 · 관리

(5) 서울특별시가정위탁지원센터 운영

① 목 적

가정위탁보호업무를 지원함으로써 가정위탁보호사업의 활성화를 도모한다.

② 주요 업무

- 가정위탁사업의 홍보 및 위탁가정의 발굴
- 가정위탁을 하고자 하는 가정 및 가정위탁 대상 아동의 조사 · 상담
- 가정위탁을 하고자 하는 사람과 위탁가정 부모에 대한 교육
- 위탁가정의 사례관리(위탁아동, 위탁부모, 친부모 방문, 상담 등)
- 위탁보호가정의 발굴 및 위탁보호신청 가정의 조사
- 친부모 가정으로의 복귀 지원
- 가정위탁아동의 자립계획 및 사례관리
- 관할 구역 내 가정위탁 관련 정보제공

- 관할구역의 가정위탁아동에 대한 지역사회의 후원 장려 및 연계
- 기타 시장이 가정위탁보호사업에 관련하여 필요하다고 인정하여 지시하는 사항

③ 지원대상 및 지원내용(시비 100%)

- 서울특별시가정위탁지원센터(1개소) : 사회복지법인 어린이재단 위탁(서울특별시 지정기관)
- 인건비 및 복지포인트: 595,343천 원/개소 · 년(14명 기준)
- 운영비 : 47,362천 원/개소 · 년
- 운영비 신청: 매 분기 말까지 전분기 집행 실적보고 및 다음 분기 예산신청(월별 지급)

(6) 운영관리

- 관리규정: 센터장은 조직 · 인사 · 급여 · 회계 · 물품, 그 밖에 운영에 필요한 규정을 제정하여 시행한다.
- 가정위탁지원센터로 지정받은 법인이 별도의 관련 규정이 있는 경우에는 해당 규정을 따르되, 아동복지법령 또는 관련 지침에서 정하고 있는 사항에 관하여는 해당 법령 또는 지침을 우선 적용한다.
- 장부 등의 비치
- 가정위탁지원센터에는 다음의 장부 및 서류를 비치하여야 함
  - 센터(법인)의 연혁에 관한 기록부
  - 재산목록과 그 소유권 또는 사용권에 대한 증명서
  - 센터운영일지
  - 센터장 및 직원의 인사카드
  - 예산서 및 결산서
  - 총계정원장 및 수입 · 지출 보조부
  - 금전 및 물품의 출납부와 그 증빙서류
  - 보고서철 및 관계 관청과의 문서철
  - 위탁아동 및 위탁가정, 친부모에 대한 조사 · 상담 기록과 관련 서류(자

립지원계획 등)

• 가정위탁보호조치 아동 및 귀가 아동의 명단 및 관련 서류(사후관리계획 등)

(7) 자격기준

① 가정위탁지원센터의 장

다음의 어느 하나에 해당하는 사람으로 한다.

- 「사회복지사업법」에 의한 사회복지사 1급 자격이 있는 사람
- 학대아동보호사업과 관련된 기관에서 3년 이상 근무한 경력이 있는 사람
- 7급 이상 공무원으로서 국가나 지방자치단체에서 사회복지사업에 관한 행정업무에 5년 이상 종사한 경력이 있는 사람
- 「의료법」에 따른 의사 · 한의사 또는 치과의사 면허 취득 후 3년 이상의 진료 경력자
- 「정신보건법」에 따른 정신보건전문요원 자격취득 후 사회복지 업무에 5년 이상 종사한 경력이 있는 사람
- 「영유아보육법」에 따른 보육교사 1급 자격취득 후 아동과 관련된 사회복지 업무에 5년 이상 종사한 경력이 있는 사람
- 유치원, 초등학교 또는 중등학교 교사 자격증 취득 후 사회복지사업에 5년 이상 종사한 경력이 있는 사람

② 상담원

• 가정위탁지원센터의 상담원은 다음의 어느 하나에 해당하는 사람으로 한다. 다만 대학에서 교과목의 일부를 이수한 경우에는 해당 이수과목에 대한 교육을 면제할 수 있다.
  - 「사회복지사업법」에 따른 사회복지사 1급 자격이 있는 사람
  - 대학 또는 이와 같은 수준 이상의 학력이 있다고 교육부장관이 인정하는 학교에서 심리학과(복지심리학과를 포함한다) 또는 보건복지부령으로 정하는 아동복지 또는 사회복지 관련 교과목을 이수하고 졸업한 사람
  - 아동복지의 이해(아동복지의 기본가치 이해, 「아동복지법」의 이해, 아동권

리의 이해, 아동보호체계에 대한 이해, 아동학대에 대한 이해)

- 아동복지실천기술론(아동상담심리학의 이해, 아동복지실천기술론)
- 가정위탁보호사업의 이해(가정위탁보호사업의 이해, 가정위탁 관련 법률의 이해)
- 위탁아동과 부모(위탁아동양육프로그램, 위탁부모 및 친부모교육, 가족보존서비스의 이론과 실제)
- 가정위탁사업과 상담(아동심리평가의 이해와 실제, 위탁부모 유형별 특성과 상담, 가정위탁 상담 및 사례관리)
- 가정위탁과 지역자원 연계(유관기관과의 연계, 협력방안, 지역자원 연계 사례)

③ 임상심리치료 전문인력

- 임상심리사 자격이 있거나 놀이치료, 미술치료, 음악치료, 심리상담 등 전문적인 치료를 할 수 있는 등 아동의 심리치료를 할 수 있는 사람으로 한다. 자립지원 전담요원은 다음의 어느 하나에 해당하는 사람으로 한다.
  - 「근로자직업능력 개발법」에 따른 직업능력개발훈련교사 자격이 있는 사람
  - 「사회복지사업법」에 따른 사회복지사 2급 이상의 자격이 있는 사람
  - 초등학교 또는 중등학교 교사 자격이 있는 사람
  - 대학 또는 이와 같은 수준 이상의 학력이 있다고 교육부장관이 인정하는 학교 졸업자(다른 법령에서 이와 같은 수준 이상의 학력이 인정된 사람을 포함)로서 아동복지 또는 사회복지 관련 학과를 졸업하고 1년 이상 아동복지 업무에 종사한 경력이 있는 사람

④ 행정사항

- 가정위탁지원센터는 익월 15일까지 해당 월의 가정위탁보호 실적 및 사례현황 자료를 사회복지시설정보시스템(http://www.w4c.go.kr)에 등록

  * 자치구 및 동주민센터, 가정위탁지원센터는 가정위탁 책정・종료・연장 공문 누락 등의 사전 방지를 위해 문서24(open.gdoc.go.kr)를 통한 공문처리 가능

※ 자치구는 위탁아동에게 변경사항 발생 시(가정위탁 책정, 종결, 위탁가정 또는 위탁아동 전출/전입 등) 해당 내용을 7일 이내 가정위탁지원센터에 통보하고 가정위탁지원센터는 해당 월 실적에 누락되지 않도록 등록

3) 가정 외 보호아동의 자립지원을 위한 정책 제언

(1) 가정 외 보호아동의 자립지원 체계 개선

① 자립지원 정책 목표 수립과 부처 및 지방자치단체 간 협업

미국의 가정 외 보호아동의 자립 준비 지원의 중요한 법적 근거가 되고 있는 체이피법(1999)은 가정 외 보호아동의 자립과 고용 증대를 목표로 교육, 직업 훈련 등의 서비스를 제공하도록 명시하고 있다. 우리나라에서도 관련 서비스를 제공하고 있지만 가정 외 보호아동의 자립에 대한 정의, 자립지원의 공통된 목표가 수립되지 않은 채 자립지원이 보건복지부 중심으로 제공되고 있어 다른 부처의 가정 외 보호아동에 대한 이해도가 낮아 아동의 자립지원 서비스에 대한 접근성이 떨어진다. 예를 들어, LH 주거 지원 서비스는 신청 절차가 복잡하고 기간이 길어 중도에 포기하거나 보호종료가 된 시점에 거주할 곳이 없는 사례가 발생하고 있다. 취업성공패키지 서비스와 관련해서는 가정 외 보호 종료 아동의 참여 비율이 어느 정도인지, 이를 통해 실질적으로 취업에 성공하고 있는지 혹은 실패하고 있는지, 그 요인은 무엇인지 알려진 바가 없다(정선욱외, 2019). 또 지방자치단체에 따라 보호 서비스의 차이가 발생하고 있다. 앞서 언급한 바와 같이 지역 재정과 자치단체장의 의지에 따라 자립지원 전담기관을 설치하지 않은 지역이 7곳에 이르며 자립정착금 등 지방자치단체의 예산에 따라 차이가 발생하고 있다(이상정 외, 2018).

영국은 전환기 가정 외 보호아동 전략(2013)을 수립하면서 관련 부처의 긴밀한 협력을 기반으로 지방 정부 중심의 서비스 일원화를 목표로 설정하였다. 더 나아가 공통의 목표 달성을 위해 법무부, 노동부, 교육부 등 8개의 관련 부처와 지방 정부 당국의 역할과 의무를 명시함으로써 가정 외 보호아동의 자립지원을 각 부처의 업무로 규정하였다. 우리나라도 국가 차원의 가정 외 보호아동 자립지원의

목표를 분명하게 수립할 필요가 있으며 이러한 목표가 정부 부처 간, 지방자치단체 간 공통의 목표로 공유됨으로써 가정 외 보호아동에 대한 이해도를 높이고 부처 간 장애를 제거하여 유연하고 일원화된 자립지원 서비스를 제공하여야 할 것이다.

② 보호종료, 연장보호 및 사후관리에 관한 체계 정비

근본적으로 사회안전망 구축과 드림스타트, 희망복지지원단 등을 기반으로 하는 지역사회 차원의 위기가족 개입을 통해 가정 외 보호아동 발생을 예방해야 한다. 가정 외 보호아동이 발생하더라도 가정 외 보호가 단기적인 임시조치가 될 수 있도록 원가족과의 재결합을 유도하는 개입을 우선시하여야 한다(이상정 외, 2018; 정익중, 2019). 가정 외 보호 과정에 원가족(부모)의 책임과 의무를 강화하는 규정을 마련하고 가족 기능의 회복을 위한 프로그램 및 지역사회 자원연계가 체계적으로 이뤄질 수 있도록 하여야 한다. 그러나 원가족과의 관계가 부정적이거나 아동에게 부정적 영향을 미칠 수 있는 위험이 있으면 가정 외 보호가 필요하고, 아동이 원가족으로 복귀하지 못하고 보호 체계에서 성인기로 진입하게 될 때는 성공적으로 자립할 가능성을 높일 수 있도록 지원하여야 할 것이다. 그중에서도 보호종료 연령 및 사후관리 기간에 대한 유연한 대응이 필요하다.

미국의 체이피법(1999)과 영국의 아동법(2008)은 만 21세를 가정 외 보호 연령으로 하고 있으며, 더 나아가 직업이나 교육 등의 자격요건을 갖추면 각각 최대 23세, 25세까지 연장할 수 있도록 하고 있다. 이에 비하면 현재 우리나라의 보호종료 연령 기준인 18세는 매우 이른 편으로 경제적, 정서적, 사회적으로 자립하기가 쉽지 않아 여러 위기 상황에 노출될 수 있다. 물론 외국과 같이 취업, 교육 등의 자격요건을 갖추면 보호를 연장할 수 있지만 이러한 자격요건을 갖추지 못한 아동에게 더욱더 연장보호가 필요하며, 자격요건을 제한하는 것은 오히려 연장보호의 장애가 되기도 한다. 미국도 가정 외 보호아동의 대부분이 최대 연장 연령의 1~3년 전에 보호체계를 떠나는데, 복잡한 연장 신청 방법, 취업이나 교육, 장애 유무 등의 자격요건의 제한이 그 원인이라고 밝혀진 바 있다(Fryar et al., 2017).

또 사후관리 기준도 보호종료 후 5년을 일괄 적용하도록 법에서 규정하고 있어 실질적인 사후관리가 되지 않는 상황에서 종사자에게는 과중한 업무가 되고 있다. 성공적인 자립을 성취한 아동에게는 과도한 개입이 되고, 반대로 지속적인 자립지원이 필요한 아동에게는 지원을 중단하는 사례가 발생한다. 모든 아동에게 일괄적으로 5년이라는 사후관리 기준을 적용하기보다는 아동의 개별 특성과 상황을 고려하여 사후관리를 할 필요성이 있으며, 현장 종사자의 제안과 같이 경계선 지능 혹은 정신질환 등으로 지속적인 관리와 지원이 필요한 아동에게는 사후관리를 중점적으로 장기간 제공할 수 있어야 할 것이다. 따라서 보호종료 및 연장보호 연령, 사후관리 기간을 유연화하고, 연장보호를 위한 자격요건을 없애는 법령의 개정이 필요하다(허민숙, 2018). 한편 모든 아동이 퇴소 시기를 늦추는 것을 원하는 것은 아니다.

아동에 따라서는 가정 외 보호 체계를 빨리 떠나 자립하려는 욕구가 있을 수 있기 때문에 퇴소 시기를 일괄적으로 적용하기보다 아동의 욕구와 자립 준비도를 고려하여 퇴소 연령을 유연하게 적용하는 방안을 마련해야 할 것이다. 예를 들어 현행 만 18세를 기준으로 자립 계획에 따른 자립 준비가 이루어진 아동은 자유롭게 보호를 종료할 수 있도록 하며, 그렇지 못하면 미국이나 영국처럼 만 21세까지는 자격요건의 제한 없이 보호를 연장할 수 있도록 할 필요가 있다. 그 후에도 아동 개인의 자립 준비도를 고려하여 안정적인 환경에서 자립 준비 과정을 보장받을 수 있도록 할 필요가 있다.

③ 연장보호 방안

단순하게 가정 외 보호아동의 퇴소 시기만을 늦추는 연장보호는 오히려 아동이 자립 능력을 키우는 데 방해 요인이 될 수 있다. 대규모 양육시설은 연장보호아동과 보호아동의 연령 차로 인한 보호 서비스의 불균형 문제, 자율성과 사생활 보호 문제 등이 발생할 수 있으며 자립의 욕구는 있지만 준비가 되지 않아 홀로서기를 하지 못하는 아동이 있을 수 있어 보호 연장 시 대안이 필요하다. 이 연구의 설문조사 결과에 의하면 연장보호아동은 삶의 만족도, 주관적 웰빙 등 많은 지표에서 일반 보호아동에 비해 부정적이었다. 이는 이들이 여러 측면에서 자립 준비를 하지 못해 가정 외 보호 체계를 떠나지 못하고 있지만 현재의 보호 환경에 만족하지 못하는 것으로 해석할 수 있다.

이러한 측면에서 영국의 근거리 자립(Staying Close) 제도의 도입을 고려해 볼 수 있다. 이 제도는 아동이 가정 외 보호 체계를 완전히 퇴소하기 전 거치는 중간 단계의 자립 형태로 기존에 살던 익숙하고 편안한 곳 가까이에 거주지를 마련하여 기존의 서비스와 사례관리를 그대로 받을 수 있도록 하고 있다. 따라서 아동이 자립 과정에서 겪을 수 있는 시행착오를 보호 체계 안에서 안전하게 경험하기 때문에 아동에게 심리적 안정감을 주고 아동이 필요시에는 보호 체계의 지원과 지지를 받을 수 있다. 아동 인구의 전반적인 감소 추세로 양육시설 아동의 절대적인 수 또한 감소하고 있어 최근에는 대규모 양육시설 기능 개편에 대한 논의가 정부 차원에서 이루어지고 있다(이상정 외, 2018). 근거리 자립 제도를 양육시설 기능 개편 방안의 하나로 고려해 볼 수 있을 것이다. 유휴 공간이나 건물을 연장 보호아동의 독립된 공간으로 활용하여 아동에게 자율성 바탕의 자립 생활 경험을 제공하는 한편, 아동은 보호 체계 안에서 언제든 필요한 서비스와 지원을 받을 수 있도록 하는 것이다.

④ 가정 외 보호 체계 간 자립지원 형평성 제고

이 연구에서는 우리나라의 대표적인 가정 외 보호 체계 간 차이가 나타날 수밖에 없는 구조적인 문제를 발견하였다. 또 조사 결과에 의하면 이러한 구조적 문제에 의해 실질적으로 양육시설, 공동생활가정, 위탁가정아동들 간에 자립지원 프로그램이나 서비스의 경험 측면에서 차이가 발생하고 있었다. 자립지원 표준화 프로그램은 양육시설과 공동생활가정의 시설 아동 중심으로 제공되었고, 자립 관련 서비스의 제공은 대체로 양육시설, 공동생활가정, 위탁가정 순으로 차이가 나타났다. 그러나 아동의 자립 준비도는 그러한 자립지원과 일치하지 않았고 오히려 인적, 사적 자본 영역, 일부 사회적 자본 영역에서 공동생활가정이나 위탁가정 아동의 지표가 대체로 더 긍정적으로 나타났다.

따라서 양육시설 아동 중심의 표준화된 자립지원에서 벗어나 자립지원의 공백을 해소하고 각 체계의 여건을 고려하여 자립지원 정책과 서비스를 다양화할 필요가 있다. 각 체계의 상황과 여건을 반영하여 자립지원 제도를 개선하여야 한다(정선욱 외, 2019). 예를 들어, 시설 평가의 기준이 되는 자립지원 표준화 프로그램은 가정과 같은 환경에서 일상생활기술 등을 자연스럽게 습득하지 못하는 대규모 양육시설 아동에게는 필요한 서비스이나 가정과 같은 환경에서 보호를 받고 있는 공동생활가정이나 위탁가정의 아동에게는 불필요할 수 있다. 이들은 인력이 부족해서(공동생활가정, 위탁가정지원센터), 혹은 자립 계획을 의논할 어른이 없어서(위탁가정) 체계적인 자립을 준비하지 못하기 때문에 자립지원 전담요원과 같이 전문성과 경험을 갖춘 개별 사례관리자가 더 필요하고 도움이 될 수 있다. 그러나 현재까지는 이마저도 공동생활가정과 위탁가정아동에게는 기회가 없다. 자립지원 정책, 프로그램 및 서비스의 다양화와 인프라의 양적 확대가 필요하다. 가정 외 보호 체계에서 각자의 여건과 특성을 고려하여 프로그램이나 서비스를 공급받아 아동을 지원할 수 있도록 해야 할 것이다. 공동생활가정은 보통 시설장 1인과 생활복지사 1인(교대)이 상주하여 5~7명의 아동에게 24시간 돌봄을 제공해야 한다. 이외에도 시설 운영 및 행정 업무, 프로그램 운영 등 업무가 과중한 상황으로(이은영, 황혜원, 김효진, 2011), 아동 개인에 대한 맞춤형 사례관리나 전문적인 자립 준비 지원이 쉽지 않은 상황이다. 공동생활가정 종사자의 열악한 직무 환경으로 인한 아동보호서비스의 질 저하 문제는 그동안 많은 연구에서 제기되어 왔으며(이은영 외, 2011; 이봉주, 2018; 황정하, 김윤정, 2017) 한편 2020년 시범 사업을 시작으로 공공 통합 사례관리를 단계적으로 시행하고 장기적으로 확대할 계획이어서 단기적으로는 현행 자립지원 전담기관의 설치를 의무화하여 모든 시・도에서 운영하도록 하고(김지연 외, 2017), 자립지원 전담요원을 추가 배치하여 사례관리의 공백을 해소하는 방안을 고려해 볼 수 있을 것이다.

2 공동육아나눔터

공동육아나눔터에 관한 내용은 다음과 같다(보건복지부, 2020e).

1) 공동육아나눔터 사업의 이해

(1) 목 적

- 핵가족화로 인해 약화된 가족돌봄 기능을 보완하여 부모의 육아부담 경감
- 지역사회가 참여하는 돌봄공동체 조성을 통해 양육친화적인 사회환경 구축

(2) 개 념

- 부모들이 모여 양육과 관련된 정보를 공유하고 자녀를 함께 돌보는 활동을 통해 가족 기능을 강화해 나가는 공간
- 아이를 키우는 부모 누구나 이용할 수 있으며 품앗이 활동 및 이웃과의 소통을 통해 육아부담을 덜 수 있는 열린 공동체 공간

(3) 법적 근거

- 「아이돌봄지원법」 제19조제1항(공동육아나눔터)
- 「건강가정기본법」 제22조제1항(자녀양육지원의 강화)
- 「저출산 · 고령사회기본법」 제8조제3항(자녀의 출산과 보육 등)
- 「아이돌봄지원법」 제19조(공동육아나눔터)

(4) 운영 원칙

- (주민자치) 참여 부모는 돌봄서비스의 소비자가 아니라 돌봄의 주체이며, 사업수행기관은 부모들의 주체적이고 능동적인 참여를 독려하고 지원해야 함
- (공동체성) 돌봄 방식과 내용이 부모공동체를 통해 결정(부모운영위원회) 되고, 돌봄이 공동체 방식(품앗이돌봄)으로 이루어질 수 있도록 지원

- (보편이용) 이용이 필요한 사람은 누구나 이용할 수 있도록 시설 이용에 제한을 두지 않음

(5) 사업내용

- (공간 제공) 자녀 돌봄을 위한 안전한 공간 제공
- (프로그램 운영) 부모와 자녀가 함께하는 부모참여형 프로그램 운영
- (공동육아 지원) 지역사회 주민이 함께하는 품앗이 돌봄 공동체를 구성·운영하며 이를 촉진하기 위하 다양한 활동을 수행
- (놀이활동 지원) 아이들의 성장과 발달 단계에 맞는 다양한 놀이 프로그램을 개발하고 놀이활동을 촉진할 수 있는 교구 등을 지원

(6) 추진 연혁

- 시범사업(5개 지역) 실시('10년)
- 시범사업을 본 사업으로 확대('11년~)
- 「아이돌봄지원법」에 설치·운영 근거 마련('12.2.1.)

(7) 사업 준비 및 계획

- **지역여건 분석**
  - 지역별 이용자의 특성 파악
  - 수요자 요구 분석

- **계획 수립**
  - 사업수행기관의 여건에 맞는 실천 가능한 계획 수립
  - 사업수행기관의 역량과 서비스 질을 지속적으로 높일 수 있도록 운영계획 수립
  - 이용자의 참여 수준에 맞는 계획을 수립하되 공동체가 지속적으로 성장할 수 있도록 지원
  - 이용자의 참여 수준에 따라 서비스의 내용을 달리 구성할 수 있으나 서비스 이용자가 서비스 제공자의 수준으로 성장할 수 있도록 지원해야 함

- 단계적 지원(예시)
- (초기정착) 신규 시설의 경우 '자녀돌봄 품앗이 구성, 지역 내 활용 자원 발굴' 등 안정적 운영체계를 구축
- (안정화) '품앗이 수 확대, 결속력 제고, 공동체 이해 심화' 등을 통해 부모 주도의 안정적인 공동체돌봄을 안착
- (확산) 부모 중심 돌봄공동체의 외연을 주민을 포함한 마을공동체로 확장 (수단: 마을 축제, 주민참여 프로그램 운영 등)

• **사업 인력**

- 종사자 배치 원칙
- 공동육아나눔터는 사업을 전담하는 종사자를 1인 이상 배치해야 함(2인 이상 배치 시 교대 근무 가능)
- 종사자는 관련법상 결격사유가 없어야 함
  * 관련 법률: 「사회복지사업법」 제35조의2, 「아동복지법」 제29조의3
  * 관련 법령에 따라 범죄경력회보서발급시스템(crims.police.go.kr)을 통해 취업예정자의 범죄경력을 확인할 수 있음
- 주간 야간, 주말, 방학기간 등 확대 운영을 위하여 추가 인력을 배치해야 함(6개월 이상 고용)
- 원활한 사업 운영을 위해 자원봉사자를 활용할 수 있음
  * 품앗이 활동에 참여하거나 기존에 참여했었던 부모들을 활용하는 것을 권장하며, 그 밖에 인근 자원봉사자 센터나 노인일자리 사업 등 활용

• **복무**

- 담당직원은 한국건강가정진흥원이 제공하는 10시간의 의무교육 중 직원의 전문성 향상을 위해 실시하는 교육을 필수 이수하여야 함
  * 교육과정명: 공동육아나눔터 사업의 이해
  * 사업수행기관이 건강가정지원센터, 건강가정·다문화가족지원센터 또는 다문화가족지원센터가 아닌 경우 사업수행기관에서 교육이수를 위한 실비 지급이 필요할 수 있음

2) 사업 실행

(1) 위탁 운영

- 공동육아나눔터는 지방자치단체가 수행하는 사업이나, 필요한 경우 법인이나 단체 등 전문기관에 위탁 가능
- 대상 기관: 공동육아 업무에 전문성을 가진 기관
- 해당 사업 또는 관련 업무 수행 경력, 보유인력 등 가용자원의 수준, 사업계획의 타당성, 시설과의 지리적 접근성 등을 종합적으로 판단하여 선정

(2) 홍보 및 모집

- 다양한 홍보 매체를 활용

(3) 운영 관리

- 공동육아나눔터 운영위원회 구성
  - 품앗이 참여 부모 등 공동육아나눔터 이용 부모를 중심으로 운영위원회를 구성하고, 사업담당자와 마을주민(예: 읍 · 면 · 동장, 아파트입주자대표), 지자체 담당자 등이 가급적 함께 참여(분기별 1회 이상 개최)
  - 회의 개최 시 품앗이별 대표 가급적 참석
  - '운영시간, 이용수칙, 보조인력 활용, 자부담 여부, 프로그램' 등 운영에 필요한 내용을 운영위원회를 통해 결정

(4) 운영 시간

- 주 5일 상시 개방(휴게시간 제외 주 40시간 이상)을 원칙으로 하되 지역 특성을 고려하여 유연하게 운영
- 맞벌이가구도 이용할 수 있도록 수요가 있는 경우 평일 야간 또는 주말 연장운영 권장(주말 운영 시 평일 휴무 가능)

(5) 이용요금

- 이용요금은 무료를 원칙으로 하되, 이용자의 자치활동에 의해 자발적으로 결정되는 사항에 대해서는 예외로 함
- '간식 제공, 프로그램 운영' 등 기존 예산으로 제공이 어려운 경우 운영위원회의 결정에 따라 이용자의 요금부담 가능

(6) 프로그램 운영

- 취지: 이웃 간 소통을 통한 교류 촉진, 부모와 자녀 간 친밀도 제고, 자녀의 사회성 발달 지원, 양육 스트레스 해소 및 자녀의 건강한 성장 지원
- 프로그램 구성·운영의 주체는 참여 부모이며, 사업담당자는 운영을 지원
- 프로그램 제공 업무에 치중하여 사업의 공동체성을 훼손하지 않도록 유의
- 부모 운영위원회를 통해 프로그램의 내용, 운영방식, 횟수 등 결정
- 운영횟수: 주 2회 이상
- 강사 섭외가 어렵거나 이용자 수가 적은 농어촌 지역 등의 경우 주 1회 운영 가능
- 공동체 활동을 활성화하고 부모의 교류를 증진하기 위한 프로그램 권장
- 아동을 위한 놀이 프로그램을 개발하고 현장에 적용하도록 노력할 것

(7) 놀이활동을 위한 교구 및 도서 관리

- 매일 분무소독, 주 1회 정밀소독
- 교구와 도서는 비치하여 운영하되 필요한 경우 대여서비스 제공 가능
- 직원의 공동체돌봄 업무 수행에 지장을 주지 않는 경우에만 대여서비스 제공
- 대여용은 비닐보관. 반납 시 소독 필수 및 월 1회 전체소독

(8) 이용자 관리

- 이용자 작성 서류
- 이용대장(출입 시 작성), 개인정보제공동의서, 만족도조사지, 품앗이 관련

(가입신청서, 활동일지, 활동계획)
- 사업담당자 작성 서류
- 사업계획서, 결과보고서, 품앗이 현황, 실적보고
- 운영위원회 결정에 따라 이용자가 작성 가능

(9) 맞벌이가구 자녀 돌봄시설

- 관련 서식: 이용자카드, 개인정보 수집·이용 동의서, 응급처치 및 귀가 동의서, 일일 운영 현황, 근로확인서
- 맞벌이 가정일지라도 공동체 활동 참여를 전제로 해야 함
- 보호자가 운영위원회 회의에 참석하고, 분기별 1회 이상 자녀와 함께하는 공동체 활동에 참여하도록 해야 함
- 맞벌이 가정의 공동체 활동 참여가 형식적인 행위에 그치지 않고 아동의 심리 정서적 발달에 긍정적인 영향을 미칠 수 있도록 노력할 것
  * 맞벌이 가정에 대한 부모교육 병행을 권장
- 돌봄인력 배치
- 사업담당자 외에 아동 돌봄을 전담하는 인력을 1인 이상 배치해야 함
- 돌봄인력은 '아동 돌봄, 안전한 보호, 입퇴실 및 귀가 관리' 업무 등 수행
- 운영 형태
- 지역 여건에 따라 자율적으로 결정

<운영 형태 예시>

1) 오후~저녁 종일 돌봄: 돌봄서비스 수요가 크고, 돌봄인력 자원이 충분한 경우
2) 오전 개방, 오후 돌봄: 부모들의 자녀 돌봄 수요가 있어서 오전에는 시설을 외부에 개방
3) 혼합형: 공간 규모가 크고 인력이 충분하여 동시간대에 일부 공간을 외부에 개방

- 주 40시간 이상 운영하되 주중에는 일 4시간 이상 돌봄서비스 제공할 것

(10) 자녀돌봄 품앗이 지원

자녀돌봄 품앗이란 마을 사람들이 농사일을 번갈아 도와주는 품앗이를 통해 일손을 덜었던 것처럼 이웃들이 자녀를 함께 돌봄으로써 육아 부담을 덜고 공동체 정신을 함양하는 공동 활동

(11) 구성

- 시설별 5개 이상
- 운영에 있어서의 최소 기준이며, 참여 가능 가구 수가 많은 경우 품앗이 수 확대(10개 권장)
- 맞벌이가구 자녀돌봄시설은 사업의 성격상 최소 품앗이 수를 규정하지 않음

(12) 운영 관리

- 활동 내용 · 방식 등은 구성원이 협의하여 결정하고, 사업수행기관은 활동 지원
- 홍보
- 관심 있는 가족들의 품앗이 참여 유도를 위해 '품앗이 활동의 장점, 활동 내용, 방식' 등을 홍보(시설 이용 주민 대상 안내, 설명회 개최 등)
- 활동비 지원: 활동계획서 또는 지출내역(활동일지, 영수증 등 증빙서류)에 따라 사업수행기관이 활동비 지원(실비 사후 정산)
- 활동비 지원은 필수사항이 아니며, 자발적인 참여에 의한 공동체 돌봄을 저해하지 않는 수준에서 지원
- 활동비 지원여부와 지원방식 및 금액은 재원 등을 고려하여 지역별 자율 결정하되, 하단 안내사항 준수

  ※ 지원방식 예시: 품앗이 활성화를 위해 품앗이 구성 시 3년간 지원 활동비 사용 안내
- 연간 활동비 지출액은 '월별 품앗이 계획서 제출 그룹수×30,000원×12개월'을 초과할 수 없음

  * 품앗이별 인원 수에 따라 지원액수 조정 가능

* 단, 맞벌이가구 참여 확대를 위해 맞벌이가구가 30% 이상 포함된 품앗이는 월 5만 원 이내로 지원 확대

- 자산취득 물품은 지원 제외
- 활동에 필요한 재료비 · 체험비 등 소요비용으로, 단순 간식비 및 다과 지원은 지양

(13) 품앗이 활동

- 품앗이별 자율적으로 계획 수립 및 운영
- 운영계획서 및 월별 활동일지 제출
- 품앗이 활동이란 지역 특성 및 자녀 발달 특성에 맞는 체험 · 교육 활동 등을 지칭
- 목적: 돌봄공동체 구성의 기초단계로서 품앗이 참여자 및 지역주민 간 친밀감 형성
- 내용: 가족 및 지역주민 간 소통 및 교류를 촉진하는 프로그램 운영(연 2회 이상)
- 프로그램 예시: 나눔장터, 만찬, 가족축제, 품앗이 활동 발표회, 운동회, 캠프, 견학

(14) 품앗이 교육

• 사업 안내

- 시기: 품앗이 구성 시
- 내용: '품앗이 개념, 운영취지, 활동유형 및 방법, 대표 선정 및 역할 분담, 우수사례 소개' 등
- 강사: 기존 품앗이 구성원 또는 사업담당자 등

• 전체 품앗이 대상 교육

- 주제: '자녀 양육, 가족관계 개선, 공동체 이해' 중 선택(연 2회 이상)
- 방식: 교육 · 상담 · 토의 · 문화 등 프로그램 형식은 자율적으로 결정하고, 지역 내 기관에서 시행하고 있는 프로그램 참여도 가능

※ 예: 건강가정지원센터의 '부모교육, 가족상담' 프로그램 수강

- **품앗이 활동가 양성교육**
  - 취지: 돌봄공동체 형성 및 품앗이 운영의 주체가 되는 활동가 양성
  - 대상: 품앗이 구성원, 자원봉사자 등
  - 시수: 4시간
  - 강사: 우수 시설의 품앗이 활동가 또는 사업담당자, 마을공동체활동가 등

(15) 안전 관리

- **원칙**
  - 사업담당자는 아동의 안전을 위해 부모와 함께 아동을 보호·감독해야 하며 안전하고 쾌적한 시설 및 환경을 조성하고 관리해야 함
  - 화재와 지진을 포함한 각종 재해 발생에 대비하여 인근 소방서, 경찰서, 의료기관 등 유관기관과 비상연락체계를 구축하고 눈에 잘 띄는 곳에 비치

- **안전점검 실시 및 결과 보고(반기별)**
  - 사업수행기관은 아동의 안전사고 예방을 위해 자체적으로 정기적인 시설 안전점검을 실시하고 기록·관리하여야 함(점검표 비치)
  - 사업수행기관은 화재·상해·위생상 문제 등 각종 사고 발생요인을 사전에 제거해야 하며, 안전관리 점검표를 비치(주 단위 관리)하고 해당 지자체는 분기별 안전점검을 실시하여야 함(서식 첨부)

3) 사업 예산 및 실적관리

(1) 예산 지원

- 개소별 49,420천 원(추가 관리인력 인건비, 지방비 포함)

  ※ 국고보조율 서울 30%, 지방 50%
- '19년부터 국비 지원방식 변경: 시·군·구별 → '개소별' 지원
- 개소별 예산집행 및 지침에 따른 사업이행, 실적관리 등 관리 철저
- 보조금 예산편성 및 집행에 관한 세부사항은 가족사업안내 제1권 Ⅰ. 센터

공통 적용사항을 준용
- 비품의 입고, 출고, 잔고 등 공동육아나눔터 별도 물품대장 수불 관리
- 인건비는 사업수행 담당기관의 직원에 준하여 처우할 것
- 기관 직원과 동일 호봉 적용
- 채용기준 동일
- 제수당, 기관부담금, 퇴직적립금 포함

※ 품앗이 활동 부모 등이 나누어서 사업을 담당하는 경우 인건비 지급은 운영위원회를 통해 결정(해당 지자체와 사업수행기관 동의 필요)

(2) 실적 관리

① 보고사항

- **설치 현황(시 · 군 · 구 → 시 · 도 → 여성가족부)**
  - 시 · 도 및 시 · 군 · 구는 해당 지역 공동육아나눔터의 설치 현황에 변동이 있을 경우 공문으로 보고(신규 개소, 폐소 등)

- **월별 실적(사업수행기관 → 지자체, 한국건강가정진흥원 → 여성가족부)**
  - 개소별 국비 지원이 이루어짐에 따라 개소별로 실적 관리 및 보고
  - 사업수행기관은 매월 공동육아나눔터 이용 실적을 해당 지자체와 한국건강가정진흥원 담당부서에 제출
  - 지자체가 직접 운영하는 경우 지자체 사업담당자가 월별 실적 제출
  - 건강가정지원센터 등 온라인 실적입력시스템(가족지원통합시스템 또는 가족서비스실적시스템)이 구축되어 있는 경우 시스템을 통한 실적 보고 병행

3 시설보호아동

시설보호아동에 관한 내용은 다음과 같다(보건복지부, 2019f).

1) 시설보호의 개념

시설보호사업은 혈연적으로 무관한 아동들이 혈연적으로 무관한 성인의 보호 아래 24시간 함께 거주함으로써 보호하는 아동복지사업이다. 시설보호는 「아동복지법」, 「국민기초생활보장법」, 「의료급여법」에 근거하여 서비스를 제공하고 있다. 과거에는 사회적 보호가 필요한 아동을 장기적으로 집단수용하는 것이었다면 현재에는 아동을 일시적으로 보호하면서 아동과 그 가족에 대한 의료서비스를 제공함으로써 아동을 가족으로 복귀시키는 것이다. 원가정에서 성장하는 것이 도저히 불가능한 경우에는 대리적 가정인 입양을 먼저 고려해야 하며 입양이 불가능한 경우에 시설에서 보호하도록 배려하여야 한다.

2) 시설보호아동의 문제

시설아동은 서로 무관한 아동, 성인과 생활하고 적응해야 하기 때문에 가정과는 전혀 다르게 양육되는데, 따듯한 인간관계를 맺기에는 제약이 많다. 그리고 문화적으로 실조된 환경에서 생활하기 때문에 심리사회적 욕구를 충족시킬 인적, 물적 자원과 경험이 부족한 상태이다. 그래서 시설보호아동은 신체, 정서, 인지, 사회 발달에 있어서 일반아동에 비해 발달지체현상을 보이는데 다음과 같다.

첫째, 신체발달 측면에서는 대부분의 아동이 한국 소아의 발육 표준치에 뒤떨어지고 있으며 영양소 섭취량도 권장량에 미치지 못하는 것으로 조사되었다. 그리고 이러한 발달 특성은 인지발달에도 영향을 미치는 것으로 나타났다.

둘째, 정서발달 측면에서 살펴보면, 시설아동은 일반아동에 비해 자신의 의견을 주장하고 감정 상태를 통제하는 정서 조망능력이 부족한 것으로 나타났다. 그리고 이중적 인격을 가지는 경향이 있는데 표면적으로는 규칙에 순종하지만 내면적으로는 반항적이라는 것이다. 또 다른 사람과의 접촉에 두려움을 느끼고 정서적으로 불안정하며, 제한된 생활로 물질적 욕구가 강하다.

셋째, 인지발달 측면에서 살펴보면 집단생활로 인해 개별적인 지적 자극을 잘 받지 못하기 때문에 인지발달지체, 학습장애, 창의성 부족, 집중력 부족, 언어발달 지체 등의 발달지체가 나타났다.

넷째, 사회성 발달 측면에서는 시설보호의 경험이 있는 아동의 사회적 관계의 특성은 좀 더 많은 관심과 인정을 추구하는 성인 지향적이다. 또래관계에서 어려움을 겪고 친구가 적으며 불안할 때는 또래로부터의 정서적 지지에 의존하는 경향이 적었으며 또래관계 양상도 부적절하고 부정적이었다.

다섯째, 시설생활은 아동들의 보호와 교육을 통해 퇴소 후 자립할 수 있는 기반을 다져 주는 역할을 하고 있다. 이러한 문제는 그동안 아동시설 프로그램의 변화를 통해 대처해 오고 있으나 미흡하며 아동의 퇴소 후 자립생활, 사회적 적응에서 오는 경제적 · 심리적 · 사회적 문제 등 유형 및 무형의 문제점들이 제기되고 있다. 시설보호가 종결되면 대부분 독립적인 사회생활을 위해 공식적인 사회지원체계로부터 멀어지게 되는 반면, 자립을 위한 준비가 부족한 상태에서 자립이 요구되므로 심리적 · 사회적 위기를 경험하게 된다.

3) 시설보호아동의 특성

- 자신감의 결여/자기비하: 환경에서 오는 위축감과 함께 아동이 스스로 계획하여 달성할 수 있는 일이 적은 점, 하고자 하는 의도들이 무시되는 점 등으로 인해 아동들은 자신감을 잃고 열등의식과 자포자기적인 생각을 갖게 된다. 수업시간에도 선생님이 무언가를 하고자 하면, 그것이 어떤 것인지 관심을 갖기도 전에 일단 거부하고 보는 경우가 많다. 또 장래 희망을 물었을 때 '없다'라고 대답하는 아동이 많으며, 스스로 '고아', '고아원'이라 비하하기도 한다.
- 창조성 결여: 시설이라는 환경이 아동들에게 기본적 생활조건을 충족시켜 주고는 있으나 개개인의 개성을 키워 줄 수 있는 곳은 아니며, 집단생활을 하기 때문에 개인의 시간을 충분히 가질 수 있는 기회가 적고, 아동 개개인의 특기나 자질에 대한 도움이 적기 때문에 아동의 창조성을 키워 주는 데에는 여러

가지 제약이 있다. 창의성을 쉽게 판가름할 수 있는 만들기, 그리기 등 예능 수업에 있어서, 스스로 생각하기보다는 선생님이 해주는 것을 더 좋아하거나, 다른 아동의 것을 모방하려 하는 아동이 많은 것을 보면 알 수 있다.

- 정서적 불안: 생활이 번잡스럽고 함양 교육이 부족한 데서 오는 정서적 불안이 있다. 더구나 가정과 같은 작은 공간이 아닌 단체생활의 환경에서 오는 아이들 간의 상하 관계, 시설 직원과의 관계, 잦은 외부 방문자와 자원봉사자들과의 대외 접촉, 원내의 잡다한 심부름과 같은 일들은 아이들을 산만하게 만들 수밖에 없다. 이유 없이 친구나 동생을 장난으로 때리거나, 수업시간이나 집단행동 시에도 산만하며 소란스러운 아이들을 쉽게 볼 수 있다.
- 내향성과 고독감: 겉으로는 소란스럽고 활발하지만, 실제로는 강한 내향적 특징을 가지고 있어 많은 사람들 사이에서도 고독감을 느끼는 아동이 있다. 특히 큰 아이들의 경우 남에게 자기 자신을 내보이는 것을 싫어하며, 표면적으로는 놀랄 만큼 금방 친해지지만 자기 자신의 처지, 환경, 비밀에 관한 질문을 누군가가 던지면 잘 대답하지 않는 때가 많다.
- 도덕성 문제: 종종 아동들이 같이 생활하는 지도원이나 방문한 후원자, 자원봉사자들의 지갑을 뒤지는 경우나 인근 가게에서 물건을 집어오는 경우가 있는데, 이것은 필요에 의한 것이기보다는 버릇인 경우가 많다.
- 사회성 문제: 학교에서의 낮은 등수로 인하여 성적에 대한 애착이 적고 성취동기가 미약하거나 학교생활에 흥미를 잃기도 하며, 시설 내에서는 극성스럽게 생활하다가도 학교에 가서는 '지나치게 얌전하다'라는 소리를 들을 정도로 소극적인 경우가 있다.

4) 양육시설 사회복지사의 역할

시설에서는 여러 분야의 사회복지사가 근무하고 있는데, 특히 아동들과 공동생활을 하면서 24시간을 보내며, 부모를 대신하여 아동의 신체적·정신적 성장과 발달, 그리고 미래에 대한 진로 형성에 중요한 역할을 하는 사회복지사를 생활지도원으로 부른다. 생활지도원은 아동들에 대한 이해와 사랑 그리고 아동들과의 의사소통을 할 수 있는 능력이 다른 분야의 사회복지사보다 더 필요하다.

(1) 부모로서의 역할

여러 이유로 부모나 가족과 떨어져 지내는 시설아동에게 있어서 생활지도원은 부모나 부모 보조의 역할을 한다. 생활지도원의 아이들 지도 방식에 따라서 아동의 인성과 성격, 삶에 대한 태도가 많이 바뀌게 된다. 이에 다양한 상황과 배경에 있는 시설아동들에 대한 양육 방식은 아주 중요하다. 따라서 생활지도원은 부모로서의 역할 수행에 있어서 최선을 다해야 하고 일관된 패턴으로 아동들을 지도할 수 있도록 다양한 교육을 이수하고 시설 내 종사자와의 긴밀한 협조가 필요하겠다.

(2) 교사로서의 역할

다양한 지식에 대한 욕구가 있는 아동들을 지도할 기초적인 지식을 생활지도원은 갖춰야 하고 아동들의 욕구를 충족시킬 정보와 방법을 찾고 연계할 수 있도록 노력해야 한다. 학교에서 배우는 내용에 대해 아동들에게 도움을 주고 좀 더 나은 진로 선택을 할 수 있도록 교사로서 역할을 해야 하겠다. 빠르게 변하는 사회 변화에 아동들이 잘 적응해 갈 수 있도록 교사로서 도와야 할 것이다.

(3) 상담자로서의 역할

정서적으로 불안한 시설아동들의 심리적 문제를 해결하기 위하여 시설에 상담사나 임상심리사가 근무하고 있지만 아동들과 밀접하게 생활하고 있는 생활지도원만큼 상호작용하기는 힘든 실정이다. 아동들과 생활하면서 아동 개인들의 상황과 심리적 특성을 알고 있는 생활지도원이 아이들의 고민을 들어주고 해결하는 데 더 좋은 위치에 있다. 이에 생활지도원은 상담자로서 역할을 충실히 하여 아동들이 정서적·심리적으로 안정적으로 지낼 수 있도록 노력해야 할 것이다.

(4) 자립지원자로서의 역할

시설의 사회복지사는 시설아동이 퇴소 후 아동 자신이 필요한 의·식·주를 스스로 해결하기 위해 자립역량 강화를 위한 프로그램을 개발하고 운영하여 사회적응을 잘할 수 있도록 도움을 주는 역할을 한다. 또한 각 시설에는 자립전담요원을 두어 시설에서 운영할 자립지원 프로그램 운용계획서를 작성 관리하고, 자립지원아동에 대한 상담 및 사례를 수집 · 관리하고, 매월 자립지원 프로그램에 대한 결과를 보고하고 DB화하며, 생활지도원의 자립 관련 교육 및 슈퍼비전을 제공한다.

5) 아동문제행동에 대한 통합적 접근

대부분의 아동복지시설들은 이러한 아동의 문제행동에 대해 인식하고 있지만 전문인력의 부족으로 인해 적극적으로 개입하여 서비스를 제공하지 못하고 있는 실정이다. 그러므로 시설들은 아동을 양육 · 보호하는 기능과 함께 아동마다 심리 · 사회적 문제를 진단한 후 개인별 치료목표를 설정하여 전문적 서비스를 제공하는 것이 절실히 요청된다. 아동복지 시설의 아동 중 양부모 모두를 잃은 상태는 극소수에 지나지 않으므로 어떠한 형태로든 부모와 관계를 보완하여 주는 차원의 접근이 더욱 필요하다. 즉 부모-자녀관계의 보강 및 강화, 부모와의 공동 프로그램의 개발이 필요하다고 할 수 있다. 그리고 최근에는 아동학대에 의한 학대아동이 입소되는 등 복잡하고, 어려운 사례가 증가하고 있는데, 아동복지시설들은 이런 아동들의 개별 상황에 적합한 서비스를 전개하여야 하고 시설 내에서 아동의 '최선의 이익'이 보장되는 시설환경 및 서비스가 이루어져야 할 것이다.

시설에서의 사례개입 기준의 표준화가 이루어져야 함과 동시에 공개되어야 한다. 현재 아동복지시설은 부분적인 2부제 직원 근무체제이다. 추후 전체 2부제 근무체제가 실시될 때 가져올 종사자의 변화에 따라 사례개입의 기본이 흔들린다면 수용된 아동은 많은 혼란과 당혹감을 갖고 있을 수 있기 때문에 기본적인 표준 매뉴얼의 작성이 중요하고, 이를 바탕으로 한 개별적 사례관리가 이루어지는 것이 바람직하기 때문이다. 이를 위해 첫째, 사회성 향상을 위한 프로그램으로 개별상담과 또래들과 함께 하는 집단상담 · 활동 등의 실시 둘째, 인지적 능력을 향상하기 위한 프로그램으로 일대일 개별학습지도, 그룹학습지도, 취약과목 학원수강, 외국어회화지도 셋째, 정서함양을 위한 프로그램으로 아동의 개인별 특성을 고려한 동아리 중심의 문화 · 예술 · 취미활동이 지도되어야 할 것이다. 아동은 심리 · 정서적으로 일반 가정의 아동에 비해 전체적으로 자아 존중감이 낮고, 대부분 실업계 고등학교를 입학하여 생산직 등에 취업하고 이직을 하는 경우가 많아 경제적으로 어려움을 겪게 된다. 그리고 일반 가정의 아동보다 제한된 사회적 네트워크를 형성하고 있어서 이에 대한 체계적인 자립지원이 필요하다.

6) 시설보호사업의 종류 및 서비스 내용

「아동복지법」 제16조제1항에 규정된 아동복지시설의 종류와 서비스 내용은 다음과 같다.

- **아동양육시설**
  - 보호대상아동을 입소시켜 보호, 양육 및 취업훈련, 자립지원 서비스 등을 제공하는 것을 목적으로 하는 시설

- **아동일시보호시설**
  - 보호대상아동을 일시보호하고 아동에 대한 향후의 양육 대책 수립 및 보호조치를 행하는 것을 목적으로 하는 시설

- **아동보호치료시설**
  - 아동에게 보호 및 치료 서비스를 제공하는 다음 각 목의 시설
  - 불량행위를 하거나 불량행위를 할 우려가 있는 아동으로서 보호자가 없거나 친권자나 후견인이 입소를 신청한 아동 또는 가정법원, 지방법원소년부지원에서 보호위탁된 19세 미만인 사람을 입소시켜 치료와 선도를 통하여 건전한 사회인으로 육성하는 것을 목적으로 하는 시설
  - 정서적·행동적 장애로 인하여 어려움을 겪고 있는 아동 또는 학대로 인하여 부모로부터 일시 격리되어 치료 받을 필요가 있는 아동을 보호·치료하는 시설

- **공동생활가정**
  - 보호대상아동에게 가정과 같은 주거 여건과 보호, 양육, 자립지원 서비스를 제공하는 것을 목적으로 하는 시설

- **자립지원시설**
  - 아동복지시설에서 퇴소한 사람에게 취업 준비기간 또는 취업 후 일정 기간 동안 보호함으로써 자립을 지원하는 것을 목적으로 하는 시설

- **아동상담소**
  - 아동과 그 가족의 문제에 관한 상담, 치료, 예방 및 연구 등을 목적으로 하는 시설

- **아동전용시설**
  - 어린이공원, 어린이놀이터, 아동회관, 체육 · 연극 · 영화 · 과학실험전시 시설, 아동휴게숙박시설, 야영장 등 아동에게 건전한 놀이 · 오락, 그 밖의 각종 편의를 제공하여 심신의 건강 유지와 복지증진에 필요한 서비스를 제공하는 것을 목적으로 하는 시설

- **지역아동센터**
  - 지역사회 아동의 보호 · 교육, 건전한 놀이와 오락의 제공, 보호자와 지역사회의 연계 등 아동의 건전 육성을 위하여 종합적인 아동복지서비스를 제공하는 시설
  - 아동복지시설은 각 시설 고유의 목적 사업을 해치지 아니하고 각 시설별 설치기준 및 운영기준을 충족하는 경우 다음 사업을 추가로 실시할 수 있다.

- **아동가정지원사업**
  - 지역사회아동의 건전한 발달을 위하여 아동, 가정, 지역주민에게 상담, 조언 및 정보를 제공하여 주는 사업

- **아동주간보호사업**
  - 부득이한 사유로 가정에서 낮 동안 보호를 받을 수 없는 아동을 대상으로 개별적인 보호와 교육을 통하여 아동의 건전한 성장을 도모하는 사업

- **아동전문상담사업**
  - 학교 부적응 아동 등을 대상으로 올바른 인격 형성을 위한 상담, 치료 및 학교폭력 예방을 실시하는 사업

- **학대아동보호사업**
  - 학대아동의 발견, 보호, 치료 및 아동학대의 예방 등을 전문적으로 실시하는 사업

- **공동생활가정사업**
  - 보호대상아동에게 가정과 같은 주거 여건과 보호를 제공하는 것을 목적으로 하는 사업

- **방과후 아동지도사업**
  - 저소득층 아동을 대상으로 방과후 개별적인 보호와 교육을 통하여 건전한 인격 형성을 목적으로 하는 사업

PART

3

아동복지의 미래

Chapter

13 아동복지의 미래

포용적 복지와 사회통합의 방향에 관한 내용은 다음과 같다(한국보건사회연구원, 2020).

1 포용적 복지와 사회통합의 방향

'정치를 맡기면 무엇부터 하겠느냐'는 자로의 질문에 공자는 정명(正名)이라고 대답하였다. 시인 김춘수의 꽃을 인용하지 않아도 우리는 이름(名)이란 존재 가치나 의의(意義)를 뜻한다는 것을 알고 있다. 이름이 주어짐으로써 사물은 비로소 의미를 얻게 되고, 의미를 얻게 됨으로써 존재 가치를 지니게 되는 것이다. 그러므로 바른 이름(正名)은 명분에 걸맞은 각 주체의 역할과 행위가 실현되어야 함을 의미한다.

김대중 정부 이후 각 정부는 복지에 관한 정명, 곧 복지 철학을 제시한 후 이를 달성하기 위한 정책들을 수행하였다. 김대중 정부의 '생산적 복지', 노무현 정부의 '참여복지', 이명박 정부의 '능동적 복지' 그리고 박근혜 정부의 '맞춤형 복지'가 대표적인 예이다. 문재인 정부는 출범 이후 포용적 성장(Inclusive Growth)과 '포용적 복지(Inclusive Welfare)'를 경제정책 및 복지정책의 패러다임(정명)으로 설정한 바 있다.

이러한 각 정부의 복지 철학을 담고 있었던 정명에 대한 평가는 상이할지 모르지만, 하위 복지정책 수행의 '나침반'이자 '등대' 기능을 하였음은 분명하다. 애스모글루 외(Acemoglu & Robinson, 2012)의 『국가는 왜 실패하는가』는 문재인 정부에서 강조하고 있는 '포용 철학'에 가장 큰 영향을 주었을 것으로 판단된다. 책의 논지와 문재인 정부의 철학이 매우 유사하기 때문이다. 애스모글루 등은 '역사상 가장 성공한 국가의 공통점은 포용적 정치제도(시민의 기본권과 안전 보장, 참여적 민주주의, 정치·사회 세력 간의 대화와 타협)와 포용적 경제제도(시장 참여의 기회 보장, 독과점 폐지를 통한 지대 추구 근절, 공정한 경쟁 환경보장, 사회안전망 확충)를 가지고 있다'는 점을 강조하고 있다. 즉, 포용적 정치제도 → 포용적 경제제도 → 창조적 파괴와 혁신 → 지속적 성장으로 귀결됨을 주장하고 있다. 또한 이들은 결정적 분기점(critical juncture)에서 포용적 제도를 채택하느냐 착취적 제도를 채택하느냐에 따라 국가의 발전 정도가 달라질 수 있음을 세계 각국의 사례를 인용하면서 입증하고 있다.

문재인 정부 초기 포용적 성장은 소득주도성장, 공정경제, 혁신성장을 아우르는 개념으로 설정한 바 있다. 그러므로 포용적 복지와 포용적 성장은 어의적인 측면에서 대구를 이루지만, 내용적인 측면에서는 포용적 복지는 오히려 소득주도성장의 논리 구조와 유사하다. '소득 증가 → [소비 증가, 역량 증가] → 투자 증가 → 일자리 증가 → 소득 증가'라는 소득주도성장의 논리 구조는 포용적 복지에서도 성장과 복지 간의 선순환 흐름으로 유사하게 주장되고 있다. 굳이 양자 간의 차이점을 부각한다면 소득주도성장이 시장(또는 경제)의 관점에서 주장되고 있는 반면에 포용적 복지는 '인간을 중심'에 두고 접근한다는 측면이다. 포용적 복지는 '경제성장의 과실을 어느 계층도 소외됨이 없이 누리는 상태'로 정의될 수 있다. 포용이란 강물을 차별하지 않는 바다와 같다.

바다는 맑은 강이나 더러운 강을 차별하지 않고 받아들이고 정화하여, 깨끗한 수증기를 다시 더러운 강이나 맑은 강을 구분하지 않고 나누어 준다. '해와 달은 대상을 차별하지 않는다'. 묵가들의 겸조(兼照) 사상이다. 겸조 사상과 결을 같이 하는 것이 곧 포용적 복지이다. 포용 복지의 개념에 '어느 계층도 소외됨이 없이'라는 표현에는 보편주의와 사회통합이라는 철학적 함의가 내포되어 있다. 포용이 '관용(tolerance) ⇒ 수용(acceptance) ⇒ 변용(transformation)'의 단계를 통해 성숙(성경륭 외, 2017)된다는 점을 감안하면, '다름'과 '차이'를 인정하는 것은 포용복지의 출발점이다. 이런 점에서 사회통합은 포용복지의 출발점이다. 하지만 사회통합은 포용복지의 결과이기도 하다. 포용복지라는 철학이 정책화되고 집행된 결과 우리 사회가 얼마나 통합된 사회인가를 보여주는 것이 바로 사회통합이기 때문이다. 결국 사회통합은 포용복지의 출발점이자 결과이다. 바다, 해와 달의 포용정신이 우리 현실에서 얼마나 구현되고 있는가를 알아보기 위해서는 사회통합지표 등을 살펴볼 수도 있다. 본문에서 언급하고 있으므로 이를 참고할 수도 있다. 여기서는 한두 가지 사례를 중심으로 사회통합에 대한 다소 무거운 질문을 던지고자 한다. 특수직역연금 수급자, 국민연금 수급자, 기초연금 수급자로 분리된 우리나라 노인들과 앞 칸, 중간 칸, 꼬리칸으로 구분된 영화 '설국열차'와 무엇이 다른가? 통합이 아니라 분절이다. 또한 나날이 심화되고 있는 전 세계적인 양극화, 새로운 계급 또는 그를 표상하는 '충(蟲)'과 '냄새'와의 전쟁, 이 문제를 해결하기 위해 국가들은, 특히 우리나라는 얼마나 노력하고 있는가? 영화 '기생충'이 던지는 메시지다.

2 포용복지와 사회정책 방향

최근에는 저출산 및 고령화의 영향으로 생산가능인구가 줄어들게 되자, 기업은 노동력을 확보하기 위해 기존의 남성 정규직 중심에서 여성, 고령자, 외국인 등 보다 다양한 인재를 확보할 필요성이 높아지게 되었다. 하지만 여성 및 고령자 그리고 외국인 고용을 확대하기 위해서는 장시간 근무를 당연시했던 기존의 근무 형태를 개선할 필요가 있었다. 즉, 여성은 육아 및 가사를 담당하는 경우가 많아 기존의 정규직 남성과 같이 장시간 근무를 기본으로 한 근무 형태만으로는 우수한 여성 인재를 확보하는 데 한계가 있었다. 고령자의 경우에는 풀타임 고용보다 파트타임 고용을 원하는 경우가 많았고, 외국인의 경우에는 장시간 근무를 기본으로 하는 일본식 고용 시스템에 저항감을 가지고 있었다. 이에 따라 일본 정부는 장래 성장 전략을 추진할 수 있는 안정적인 노동력을 확보하기 위해 같은 장소에서 동일하게 장시간 근무를 하는 기존의 일하는 방식을 전면적으로 수정할 필요가 있게 되었다. 즉, 재택근무 등 다양한 근무 형태를 허용하여 출산 후의 여성 사원과 개호를 담당할 필요가 있는 사원 등 기존의 제도를 적용하면 퇴직해야만 했던 사원들에게 활약할 수 있는 장소를 계속적으로 제공하는 것이 중요해졌다(金明中, 2019: 141-151).

3 2021년 보건복지부 예산안 주요 사업 12선

2021년 보건복지부 예산안 주요 사업 12선의 내용은 다음과 같다(보건복지부, 2020g).

1) 생계급여 부양의무자 기준을 단계적으로 폐지합니다.

(백만 원)

세부사업명	'20예산		'21(안) (B)	증감 (B–A)	
	본예산	추경(A)			%
생계급여	4,337,925	4,337,925	4,607,864	269,939	6.2

출처: 보건복지부 2021년 보건복지부 예산안 주요 사업 12선. 1.

(1) 사업 개요

생계유지 능력이 없거나 생활이 어려운 자에게 필요한 생계급여 지급을 통해 최저생활 보장 및 사회복지 향상에 기여하였다.

(2) 지원 내용

① (지원대상) 소득인정액 기준 및 부양의무자 기준을 충족하여 생계급여 수급자로 결정된 자이다.

② ('21년 개선내용) 노인 및 한부모 수급권자 가구 대상 부양의무자 기준 폐지*

* 고소득 · 고재산(연소득 1억 또는 재산 9억 초과)을 가진 부양의무자는 기준이 지속 적용된다.

(3) 기대 효과

빈곤 사각지대 완화를 통한 저소득층의 생활 안정을 도모한다.

2) 저소득층 청년에게 목돈 마련을 통한 탈빈곤을 지원합니다.

(백만 원)

세부사업명	'20예산		'21(안) (B)	증감 (B–A)	
	본예산	추경(A)			%
근로 능력 있는 수급자의 탈수급 지원	100,561	100,561	101,276	715	0.7
– 청년저축계좌	7,321	7,321	27,854	20,533	280.5

출처: 보건복지부 2021년 보건복지부 예산안 주요 사업 12선. 2.

(1) 사업개요

일하는 차상위 계층 청년이 사회에 안착할 수 있도록 자산 형성 지원 및 자립을 촉진하는 사업이다.

(2) 지원 내용

② (지원대상) 일반 노동시장에서 일하면서 소득인정액이 기준 중위소득 50% 이하 주거·교육급여 수급 혹은 차상위 청년(만 15세~39세)－('20년) 5천 → ('21년) 13.4천 명이다.

③ (지원내용) 매월 본인적립금(10만 원)을 저축하면 장려금(30만 원)을 매칭(1 : 3) 지원(3년 적립, 총 1,440만 원)이다.

(3) 기대 효과

근로빈곤층 청년의 생계수급자 등으로의 하락을 사전 예방하고, 중산층으로의 진입 가능성을 높여 탈빈곤 지원을 하였다.

3) 기초 · 장애인연금 인상을 통한 소득지원을 강화합니다.

(백만 원)

세부사업명	'20예산		'21(안) (B)	증감 (B–A)	
	본예산	추경(A)			%
기초연금지급	13,176,531	13,176,531	14,963,468	1,786,937	13.6
장애인연금	786,181	786,181	829,084	42,903	5.5

출처: 보건복지부 2021년 보건복지부 예산안 주요 사업 12선. 3.

(1) 사업 개요

① (기초연금) 기초연금을 지급함으로써 공적 연금 사각지대에 놓인 어르신의 노후소득을 보장 및 생활 안정을 지원('14.7월 시행)한다.

② (장애인연금) 장애로 인한 소득 상실과 추가 지출비용으로 생활이 어려운 중증장애인에게 매월 일정액을 지급하여 중증장애인의 경제적 생활 안정을 도모한다.

(2) 지원 내용

① 지원대상

- (기초연금) 65세 이상 노인 인구의 70% 수준으로 소득 · 재산 수준이 선정기준액* 이하인 자 '20년 기준: 단독가구 148만 원, 부부가구 236.8만 원이다.
- (장애인연금) 18세 이상 중증장애인* 중 소득하위 70%(37만 7천 명)

② 지원내용

- (기초연금) 기초연금 수급자(소득하위 70%) 대상 월 최대 30만 원 지급
- (장애인연금) 장애인연금 수급자 중 차상위 초과~소득하위 70%까지 기초급여액을 25.4만 원에서 30만 원으로 인상한다.
  ※ '19년 생계 · 의료급여 수급자, '20년 주거 · 교육급여 수급자 및 차상위 계층의 기초급여액을 30만 원으로 조기 인상한다.

(3) 기대 효과

－(기초연금) 노인 빈곤 완화 기대 및 안정적인 노후 소득기반 제공이다.

－(장애인연금) 기초급여액 단계적 인상으로 중증장애인의 소득지원을 강화한다.

4) 발달장애인 지원을 확대합니다.

(백만 원)

세부사업명	'20예산		'21(안) (B)	증감	
	본예산	추경(A)		(B−A)	%
발달장애인 지원	91,611	81,611	151,252	69,641	85.3

출처: 보건복지부 2021년 보건복지부 예산안 주요 사업 12선. 4.

(1) 사업 개요

① (주간활동) 성인 발달장애인의 의미 있는 낮 시간 활동 지원을 위해 지역사회 인프라 활용한 다양한 참여형 프로그램을 제공한다.

② (방과후활동) 청소년 발달장애학생의 방과후 돌봄 지원을 위해 취미・여가, 직업탐구, 관람・체험 등 다양한 활동 프로그램을 제공한다.

(2) 지원 내용

① (주간활동 지원대상) 만 18세 이상 65세 미만 성인 발달장애인

－('20) 4,000명 → ('21안) 9,000명(신규 5,000명)

② (방과후활동 지원대상) 만 12세 이상 18세 미만 청소년 발달장애학생

－('20) 7,000명 → ('21안) 10,000명(신규 3,000명)

③ (지원내용) 월 100시간의 주간활동 바우처(단축형 56시간, 기본형 100시간, 확장형 132시간) 및 월 44시간의 방과후활동 바우처 제공

(3) 기대 효과

발달장애인 돌봄 지원 강화로 사회성 향상, 가족의 돌봄 부담 경감 및 부모의 사회・경제활동을 지원한다.

5) 노인맞춤돌봄서비스가 더욱 확대됩니다.

(백만 원)

세부사업명	'20예산		'21(안) (B)	증감 (B–A)	
	본예산	추경(A)			%
노인맞춤돌봄서비스	372,797	372,797	418,299	45,502	12.2

출처: 보건복지부 2021년 보건복지부 예산안 주요 사업 12선. 5.

(1) 사업 개요

일상생활을 영위하는 데 어려움이 있는 취약노인(거동불편, 독거 등)에게 예방적 맞춤형 돌봄서비스를 제공하여 장기요양 진입 예방 및 노후 삶의 질을 제고한다.

(2) 지원 내용

① (지원대상) ('20) 45만 명 → ('21안) 50만 명(신규 5만 명)이다.

② (지원내용) 욕구 중심 맞춤형 서비스 제공 및 서비스 다양화

- 기존 사업별 획일적 대상 선정 및 서비스 제공에서 벗어나 개인별 서비스 제공 계획을 수립하여 돌봄에 필요한 서비스(4개 영역 17개 서비스)를 통합적으로 제공한다.

구분		서비스 내용	
직접 서비스 (방문, 통원 등) ※ 4개 분야 17개 이상 서비스	안전지원	• 안전 · 안부확인(방문, 전화) • 말벗	• 화재예방, 응급상황 시 대처법 등 안전교육
	사회참여	• 자조모임	• 친구만들기
	생활교육	• 건강운동 • 구강관리 • 영양섭취 • 식사준비	• 낙상예방 • 인지저하예방 • 질환 증상 및 관내 의료기관 등 건강정보 제공 등
	일상생활 지원	• 병원동행 • 외출동행 등 이동지원 • 장보기	• 청소, 빨래, 식사준비 등 가사 지원 • 신체 수발
연계서비스 (민간후원자원) ※ 지역사회 자원 연계는 읍 · 면 · 동에서 우선 실시		• 도배 · 장판, 대청소 등 주거환경개선 • 의치보철 지원, 보청기 지원, 구강진료 지원 • 선풍기 · 에어컨, 전기매트 · 난로 등 혹서기 · 혹한기 물품 지원 • 푸드뱅크, 쌀 · 김치 등 식품 지원 • 나들이 지원, 문화체험 지원 등	

출처: 보건복지부 2021년 보건복지부 예산안 주요 사업 12선. 5.

(3) 기대 효과

(돌봄수요 충족) 돌봄이 필요한 취약노인이 필요한 도움을 받을 수 있는 수요자 중심 돌봄서비스 제공 체계를 마련한다.

(예방 강화) 장기요양 이전단계의 예방적 돌봄서비스 제공을 강화하여 노후 삶의 질 제고 및 장기요양 진입 예방을 한다.

6) 맞춤형 복지서비스를 찾아드리기 위해 차세대 사회보장정보시스템을 도입합니다.

(백만 원)

세부사업명	'20예산		'21(안) (B)	증감 (B–A)	
	본예산	추경(A)			%
사회보장정보시스템 구축 및 운영(정보화)	118,906	93,343	79,040	△14,303	△15.3

출처: 보건복지부 2021년 보건복지부 예산안 주요 사업 12선. 6.

(1) 사업 개요

① (개요) '행복e음', '시설정보시스템', '전자바우처시스템' 등 노후된 기존 사회보장 정보시스템을 전면 개편('21.9월부터 단계적 개통)된다.

② (개편 기본방향) ① 복지체감도 향상, ② 일선 현장의 업무량 경감, ③ 민관협력 통한 서비스 제공 ④ 데이터기반 정책 및 사용자 편의성 강화한다.

(2) 주요 개편 내용(시스템 이용자별로 새롭게 도입되는 기능)

① (이용자) 복지수요를 선제적으로 파악하고 필요한 정보를 적시 안내하여, 몰라서 신청하지 못하거나 신청 불편이 없게 개선한다.

- ((가칭)복지멤버십) 가구특성, 소득 · 재산 등 공적 자료 분석을 통해 개인 및 가구별로 받을 수 있는 복지서비스를 찾아서 안내한다.
- (신청 간소화) 現 20여 종의 온라인 신청대상 사업을 대폭 확대하고, 신청서식 간소화 및 신청 창구 다변화 등을 추진한다.

② (지자체) 사회복지공무원이 수행하는 사회보장업무의 디지털화를 통해 서면

업무를 줄이고 상담서비스 확충, 자격관리도 효율화한다.

③ (사회서비스 기관) 서비스 대상별 정보를 통합하여 민관기관 간 최적의 서비스 의뢰 및 연계 제공할 수 있는 정보 기반 마련을 한다.

(3) 기대 효과

필요한 복지서비스를 찾아서 알려주는 '복지멤버십' 도입, 복지서비스 신청 간소화 등을 통해 복지 체감도 향상을 기대한다.

7) 감염으로부터 안전한 환경에서 호흡기 · 발열 환자를 진료합니다.

(백만 원)

세부사업명	'20예산		'21(안) (B)	증감 (B–A)	
	본예산	추경(A)			%
호흡기전담클리닉 설치 · 운영 지원	–	50,000	50,000	–	전년동

출처: 보건복지부 2021년 보건복지부 예산안 주요 사업 12선. 7.

(1) 사업 개요

증상만으로는 코로나19와 구분하기 어려운 호흡기 · 발열 환자를 안전한 환경을 갖추고 진료하는 호흡기전담클리닉 설치 확대를 한다.

(2) 지원 내용

호흡기전담클리닉 500개소 설치를 위한 시설 · 장비 구축 비용을 개소당 1억 원을 지원한다.

(3) 기대 효과

코로나19 장기화 상황에서 호흡기 · 발열 환자 진료 공백을 최소화하고, 환자 및 의료진을 감염으로부터 보호한다.

8) 검역, 진단 · 검사, 역학조사 등 감염병 대응 역량을 강화합니다.

(백만 원)

세부사업명	'20예산		'21(안)(B)	증감(B-A)	
	본예산	추경(A)			%
합계	20,619 (4,831)	355,021 (14,601)	26,533 (8,768)	△328,488 (△5,833)	△92.5 (△39.9)
검역관리 (전자검역심사대 구축 · 운영)	10,011 (1,412)	10,011 (1,412)	10,049 (1,190)	38 (△222)	0.4 (△15.7)
감염병 표준실험실 운영 (감염병 원인병원체 진단지원)	5,778 (2,528)	15,548 (12,298)	9,890 (5,218)	△5,658 (△7,080)	△36.4 (△57.6)
신종감염병 위기상황 종합관리 (역학조사관 교육) (긴급상황실 및 시스템 유지관리 등)	4,830 (195) (696)	329,462 (195) (696)	6,594 (345) (2,015)	△322,868 (150) (1,319)	△98.0 (76.9) (189.5)

출처: 보건복지부 2021년 보건복지부 예산안 주요 사업 12선. 8.

(1) 사업 개요

코로나19 등 감염병 위기 발생 시 검역, 진단 · 검사, 역학조사 · 환자 접촉자 관리 등 감염병 확산 방지를 위한 시스템 고도화 및 대응 역량 강화를 한다.

(2) 사업 내용

① (전자검역심사대) 입국자 검역정보를 실시간 분석 · 처리할 수 있는 모바일 앱(또는 키오스크) 활용한 ICT 기반 전자검역심사대를 구축한다.

② (진단 · 분석) 신 · 변종 병원체 확인진단, 시 · 도 보건환경연구원 등(병원체 확인진단 기관) 검사 질관리, 원인불명 병원체 조기탐지 감시체계 및 미래 감염병 분석체계 신규 운영을 한다.

③ (역학조사관) 역학조사관 확충 및 감염병 유행 대응사례 적용 및 현장경험 중심 역학조사관 교육 개선을 한다.

(3) 기대 효과

코로나19 등 신종 및 국내 유행 감염병 대응 시스템 고도화, 감염병 감시체계 운영 강화 등 예방관리 역량강화로 감염병 국내 확산 및 유입 방지를 한다.

- 전문성이 강화된 역학조사관 양성 및 진단검사 역량 강화로 국가방역체계를 고도화시킨다.

9) 지역 간 필수의료 격차 해소를 위해 책임의료기관 등을 확충합니다.

(백만 원)

세부사업명	'20예산		'21(안) (B)	증감 (B–A)	
	본예산	추경 (A)			%
지역거점병원 공공성 강화	126,420	165,100	133,682	△31,418	△19.0
(공공보건의료 협력체계 구축)	(4,300)	(5,480)	(10,825)	(5,345)	(97.5)
(기능 특성화 및 감염병 대응)	(0)	(0)	(30,632)	(30,632)	(순증)
(시 · 도 공공보건의료지원단 운영지원)	(1,800)	(1,800)	(1,950)	(150)	(8.3)

출처: 보건복지부 2021년 보건복지부 예산안 주요 사업 12선. 9.

(1) 사업 개요

지역거점병원에서 양질의 의료 제공에 필요한 시설 · 장비비, 필수의료 협력 체계 구축을 위한 책임의료기관 협력, 시 · 도 지원단 운영 등 지원

(2) 지원 내용

- (공공보건의료 협력 체계 구축) 권역 · 지역 책임의료기관 중심으로 지역 내 협력 체계 구축, ▲감염 관리, ▲중증 응급환자 이송 · 전원, ▲퇴원환자 연계 등 협력사업 수행
  * 책임의료기관 수: ('20) 권역 12, 지역 15(추경 포함 시 29) → ('21안) 권역 15, 지역 35
- (기능 특성화 및 감염병 대응 강화) 지방의료원에 감염병 대응, 필수중증의료 및 분야별 전문의료서비스 제공을 위한 시설 · 장비 확충 지원
- (시 · 도 공공보건의료지원단 지원) 시 · 도의 정책 지원, 연구 · 조사 등을 위해 설치하는 공공보건의료지원단 운영 지원(12개 → 13개 시 · 도)

(3) 기대 효과

필수의료 기반 확충 및 기관 간 연계·협력 강화 등을 통해 지역 간 격차 해소

10) 코로나19 치료제·백신 개발은 끝까지 지원하겠습니다.

(백만 원)

세부사업명	'20예산		'21(안) (B)	증감 (B–A)	
	본예산	추경 (A)			%
코로나19 치료제 임상지원	–	45,000	62,700	17,700	39.3
코로나19 백신 임상지원	–	49,000	68,700	19,700	40.2

출처: 보건복지부 2021년 보건복지부 예산안 주요 사업 12선. 10.

(1) 사업 개요

코로나19 치료제·백신의 국내 자체 개발을 위한 임상 1~3상 시험 단계별 전 주기 집중 지원을 한다.

(2) 지원 내용

국내 유망 기업을 대상으로 코로나19 치료제·백신 개발에 필요한 임상시험 비용 지원을 한다.

- (치료제) 항체치료제, 약물재창출, 유망신약개발 등 다양한 코로나19 치료제 개발을 지원한다.
  ('20) 450억 원 → ('21안) 627억 원
- (백신) 핵산, 합성항원, 전달체 백신 등 유망한 코로나19 백신을 지원한다.
  ('20) 490억 원 → ('21안) 687억 원

(3) 기대 효과

가능성 높은 코로나19 치료제 및 백신에 대한 전략적 지원을 통해 치료제 또는 백신 자체 개발 시 현재의 전 세계적 코로나19 대유행을 종식시킬 수 있는 궁극적 수단 확보를 하고, 국내 기업들의 자체 임상시험 역량 강화 및 항바이러스제·백

신 시장 선두주자로 진입이 가능하다.

11) 지역사회 정신건강 증진 · 자살예방 체계를 확충합니다.

(백만 원)

세부사업명	'20예산		'21(안) (B)	증감 (B–A)	
	본예산	추경(A)			%
정신건강증진사업	68,531	68,531	90,950	22,419	32.7
자살예방 및 생명존중 문화 조성	29,115	29,115	34,872	5,757	19.8

출처: 보건복지부 2021년 보건복지부 예산안 주요 사업 12선. 11.

(1) 사업 개요

지역 정신건강복지센터 · 자살예방센터를 통해 '정신질환 · 중독 조기 발견-치료', '자살예방' 등 사전 예방적 체계 구축을 한다.

(2) 지원 내용

① (인력 확충) 정신건강 사례관리 전문인력 100명 신규 확충('17~'20년 1,370명 기 확충 지원), 자살예방 전담 107명 증원('20년 207명 → '21년 314명)

* 정신질환자의 발견 · 상담 · 사례관리 · 사회복귀 훈련 및 정신건강 증진을 위한 정신건강서비스 제공을 한다.

** 자살시도자 및 의도자, 자살자 유족 등 고위험군에 대한 위기 개입 지원을 한다.

② (통합정신건강증진사업) 5개 광역지자체 추가 확대('20년 7개 → '21년 12개)

* 광역지자체 단위로 지역 여건을 고려하여, 정신건강 서비스 및 프로그램 개발, 정신질환 조기 개입 및 치료 연계, 중독대응, 자살 예방 등 서비스를 통합적으로 제공한다.

(3) 기대 효과

정신질환자 지역사회 복귀 지원 및 정신건강 증진과 자살 고위험군의 자살 위기를(위험성) 감소시킨다.

12) 보건의료데이터 활용 활성화를 위해 5대 보건의료 빅데이터 플랫폼을 구축합니다.

(백만 원)

세부사업명	'20예산		'21(안)(B)	증감(B-A)	
	본예산	추경(A)			%
보건의료 빅데이터 플랫폼 구축사업	2,650	2,650	3,458	808	30.5
국가 바이오 빅데이터 구축사업(R&D)	4,267	4,267	7,250	2,983	69.9
의료데이터 중심병원 지원사업	9,289	9,289	9,402	113	1.2
인공지능 신약개발 플랫폼 구축(R&D)	2,778	2,778	3,000	222	8
(내역)피부-유전체 분석센터 구축	-	-	2,500	순증	순증

출처: 보건복지부 2021년 보건복지부 예산안 주요 사업 12선. 12.

(1) 사업 개요

바이오헬스 기술 혁신을 위한 공공기관 데이터, 유전체・의료 임상정보 등 보건의료 분야 5대 빅데이터 플랫폼 구축을 한다.

(2) 지원 내용

① (보건의료 빅데이터 플랫폼) 공공기관에서 분절적으로 보유한 보건의료 빅데이터를 연계・가명처리하여 보건의료 정책개선・연구 등을 지원하는 개방형 플랫폼을 구축・운영한다.

② (국가 바이오 빅데이터 구축) 희귀질환자 모집 및 선도사업 연계를 통해 임상정보・유전체 데이터 구축 및 바이오 빅데이터 활용 체계 마련을 한다.

③ (의료데이터 중심병원) 의료기관 자체 연구역량 및 데이터 활용 기반을 지원함으로써, 신약・의료기기・인공지능(AI) 등 新의료기술 개발 지원을 한다.

④ (인공지능 신약 개발 플랫폼 구축) 글로벌 신약 개발에 필요한 인공지능 플

랫폼을 구축하여 신약 개발에 소요되는 시간과 비용을 대폭 단축을 한다.

⑤ (피부-유전체 분석센터) 국가별 · 인종별 피부 특성 및 유전자 데이터를 수집하고, 상관관계 분석을 통해 맞춤형 화장품 개발 인프라 구축을 한다.

(3) 기대 효과

공공 · 유전체 · 병원 · 신약 · 화장품 등 각 분야별 데이터 생산 · 관리 · 활용지원을 통해 보건의료데이터 활용 활성화를 한다.

4 온택트 시대, 온라인에서의 아동권리

온택트 시대, 온라인에서의 아동권리와 관련된 내용은 다음과 같다(보건복지부 · 유니세프 · 아동권리보장원, 2020).

1) 아동권리 보호와 아동 참여 증진 방안 모색: 온라인에서의 아동참여 경험과 한계

(1) 코로나19 속 아동 참여권 실현 방식의 변화

코로나19로 인해 우리는 일상생활조차 쉽지 않아졌다. 공교육이 온라인으로 전환되면서 등교하는 학생들의 모습을 길거리에서 찾아볼 수 없었고, 해외로의 이동은 물론 국내에서의 활동조차 어려운 일이 되었다. 아동권리 현장 역시 예외일 수 없었다. 아동의 4대 권리는 예측되지 못한 많은 문제로 인한 혼란이 야기되었고 현장에서는 상황에 맞는 해결책들을 고민하기 시작했다. 재난 상황 속, 사람들은 '온라인 시스템 활용'이라는 결과로 타협했다. 아동 참여 역시 온라인 시스템을 기반으로 이루어졌으며 그동안 단순히 '아동참여'에 대해 연구해 왔다면 이제는 '온라인을 활용한 아동 참여권 실현 방안 모색'에 대한 필요성이 더욱 강조되고 있다.

(2) 온라인 아동참여 사례

대한민국 아동총회 그리고 지역대회 활동과 서포터즈를 비롯한 위원회의 회의와 워크숍이 온라인으로 전환되면서 적지 않은 혼란이 있었던 것이 기억난다. 온라인의 특성상 오프라인처럼 아동들이 한자리에 모여 함께 의논하고 서로의 자료를 동시에 공유하는 것이 어렵기 때문에 오프라인 모임 때보다 더 많은 준비가 필요했고 아동들은 빈틈없는 사전준비를 위해 최선을 다했다. 온라인으로 모든 것이 진행되는 환경이 어색했지만, 그동안 대한민국 아동총회를 준비하면서 의장단들과 정기적으로 온라인 회의를 진행하고 계획을 세워 왔던 경험이 있어 어렵지 않게 이런 환경에 적응하고 있는 자신을 발견했고 온라인의 장점들이 하나둘씩 보여지기 시작했다. 학원과 여러 일정으로 바빠 그동안 오프라인 모임 참석이 어려웠지만 이동 시간을 활용해 온라인 회의에 참석한 아동, 지방에 거주 중이라 모임 참석을 위해 하루 일정을 모두 미뤄야 하는 것에 부담 없어 편했다는 친구들, 그뿐만 아니라 많은 상황을 마주하면서 이런 것이 바로, 디지털 기술의 순기능이 아닌가 하는 생각이 들면서 아동들의 온라인 활동에 대해 상당히 부정적인 사회의 시선도 이제는 양면성을 확인하고 긍정적 결과 도출을 위하는 것은 어떨까라는 생각을 해봤다.

(3) 2020년 아동권리포럼 온택트 시대, 온라인에서의 아동권리: 위기에서 기회로

온라인을 활용한 아동참여권 실현은 코로나 이후 눈에 띄게 증가했지만 이전부터 계속되어 왔던 온라인 아동참여 사례도 있었다. 정치, 사회적 이슈에 대한 기사나 글에 댓글을 달거나, 자신이 직접 작성한 글을 개인 SNS에 업로드하기도 하고 다양한 설문조사에 참여하는 등 아동들은 스마트기기를 활용하여 생각보다 어렵지 않게, 또 자연스럽게 자신의 참여권을 실현해 나가기도 했다. 많은 아동이 디지털 문화에 익숙하고, 오락이나 단순한 흥미가 아닌 정보검색, 개인의 의사표현 등 아동청소년들의 인터넷 활용이 점차 다양한 범위로 확대되는 것을 볼 때 온라인 아동참여의 장이 어쩌면 현대사회 아동참여권 실현의 새로운 대안이 될 수도 있겠다는 생각이 들었다.

(4) 온라인 아동참여의 한계

비대면 활동에 있어 시스템 오류라는 생각하지 못한 문제점이 존재했었다. 네트워크 환경이 원활하지 않은 친구들은 회의에 끝까지 참여하기가 쉽지 않았고 오디오와 비디오가 고장나 참여가 어려운 경우도 적지 않았다. 그동안 비대면 모임에 익숙하지 않았던 아동들은 현장감이 떨어져 어색해 하기도 했지만 시스템은 늦지 않게 안정되었고 아동들 또한 점차 온라인 회의에 흥미를 느끼기 시작했다. 아동 참여권 실현의 미래를 장기적으로 내다봤을 때 오직 온라인을 통한 참여권 실현이란 어려운 것이 사실이지만 온라인을 활용한 아동참여가 오프라인으로 다 하지 못한 빈틈을 채울 수 있다는 긍정적인 면을 바라봤을 때 현재 상황의 대비책으로만 간주하는 것이 아니라 앞으로도 오프라인과 온라인 아동참여에 대한 연구를 끊임없이 이어 나갈 필요가 있어 보였다.

(5) 온라인 아동 참여권 실현의 장-위기를 기회로

그동안 오프라인에서의 아동참여가 비교적 특정 아동들을 대상으로 이루어져 많은 아동들의 참여권 보장 기회가 적었다는 것에 항상 안타까움을 숨길 수 없었지만 올해 비대면 활동에 참여하면서 어쩌면 범위가 넓고 접근이 쉬운 온라인의 특성을 잘 활용한다면 보다 많은 아동들에게 참여의 기회를 제공할 수 있을 것 같다고 생각을 했다. 비대면 활동에만 의지해야 하는 상황에서 많은 사람들이 아동 참여권 실현에 대한 우려를 내비치지만, 현재 상황에서 최선을 다하며 함께 노력한다면 대개 아동 참여권 실현의 위기상황이라 간주하는 지금이 기회가 되어 다가올 미래에는 아동들이 마음껏 목소리 내며 모든 아동에게 차별 없는 참여의 기회가 주어지지 않을까 생각한다. 마지막으로, 우리나라 아동권리의 미래 계획 설정에, '아동이 행복한 미래'에 대해 구체적 연구를 시작하면 좋겠다고 생각하며 여기에 아동 당사자들의 생생한 목소리가 빠져서는 안 된다고 생각한다. 하여 아동들이 직접 자신의 목소리를 내고 소중한 이야기들을 모을 수 있는 대한민국 아동총회가 우리나라의 많은 아동들과 어른들에게 더욱 알려져 보다 많은 아동들의 소중한 목소리가 온전히 전달돼야 한다고 생각한다. 코로나19로 인해 올해 지역대회와 전국대회가 모두 온라인으로 진행된다고 하는데 지금까지와는 또 다른 새로운 세상을 만나는 기회가 될 것으로 생각한다.

2) 포스트 코로나 시대, 청소년참여사업의 방향 모색

(1) 새로운 도구, 새로운 만남의 방식

코로나19 사태의 장기화 속에서 각급 학교의 온라인 강의 외에도 마이크로소프트 팀즈, 구글 행아웃 미트, 줌, 클라우드 미팅 등 화상회의 앱들의 이용량이 크게 증가했다. 직접 대면하고 생생한 호흡을 함께 나눌 수 있는 것은 아니지만 실시간으로 누군가를 만날 수 있고, 토론하고 의논도 할 수 있는 수단이 널리 활용되게 되었다. 꼭 많은 사람이 한자리에, 닫힌 공간에 모이지 않아도 되는 것이다. 이런 화상회의 앱을 통해서는 면대면(face-to-face)의 만남과 직접 체험을 강조하던 청소년참여사업의 장점을 만들어 내기 어렵지만, 다른 한편 청소년들은 이미 이러한 도구를 통해 우리가 생각하는 것보다 더 많은 만남과 대화 소통 그리고 함께 어떤 궁리를 하고 있을 수 있다.

(2) 온라인 동영상 콘텐츠의 활용 증가

청소년사업 현장에서 비대면 활동이 하나둘 개발되고 이에 필요한 콘텐츠들이 조금씩 쌓여 가고 있다. 주로 동영상 형식이고 온라인을 통해 활용 가능한 이들 콘텐츠들은 필요에 따라 원하는 시간에 반복적으로 활용할 수 있는 장점이 있다. 갑작스럽게 비대면 활동을 준비해야 하는 상황에서 허둥지둥 만들어지는 경향도 있지만, 어쨌든 이러한 온라인 활용이 가능한 콘텐츠를 이용한 활동은 현장 지도자들의 새로운 수고, 청소년들의 주도성과 협업 확장 덕분에 계속 늘어나고 있다. 이러한 경향은 현장이나 청소년이나 오프라인 활동이 여의치 않은 상황에서 활동의 갈증을 풀어나가기 위해 새로운 상황에 맞춘 새로운 체험, 체험이 심화된 경험, 역량 개발을 위해 능동적으로 적응해 가고 있는 모습일 것이다.

(3) 내용과 방식, 기법과 운영 노하우 공유 필요

새로운 환경에 대한 현장의 대응 노력이 늘어나는 반면에 이에 따른 또 다른 그늘도 확인하게 된다. 여건이 여의치 않은 지역 소규모 시설, 디지털 역량이 충분하지 않은 지도자의 입장에서는 청소년의 요구를 따라가기 어렵다. 자기주도성이 부족한 청소년의 경우는 온라인 콘텐츠 중심의 활동에서도 능동적으로 활동하기 어렵다. 인프라, 지도력, 청소년의 자기주도성의 격차를 어떻게 해소할 것인가가 현장의 당면 과제가 되고 있다. 우선은 현장의 협업과 공유가 필요할 것이다. 동영상 제작과 이용에 취약한 지도자나 청소년도 있고, 대면활동의 프로그램 운영에는 능숙하지만 원격 소통에 어려움을 겪는 지도자도, 청소년도 있다. 이때 무엇보다 시급한 것은 현장 지도자의 디지털 역량, 디지털 리터러시를 키우는 일이고, 현장의 역량을 공유할 수 있는 경로의 개발일 것이다.

(4) 청소년의 자기주도성, 선택권의 강화

기존의 프로그램 중심, 일정표 중심의 정형화된 구조가 다변화되고 시설 공간 중심의 활동 비중이 감소할 것이다. 무엇보다 온라인을 통해 수평적 소통이 활발해지고, 청소년들의 선택권이 활동 운영에 크게 영향을 미칠 것이다. 이런 변화에 대응하기 위해 청소년활동 현장에서는 청소년 개개인의 개별적인 니즈(needs)에 적극적으로 반응하고, 그에 맞는 콘텐츠를 제공하는 능력이 요구된다. 즉, 청소년들이 원하고 필요로 하는 것, 개별적 역량 향상을 위해 필요한 활동을 청소년이 스스로 선택해서 참여할 수 있는 유연한 활동 환경과 콘텐츠 제공이 필요하다고 할 수 있다. 그리고 그 콘텐츠는 정형화된 프로그램이 아니라 청소년이 주도적으로 새로운 변화를 지향해 가는 것이어야 할 것이다.

(5) 온라인 아동권리 보호를 위한 국제적 대응

① 코로나19 시대, 온라인에서의 아동권리 보호

코로나19는 전 세계 아동과 가족들의 삶을 뒤바꾸어 놓았다. 학교 폐쇄와 이동제한 조치들은 아동들의 일상생활과 지원 시스템에 혼란을 야기했으며 이는 보호자들에게 새로운 스트레스로 다가오고 있다. 한국처럼 디지털 기술이 발달한 국가에서는 일상생활의 많은 부분들이 이미 온라인으로 이동하고 있다. 또한 급격한 원격학습의 도입으로 많은 아동들의 학습환경이 새로이 구축되고 있다. 디지털 기술은 아동교육뿐만 아니라 여가와 놀이 그리고 사회화 영역에서 이전에는 경험하지 못한 기회를 제공하고 있다. 팬데믹은 이전에는 볼 수 없었던 규모의 원격학습에 디지털 기술을 사용하게 되는 계기가 되었다. 또한 디지털 기술은 아동을 가족, 친구들과 연결해 주는 생명선이자 놀이와 여가를 위한 중요한 플랫폼이 되었다. 보호자들은 자녀들이 온라인에서 학습하고 여가를 즐기는 데 길잡이 역할을 해야 하지만, 이들 또한 새로운 기술에 익숙하지 않은 것이 사실이다. 또한 재택근무로 인해 보호자들이 집에서 자녀들과 보내는 시간이 줄어들고 있다. 이로 인해 아동들은 보호자의 감독에서 벗어나 인터넷에 접속하게 되며 이는 아동들이 위험에 노출되는 결과를 가져왔다. 코로나19로 인한 격리조치들은 온라인 아동 성착취를 가속화시켰고 아동학대자들에게 범죄를 저지르기 더 쉬운 환경을 제공했다. 호주 e-세이프티(The Australian eSafety)에서 실시한 온라인 조사에 따르면, 다크웹에서 코로나19와 관련된 활동이 증가한 것을 발견했다. 한 인터넷 포럼에서는, 격리조치로 인해 성착취자(predator)들이 유튜브, 인스타그램 그리고 기타 랜덤채팅 서비스 같은 플랫폼을 통해 아동들에게 접근하기 쉬워졌다고 언급되었다.

② 미국 아동 실종 및 성착취 센터

미국 아동 실종 및 성착취 센터(the National Center for Missing & Exploited Children, NCMEC)는 성착취자들이 보호받지 못하는 아동들을 이용해서 성착취물을 제작하는 데 코로나19 상황이 기회였다고 공공연히 말한다고 했다. 지난 4월 미국 아동 실종 및 성착취 센터 사이버신고센터에 신고된 아동 성착취 범죄가 106%나 증가했다. 2020년 3월 2,027,520건으로 전년 동월(983,734건) 대비 약 100만 건 이상 증가한 수치이다. 코로나19 조치들로 인해 아동이 외로움을 느끼거나 홀로 남겨지는 경우가 있는데, 이러한 상황에서 아동은 범죄에 노출될 가능성이 높아졌다. 아동학대자들은 이를 기회로 삼아 아동을 성착취·학대의 대상으로 삼거나, 실제로 만남을 종용하기도 한다. 유니세프 연구 결과에 따르면 많은 아동들이 코로나19로 인해 극심한 스트레스를 겪고 있다. 아동들은 코로나19로 인해 친구나 가족들로부터 격리되거나 심지어는 코로나19로 인해 사망할 것을 두려워하기도 한다. 아동들이 갑자기 온라인에서 많은 시간을 보내게 되고 스트레스가 쌓이면 사이버불링(Cyberbullying)이 증가할 수 있다. 여아, 장애 아동, 또는 코로나19에 감염되거나 코로나19를 전파할 가능성이 높은 위험군들은 더욱 사이버불링(Cyberbullying)에 취약하다.

3) 아동이 안전한 온라인 세상을 위한 유니세프의 노력

코로나19 대응을 위한 유니세프의 최우선 과제는 아동을 온라인에서 안전하게 보호하는 것이다. 코로나19 초기단계에서, 유니세프는 주요 글로벌 파트너들과 함께 온라인 안전 문제를 해결하기 위해 힘을 모았다. 유니세프는 WePROTECT Global Alliance 멤버로 활동 중이다. WePROTECT Global Alliance는 아동 성착취에 대응하기 위한 여러 기관들로 구성되어 있으며 현재 한국을 포함하여 97개 국가에서 승인받고 39개 이상의 시민단체 및 국제 기구들 그리고 34개 이상의 디지털 기업들이 참여하고 있다. 온라인에서의 아동권리, 기회 그리고 위험에 대한 폭넓은 사례들을 함께 수집하고 있다. 유니세프 이노첸티연구소는 ECPAT International과 인터폴과 함께 'Disrupting Harm(피해방지)' 프로젝트를 수행 중에 있다. 이 프로젝트는 남부 및 동부 아프리카 그리고 동남아시아 14개국에서 온라인 아동 성착취 · 학대에 대한 자료들을 모으고 있다. 또한 국가적인 시스템을 통해서도 아동에 대한 폭력에 대응하고 있다. 24개 이상의 국가에서 성착취에 대한 정부 차원의 대응가이드북인 'WePROTECT Global Alliance Model National Response'를 국가행동지침으로 사용하고 있다.

4) 유니세프의 주요 제안사항

아동들은 디지털 기술로 무한한 기회를 얻고 있는 만큼 이와 관련된 문제점들 -폭력적인 콘텐츠와 폭력, 개인정보 침해, 착취 및 학대 그리고 아동 성범죄자 등 - 또한 해결해야 한다. 이는 이러한 위험들에 대해 앞으로는 다자간 협력을 통한 긴급조치를 취해야 한다는 것을 의미한다. 가장 중요한 것은 아동을 변화의 주체로 인식해야 하며, 아동들이 온라인 세계에서 안전하게 살기 위해 필요한 지식과 정보를 갖추도록 해야 한다. 아동의 성장 발달에 맞추어 그들에게 적절한 수준의 정보를 제공하고 지원하는 것은, 코로나19 위기상황뿐 아니라 그 이후에도 매우 중요한 숙제이자 방어책이다. 어느 때보다도 보호자들은 온/오프라인 모두에서 아동을 안전하게 지켜야 한다. 보호자들은 아동이 온라인의 중요한 자원들에 접근할 수 있도록 도울 수 있다. 동시에 온라인에서의 위험을 경고해 주어야 하며, 아동이 온라인에서 고통받고 있는 징후가 있는지 주의를 기울여야 한다. 보호자가 해야 하는 가장 중요한 것 중 하나는 아동이 온라인에서 누구와, 어떻게 소통하는지에 대해 자녀와 솔직한 대화(open discussion)를 나누는 것이다. 보호자가 항상 자신을 지지하고 있다는 것과 아동에게 상처를 줄 수 있는 부적절하거나 차별적인 접촉은 어떠한 경우에도 허용될 수 없다는 것을 아동이 알게 해주어야 한다. 그리고 괴롭힘을 당할 때는 어른들에게 즉각적으로 얘기하면 해결할 수 있다는 신뢰를 갖도록 하는 것이 필요하다. 학교는 명확한 온라인 안전지침을 안내하고 디지털 안전에 대한 리소스와 정보 제공을 통해 보호자들이 건강한 온라인 학습 경험을 형성할 수 있게 지원해야 한다. 또한 교사들이 화상통화를 통해 아동학대나 방임을 발견하여 신고할 수 있도록 가이드를 제공해야 한다. 대면상담이 어려울 경우, 문제를 경험하는 아동은 전화나 온라인 등 안전하고 보안이 갖추어져 있는 방식으로 지원받을 수 있어야 한다. 코로나19로 인해 상담을 받고자 하는 아동들이 증가하고 있다. 학교는 정부나 지자체, 전문기관이 운영하는 헬프라인이나 온라인 상담 플랫폼을 아동들에게 널리 알려야 한다. 학교는 재택학습이라는 새로운 현실을 반영한 아동안전보호정책을 수립해야 한다. 교직원과 학생의 일대일 온라인 면담은 투명하고 규정에 맞게 진행되어야 한다. 또한 승인된 사람만이 온라인 학습 플랫폼에 접근할 수 있도록 디지털 보안 메커니즘을 구축해야 한다. 플랫폼은 기본적으로 가상학습 세션을 기록하고 저장해서는 안 된다. 디지털 기술 기업들은 자신들이 제공하는 상품/서비스를 통해 아동들을 존중하고 지원할 책임이 있다. 또한 기업은 아동의 보호와 안전을 보장해야 한다. 모든 기기와 플랫폼에 안전 기능을 포함시켜야 하며, 보호자가 이 기능을 활용할 수 있도록 안내해야 한다. 이러한 데이터 수집과 상업적 활동은 국내법/국제법에 따라 이루어져야 한다.

기업들은 아동들이 온라인에서 안전하고 책임감 있게 행동해야 한다는 것을 더 적극적으로 알려야 하고, 이들의 '디지털 회복탄력성(digital resilience)'을 기를 수 있도록 지원해야 한다. 또한 정부와 협력하여 취약계층 아동들의 디지털 기기 사용률과 인터넷 접속률을 향상시켜야 한다. 정부는 폭력, 착취 및 학대로부터 아동을 보호해야 할 일차적인 책임이 있다. 유니세프는 온라인에서의 아동보호를 강화하기 위해 포괄적인 의제를 권고한다. 이는 아동에 대한 폭력문제를 해결하기 위한 광범위한 국가 전략들과 함께 해야 한다. 이 의제는 WePROTECT Global Alliance의 Model National Response에서도 확인할 수 있다. 코로나19 기간에 격리 및 봉쇄조치가 온/오프라인에서 또 다른 형태의 폭력을 악화시켰는지 적극적으로 모니터링 해야 하고, 온라인에서 증가하고 있는 위험에 대응하기 위하여 기존 규정들을 시행하고 법 집행을 강화해야 한다. 또한 사건의 효과적인 수사 및 기소를 위해 사회복지와 사법체제를 강화할 필요가 있다. 이는 폭력을 경험하고 있는 아동들에 대해 시기적절한 대응을 위해서도 필수불가결한 부분이다. 정부는 코로나19로부터 아동을 안전하게 보호할 수 있어야 한다. 보건, 교육 및 사회서비스 관계자는 코로나19가 아동의 더 나은 삶(Well-being)에 끼친 영향과 온라인에서 증가하고 있는 위험들에 대해 교육받아야 한다. 서비스 제공자는 각자 자신이 담당하는 지역의 신고 및 보고체계에 대해 잘 알고 있어야 한다. 일선에서 정신건강 및 심리사회적 지원을 제공하는 사람들은 코로나19에 대해 아동들과 이야기하고 그들의 불안을 해결하는 기술이 필요하다. 정부는 온라인에서의 아동 안전과 관련된 교육 이니셔티브를 강화해야 하며, 온라인상의 위험과 자원에 대한 인식을 제고시켜야 한다.

5) 2021년 보건복지부 아동청소년 복지 예산에 따른 전망

2021년 보건복지부 아동청소년 복지 예산에 따른 전망은 다음과 같다(참여연대, 2020).

2021년 보건복지부 소관 예산 중 보육 관련 예산을 제외한 아동 · 청소년 분야 예산은 일반회계로 운용되는 예산 약 2조 5,511억 원과 국민건강증진기금에서 운용되는 보건의료 예산 약 428억 원을 포함하여, 약 2조 5,939억 원으로 전체 사회복지 예산 76조 1,316억 원 대비 3.4%에 해당하며 2020년의 3.8%에 비해 감소한 수치를 나타내고 있다. 2021년 아동 · 청소년 분야 예산은 지난해에 비해 큰 변화는 없으나, 정부의 온종일돌봄체계 구축을 위해 지역사회 초등 방과후돌봄서비스

인프라인 다함께돌봄센터를 확충함에 따라 관련 예산이 증가하였고, 아동정책조정 및 인권 증진, 아동안전사고예방사업 관련 예산의 일부가 증액되었다.

(1) 아동보호 및 복지강화

① 요보호아동 자립지원

요보호아동 자립지원 관련 예산은 약 31억 원으로 지난해에 비해 약 4.49% 증가하였으며, 보호종료아동 자립지원을 위한 자립수당 또한 222억 원으로 지난해에 비해 약 2% 증가한다. 요보호아동 자립지원 예산은 경계선지능아동 자립지원 사업과 보호종료아동 주거지원 통합서비스 지원 등에 사용되는데, 대상인원이 예산에 따라 제한적으로 적용되고 있어 충분한 서비스 제공이 어렵다. 특히 보호종료아동 주거 부담 해소를 위한 주거지원의 경우 보호종료 5년 이내 아동의 주거환경 조성 및 임대료를 지원하는 사업으로서 매년 2,600명 이상의 아동이 보호가 종료되는 데 비해 2021년의 경우 사업 대상인원이 360명으로 정책적 효과를 거두기 위해서는 욕구에 기반한 충분한 예산 투여가 필요할 것으로 보인다. 한편, 아동발달지원계좌 예산의 경우, 약 250억 원으로 편성되어 2020년에 비해 1.2%로 증가한다. 실제 사업 대상인 요보호아동 및 기초수급가구 아동수의 감소로 예산액 감소가 있었으나, 2020년부터 정부지원 기준 금액이 월 최대 4만 원에서 월 최대 5만 원으로 상향 조정됨에 따라 이를 반영한 것으로 보인다.

② 입양단체 등 사후관리지원

2021년 입양단체 등 사후관리지원 예산은 약 19억 원으로 지난해에 비해 1억 7천만 원(약 8.5%) 감소하였으나, 이는 국내입양 의식 개선을 위한 교육·홍보사업이 아동권리보장원 사업으로 이관됨에 따른 것으로 보인다.

③ 가정위탁 지원·운영

가정위탁 지원·운영 예산의 경우에도, 9억 4,000만 원으로 지난해에 비해 1억 4백만 원(약 10%)이 감소하였으나 가정위탁아동 감소로 인한 자연감소분을 반영한 것으로 보인다. 가정위탁사업의 경우 지방 이전 사업으로 중앙정부에서는 가정위탁아동 상해보험료나 입양·가정위탁아동 심리치료 등 지원사업을 중심으로 예산을 배정하고 있으나, 일반, 대리, 친인척 등 위탁가정 유형에 따라 아동 및 위탁가정의 욕구가 상이하게 나타나고 있어 중앙정부 차원의 서비스 지원을 강화할 필요성이 있다.

④ 지역아동센터 지원

방과후 아동돌봄과 관련하여 지역아동센터 지원사업의 경우 2021년 예산이 1,874억 원으로 2020년 1,830억 원에 비해 2%(약 44억 원) 증가한다. 이는 지역아동센터 운영비 지원, 특성별 지역아동센터 추가지원, 아동복지교사 파견 지원, 공공성 강화 시범사업 등에서 일부 예산 증액이 이루어졌기 때문이다. 특히, 공공성 강화 시범사업은 대상 센터 수의 증가로 인해 2021년 예산이 3.5억 원으로 전년 대비 100% 증가한다. 지역아동센터의 경우 지역사회 내 방과후 돌봄서비스 제공을 위한 주요기관 중 하나로 센터 개소 수 및 이용 아동 수는 지속적으로 증가하여 왔으나, 전체 센터의 70% 이상을 민간 개인이 운영하고 있고 소규모 영세성으로 인한 서비스 질 저하 우려가 지속되어 왔다. 이를 해결하기 위해 지역아동센터 공공성 강화를 위한 보다 적극적인 정책적 노력과 예산 확보가 필요하다.

⑤ 다함께 돌봄 사업

다함께 돌봄 사업의 경우 2021년 예산이 395억 원으로 2020년 대비 158억 원(약 66.8%)의 예산 증액이 이루어졌으며, 이는 2021년 약 450개소의 다함께돌봄센터 확충 계획에 따른 것이며, 학교-지자체 협업모델 운영지원이 포함된 것이다. 초등 방과후 돌봄 수요에 적극적으로 대응하기 위해서는 지역아동센터 공공성 강화와 다함께돌봄센터 등 지역사회 방과후 돌봄 인프라 확충에 장기적으로 보다 적극적인 예산 편성이 필요하다.

⑥ 아동수당

저출산 대응 및 인구정책 지원 관련 예산은 2020년 약 2조 3,524억 원에서 2021년 2조 2,900억 원으로 약 2.65% 감소한다. 이는 저출산 대응 및 인구정책 관련 예산 중 가장 큰 비중을 차지하는 아동수당 예산의 감소에 기인한 것이다. 아동수당 예산은 2020년 약 2조 2,834억 원인 데 반해, 2021년 예산안에서는 2조

2,195억 원으로 약 639억 원(3%)정도 감소하였는데, 이는 출산율 저하로 인한 출생아 수 자연감소에 기인한 것으로 보인다. 한편, 유엔아동권리협약에 따른 아동의 기본권 보장과 아동양육에 대한 사회적 책임 강화를 위해 아동수당의 내실화뿐 아니라 모든 아동을 포괄할 수 있도록 대상 확대를 위한 보다 적극적인 예산 확보가 요구된다.

⑦ 취약계층 아동통합서비스 지원

아동청소년복지 분야의 예산분석에는 포함하지 않았지만, 정부의 포용국가 아동정책에서 제시된 바와 같이 아동 관련 공공전달체계 개편을 위해 관련 예산의 일부 증액이 이루어진다. 즉, 사례관리 전달체계 개선사업의 일환으로 취약계층 아동통합서비스 지원사업 중 아동보호전담요원 충원을 위해 2020년 38억 원 대비 약 87.3% 증가한 약 72억 원이 편성된다. 드림스타트 사업의 경우 지난해보다 3.2% 감소한 약 533억 원의 예산이 편성되었으며 이는 우수 드림스타트 선도지역 지원 예산의 삭감으로 인한 것이다.

⑧ 아동학대 피해자 지원 관련

기타 아동보호 및 복지사업의 일부는 주무부처인 보건복지부의 일반예산이 아니라 타부서의 기금에서 편성되고 있다. 대표적으로 아동학대피해자 보호 및 지원은 법무부 범죄피해자 보호기금으로부터 예산을 편성하고 있는데, 2021년 예산은 약 284억 원으로 2020년에 비해 약 57억 원 정도의 예산 증액이 이루어졌으며, 이는 2021년 10개소의 아동보호전문기관 신규설치에 따른 것이다. 앞에서 언급한 바와 같이 기존 아동보호업무가 지자체의 아동보호 관련 사례관리 체계로의 전환이 점차 이루어짐에 따라 기존 민간 아동보호전문기관의 역할과 기능 변화가 요구되고 있으며, 이에 따라 아동학대 피해 아동 및 가족에 대한 전문서비스 제공을 위한 기관으로서 인력 및 기능의 보강과 더불어 이용자의 서비스 접근성 제고를 위해 전국적인 설치 확대가 필요한 상황으로 보다 적극적인 예산 편성이 요구된다.

이외 기재부 복권기금에서는 아동복지시설 아동치료·재활지원사업, 요보호아동 그룹홈 운영지원, 입양아동 가족지원, 아동복지시설 기능 보강 등의 사업예산이 편성되고 있다. 2021년 아동복지시설 아동치료・재활지원사업 예산은 약 17억 원으로 지난해에 비해 8.5% 증가하였으나, 주로 사업관리 인력 확보에 기인한 것으로 사업대상의 확대를 위한 예산 확보가 필요하다. 요보호아동 그룹홈 운영지원의 경우, 2021년 255억 원의 예산이 편성되어 지난해에 비해 약 27억 원(약 12.1%)의 증액이 이루어진다. 하지만, 요보호아동 그룹홈 및 학대피해아동 쉼터 설치 및 운영에 있어 인건비와 운영비의 경우 약 2.9~3.0% 인상에 그쳐 그룹홈 종사자의 처우 개선과 운영비 현실화를 위해 보다 적극적인 예산편성이 필요하다. 입양아동 가족지원사업의 경우, 2021년 예산이 193억 원으로 지난해에 비해 약 13억여 원(약 7.3%) 증가하였으며 이는 입양아동 양육수당, 장애아동 입양양육보조금 지원 등의 사업대상 인원 확충에 따른 것으로 보인다. 아동복지시설 기능 보강사업의 경우, 2021년 예산이 53억 원으로 약 5.9억 원(약 10%) 감소하였으며 주로 대상 면적의 감소로 인한 것이다.

그러므로 타 인구집단에 비해 아동을 대상으로 한 보호 및 복지서비스의 경우 타 부처의 기금에 의한 예산편성이 많고, 이에 따라 사업의 내실화 또는 확대를 위해 안정적인 예산확보가 쉽지 않다. 따라서 관련 사업들의 보다 안정적인 예산확보를 위해 주무부처인 보건복지부 일반회계로의 전환 필요성이 있다(김태완 외, 2019: 2019-01).

근로능력자의 기초생활을 보장하는 「국민기초생활보장제도」를 도입하면서 근로 역량 배양 및 일자리 제공을 통한 탈빈곤 및 빈곤예방 지원과 자활사업을 통해 근로능력 있는 저소득층이 스스로 자활할 수 있도록 자활능력 배양, 기능습득 지원 및 근로기회 제공을 목적으로 하는 자활사업을 적극 활용하여, 이동이 있는 가구별 종합자활지원계획 수립에 대한 접근성이 용이하도록 적극적인 개입이 이루어져야 할 필요가 있다고 보건복지부(2020)에서 2020년 자활사업에 대한 안내를 하였다.

5 아동의 미래

위기는 언제나 가장 취약한 고리에 제일 먼저 심각한 영향을 미치기에 고약하다. 코로나바이러스감염증-19(이하, 코로나19)는 전 국민의 일상에 엄청난 영향을 주고 있다. 제대로 된 돌봄과 보호를 받지 못하는 아이들은 이 사태를 어떤 상황과 조건으로 마주하고 있을지 걱정이 앞선다(정익중, 2020). 사회적 돌봄이 필요한 아이들은 코로나19로 인해 열악한 집 안에서 방치된 채, 지금 이 순간을 어렵게 버티는 중일지 모른다. 어른들이 집을 비운 사이에 화재가 발생하여 아동들이 사망한 사건(황덕현, 2020), 사회적 거리두기로 인해 집 안에서 아동학대가 증가했다는 기사(윤지연, 2020)와 같이 코로나19로 인한 아동 문제가 속속들이 나타나고 있다. 또한 대공황 수준의 최악의 경제위기가 예견됨과 함께 악화되는 빈곤 문제, 이로 인한 결식아동 문제의 심각성이 보고되고 있지만(이해인, 2020) 아직 그 현황에 대해서는 파악조차 어렵다. 이처럼 미증유의 위기에서 아동이 또다시 소외되고 있는 것이 아닌지 우려스럽다. 아동은 우리나라에서 취약한 집단 중 하나이지만, 투표권이 없어 당사자의 목소리를 내지 못하고 있다.

아동은 '우리의 미래'라고 하지만 그에 맞는 대우를 받지 못하고 '마지막 식민지'처럼 다양한 권리 영역에서 배제되고 있다. 이와 같은 불안한 시기에 아동들을 함께 이겨내야 하는 사회의 일원으로 여기며 이들을 위해 '코로나 기자회견'을 연 노르웨이와 캐나다의 아동 존중 관점을 생각해 봐야 한다. 아이들이 우리의 미래가 될지 마지막 식민지가 될지는 우리 사회의 노력에 달려 있다.

우리 사회에서는 저출산으로 아동인구가 급격하게 감소한다는 점, 엄청난 투자 비용에 비해 그 효과가 늦게 나타난다는 점, 아동 스스로 권리를 주장하기 어렵다는 점 등의 이유로 아동정책에 대해 구체적인 추진 세력 없이 방관적이고 소극적인 태도가 지속되어 왔다(정익중, 2009; 오정수, 정익중, 2017). 그래서 일반적으로 아동정책에 대해서는 격렬한 반대도, 적극적인 찬성도 없는 편이다. 아동수당, 영유아건강검진, 무상보육 등으로 아동에 대해서는 사회에서 충분히 지원한다고 생각하는 국민들도 많다. 그러나 우리나라의 아동・가족복지 공공지출 비율은 국내총생산(GDP) 대비 1.1%로, 경제협력개발기구(OECD) 회원국 평균인 2.2%의 절반 수준에 불과하다.

그나마 보육을 제외하면 0.2%로, OECD 국가 평균인 1.4%에 크게 못 미친다(한미희, 2018). 우리나라의 아동빈곤율도 OECD 국가 중 낮은 편에 속하지만, 이는 아이를 낳으면 빈곤해질 가정에서 아이를 낳지 않는 슬픈 현실을 반영한 것뿐이다(여유진 외, 2017).

아동은 가정에서 부모가 돌봐야 한다는 생각이 만연한 가운데, 가정에서 학대로 고통받는 아이들은 여전히 많다. 2018년 아동보호전문기관에 신고 접수된 아동학대 사례는 전국적으로 2만 4,604건이었고, 학대받은 아동 수는 2만 18명이었다(보건복지부, 중앙아동보호전문기관, 2019.12). 2014년에서 2018년까지 5년간 아동학대 사망아동이 132명에 달해 지금도 한 달에 2명 이상의 아동이 학대로 사망하고 있다(강현아 외, 2019: 51-86).

또한 약 3만 명의 아이들이 학대나 빈곤을 이유로 가정 밖의 시설 등에서 성장하고 있으며, 약 2천 명의 아이들이 만 18세에 자립이라는 이름으로 사회에 강제로 배출되고 있다(통계청, 2020). 어른들은 사회에서 가장 약자인 어린아이들이 철저히 보호받고 존중받는 사회를 만들 의무와 책임이 있다. 하지만 우리 사회는 여전히 그 의무와 책임을 다하지 못하고 있어 어른으로서 정말 부끄럽다.

우리 사회는 아동을 보호하는 전문인력에 대한 사회적 관심도 부족하다(정익중, 2020).

최근 코로나19 상황이 장기화되면서 아이들의 학습권을 보장하기 위해 수업이 온라인으로 진행되고 있다. 디지털 격차(digital divide) 문제를 해결하기 위해, 모든 학생이 온라인 교육에 접근할 수 있도록 스마트기기의 보유 현황과 온라인 접속의 주변 환경 문제가 주요한 이슈로 떠올랐다. 하지만 그 환경을 넘어 온라인 교육에 관한 보호자 지원이 부재한 경우에 어떻게 해야 할지에 대한 대안은 찾아볼 수 없었다. 보호자가 대부분의 시간을 경제활동에 할애해야 하거나 신체적·정서적 어려움으로 인해 아동을 제대로 돌보기 어려운 경우가 많은데, 이때 아동은 가정 외 전문인력에 의해 돌봄과 보호를 받을 수밖에 없다. 위기상황에서 아이들을 분리하고 구출하는 것뿐만 아니라 필요하다면 보호자를 대체할 수 있는 새로운 돌봄 전문인력을 제공해 주어야 한다. 그러나 돌봄을 누구나 할 수 있는 일로 여기며, 그에 대한 업무를 상대적으로 낮게 평가하는 경우가 많다. 하루 종일

아이를 돌보는 일은 쉽지 않은 일이며, 특히 다수의 아이를 돌보는 일은 전문성이 요구된다는 것을 하루라도 제대로 돌봄을 해 본 사람들은 알 것이다. 그럼에도 현재 아동 분야에서는 저임금, 장시간 노동 등 근무 여건이 열악하여 전문인력의 소진을 유발하기 쉬우며, 이직률이 높아 업무의 연속성도 떨어진다(정익중, 이정은, 이상균, 2011). 또한 전문인력의 잦은 교체는 보호자가 자주 바뀌는 것과 같아, 아동의 정서불안이나 기본적 신뢰감의 상실 등 심리적 외상을 일으키기 쉽고 아이들의 심리·정서적 적응에 부정적인 효과를 가져온다(정익중, 이경림, 이정은, 2010).

따라서 아동 분야에 적정한 수의 전문인력을 확보하고 그들의 생활임금을 보장하는 등 근무 여건을 개선할 수 있는 획기적 조치가 무엇보다 먼저 마련되어야 한다(정익중, 2006). 교육이 교사의 질을 넘을 수 없듯이 아동정책은 아동전문인력의 질을 절대 넘을 수 없다. 아동발달 과정에 따른 지원의 연속성도 동반되어야 한다. 우리나라에서 아동은 보건복지부, 청소년은 여성가족부가 담당하면서 아동과 청소년의 지원이 부처별로 구분되어 있다. 이는 유사서비스의 중복이나 사각지대의 서비스 누락이 발생할 수밖에 없는 구조이다(오정수, 정익중, 2017). 예를 들어 보건복지부에서 운영하는 아동양육시설에서 만 18세가 되어 보호가 종료된 아이들은 국가로부터 자립정착금, 자립수당 등의 지원을 받을 수 있는 반면, 여성가족부가 운영하는 청소년쉼터에서 보호가 종료된 아이들은 비슷한 환경과 조건임에도 불구하고 국가로부터 지원을 받을 수가 없다. 이러한 분절은 정부부처를 넘어서는 정책의 연계와 통합으로 반드시 해결되어야 한다. 중앙부처가 통합될 수 없다면 지자체 단위에서 관련 예산을 합쳐 유연하게 집행할 수 있는 구조를 만들어야 한다. 아동·청소년을 통합적으로 다룬다면 생애주기적 접근을 통해 정책 시너지 효과는 물론, 보다 연속성이 있는 정책도 펼 수 있다. 특히 우리나라 아동·청소년정책의 통합은 기존 보호복지 중심의 아동정책과 활동 중심의 청소년 육성 정책의 통합으로, 각 분야의 약점을 보완하고 장점을 극대화할 수 있는 계기가 될 수 있다(오정수, 정익중, 2017).

또한 통합적 접근은 현재 아동·청소년정책의 외연을 넓혀 궁극적으로 아동·청소년의 건강한 발달을 효과적으로 지원할 수 있고, 향후 잠재적 취약계층에 대한 사회적 비용을 효율적으로 절감할 수 있을 것이다(정익중, 2009).

"아동정책은 아동의 피를 먹고 자란다."라는 표현처럼, 지금까지 우리나라 아동정책은 체계적이고 장기적인 계획을 통해 수립된 것이 아니라 수시로 발생한 문제에 대한 땜질식 사후 처방으로 만들어져 분절적이다(정익중, 2009; 이현주 · 정익중, 2012: 65-94.). 심각한 학대 사건 하나가 터져야만 전 국민이 충격을 받고, 서둘러 대책을 세워야 한다며 야단스럽지만, 그마저도 시간이 지나면 망각하는 일이 계속되고 있다. 다행히 정부는 2019년에 포용국가 아동정책을 발표하였고, 그동안 분절적으로 이루어진 요보호아동 지원체계를 통합적으로 지원하기 위해 아동 관련 중앙지원기관들을 통합한 '아동권리보장원'도 설립하였다. 이를 통해 아동복지 전달체계 및 정책 총괄지원, 사업 평가, 아동 중심의 이력 관리 전산시스템 등의 국가 역할을 강화할 예정이다. 이 역할이 실제로 빛을 발하려면 지자체 책임의 공적 보호체계와 예산을 확충해야 하고 그 체계 내에 전문인력들이 충분히 포진되어야 한다. 지금까지 아이디어가 없었던 것은 아니다. 이를 실천하기 위한 예산이 부족했을 뿐이다.

아동발달에 영향을 미치는 가장 대표적인 위기는 학대와 빈곤이다(오정수, 정익중, 2017). 아동학대로 인해 우리 사회가 부담하고 있는 연간 비용은 최소 3,899억 원(GDP 대비 0.03%)에서 최대 76조 원(GDP 대비 5.1%)에 이르는 것으로 나타났고(김수정, 정익중, 2016), 빈곤으로 인해 우리 사회가 부담하는 사회경제적 비용은 절대빈곤율 기준 55조 원(GDP 대비 3.5%), 상대빈곤율 기준 99조 원(GDP 대비 6.5%)에 달하는 것으로 나타났다(김수정, 정익중, 2017: 25-50). 눈앞의 예산을 아끼려다가 더 큰 것을 잃을 수 있다. 아동정책에서 인력과 예산에 대한 고민이 충분치 않다면 우리의 미래가 송두리째 흔들릴 수 있다. 이제 말만 국가 책임이 아니라 행동으로 보여 주어야 한다. 이번 보건복지포럼에서 아동 영역을 다차원적으로 살펴보면서 새로운 미래에 대한 상상력과 용기를 줄 수 있는 아동정책을 제대로 세울 수 있는 계기가 마련되길 바란다.

참고문헌

강기정 · 이무영 · 김영희(2002). 한부모가족의 복지 지원체계로서의 가상공동체 할용에 관한 기초 연구: 웹사이트 활용을 중심으로. 대한가정학회지. 40(10). 141-159.

강영주 · 최지민(2018). 저출산정책 개선방안에 관한 연구: 정책 설계 및 전달체계를 중심으로. 한국지방행정연구원 연구보고서. 39-40.

강현아 · 정익중 · 장화정 · 강현주 · 심의선 · 최윤희.(2019). 아동학대 사망사건의 유형 및 특성. 한국아동복지학. 51-86.

강은진(2016). 네덜란드의 육아지원정책: 세계육아정책동향시리즈, 19~36.

강현아 · 황옥경 · 안동현 · 이호균 · 홍관표 · 현소혜 · 정선영(2016). 아동 · 청소년권리 국제인권기준의 국내 이행 기초현황조사. 국가인권위원회.

고주애 · 최은영 · 김슬기 · 오은찬 · 정윤경 · 홍현미라 · 윤선화(2016). 아동의 생활환경 안전연구. 초록우산 어린이재단 아동복지 연구소보고서, 2016(2). 1-110.

공계순 · 박현선 · 오승환 · 이상균 · 이현주(2019). 아동복지론. 학지사. 271-304.

곽금주 · 김정미 · 유제민(2007). 한국심리학회 산하 한국발달심리학회, 20(1) 1-19.

관계부처합동(2019). 포용국가 아동정책: 내일만큼 오늘이 빛나는 우리. 보건복지부 홈페이지에서 2019. 5. 23. 인출.

교육정책네트워크정보센터(2019). 2019년 교육정책네트워크 해외교육동향 기획기사.

권미경 · 이강근(2016). 이스라엘의 육아정책: 세계육아정책동향시리즈. 유아정책연구소. 41~53.

김교성 · 김성욱 · 이정면 · 노혜진(2008). 빈곤의 측정과 규모에 관한 연구. 연세대학교 사회복지연구소 한국사회복지조사연구 19(0). 297-319.

김미곤(2020). 포용적 복지와 사회통합의 방향. 한국보건사회연구원 명예연구위원 보건복지포럼.

김미숙 · 정경희(2010). 2010년 복지서비스정책의 변화와 전망. 보건복지포럼, 159, 54-65.

김선숙 외(2020). 포스트 코로나 시대, 아동권리보장을 위해 사회는 무엇을 할 것인가?. 아동과 권리 Journal of Korean Council for Children & Rights. Vol.24, No.3. 409-438.

김수정 · 정익중(2016). 아동학대의 사회경제적비용 추계. 한국아동복지학, 25-50.

김수진(2020.4.9.). 아이들을 위한 '코로나 기자회견' 연 노르웨이와 캐나다. 오마이뉴스. http://omn.kr/1n82w에서 2020.4.19. 인출.

김윤재 · 조상희 · 박스잔 · 고미향(2017). 아동복지론. 동문사. 193~194.

김현숙(2011). 생태체계적 관점에 따른 아동 · 청소년의 신체적, 사회정서적, 인지적 발달영향요인. 청소년복지연구, 13(14) 175-201.

김훈(2020. 4. 29.). 사회복지법과 실천. 한일장신대학교 www.hanil.ac.kr

金明中(2019). 일본 정부의 유아교육 및 보육 무상화 정책. 한국보건사회연구원 2018년 12월 통권 제7호. 141-151.

정은희 · 이주미 · 김태완 · 김미곤 · 여유진 · 이태진 · 김기태 · 김현경 · 임완섭 · 이아영 · 정세정 · 정은희 · 조성은 · 이주미 · 최준영 · 이병재 · 김명중 · 김명희 · 김보영 · 백승호 · 심창학(2019). 포용복지와 사회정책 방향. 한국보건사회연구원 연구보고서(2019-01).

노병일(2020). 아동복지론. 공동체. 55-193.

도미향(2019). 아동권리와 복지. 공동체. 109~148.

류정희 · 이상정 · 전진아 · 박세경 · 여유진 · 이주연 · 이봉주(2019a). 아동종합실태 조사. 보건복지부, 한국보건사회연구원.

류정희(2020.5). 우리나라 아동의 다차원적 빈곤실태와 정책 과제. 한국보건사회연구원 보건복지포럼.

류정희 · 전진아 · 이상정 · 이주연 · 정익중 · 유민상(2019b). 생애주기별 학대 경험 연구: 아동기 학대 · 폭력의 중복적 경험과 정책적 대응. 한국보건사회연구원.

박능후(2004). 기초보장 수급가구의 빈곤역동성 연구. 국가정책연구포털(NKIS).

박아름(2018). 저소득층 아동에 관한 미술치료의 연구동향과 효과에 대한 메타분석 원광대학교 보건보완의학대학원 석사학위논문. 6-7.

박유영(2019). 한국의 아동인권 담론 형성과 발전에 관한 연구. 고려대학교 대학원 석사학위논문. 12~13.

법제처(2020. 12. 20. 인출). https://www.law.go.kr/

변지영(2014). 국내아동보호사업의 꿈과 전략. 한국사회복지학회 학술대회 자료집 2013(11). 528-545.

보건복지부(2020a). 2020년도 보육사업안내. 97.

_________(2020b). 2019보건복지백서. 187~335.

_________(2020c). [2020년 8월 이슈통계] 국내 아동학대 현황.

_________(2020d). 2020년 아동분야 사업안내 1권.

_________(2020e). 2020년 가족사업안내(1)(Ⅱ).

_________(2019f). 아동복지과정.

_________(2020g). 2021년 보건복지부 예산안 주요사업 12선

_________(2020h). 2020년 자활사업안내(1). 2.

복지로(2019. 10. 10.). https://bokjiro.go.kr에서 2019. 10. 10. 인출하여 재구성.

사회복지동향원(2020.12.). 우리나라 아동복지의 발달 과정.www.donghyang.or.kr

서문희 · 이혜민(2013). 호주의 보육 · 유아교육 정책 동향. 육아정책연구소.

서원선 · 이수연(2018). 장애인차별금지법과 상충되는 교육 관련 법령 연구. 한국장애인개발원.

성경륭 · 김재훈 · 김현철 · 박능후 · 박영범 · 송재호 · 한동환(2017). 새로운 대한민국의 구상: 포용국가. 21세기북스.Acemouglu, D. & Robinson, J. A. (2012). 국가는 왜 실패하는가(Why Nations Fail).(최완규, 역). 시공사. (원서출판 2012).

아동권리보장원(입양인지원센터)(2020). 2020년 국내 입양가정 통합서비스 지원사업안내.

양미선(2017). 덴마크 보육 · 유아교육 정책 동향. 세계육아정책동향시리즈19. 유아정책연구소.

40~53.

여성가족부(2020). 2020 여성・아동권익증진사업 운영지침.

________(2020). 2020년 한부모가족지원사업안내.

여유진(2017). 아동빈곤의 추이와 함의. 한국보건사회연구원. 이슈앤포커스, 336호, 1-8.

여유진・김미곤・류정희・정은희・강지원・정희선・조준용(2017). 아동의 빈곤예방을 위한 정책연구. 세종: 보건복지부, 한국보건사회연구원.

오정수・정익중(2017). 아동복지론(제3판). 서울: 학지사.

오정윤(2017). 빈곤이 유아의 문제행동에 미치는 영향: 보육서비스 질 만족도와 양육스트레스의 매개효과를 중심으로. 숙명여자대학교 대학원 박사학위논문. 10.

우경연(2016). 아동의 사회적배제에 대한 극복개입방안. 초록우산 어린이재단. 1-110

유니세프・아동권리보장원(2020). 2020년 아동권리포럼 온택트 시대, 온라인에서의 아동권리: 위기에서 기회로. 2020년 제3회 아동권리포럼 자료집.

유은경(2016). 프랑스 가족정책의 변화와 부모성 담론의 부상. 페미니즘연구, 16(1), 221-264.

윤지연(2020.4.6.). 코로나19 영향? 최근 두 달간 아동학대 신고 13% 증가. KBS 뉴스. http://news.kbs.co.kr에서 2020.4.19.인출.

윤매자 외(2018), 아동복지론. 양서원. 243~245.

이선애・한서연・이종신・현정희・표정민(2018). 아동권리와 복지. 정민사. 199.

이용주・조숙영・김정희(2020). 아동권리와 복지. 서울: 공동체. 14~16.

이영실 외(2013). 가족복지론. 양서원. 249-259.

이은주・김혜순・박세정・최미희・권수정 이명순(2020). 아동권리와 복지. 공동체. 17.

이정원・이세원(2013). 노르웨이의 육아정책 동향. 육아정책연구소. 41-57.

이정옥(2020). 2020년 가족사업안내(Ⅰ). 여성가족부 가족정책과.

이효정・강현경・김갑순・김민정・김성숙・이선자・이영희・최경희(2017). 아동권리와 복지. 공동체.

이현주・정익중(2012). 아동복지서비스 전달체계의 복지혼합과 공공의 역할 재구축. 한국사회정책, 19(1), 65-94.

임경옥・홍나미・손경숙(2018). 아동권와 복지. 공동체. 50.

임시아(2017). 아동권리와 복지. 공동체. 13~87.

임채홍・현승현・김수용(2009). 참여정부 지역 간 빈곤격차 변화 요인분석: 1-3차 한국복지패널데이터의 패널효과를 중심으로. 한국보건사회연구원 한국복지패널 학술대회 논문집, 2(0). 582-605.

전종설(2020). 아동권리 이슈 Brief: 코로나19 관련 해외 아동복지정책 및 서비스: 미국과 영국의 사례를 중심으로. 아동권리보장원 2020 Vol.1.

전영실・김지영・박성훈(2015). 비행 학업중단 청소년 패널조사 및 지원방안 연구. 한국청소년정책연구원, 한국형사정책연구원 연구보고; 15-R17-1 경제・인문사회연구회 협동연구총서 ; 15-31-02.

정은희・백승호・김성아(2018). 아동가구 소득지원제도의 소득재분배 효과. 한국보건사회연구원.

정옥분(2020). 아동권리와 복지. 학지사. 16-19.

정익중(2020.3.31.). 아동정책의 기초는 전문인력이다. 노컷뉴스, https://www.-nocunews news/5319150에서2020.4.19. 인출.

정익중(2009). 아동청소년정책 전달체계의 통합방안에 대한 비판적 고찰. 사회복지연구. 40(1), 297-322.

정익중 · 이정은 · 이상균(2011). 지역아동센터야간보호교사의 소진과 이직이 아동의 학교적응 및 학업성취에 미치는 영향. 한국지역사 회복지학, 37-163.

정은희 · 이주미(2015). 2015년 빈곤통계연보. 연구보고서 2015-34. 세종: 한국보건사회연구원.

정익중 · 이경림 · 이정은(2010). 지역아동센터종사자 소진이 아동의 심리사회적 적응에 미치는 영향. 한국아동복지학, 31, 205-234.

정익중(2006). 새로운 아동복지서비스의 수요와 전문인력 개발의 과제. 사회과학연구, 12, 95-115.

조성연 · 최보가 · 현온강 · 이귀옥 · 이숙 · 이옥(2001). 한국 아동의 발달 현황과 세대간 부모양육행동 비교. 한국연구재단(NRF).

중앙아동보호전문기관(2019. 12). 2018 아동학대 주요통계. https://rss.blog.naver.com

최승철 · 김용득 · 양숙미 · 이승기 · 김완호 · 남세현 · 안성준 · 이복실 · 김경미 · 서해정 · 최기상 · 장은석 · 이선우 · 나운환 · 이혜경 · 유동철 · 김인순 · 한석안 · 김정희 · 박주영 · 최성일(2013). 장애인백서. 한국장애인개발원.

참여연대(2020). 2021년도 보건복지 분야 예산안 분석: 아동 · 청소년복지 분야. 참여연대 복지동향(2020.11.01.).

최세현 · 김배성 · 이상학(2007). 농가 빈곤규모와 빈곤농가의 성격. 한국농업정책학회, 한국축산경영학회 2007 농업경영정책연구 Vol.34 No.4 722-750.

최은영 · 장혜진 · 송신영(2015). 아일랜드의 유아교육 · 보육정책. 세계육아정책동향시리즈 16. 육아정책연구소. 41~57.

통계청, 금융감독원, 한국은행. (2019). 2019년가계금융복지조사 결과.

핀란드 교육문화부(Finland's Strategy for Children is based on a vision of a child-friendly and family-friendly society), 2017.https://ko.wikipedia.org/wiki

한국민족문화대백과(2016). https://encykorea.aks.ac.kr/

한국유니세프(2020). www.unicef.or.kr/

한국 교육 신문(http://www.hangyo.com/인출일 2016년 5월 17일)

한미현 외(2008). 아동보호서비스의 실제: 아동학대의 사정 및 사례판정. 서울: 집문..

한미희(2018.4.5.). 한국 아동 · 가족복지 공공지출 비중 OECD 35개국 중 31위.

황덕현(2020.3.4.). 강동구 상가주택 화재... 엄마 · 외할머니 외출 중 어린이 3명 사망(종합). 뉴스1. https://www.news1.kr/articles/?3862956에서 2020.4.19. 인출

한국교육개발원. http://edpolicy.kedi.re.kr/

Adamson, P. (2012). Measuring child poverty: New league tables of child poverty in the world's rich countries(No. inreca660).

California Government(2020a). Get financial help. Retrieved fr om.

https://covid19.ca.gov/get-financial-help/

Department for Digital, Culture, Media, Support, Department for Education, & Home Office (2020). Coronavirus(COVID-19): Support for parents and carers to keep children saf e online. Retrieved from https://www.gov.uk/

Department for Work and Pensions (2020a). Universal credit. Ret rieved from https://www.gov.uk/

Department for Work and Pensions (2020b). New style jobseeker's allowance. Retrieved from https://www.gov.uk/

Department for Education & Ford, V. (2020). Multi-million suppo rt for vulnerable children during COVID-19. Retrievedfrom. https://www.gov.uk/

Department for Education & Public Health England.(2020). Coron avirus(COVID-19): Guidance for educational settings. Retrieved from https://www.gov.uk/

Department for Education (2020b). Support for those affected by COVID-19. Retrieved from. https://www.gov.uk/

Department for Education (2020c). Actions for early years and c hildcare providers during the coronavirus outbreak. Retrieved from. https://www.gov.uk/

Office of Children and Family Services (2020). Novel Coronaviru s of 2019 disease (COVID-19): Guidance for children protective services staff. Retrieved from https://ocfs.ny.gov/main/

Federal Bureau of Investigation News (2020. 05. 20). FBI warns of child sexual abuse material being displayed during Zoom meetings. Retrieved from https://www.fbi.gov/

Federal Transit Administration (2020). Coronavirus aid, relief, and economic security(CARES) Act. Retrieved from. https://www.transit.dot.gov/

Federal Communications Commission (2020). Lifeline program for low-income consumers. Retrieved from https://www.fcc.gov/

HM Revenue & Customs (2020a). Coronavirus job retention scheme. Retrieved from https://www.gov.uk/

HM Revenue & Customs (2020b). Check if you can claim a grant th rough the self-employment income support scheme. Retrieved from https://www.gov.uk/

Home Office (2020). Support for victims of domestic abuse. Retr ieved from https://www.gov.uk/government/

Kabinetsvisie, Ministerie van sociale zaken en werkgelegenheid,www.rijksoverheid.nl, 인출일 2016년 9월 10일).

Novel Coronavirus (2020). Information on novel coronavirus. Ret rieved from https://coronavirus.health.ny.gov/

NYC Health (2020). Covid-19: Coping and emotional well-being. R etrieved from https://www1.nyc.gov/

NYC Human Rights (2020). Covid-19 and human rights. Retrieved f rom https://www1.nyc.gov/

OECD. (2020). OECD Income distribution database. https://stats.oecd.org/Index.aspx?DataSetCode=IDD에서 2020. 4. 12. 인출.

Public Health England (2020). Guidance for parents and carers o n supporting children and young people's mental health and wellbeing during the coronavirus (COVID-19) pandemic . Retrieved from https://www.gov.uk/

Thevenon, & Manfredi. (2018). Child povery in the OECD-trends, determinants and policies to tackle it. OECD social, employment and migration working paper No. 218.

The Alliance for Child Protection in Humanitarian Action (2020) . Technical note: Protection of children during the Coronavirus pandemic (v.1). Retrieved from https://alliancecpha.org/

United Nation Human Rights (2020). UN experts call for urgent a ction to mitigate heightened risks of violence against children. Retrieved from https://www.ohchr.org

저자소개

■ 강영숙

KC대학교 학사(사회복지학)
서울한영대학교 대학원 석사(사회복지학)
서울한영대학교 대학원 박사(사회복지학)
현, 서울성경신학대학원대학교 사회복지학 교수

■ 박연희

고려대학교 대학원 사회복지학 석사
원광대학교 대학원 사회복지학 박사
현, 조선이공대학교 사회복지과 교수
<저서> 사회복지개론(공저, 2008) 외 다수

■ 전유림

수원여자대학교 학사(사회복지학)
인천대학교 대학원 석사(사회복지학)
서울한영대학교 대학원 박사(사회복지학)
현, 한국열린사이버대학교 사회복지학 겸임교수

■ 장효순

서울성경신학대학원대학교 석사(사회복지학)
서울한영대학교 대학원 박사과정(사회복지학)
한국복지실천학회 부회장
현, 한국열린사이버대학교 특임교수

■ 엄미화

서울성경신학대학원대학교 석사(사회복지학)
서울한영대학교 대학원 박사과정(사회복지학)
월드비전 · 굿네이버스 강사
현, 한국열린사이버대학교 특임교수

아동복지론

초판 1쇄 발행 / 2021년 2월 15일
초판 2쇄 발행 / 2025년 8월 5일

공저자 / 강영숙 · 박연희 · 전유림 · 장효순 · 엄미화
발행인 / 이 중 수
발행처 / **동 문 사**

서울특별시 서대문구 홍제원 1길 12
(홍제동 137-8)
Tel : 02)736-3718(대), 736-3710, 3720
Fax : 02)736-3719
등록번호 : 1974.04.27. 제9-17호
가격 : 25,000원

ISBN : 979-11-6328-257-0(93330)
E-mail : dong736@naver.com
www.dongmunsa.com